高等院校财经类系列精品教材

国际金融学

International Finance

主　编　梅德平

副主编　熊学萍　刘绮霞

WUHAN UNIVERSITY PRESS
武汉大学出版社

图书在版编目(CIP)数据

国际金融学/梅德平主编. —武汉:武汉大学出版社,2016.9
高等院校财经类系列精品教材
ISBN 978-7-307-18518-0

Ⅰ.国… Ⅱ.梅… Ⅲ.国际金融学—高等学校—教材 Ⅳ.F831

中国版本图书馆 CIP 数据核字(2016)第 193848 号

责任编辑:唐 伟 责任校对:李孟潇 版式设计:马 佳

出版发行:**武汉大学出版社** (430072 武昌 珞珈山)
(电子邮件:cbs22@whu.edu.cn 网址:www.wdp.com.cn)
印刷:武汉中科兴业印务有限公司
开本:787×1092 1/16 印张:18 字数:425 千字 插页:1
版次:2016 年 9 月第 1 版 2016 年 9 月第 1 次印刷
ISBN 978-7-307-18518-0 定价:38.00 元

前　言

　　国际金融作为一种世界范围内的经济活动，主要反映国际货币资本的周转与流动的运动规律，以及在这一过程中各个参与主体必须遵循的一些基本原则和采取的具体参与方式。作为研究国际范围内金融活动规律的一门独立学科，国际金融学正是要在理论上对这一经济活动的具体内容与规则、参与方式与方法进行科学概括与理论阐述。与此同时，随着当今国际金融活动的持续不断的扩展，作为一门独立学科的国际金融学，其研究对象必须随着国际范围内的经济与金融关系的发展变化而不断拓展。因此，从内容上讲，国际金融学不仅要研究国际范围内经济与金融关系发展的过程与规律，而且要探讨在这一变化过程中不断出现的新的理论问题与现实问题，以便使学生通过这一课程的学习，在充分掌握这一学科的基本理论的基础上，能够通过对相关理论的理解与运用，更好地解析与回答现实中的国际金融领域不断出现的新情况与新问题。

　　自20世纪80年代中后期特别是90年代以来，世界经济的发展突飞猛进，国际金融活动的内容与范围持续扩展，国际金融领域内的金融创新正在把国际金融关系不断推向一个新高度。在这一变化过程中，世界上的每一个国家（地区）都不能游离于国际金融这一庞大领域之外，相反，不断发展着的国际金融关系正在对置身于这个领域内的所有参与者产生越来越大的影响，一国内部的经济与金融和国际范围内的经济与金融领域内的变化息息相关。从国际经济角度看，国际收支不平衡的总体规模的增长与国际经济不平衡的加剧，储备货币体系从单一的美元本位制向多元化的储备体系的转变，汇率制度从第二次世界大战后布雷顿森林货币体系下的固定汇率向70年代之后的汇率安排的多样化发展，国际货币体系的演变及其在当前的进一步改革，国际资本流动规模的扩大与国际金融危机持续不断的爆发，等等，所有这些问题，都需要在理论上加以分析和总结。因此，国际金融领域的相关理论与实践活动的发展，构成了国际金融学理论体系的重要内容。

　　就中国而言，中国改革与开放事业的深入推进，国际经济与金融关系的迅猛发展，正在以前所未有的加速度影响着中国国内的相关改革事业的发展进程；同时，中国也需要在这一影响过程中，通过积极参与国际金融活动规则的制定，进一步拓展中国在国际金融舞台上的话语权，既顺应国际金融关系发展的规律，又通过主动参与来更好地发挥中国经济与金融开放对国际金融改革的某些影响。从国际金融角度看，至少有以下中国问题需要国际金融学加以关注和解释。比如，中国国际收支的持续顺差，以及随之而来的外汇储备超常增长与人民币汇率升值问题；人民币国际化背景下的跨境贸易人民币结算与中国资本账户开放问题；当今国际货币体系存在的弊端与中国参与这一体系改革问题。因此，如何运用国际金融学的相关理论，结合中国实际对这些问题展开分析，理应成为国际金融学理论体系的又一重要内容。在教材内容安排上对中国问题的关注，不仅可以较好地克服以往过多地采用西方教材和西方案例，导致学生对中国问题缺乏了解的弊端，而且也可以由此体现大学教材的中国特色，通过对中国问题的关注，让更多的学生，更加全面准确地掌握这一课程的基本理论，形成运用理论解析现实中国问题的能力。

除了对国际金融学的相关理论以及与此相关的中国金融实际问题加以说明外，本教材还有以下特色：一是在参照目前国内同类教材的基本体例基础上，循序渐进地设计了本教材的相关内容安排。既要做到对相关理论内容的介绍和分析的准确，又要做到有所创新。二是注意理解、吸收和借鉴当前国内外专家学者在国际金融研究领域的最新理论成果，以此进一步拓展本学科的研究视野。三是关注在当前国际经济与金融领域出现的新问题和发展的新动向，并把这些内容融汇到具体的分析之中。四是为便于学生对课程内容的掌握和进一步学习的需要，每章都列有案例、复习思考题与主要参考文献和阅读书目。在案例筛选中，主要涉及的是中国问题，这一选择的目的也是让学生通过对理论的学习，着力培养学生运用相关理论分析中国国际金融问题的能力。

本教材的内容安排如下：第一章主要分析国际收支和国际收支平衡表的科学内涵与主要内容，并对国际收支平衡表的意义做了说明；第二章专门就国际收支调节的理论与实践进行分析，并对中国近年来的国际收支变化做出说明；第三章集中谈外汇与汇率问题，包括外汇与汇率的基本内涵、影响汇率的基本因素、汇率变化的经济影响，以及主要的汇率理论及其最新发展；第四章分析外汇市场与外汇交易，属于外汇市场实务问题，本章在对外汇市场的内涵加以说明的基础上，集中就外汇交易的基本方式与外汇风险防范问题进行分析；第五章是汇率制度与外汇管制问题，本章分析了汇率制度安排与外汇管制的基本内容，并就我国的外汇管制和人民币资本与金融账户的开放问题加以说明；第六章分析国际储备问题，重点对国际储备体系多元化背景下的储备管理问题展开讨论；第七章分析国际金融市场问题，重点对欧洲货币市场、亚洲货币市场以及国际金融创新问题进行说明；第八章是国际资本流动与国际金融危机问题，本章通过对国际资本流动问题的分析，结合国际金融危机与债务危机的最新发展，探讨危机爆发的原因及对中国的影响与启示；第九章分析国际货币体系问题，本章在对国际货币体系进行梳理的基础上，对欧洲货币一体化的发展及其影响进行了说明。

在目前的国际金融教学中，可选用的相关教材很多，本人所见到的不下 50 种，在内容安排上也各有千秋，本书的编写参照了国内外同类教材，吸取了各种教材在编写体例与内容上的一些可资借鉴之处，虽然某些地方我们在编写中加以说明，但更多的则因为教材编写的特殊性无法加以注明。在此，对被引用过的相关文献的作者表示感谢。另外，本书在编写过程中，参考了中国经济出版社由我们主编的《国际金融学》的部分内容，特此说明。

本书是集体智慧的结晶，各参编者均为高校相关课程的资深教师。全书由梅德平担任主编，具体负责对全书的修改、润色与定稿工作，包括各章案例的筛选。本书是在各位参编教师通过集体讨论，提出写作提纲的基础上，由各位作者分工与合作完成。具体分工如下：第一、二章梅德平（华中师范大学经济与工商管理学院教授）；第三、四、五、六章，熊学萍（华中农业大学经济管理学院教授）；第七、八、九章，刘绮霞（中南财经政法大学经济学院副教授）。

　　限于编写者水平的限制，书中一定有许多不尽如人意的地方，诚望各位同仁提出宝贵的批评与建议。

梅德平
2016 年 6 月于武昌桂子山

目　录

第一章 国际收支

国际收支作为国际金融学的重要范畴，是一国或一个经济体在一定时期内所有对外交往情况的一种综合反映。在当今世界，随着各国经济的发展和科学技术的进步，各个经济体之间的各种交往越来越密切，国际收支正是一国或一个经济体在一定时期内的所有对外交易情况的系统记录。由于国际收支与一国的经济与对外交易的密切联系，因此，分析和研究一个国家的国际收支与国际收支平衡表，不仅可以了解这个国家的国内经济发展与对外交易状况，而且对了解这一国家的汇率制度安排、国际储备状况等诸多方面都具有重要意义。从这一层面上讲，从对国际收支的含义及相关原理的分析入手，来循序渐进地安排国际金融学课程的相关内容，也是这一课程的内容体系本身的客观要求。

第一节 国际收支的基本内涵

一、国际收支的产生及演变

国际收支这一概念最早出现于 17 世纪初期，其产生与当时的生产方式、经济发展水平密不可分。在资本主义原始积累时期，国际经济交往的基本形式是货物贸易，为了促进资本的积累，各国都极其重视对外贸易，在此后很长一段时间内，国际收支被简单地解释为一国的贸易收支。随着经济的发展，各国之间经济交易的内容、范围不断扩大，特别是第一次世界大战后，国际金本位制度崩溃，国际收支的范围得到了扩大和延伸，国际收支开始演变为一个国家一定时期的外汇收支总和。这一定义将国际收支的统计范围建立在现金基础上，各国之间的国际经济交易，只要涉及外汇的收支，就属于国际收支的范畴。因此，这一定义的国际收支也称为狭义的国际收支。

第二次世界大战后，随着世界经济的进一步发展，国家间的联系更加紧密，国际经济往来以及政治、文化等往来更加频繁。国际经济交易的范围和方式都有了很大的变化，政府无偿援助、私人捐赠、企业之间的易货贸易、补偿贸易等不涉及外汇收支的新的贸易方式出现，需要对国际收支的统计范围做出调整，必须把不发生外汇收支的交易也纳入国际收支的范畴，因此，原有建立在现金基础上的国际收支概念已不能适应国际经济形势发展的需要，于是国际收支的概念又有了新的改变，其重心由"收支"转向"交易"，将衡量内容扩展到所有的国际经济交易。这就是现在被广泛采用的国际收支概念，也即广义的国际收支概念。

1

二、国际收支的概念

国际收支是一国居民与非居民之间在一定时期内所发生的全部经济交易的货币价值总和。对于国际收支这一概念，可从以下三个方面加以理解和把握。

第一，国际收支是一个流量概念，这一概念使其与国际借贷相区别。根据统计学的定义，流量是一定时期内发生的变量变动的数量，因此，在讨论国际收支时，需要指出是在哪一段时期内发生的国际交易。一般而言，国际收支的报告期可以是一年，也可以是一个季度或一个月，但通常以一年作为报告期。国际收支一般是对一年内的该国对外交易进行系统的总结，因而它是一个流量概念。与国际收支相对应的一个概念是国际借贷，国际借贷是指一国在一定时点上对外债权债务的总和，它反映的是一定时点上某一经济体对其他国家或地区的资产与负债的价值和构成。国际收支与国际借贷两个概念既有联系又相互区别。从联系的角度看，国际收支是因，国际借贷是果，一国国际借贷的变化主要是由国际收支中的各种国际经济交易引起的。从区别的角度讲，国际收支是一个流量概念，而国际借贷则是一个存量概念。前者指一国一定时期内所有对外收付的累计结果，后者表示一国一定时点上对外债权债务的余额，即最终结果。此外，在对一国国际收支的统计上，除了国际借贷外，一国侨民的赡家汇款、居民与非居民之间的捐赠等单方面转移行为，也会导致国际收支现象，但其并不构成需要偿还的债权债务关系，不包括在国际借贷的范围之内，因此，国际收支的范围宽于国际借贷的范围。正确区分上述两个概念，对于正确理解国际收支概念的基本内涵是非常重要的。

在我国，国家外汇管理局一般按季度或年度发布中国国际投资头寸表。该表主要反映我国对外金融活动形成的债权债务关系，没有包含货物和服务往来形成的债权债务关系，因此，国际投资头寸表的内容大致可以说明我国的国际借贷状况（见表1-1）。

表 1-1　　　　　　　中国 2011—2015 年年末国际投资头寸表（年度表）　　　单位：亿美元

项目	2011 年末	2012 年末	2013 年末	2014 年末	2015 年末
净头寸	16884	18665	19960	16028	15965
资产	47345	52132	59861	64383	62189
1. 直接投资	4248	5319	6605	8826	11293
2. 证券投资	2044	2406	2585	2625	2613
3. 金融衍生工具	0	0	0	0	36
4. 其他投资	8495	10527	11867	13938	14185
5. 储备资产	32558	33879	38804	38993	34061
负债	30461	33467	39901	48355	46225
1. 直接投资	19069	20680	23312	25991	28423

续表

项目	2011 年末	2012 年末	2013 年末	2014 年末	2015 年末
2. 证券投资	2485	3361	3865	7962	8105
3. 金融衍生工具	0	0	0	0	53
4. 其他投资	8907	9426	12724	14402	9643
其中：SDR	107	107	108	101	97

注：1. 本表记数采用四舍五入原则。2. 净头寸是指资产减负债，"+"表示净资产。"-"表示净负债。3. 从 2015 年一季度开始，本表按照国际货币基金组织《国际收支和国际投资头寸手册》（第六版）标准进行编制和列示。除 2014 年外，往期数据未进行追溯调整。

资料来源：根据国家外汇管理局网站公布的《中国国际投资头寸表》（时间序列数据）整理所得。

第二，国际收支是系统的货币记录，反映的内容以货币记录的交易为基础，而不是以收支为基础。这些交易可能涉及货币收支，也可能不涉及货币收支，但未涉及货币收支的交易应折算成货币加以记录。这里所谓的交易，包括四类：（1）交换，即某一交易者（经济体）向另一交易者（经济体）提供一宗经济价值并从对方得到价值相等的回报。这里所说的经济价值，可概括为实际资源和金融资产；经济价值之间的交换，包括商品之间、商品与劳务之间、商品劳务与金融资产之间的交换。（2）转移，即一交易者向另一交易者提供了经济价值，但并未得到任何补偿，这是经济价值的单向流动。（3）移居，指一个人把住所从一经济体搬迁到另一经济体的行为。移居后，该个人原有的资产负债关系的转移会使两个经济体的对外资产负债关系发生变化，这一变化理应记录在国际收支中。（4）其他根据推论而存在的交易。在某些情况下，即使实际的流动没有发生，我们也可以推断出交易的存在，据此在国际收支中予以记录。国外直接投资者收益的再投资就是一个例子。在投资者的海外子公司所获得的收益中，一部分是属于投资者本人的，如果这部分收益用于再投资，则必须反映在国际收支中，尽管这一行为并不涉及两国间的资金与劳务的流动。

第三，国际收支记录的交易是发生在居民与非居民之间的经济交易。如果经济交易是在居民与居民之间发生的，则应该称为国内收支，不应在一国的国际收支中反映。因此，正确理解和区分居民与非居民的概念非常重要。值得注意的是，国际收支中居民与非居民的划分并不是以国籍为标准的，而是以交易者的经济利益中心所在地为标准。一个自然人，无论其国籍如何，只要他在所在国从事一年或一年以上的经济活动，就应该被认为是该国的居民；一个企业，只要它在一国注册并在该国长期从事经济活动，就是该国居民；政府机构（如设于境内的各级政府机构，以及设在境外的大使馆、领事馆及军事机构等）无论是在国内还是在国外，无论在国外有多少年限，都是原所在国的居民；至于国际机构，如联合国、世界银行和国际货币基金组织等，则不是任何国家的居民，对任何国家而言，国际机构永远是非居民。

第二节 国际收支平衡表及其主要内容

一、国际收支平衡表的概念

国际收支平衡表是指按照一定的编制原则和格式，根据一个国家一定时期内的国际经济交易的内容和范围设置项目和账户，并进行分类与汇总，以反映和说明该国国际收支状况的统计报表。按照国际货币基金组织章程的规定，各会员国必须按期向其报送本国的国际收支平衡表。为便于各会员国按统一的统计口径和格式编制和报送国际收支平衡表，也便于国际货币基金组织比较各成员国的国际收支状况，自国际货币基金组织于 1948 年首次发布《国际收支手册》以来，后分别于 1950 年、1961 年、1977 年、1993 年和 2008 年进行多次修订。鉴于 2008 年最新修订的第六版实施条件尚未成熟，目前国际货币基金组织仍然要求各成员国按第五版编制国际收支平衡表。《国际收支手册》第五版对国际收支平衡表的编制所采用的概念、准则、管理、分类方法以及标准构成都做了统一的说明。下面我们据此分析国际收支平衡表的主要内容和编制原则。

二、国际收支平衡表的主要内容

根据国际收支发生的不同原因，即不同类型的国际经济交易，国际收支平衡表可以分为三个基本账户：经常账户、资本与金融账户、错误和遗漏账户。

表 1-2　　　　　　　　　　　　国际收支平衡表基本组成部分

一、经常账户
　A. 货物和服务
　　a. 货物
　　　一般商品
　　　用于加工的货物
　　　货物管理
　　　各种运输工具在港口购买的货物
　　　非货币黄金
　　b. 服务
　　　运输、旅游
　　　通信、建筑、保险、金融服务、计算机和信息服务
　　　专用权利使用费和特许费
　　　其他商业服务、个人、文化和娱乐服务
　　　别处未提及的政府服务
　B. 收益
　　a. 职工报酬
　　b. 投资收入
　C. 经常转移
　　a. 各级政府

  b. 其他部门

二、资本与金融账户

 A. 资本账户

  a. 资本转移

  b. 非生产、非金融资产的收买/放弃

 B. 金融账户

  a. 直接投资

   对国外直接投资

   对国内直接投资

  b. 证券投资

   资产

   负债

  c. 其他投资

   资产

   负债

  d. 储备资产

   货币黄金

   特别提款权

   在基金组织的储备头寸

   外汇储备及其他债权

三、错误与遗漏

  资料来源：根据 IMF 出版的《国际收支手册》（第五版）整理所得，中国金融出版社。

（一）经常账户（Current Account）

  经常账户是指本国与外国交往中经常发生的国际经济交易，它反映的是实际资源在国际的流动情况。经常账户是国际收支平衡表中最基本、最重要的项目，影响和制约其他国际收支项目。经常账户下又具体细分以下四个项目：货物、服务、收入、经常转移。

  （1）货物（Goods）。货物贸易又被称为商品贸易或有形贸易，一般地，货物包括以下几项内容：①一般商品。指居民向非居民出口或从非居民处进口的大多数可移动货物，除个别情况外，可移动货物的所有权发生了变更。②可用于加工的货物，包括跨越边境运到国外加工的货物的出口以及随后的再进口。③货物修理。包括向非居民提供的或从非居民那里得到的船舶和飞机等运输工具上的货物修理活动。④非货币黄金。非货币黄金包括不作为货币当局储备资产（货币黄金）的所有黄金的进口与出口，非货币黄金在此是普通商品。

  在技术处理上，国际货币基金组织建议：所有货物的出口和进口应在货物的所有权从一国居民移到另一国居民时记录下来；所有货物的进出口一律按离岸价格（FOB）计算。在实际中，许多国家为了统计的方便，对出口商品按离岸价格计算，对进口商品却按到岸价格（CIF）计算（即离岸价格加上保险费和运费）。

（2）服务（Services）。服务贸易又称为劳务贸易或无形贸易。服务一般包括以下几项内容：①运输。包括一国或地区的居民向另一国或地区的居民提供的涉及客运、货运、备有机组人员的运输工具的租金和其他辅助性服务。②旅游。旅游不仅仅是一项具体的服务，而且是旅游者消费的一整套服务。包括非居民旅游或因公、因私在另一国或地区停留不足一年的时间里从该国或地区所获得的货物或服务。③其他各类服务项目，如通信服务、保险服务、金融服务、广告服务、专利使用费、特许经营权使用费、使领馆费用等项的开支。

（3）收入（Income）。将服务同收入明确区分开来是《国际收支手册》第五版的重要特征。收入又称作"收益"，此项目系统记录因生产要素在国家间的流动而引起的要素报酬的收支。国际生产要素流动包括劳工的输出入和资本的输出入，因此该项目包括职工报酬和投资收益两大类。

①职工报酬。职工报酬指以现金或实物形式支付给非居民工人（包括季节性工人、边境工人、短期工作工人、使馆的当地工作人员）的工资、薪金和其他福利。本国工人受雇在国外工作（在国外居住期限不超过一年）所赚取的工资、薪金或其他福利，应记录在雇员报酬的贷方；而本国雇用外国工人，则记入雇员报酬的借方。

②投资收益。投资收益指居民因拥有国外金融资产而得到的收益，包括直接投资收益（如股息、红利及利润的收支）、间接投资收益（如延期付款、信用贷款、证券投资、外债等的利息收益）和其他投资收益三个部分。

（4）经常转移（Current Transfers）。经常转移又称作"无偿转移"或"单方面转移"。当一居民实体向另一非居民实体无偿提供了实际资源或金融产品时，按照复式记账的原理，就要在另一方进行抵消性记录以达到平衡，也即建立转移账户作为平衡项目。经常转移包括所有非资本转移项目，即排除了下面三项所有权的转移：①固定资产所有权的转移；②同固定资产的收买或放弃相联系的或以其为条件的资产转移；③债权人不索取任何回报而取消的债务。以上三项转移均属于资本转移。《国际收支手册》第五版将转移划分为经常转移和资本转移，使经常转移包括在经常账户下，而资本转移隶属于资本与金融账户。经常性转移包括各级政府的转移（如无偿援助、战争、赔款、政府向国际性组织定期交纳的会员费）与私人转移（如捐赠、继承、资助性汇款等）。

（二）资本与金融账户（Capital and Financial Account）

资本与金融账户是指对资本所有权在国际的流动行为进行记录的账户，它包括资本账户和金融账户两部分①。

---

① 《国际收支手册》第五版与第四版不同，第四版把资本账户分为长期资本账户与短期资本账户两大部分。在当今金融市场日益发达和金融创新不断涌现的国际金融领域，按照偿还期限划分长期资本与短期资本界限的做法，越来越难以反映国际金融市场的现实，被列为长期资本流动的部分交易也具有短期性质，而被认为是短期资本流动的交易也可能具有某种稳定性。因此，国际货币基金组织在《国际收支手册》第五版中对相关交易的项目进行了重新归类。在学习本节相关内容时，必须把第五版中资本与金融账户下的资本账户与第四版中的资本账户区别开来，两者在内容上存在着很大区别。

（1）资本账户。它反映资产在居民与非居民之间的转移，包括两个方面：①资本转移。②非生产、非金融资产的收买或放弃，指的是不由生产创造出来的有形资产（如土地）与无形资产（如专利、版权、商标、经销权、可转让合同等）的收买或放弃。无形资产涉及经常账户和资本与金融账户两项。经常账户的服务各项下记录的是无形资产的运用所引起的收支，资本账户的资本转移项下记录的则是无形资产所有权的买卖所引起的收支。

（2）金融账户。金融项目反映的是居民与非居民之间投资与借贷的增减变化。根据投资类型或功能，金融账户可以分为直接投资、证券投资、其他投资、储备资产四种。与经常账户不同的是，金融账户的各个项目并不按借贷方总额来记录，而是按净额来记入相应的借方或贷方。

①直接投资。直接投资反映某一经济体的直接投资者对另一经济体的直接投资企业拥有的永久性权益，这一永久性权益意味着直接投资者和企业之间存在着长期的关系，并且投资者对企业享有所有者权益和经营管理重大决策权。直接投资可以采取两种形式：在国外投资新建企业；购买国外企业一定比例的股票。

②证券投资。证券投资的主要对象是股本证券和债务证券。股本证券交易包括股票、参股或其他类似文件。债务证券包括：中长期债券（1年以上）、无抵押品的公司债券；货币市场工具，如国库券、商业票据、银行承兑汇票等；其他衍生金融工具。

③其他投资。这是一个剩余项目，它包括所有直接投资、证券投资和储备资产未包括的金融交易，如贸易信贷、预付款以及金融租赁项下的货物、货币和存款等。

④储备资产。储备资产是指货币当局控制并可以随时动用，以满足平衡国际收支和其他目的的各类资产。包括货币黄金、特别提款权、国际货币基金组织的储备头寸、外汇资产（包括货币、存款和有价证券）和其他债权。

需要指出的是，反映在国际收支平衡表上的储备资产是一定时期的变化额，而不是官方持有的余额，它表示经常账户和资本与金融账户的差额。具体而言，一个国家的国际收支出现顺差时，其对外收入大于支出，这部分差额就会转化为官方的储备资产；而在逆差时，由于收入小于支出，政府就必须动用相应数量的官方储备对外支付，导致储备资产的减少。可见，储备资产的一个重要功能就是平衡一个国家的国际收支。

（三）错误与遗漏账户（Errors and Omissions）

国际收支平衡表采用复式记账法，因此其账户的借方总额和贷方总额理应相等，相抵之后余额为零。但实际上，由于编制国际收支平衡表的原始资料来源不同、记录时间不同、统计的重复与遗漏、人为改动或伪造、估算等原因，会造成结账时出现净的借方或贷方余额，这时就需要人为设立一个抵消账户，使借贷方达到平衡。错误与遗漏账户就是这样一种抵消账户，一切统计上的误差最终都归于此账户。

三、国际收支平衡表的编制原则

复式记账法是国际会计的通行准则，国际收支平衡表就是按照复式记账法来记录编制的。它遵循"有借必有贷,借贷必相等"的原理,任何一笔交易都涉及借方和贷方,价值相等,方向相反。借方交易是对非居民进行支付的交易,其增加记借方,前面为"-"号,其减少记贷方,前面为"+"号;贷方交易是指从非居民那里获得收入的交易,其增加记贷方,前面为"+"号,其减少记借方,前面为"-"号。因此,可以总结出两条经验:第一,凡是引起本国从外国获得外汇收入的交易记入贷方,凡是引起本国对外国有外汇支出的交易记入借方。第二,凡是引起本国外汇供给(有利于国际收支顺差的增加或逆差的减少)的交易记入贷方,凡是引起本国外汇需求(有利于逆差增加或顺差减少)的交易记入借方。也就是说,引起本国外汇收入增加、顺差增加、逆差减少的记入贷方;反之,则记入借方。

根据上述记账法则,在国际收支平衡表中,记入贷方的交易包括:①反映出口实际资源的经常账户(如商品和劳务的出口);②反映资产减少或负债增加的金融项目(如资本流入、从欧洲货币市场借款)。记入借方的交易包括:①反映进口实际资源的经常账户;②反映资产增加或负债减少的金融项目。记入借方的交易刚好与贷方相反。因而,记入贷方的交易有:出口商品;本国居民为非居民提供劳务而获得收入;本国居民收到国外的单方面转移;外国居民获得本国资产或对本国投资;非居民偿还本国居民债务;官方储备的减少。

四、国际收支平衡表的意义

一定时期的国际收支是一个国家金融实力的重要体现,如果一个国家较长时期内国际收支出现顺差,不仅表明该国的金融实力增强,而且还可以说明这个国家整个国民经济发展状态良好。同时,反映一个国家对外经济、政治、文化等方面交往情况的国际收支平衡表,又可以为一国政府了解本国的国际经济地位,并制定出相应的对外经济政策提供决策参考。所以,编制科学的、切合实际的国际收支平衡表也就显得相当重要。应当说,国际收支平衡表无论对编表国家还是对其他国家都具有重要的意义。

首先,对于编表国家而言,国际收支平衡表的意义在于,一方面,能及时、准确地反映本国的国际收支状况,并从中找出本国国际收支发生顺差或逆差的原因,从而尽快采取切实可行的调节对策,以使国际收支状况朝着有利于本国经济发展的方向变化;另一方面,能够使本国全面、准确地掌握和了解自身的国际经济地位,并据此制定相应的对外经济政策,包括投资政策、外贸政策等。

其次,对于其他国家而言,国际收支平衡表也具有重要意义。之所以如此,不仅是因为国际经济交往的发展使本国与外国之间的经济联系更加紧密,本国制定经济政策必须适当考虑其他国家的经济状况,以免引起双方之间的经济争端,而且因为,其他国家的经济发展和对外政策有时会对本国的对外经济政策的制定造成某种阻碍。所以,适时了解与本国经济发展密切相关的其他国家的国际收支平衡表,对本国经济政策的制定也有重要的参考价值。对于非编表国家而言,通过分析编表国家的国际收支平衡表,有助于非编表国家全面了解和掌握编表国家的国际收支状况,进而预测编表国家货币汇率的走向,预测国际资本的流动趋向,以及国际利率的变动趋势。

【复习思考题】

一、基本概念

国际收支 国际借贷 居民 非居民 国际收支平衡表 经常项目
资本与金融项目 服务收支 贸易收支 转移收支· 外汇收支
误差与遗漏 贷方 借方

二、问答题

1. 简述国际收支与国际借贷的区别与联系。

2. 经常项目包括哪些内容？资本与金融项目包括哪些内容？

3. 什么是居民？什么是非居民？

4. 国际收支平衡表的主要内容有哪些？

5. 国际收支平衡的编制原则是什么？

6. 国际收支平衡表有什么意义？

【主要参考文献和阅读书目】

1. 克鲁格曼等著：《国际金融》（第 10 版），中国人民大学出版社 2016 年版。

2. 奚君羊主编：《国际金融学》（第 2 版），上海财经大学出版社 2015 年版。

3. 裴平主编：《国际金融学》（第 4 版），南京大学出版社 2013 年版。

4. 梅德平主编：《国际金融学》，中国经济出版社 2004 年版。

5. 国家外汇管理局：《2015 年中国国际收支报告》，http：//www. safe. gov. cn。

第二章 国际收支不平衡及其调节

从宏观经济角度看，一国的经济目标有两个，即内部平衡和外部平衡，外部平衡即国际收支平衡。从理论上讲，无论是逆差还是顺差，都是国际收支不平衡。对于任何一个国家而言，持续的大规模的顺差或逆差，都会对经济与金融产生影响。因此，针对国际收支不平衡的具体原因和性质，采取切实可行的调节政策，是一国政府的重要制度选择。

第一节 国际收支不平衡及其调节政策

一、国际收支的平衡与不平衡

经济学中的平衡最基本的意义是两个相互关联变量的量值相等，从这个最基本的定义出发，平衡又可以看作一组相互关联的变量的某种特定的关系，或者说是诸变量所处的内在稳定的某种态势，或其数量上的协调。

国际收支平衡可分为静态平衡和动态平衡两种。静态平衡指一国在某一时点上国际收支既不存在逆差也不存在顺差。其特点是，基本以年度为周期，平衡是收支数额的对比平衡，是国际收支交易的总平衡。动态的国际收支平衡是指以经济实际运行可能实现的计划期为平衡周期，保持期内国际收支平衡，使一国一定时期的国际收支在数量及结构方面均能促进该国经济与社会正常和健康的发展；促进该国货币均衡汇率水平的实现和稳定；使该国储备接近、达到或维持充足或最佳水平。动态平衡的特点是以经济波动和经济增长的需要为基础，即国内经济处于充分就业和物价稳定下的自主性国际收支平衡。国际收支平衡是一国达到福利最大化的综合政策目标，它不仅以国际收支总额平衡为目标，而且也考虑国际收支的结构。

国际收支平衡的重要性在于揭示了国际收支对于经济与社会发展的积极意义。国际收支的平衡与经济发展、汇率的变动、国际储备的多寡有着密不可分的联系，越来越成为影响一国经济不可或缺的要素。第二次世界大战后，随着各国经济相互依存的进一步扩大和深入，经济的发展与国际收支之间的关系更加紧密，二者相互作用，相互影响。

与一国国际收支平衡相对的是国际收支不平衡。在这里，必须明确的是，现实中的国际收支不平衡与国际收支平衡表的不平衡是两个不同的概念。国际收支平衡表是按照复式记账原理编制的，从理论上说，其贷方总额与借方总额必然相等，即便有误差或遗漏，也会人为地补平。因此，国际收支平衡表永远是平衡的。然而，这种平衡表上的账面平衡并不意味着该国现实中的国际收支是平衡的，在大多数情况下，一国现实中的国际收支往往是不平衡的，或存在一定量的顺差，或存在一定量的逆差。

在国际收支的理论分析中，衡量一国国际收支平衡与否，往往是通过把国际收支平衡表中的所有交易，按照发生的动机不同，划分为自主性交易和补偿性交易两种。

所谓自主性交易（Autonomous Transactions），又称事前交易，是指经济体或个人出于某种自主性的目的（如追逐利润、减少风险、资产保值、逃避管制、逃避赋税、赡养亲友、旅游休闲等）而进行的交易活动。在这些交易活动中，商品劳务的交易主要是由价格、成本和技术上的差异引起的，即有比较优势的商品劳务向外流动；单方面转移是私人基于个人关系或政府基于政治、军事等方面的考虑而进行的；资本流动则是受投资的收益率、丰厚的利润回报驱使的。从动机上看，这些交易完全没有考虑到一国国际收支是否会因此而不平衡，因此称为自主性交易。自主性交易体现的是经济主体或居民个人的意志，因而具有事前性、自发性和分散性的特点。所谓补偿性交易（Compensatory Transaction），又称调节性交易，是为弥补国际收支不平衡而发生的交易，即中央银行或货币当局出于调节国际收支差额、维持国际收支平衡和汇率稳定的目的而进行的各种交易，也包括为弥补国际收支逆差而向外国政府或国际金融机构借款、动用官方储备等。补偿性交易是在自主性交易出现差额时，为了弥补或调节这种差额，由政府出面进行的交易活动，具有事后性、集中性和被动性等特点。

一国的国际收支是否平衡，关键是看自主性交易所产生的借贷金额是否相等。当这一差额为零的时候，称为国际收支平衡；当出现贷方余额时，国际收支处于顺差；当出现借方余额时，国际收支处于逆差。通常情况下，国际收支都处于不平衡状态。补偿性交易是为调节自主性交易差额而产生的，所以它与自主性交易相反。当自主性交易出现贷方余额时，补偿性交易项下出现借方余额；当自主性交易出现借方余额时，补偿性交易项下应为贷方余额。

二、国际收支不平衡的判断口径与不平衡产生的原因

（一）国际收支不平衡的判断口径

按交易性质判断国际收支是否平衡固然具有某种理论上的精确性，但在现实中却难以区分不同的交易。例如，当一国出现国际收支逆差时，对央行而言最直接的办法就是动用外汇储备进行市场干预，以稳定因国际收支逆差而产生的本币汇率可能贬值的趋势，也可以直接通过本币汇率贬值以达到抑制进口、扩大出口的目的，以此来缓解国际收支逆差状况，但究竟哪种行为属于自主性交易，哪种行为属于补偿性交易，实际上难以区分。又如，国际收支逆差国家政府往往会对顺差国政府施加某种压力，要求顺差国家采取必要措施促使其本国企业增加从该逆差国家的进口，在这种情况下，在顺差国家的总进口额中，人们实际上无法确认究竟哪一笔进口是政府的干预行为所造成的调节性交易。

基于上述情况，在分析一国的国际收支平衡与否时，考虑到统计上的可能性和一国的具体特点，人们往往按照一般的传统习惯和国际货币基金组织的做法，对一国国际收支平衡与否，借助以下四个口径加以具体区分和判断。

1. 贸易收支差额

在国际收支平衡表中，贸易收支差额是一国在一定时期内商品出口与进口的差额。当

出口大于进口时，贸易收支出现顺差或盈余；当进口大于出口时，贸易收支出现逆差或赤字。从一国国际收支整体来看，贸易收支差额虽然仅仅是国际收支的一个组成部分，不能代表一国国际收支的全部，但由于贸易收支的重要性，在研究与分析一国国际收支时，贸易收支差额常常被近似地看成一国的国际收支。而且，尽管在现当代国际经济中，资本与金额账户交易量日益增加的情况下，贸易收支在整个国际收支中所占比重有所下降，但贸易收支差额仍然是相当重要的。许多传统的国际收支理论也通常是以贸易收支指代国际收支。

对于各国经济而言，贸易收支差额的重要性，表现在这一差额在全部国际收支中所占比重大，并且贸易收支的具体数额容易通过一国海关途径能够及时收集和整理；更重要的是，贸易收支差额能够比较好地综合反映出一国出口部门与行业的产业结构、产品质量和劳动生产率的基本状况，映衬一国的产业结构和产品在国际市场上的竞争力状况及该国的出口创汇能力。贸易收支差额及状况是一国对外经济交往的基础，影响和制约着一国国际收支其他账户的变化。

2. 经常账户收支差额

在国际收支平衡表中，经济账户包括有形货物收支（贸易收支）、无形货物收支（服务收支）、收入和经常转移收支，前两项构成一国经常账户收支的主体。以上各项收支相加后的结果是"+"号，表明该国经常账户收支是顺差或盈余，如果是"-"号，表明该国经常账户收支是逆差或赤字。与贸易收支一样，在一国国际收支整体中，经常账户收支差额也不能代表一国国际收支的全部，经常账户收支差额与贸易收支差额的主要区别在于收入项目余额的大小。收入项目主要反映的是资本通过直接投资或证券投资所取得的收入，因此，如果一国净国外资产持有额越大，由此导致该国从境外得到的收益也就越多，该国经常账户就越容易出现顺差状况。

经常账户收支差额是国际收支分析中重要的收支差额之一。一国的经常账户收支差额主要综合地反映一国的有形贸易收支和以劳务、保险、旅游、运输等为内容的无形贸易两项贸易的进出口状况，它具体地反映一国的第一产业、第二产业和第三产业的综合竞争能力，因而被各国广泛使用，并被作为制定一国国际收支政策和产业政策的重要依据。同时，由于经常账户收支的重要性，一些国际组织如国际货币基金组织也经常采用这一指标，对成员国的整体国民经济进行衡量，以判断该成员国的整体经济状况。

3. 资本与金融账户差额

资本与金融账户差额是国际收支平衡表中资本账户与直接投资、证券投资以及其他投资项目的净差额。该差额被赋予两层含义：一是这一差额反映了一国为经常账户提供融资的能力大小。根据复式簿记原则，国际收支中发生在经常账户下的贸易流量通常对应资本与金融账户下的金融流量，如当贸易账户（或经常账户）出现逆差时，必须对应着资本与金融账户的相应盈余，表明一国利用金融资产的净流入，为贸易账户（或经常账户）提供了融资。二是该差额也可反映一国金融市场的发达与开放程度。随着国际金融领域创新与发展的不断深化，资本与金融账户已不仅仅局限于为经常账户提供融资，国际资本流动本身也有其相对独立的运动规律。

4. 综合账户差额

综合账户差额是指经常账户和资本与金融账户中的资本转移、直接投资、证券投资、其他投资项目所构成的余额，也就是将国际收支账户中的官方储备账户剔除后的余额。由于这一差额是全面衡量一国国际收支状况的综合指标，因此，通常所说的国际收支差额也就是指国际收支的综合差额。

对一个国家而言，国际收支的综合账户差额具有重要意义。综合账户差额必然导致官方储备的反方向变动，因此可以用这一差额衡量国际收支对一国储备造成的压力，也可以根据这一差额判断一国国际储备特别是外汇储备的变动情况，以及该国货币汇率将来的走势。具体来说，如果综合账户差额为顺差，该国国际储备（外汇储备）就会不断增加，该国货币汇率将面临升值压力；如果综合账户差额为逆差，该国国际储备（外汇储备）就会下降，该国货币汇率将面临贬值压力。对于一国的中央银行而言，政府可根据这一账户差额的大小，判断它对本国储备压力的强弱，并据此确认政府是否该对外汇市场进行干预，或进行某些经济与贸易政策的适度调整。

综合上面的分析可以看出，国际收支平衡表的复式簿记原则，造成一国国际收支平衡表账面上始终是平衡的，但在具体实践中，各个账户却总是存在不平衡现象，国际收支不平衡实质上是一国国际收支的常态。由上述口径所判断的一国国际收支的平衡状态之间的关系，可用以下基本关系式表示（贷方为"+"，借方为"-"）。

+货物出口-货物进口=贸易收支差额

+服务收入-服务支出+收入流入-收入流出+经常转移收入-经常转移支出=经常账户收支差额

+资本与金融账户中除官方储备外的流入-资本与金融账户中除官方储备外的流出=综合账户差额

-储备增加（+储备减少）=0

（二）国际收支不平衡产生的原因

一国的国际收支不平衡可以由多种原因引起，有经济因素，也有非经济因素；有来自内部的，也有来自外部的；有实物方面的，也有货币方面的。概括起来有如下几种：

（1）临时性不平衡（Accident Disequilibria）。临时性不平衡是指短期的、由非确定性或偶发性的因素引起的国际收支不平衡。例如，外贸进出口随生产、消费的季节性变化而变化，从而造成季节性的国际收支不平衡；由于战争或其他自然灾害原因，造成进出口或资本流出入的变化，导致出口减少或资本流入下降，由此导致贸易收支的逆差或资本与金融账户的逆差。从现象上看，这种临时性不平衡一般程度较轻，持续时间不长，因此，可以认为是一种正常的现象。在浮动汇率制度下，这种性质的国际收支不平衡有时无需政策调节，市场汇率的波动就能将其纠正。在固定汇率制度下，一般也不需要采取政策措施，只需动用官方储备，利用外汇缓冲政策即可将其缓解。

（2）周期性不平衡（Cyclical Disequilibria）。周期性不平衡是指由于一国经济周期波动引起该国国民收入、价格水平、生产和就业发生变化而导致的国际收支不平衡。由于受商业周期的影响，周而复始地出现繁荣、衰退、萧条、复苏四个阶段，在周期的各个阶段，无论是价格水平的变化，还是生产和就业的变化，或是两者的共同变化，都会影响国际收支，引起国际收支的不平衡。例如，当一国经济处于衰退期时，由于社会总需求下降，因而对进口商品的需求也可能相应下降，这样，在进口减少的同时，出口可能相对增加，国际收支产生顺差；而当一国经济处于扩张或繁荣时期时，国内投资和消费需求旺盛，对外国进口商品的需求也相应增加，国际收支出现逆差，可能出现赤字。第二次世界大战以后，由于各国的经济关系日趋紧密，各国的生产活动和国民收入受世界经济的影响也日益增强，因此，主要工业国的商业景气循环极易引起世界性的景气循环，致使各国国际收支出现周期性不平衡。

（3）结构性不平衡（Structural Disequilibria）。结构性不平衡是指国内经济、产业结构不能适应世界市场的变化而发生的国际收支不平衡。结构性不平衡通常反映在一国的贸易项目或经常账户上。结构性不平衡有两层含义：一是指因经济和产业结构调整的滞后或困难而引起的国际收支不平衡。世界各国由于自然资源和其他生产要素禀赋的差异而形成了一定的国际分工格局，这种国际分工格局随着条件的变化而变化。如果一国的产业结构不能随国际分工格局的变化而得到及时调整，国内的出口产品结构可能与世界市场对该类产品的需求结构脱节，便会出现结构性国际收支不平衡。二是指一国的产业结构比较单一，或其相关产业部门生产的产品出口需求的收入弹性低，或出口需求的价格弹性高而进口需求的价格弹性低所引起的国际收支不平衡。这类结构性不平衡在发展中国家，尤其是落后的发展中国家表现得尤为突出，而且具有长期性，且短期内难以扭转。

（4）货币性不平衡（Moneytary Disequilibria）。货币性不平衡是指在一定的汇率水平下，国内货币成本与一般物价变化而引起进出口货物价格变化，从而导致的国际收支不平衡。例如，一国发生通货膨胀，生产成本与一般物价水平普遍上升，从而使其出口商品成本上升，相对高于其他国家，从而削弱本国商品在国际市场上的竞争力，抑制该国的出口。同时，相比较而言，进口商品会较国内商品便宜，进口需求旺盛，从而其经常账户收支便会恶化，出现国际收支的不平衡。反之则会发生与上述情况相反的结果。在这里，因为货物成本与一般物价上升的原因被认为是货币供应量的过分增加，因此我们称之为货币性不平衡，这种货币性的不平衡可以是短期的，也可以是中期或长期的。

（5）收入性不平衡（Income Disequilibria）。收入性不平衡是指由于各种经济条件的变化引起国民收入相对较大的变动而引起的国际收支不平衡。国民收入变动的因素很多，可能是周期性的，可能是货币性的，也可能是由经济增长率的变化所引起的。一般来说，国民收入大幅增加，全社会消费水平就会提高，社会总需求的扩大会拉动价格的上涨或通货膨胀，产生抑制出口与鼓励进口的效应，从而导致国际收支出现逆差。

另外，不稳定的投机与资本外逃也是造成国际收支不平衡的重要原因。不稳定的投机会使本国货币汇率处于贬值趋势。在这一背景下，投机造成贬值，贬值又进一步刺激了投机，导致本国外汇市场出现混乱。而当一国面临货币贬值、外汇管制、政治动荡时，拥有资产的居民就会把资金转移到国外，造成该国资本的大量外流。不稳定的投机和资本外逃具有突发性、数量大的特点，往往成为国际收支不平衡的重要原因之一。

三、国际收支不平衡的影响

一国国际收支的不平衡表现为国际收支顺差与国际收支逆差两种情况。在一般人看来，国际收支顺差总比国际收支逆差要好，因此认为顺差不是不平衡，只有逆差才是不平衡。这种观点显然是错误和有害的。对一国而言，无论是逆差还是顺差，都是国际收支不平衡。一般来讲，国际收支不平衡，不仅直接影响到一国货币汇率的上下波动，而且经过一段时间后，会逐渐影响到国内经济的增长。通常情况下，通货膨胀会影响到居民的实际收入水平，通货紧缩会影响到经济的发展速度与就业状况。因此，国际收支不平衡既会破坏外部均衡，又迟早会破坏内部均衡。从经济现实来看，无论是顺差还是逆差，特别是大规模的持续性顺差或逆差状态，都会对一国经济产生某种负面影响。

（1）国际收支顺差对一国经济的影响。一国出现国际收支顺差的消极影响，往往不如国际收支逆差那样明显，甚至有的时候国际收支顺差还会成为政府追逐的经济目标之一。但是，如果国际收支顺差长期存在而且数额巨大，则会给一国经济带来消极影响。其主要表现为：①国际收支顺差会给本币造成升值压力，一旦本币升值，用外币表示的本币价格将会上升，就会出现抑制出口和鼓励进口的局面，从长远看，由于用本国汇率表示的进口商品价格变得比升值前便宜，加上国内生产成本因本币升值而上升，国内产业就可能因此而萎缩，从而加重国内的就业压力。②持续性的顺差会导致该国外汇储备增加，但同时也会在国内货币市场上造成本国货币增长的局面，从而加剧本国的通货膨胀。同时，巨额的外汇储备意味着大量的资金闲置，没有得到有效使用，也很难保值增值。③从开放经济的角度看，一国的国际收支顺差意味着他国的国际收支逆差，因此长期的大规模的顺差，极有可能导致国际经济摩擦。④国际收支顺差如果主要是由于贸易收支顺差造成的，由于大量的商品用于出口，这意味着国内可供使用资源的减少，因此，不利于本国经济的发展。所以，实现出口产品结构的升级，改变货物尤其是初级产品出口比重大的局面，通过提高服务水平与技术含量高的出口商品比重，提高出口商品的国际市场竞争能力，是一国在国际收支顺差时，促进企业产品结构升级换代的重要机遇。

（2）国际收支逆差对一国经济的影响。如果一国长期存在严重的国际收支逆差，会对该国经济发展产生如下影响：①会引起该国货币贬值，如果属于严重逆差，则会引起该国货币的急剧贬值，对经济发展形成强烈冲击。国际收支持续的、严重的逆差会导致货币持有者兑换外币、抛售本币的情况发生，引起该国货币的急剧贬值，甚至动摇本国的货币信用。②如果一国实行固定汇率制，或该国政府不愿接受本币急剧贬值以及由此带来的货易条件恶化的现实，就必然要动用外汇储备干预外汇市场以平衡国际收支逆差，从而使该国的储备资产减少。③储备资产的减少同国内货币的供应量存在着密切联系，外汇储备的减少会导致国内紧缩银根，利率因而上升，不利于企业融资和发展，从而对就业和收入均会产生较大的负面影响。

四、国际收支不平衡的调节政策

国际收支的调节机制可分为"自动调节机制"和"政策调节机制"两大类。前者指经济中存在的能够自发运转的力量，它们在没有人为干预（主要指政府活动）的情况下会推动国际收支自动趋于均衡；后者是指在消除国际收支不平衡的既定目标下，政府采取的平衡国际收支的措施。

（一）国际收支的自动调节机制

国际收支的不平衡会引起国内某些经济变量的变动，这些变动又反过来作用于国际收支，使国际收支达到平衡，这一过程称为国际收支不平衡的自动调节。需要指出的是，国际收支的自动调节机制只有在纯粹的自由经济中才能产生较好的效果，国际收支才会通过市场经济变量自发地由不平衡走向平衡。否则，政府的某些宏观经济政策往往会干扰自动调节过程，使其作用减弱、扭曲或根本无法发挥出来。

18世纪中叶，英国哲学家和经济学家大卫·休谟提出了著名的"价格—金币流动机制"，详细地阐述了在国际金本位制度下，该机制足以自动消除国际收支的不平衡。在当代信用货币制度下，纸币流通使国际货币流动失去直接清偿性，国际货币交换必须通过汇率来实现。国际收支自动调节机制通过价格、汇率、利率、收入等经济变量发挥作用，从而矫正国际收支的不平衡。

1. 货币—价格机制

当一国国际收支出现顺差时，导致国内货币市场货币供给的增多，容易引起国内信用膨胀，利率下降，投资与消费相应上升，国内需求量增加，对货币形成一种膨胀压力，使本国物价与出口商品价格随之上升，从而减弱了本国出口商品的国际竞争能力，导致出口减少而进口增加，国际收支顺差逐步减少直至平衡（见图2-1）；当一国发生国际收支逆差时，意味着基础货币的减少和外流，在其他条件不变的情况下，价格下降，本国出口商品价格也下降，导致出口增加而进口减少，贸易差额得到改善，从而减少国际收支赤字。

图 2-1　货币价格自动调节机制（顺差）

2. 利率机制

当一国国际收支发生逆差时，货币外流增加，货币存量减少，银根紧缩，利率上升。利率上升表明本国金融资产收益率上升，从而对本国金融资产的需求相对上升，对外国金融资产的需求相对下降。这些均导致本国资金外流的减少，同时外国资本流入本国以谋求较高的利润。此时，国际收支逆差由于资本与金融账户状况的日趋好转而走向平衡。当一国国际收支发生顺差时，该国货币市场货币存量增加，银根松动，利率水平逐渐下降。利率水平的下降导致资本外流增加，从而减少顺差，利率机制的调节流程如图2-2所示（以顺差为例）。

3. 汇率机制

当一国出现国际收支不平衡时，必然会对外汇市场产生压力，促使外汇汇率产生波动。如果该国政府不加干预而允许汇率自由波动，则国际收支的不平衡就可能被外汇汇率的波动所消除。当一国国际收支出现顺差时，本国货币市场上的外汇供给大于外汇需求，本国货币的汇率上升，以外币表示的本国出口商品的国际市场价格上涨，出口商品的国际

图 2-2 利率机制自动调节作用过程（顺差）

竞争力减弱，从而出口减少而进口增加，导致贸易顺差减少，国际收支趋于平衡。当一国出现国际收支逆差时，必然会导致外汇市场上的外汇需求大于外汇供给，本币贬值，以本币表示的外汇汇率将上升，以外币表示的本国出口商品的价格下降，进口商品价格上升，从而增强本国商品在国际市场上的竞争能力，导致增加出口而进口减少，贸易逆差得以扭转，国际收支趋于平衡。汇率机制的自发作用过程如图 2-3 所示（以顺差为例）。

图 2-3 汇率机制自动调节作用过程（顺差）

4. 收入机制

如果在某一均衡收入水平上发生了国际收支的不平衡，国民经济中就会产生使收入水平发生变动的作用力，而收入的变动至少会部分地降低国际收支的不平衡程度。当国际收支处于逆差时，国民收入水平就会下降。国民收入下降会引起社会总需求的下降，进口需求也会下降，从而贸易收支得到改善。而且，国民收入的下降会使对外劳务和金融资产的需求都不同程度地下降，改善经常账户收支和资本与金融账户的收支，从而减少国际收支逆差。当国际收支处于顺差时，国民收入水平上升，就会引起社会总需求的上升，进口也相应增加，部分抵消了出口的变动。而且，国民收入的上升会使对外劳务和金融资产的需求上升，改变经常账户和资本与金融账户收支，从而降低该国国际收支顺差的程度。收入机制自动调节国际收支，如图 2-4 所示（以顺差为例）。

图 2-4 收入机制自动调节作用过程（顺差）

（二）国际收支不平衡的政策调节

众所周知，一国的国际收支不平衡会对该国国民经济产生不良影响，因此，采取必要措施来调节国际收支不平衡，保持国际收支平衡，已成为现代社会各国政府的重要经济目标之一。在自由经济条件下，各种市场机制健全，一国的国际收支基本能够在市场规律作用下，通过自动调节机制达到某种平衡。在现代社会，由于引起国际收支不平衡的原因与因素很多，一国政府必须通过多种多样的政策手段，采取政策组合与政策搭配的方式，对国际收支不平衡进行调节，以促进国内经济的健康稳定发展。

在这里，所谓国际收支的政策调节，是指一国政府尤其是货币当局借助一定的政策措施，通过改变其宏观经济政策和加强国际经济合作，主动地对本国的国际收支进行调节，以使其恢复平衡的过程。一般地，一国政府对国际收支进行调节的手段和方式很多，既有财政政策与货币政策，也有汇率政策和直接管制政策，此外，一国还可以通过国际金融市场融资，或借助国际经济与合作的方式，通过参与国际政策协调，调节本国的国际收支。

1. 外汇缓冲政策

外汇缓冲政策是指一国在持有一定规模的国际储备前提下，运用所持有的一定数量的国际储备，主要是黄金和外汇，作为外汇稳定或平准基金，通过中央银行的外汇市场干预渠道，以买卖外汇的方式平抑市场上的外汇供求关系，来抵消市场超额的外汇供给或外汇需求，从而改善其国际收支状况。外汇缓冲政策是解决一次性或季节性与临时性国际收支不平衡最简便易行的政策措施。

对大多数国家而言，国际储备存在有限性，因此，外汇缓冲政策的干预效果与适用范围也相对有限。外汇缓冲政策运用的难点是能否准确判断一国国际收支失衡的类型，因为这一政策不能用于解决持续性的、长期的国际收支逆差，否则会导致外汇储备流失，特别是当一国在本身就处在国际储备有限的约束条件下，极少的国际储备（特别是外汇储备）投入市场后，因为无法影响和稳定市场投机者对本国经济与本国货币的信心，其结果必然是政府不但由此丧失了有限的外汇储备，而且由于市场信心的缺失，最终导致本币汇率的预期贬值或直接贬值，引起资本外逃，致使该国的国际收支状况更趋恶化。

2. 财政政策

财政政策主要是指采取紧缩或扩大财政开支和调整税率的方式，以调节国际收支的顺差或逆差。紧缩性的财政政策由政府通过提高税率或减少社会公共财政开支的方式来实现；扩张性的财政政策由政府通过下调税率或增加社会公共开支的方式来实现。一般地，顺差时采取扩张性的财政政策，逆差时采取紧缩性的财政政策。从理论上讲，财政政策通常是作为国内经济调节的手段，但一国的社会总需求的变动可以改变该国的国民收入状况、价格水平和利率，而国民收入、价格水平和利率的变动也会引起国际收支的变动，因此，财政政策也成为国际收支的调节手段之一。

当一国发生国际收支逆差时，政府将采取紧缩性的财政政策，通过影响社会的收入水平，以降低本国消费者对外国商品与服务的需求。具体表现为：通过提高税率，增加税收，减少政府购买，削减政府开支，从而减少投资与消费，抑制社会总需求，减少进口，以达到改善贸易收支和国际收支逆差的效果。当一国发生国际收支顺差时，政府可以采取扩张性的财政政策。具体表现为：削减税收，降低税率，增加政府购买和转移支付支出，从而刺激消费与投资的增加，增加社会总需求，以达到改善贸易收支和国际收支顺差的效果。

可见，通过财政政策以调节国际收支不平衡主要是通过调节社会总需求、国民收入的水平来起作用的，这一过程的最中心环节是社会企业和个人的"需求伸缩"，它在不同体制下作用的机制和反应的快慢程度是不同的。在这一过程中，所谓社会、企业和个人的"需求伸缩"是指相关的消费群体，能够明确政府实施紧缩性或扩张性财政政策的目的。政府的目的是试图通过这些政策，影响社会的收入水平和社会总需求，减少或增加消费者对外国进口商品的需求，达到改善国际收支不平衡的目的。如果社会在政府实施紧缩性财政政策时，不能因此减少需求（包括对外国进口商品的需求），或在政府实施扩张性财政政策时，不能因此增加需求（包括对外国进口商品的需求），则政府试图以财政政策调节国际收支的效果就难以达到。

3. 货币政策

货币政策是政府货币当局通过调整货币供应量来实现国民经济需求管理的政策，这一政策的主要政策工具是再贴现率、法定存款准备金率和公开市场操作。货币供应量的变动会引起社会的国民收入、价格水平和利率的变动，所以货币政策也成为一国调节国际收支的重要手段之一。

再贴现率政策。再贴现是指中央银行对商业银行及其他金融机构的放款利率，商业银行把商业票据出售给中央银行，中央银行按贴现率扣除一定利息后再把贷款加到商业银行的准备金账户上，或者是商业银行以自己持有的政府债券作担保向中央银行借款。贴现率政策是中央银行通过变动给商业银行及其他金融机构的贴现率以调节货币供应量，扩大或缩小信贷规模，吸引或排斥国际短期资本的流出入，以达到调节国际收支的目的。

法定存款准备金率。如果中央银行降低法定存款准备金率（扩张性的货币政策），就会增加国内的货币供给和信贷规模，从而增加国民收入与社会总需求，增加进口，降低国际收支顺差规模。相反，如果中央银行提高法定存款准备金率（紧缩性的货币政策），就会减少国民收入和降低社会总需求，从而减少对国外进口商品的需求，遏制国际收支逆差状况。

应当指出的是，在货币当局运用货币政策调节国际收支时，利率是最重要也是最直接的政策手段，因为一国市场上的利率水平的升降是影响国际资本流动的最直接和最重要因素。一般地，当一国出现国际收支逆差时，政府通过提高利率，引起资本流入，改善一国资本与金融账户收支状况；当一国出现国际收支顺差时，政府通过下调利率，引起资本流出或减少资本流入规模，降低一国资本与金融账户盈余规模。运用利率政策调节国际收支的局限性主要是：其一，利率的高低只是影响国际资本流向的因素之一；其二，国内投资、消费要对利率升降有敏感反应，且进出口商品的需求与供给弹性要足够大；其三，利率的升降可能对国际收支调节有作用，但也可能对国内经济产生负面影响，引起内外部经济平衡的冲突。

4. 汇率政策

汇率政策是指一国货币当局通过改变汇率来消除国际收支逆差或顺差的政策。当一国发生国际收支逆差时，中央银行可以采取措施，促使本币贬值，从而使以外币表示的本国出口商品价格相对降低，增加本国商品在国际市场上的竞争力，以扩大出口，减少进口，导致国际收支逐步趋向平衡。当一国发生国际收支顺差时，可以使本币升值，从而增加进口，减少出口，遏制国际收支顺差的进一步扩大。值得注意的是，汇率调整政策是指一国货币当局宣布的法定贬值或升值，不包括国际金融市场上一般性的汇率变动，且汇率调整的目的在于通过改变外汇供求关系，以改变进出口商品的相对价格，所以它主要是针对国际收支的货币性不平衡而采取的调节措施。

与财政政策和货币政策相比，对国际收支的调节无论是表现在经常账户、资本与金融账户还是储备账户上，汇率政策都更为直接与迅速。但其局限性也是非常明显的。这是因为，一国货币当局试图通过本币贬值的方式达到促进出口并抑制进口，进而改善国际收支的政策效果，要受以下因素的影响：一是一国出口商品的需求弹性和进口商品的需求弹性的大小，即应满足马歇尔—勒纳条件；二是国内是否有闲置资源的存在，即国内是否实现了充分就业；三是本币贬值所带来的本国贸易品与非贸易品之间的价格差，是否能维持较长的时间。一般而言，价格差维持的时间越长，则本币贬值改善本国国际收支的作用越大。

5. 直接管制政策

直接管制政策是指政府对国际经济交易采取直接行政干预的政策。通过紧缩性财政政策和货币政策，以及汇率政策这样的经济杠杆来调节长期性、结构性的国际收支不平衡，必须通过市场机制才能发挥作用，并且政策发挥作用的时间滞后较长，难以在短期内达到预期的目的和效果。为此，当一国出现结构性逆差时，许多国家政府常常通过其对对外经济交易的直接管制来恢复国际收支平衡。

作为国际收支调节政策的直接管制通常包括外汇管制和贸易管制两种。外汇管制的内容非常广泛，作为调节国际收支政策的外汇管制，一般地可分为对汇价的管制和对外汇交易量的管制两种。贸易管制主要是通过关税、配额、许可证制度来控制进出口。如当一国发生国际收支逆差时，采取保护性的外贸政策，提高进口关税，实行进口许可证制度和进口配额制度。直接管制的国际收支调节政策，主要是通过影响社会对外国进口商品获得的难度，以此来减少消费者对外国商品和劳务的需求量。

直接管制政策的实施有利有弊。直接管制的优点是不需要通过市场机制的传递，效果显著，立竿见影；缺点是会扭曲价格机制，不利于市场在资源配置中基础性作用的发挥，并且容易招致他国的反对或报复，甚至可能违反国际贸易组织的相关规则。具体而言，直接管制的主要弊端可以概括为以下几个方面：第一，直接管制是对市场机制的扭曲，限制了商品和生产资源的市场化合理流动。直接管制可能会因为进口商品价格的不利变动，从而不利于本国经济发展所必需的生产设备和技术产品的进口，最终影响本国经济的可持续发展。第二，直接管制容易引起贸易伙伴国的报复。直接管制措施易于察觉，因而比汇率调整和财政货币政策更易招致他国的责难或报复。一旦贸易伙伴国采取相应的报复性措施，往往会导致贸易国之间持久的贸易战，这种状况必然不利于交易双方之间正常贸易关系的发展。第三，直接管制政策的实施可能产生某种长期持续的倾向。暂时得到政策措施保护的受益者，在这种措施已经变得没有必要之后，也总是不愿让之废止。第四，由于直接管制实际上是一种行政性管制手段，对相应的政府工作人员的政治与业务素质都是一种考验，否则就会滋长官僚作风，严重的会导致贿赂和腐败的产生，显然这种结果对政府职能部门工作效率的提高有直接的负面影响。

6. 融资政策

这一政策措施主要指政府通过在国内市场或直接在国际金融市场融资的方式，弥补一国国际收支不平衡的缺口。在内部融资方面，一国可直接动用本国政府的官方储备，或在当国家储备有限的情况下，必要时动员和集中国内居民手中持有的外汇来满足国家对外支付的需求；在外部融资方面，可通过从国外政府、国际金融机构或国际金融市场的资金融通，暂时缓解本国国际收支逆差状况。

通过对内与对外融资政策解决国际收支支付困难的问题，对一国而言可能是一种迫不得已的选择，因此，在采用这一政策措施时，必须注意的是，一是从国内居民持有的外汇资产的属性看，它本身属于居民的个人资产，随意征用可能导致政府公信力的某种缺失，因此，在早期的某些发展中国家，政府往往采取严格的外汇管制办法，通过对国内居民的兑换管理和限制，以加强国家对外汇的集中管理和使用。二是从国外政府和国际金融组织融资，都是以本国与国外政府和国际组织之间良好的经济与政治合作关系为基本前提的，同时也必须防止这种融资可能隐含的某种附加条件；而直接来源于国际金融市场的融资，还应当考虑到本国国际收支的未来状况，防止国际收支的持续恶化可能引发的偿债困难。三是充分认识这些融资政策与措施效果的有效性问题。融资措施只能暂时缓解和应付国际收支逆差，它无法改变本国国际收支的变动趋势，因此不能从根本上解决国际收支逆差的问题，尤其是长期的持续性的巨额逆差。

从上述分析可以看出，一国国际收支不平衡的调节政策措施很多，而且每一种调节措施都有各自的特点，有利也有弊，对国际收支不平衡调节的侧重点也有差异，因此一国在具体调节国际收支不平衡的时候，选择恰当有效的调节方式就显得十分重要。一般而言，要注意根据国际收支不平衡产生的不同原因来选择调节措施，以做到有的放矢，达到事半功倍的效果。此外，还要注意的是，由于每一种国际收支政策都存在优缺点，所以政策的相互搭配和补充也是非常必要的。

第二节　国际收支调节理论

国际收支理论是国际金融学的基本理论问题，它分析的是一国国际收支的决定因素与保持国际收支平衡的适当政策。早在重商主义时代，重商主义者就注重对贸易收支问题的研究，进入 20 世纪以后，随着国际经济关系的发展，对世界各国来说，国际收支的调节显得越来越重要，有关国际收支的调节理论也应运而生。在这里我们主要对弹性分析理论、吸收分析理论、货币分析理论以及有关开放经济条件下的政策搭配原理做出说明。

一、弹性分析法

1937 年剑桥大学经济学家琼·罗宾逊在研究汇率波动与进出口之间的关系时，以马歇尔微观经济学和局部均衡分析方法为基础，不仅考虑进出口需求弹性，还加入了进出口供给弹性，正式提出弹性理论；1944 年美国经济学家勒纳在研究进出口供求弹性既定下一国采取货币贬值对国际收支的影响时，提出了马歇尔—勒纳条件。从内容上看，弹性分析理论的主要目的是着重考察货币贬值取得成功的条件。

(一) 弹性分析法的假设条件及弹性的概念

弹性分析法研究的是经常账户下的贸易收支均衡，这种局部均衡的成立必须有特定的前提条件。其基本假设条件有：(1) 它只考虑在进出口市场上汇率变化的影响而假设其他条件不变（收入、其他商品价格、消费偏好等经济条件不变）；(2) 没有资本流动，国际收支就等于贸易收支；(3) 进出口商品的供给有完全弹性。

在这里，所谓弹性是指需求量（供给量）变动的百分比除以价格变动的百分比，称为需求（供给）对价格的弹性。根据弹性定义，在进出口方面，有四个弹性，即进出口商品的供给弹性（分别用 S_m 和 S_x 表示）和进出口商品的需求弹性（分别用 E_m 和 E_x 表示）。弹性值的计算方法为：

$$弹性值 = 数量变动的百分比 / 价格变动的百分比$$

(二) 马歇尔—勒纳条件

根据弹性分析法，如果一国的出口商品的供给具有完全弹性，即供给弹性无穷大，因此，只要一国的进出口需求的价格弹性很大，即进出口需求对在汇率变化后的价格变动相当敏感，那么货币当局如果使本国货币汇率贬值，使得用外币表示的本国出口商品价格相对下降，外国进口商品的本币价格相对上升，在这种进出口商品价格相对变动的前提下，出口需求就会大幅度增长，而进口需求也会大幅度下降，由此可以增加出口，减少进口，最终改善本国的贸易收支。弹性分析法之所以假定供给弹性无穷大，是因为它假定了在国内非充分就业的状态下，大量的闲置资源（如劳动力、生产资料及技术等）的存在，可为出口商品的供给提供条件，满足出口需求扩大的要求，即出口量的扩大是没有问题的，出口需求的增加不会因为出口商品供应不足而无法实现。进一步地讲，上述原理可以做如下表述，即一国通过本国货币的汇率贬值以改善本国贸易收支的前提条件是，必须满足进出口商品的需求弹性之和的绝对值大于1，这就是马歇尔—勒纳条件，其数学表达式为：

$$|E_m + E_x| > 1$$

在上式中，E_m 和 E_x 分别为进口需求的价格弹性和出口需求的价格弹性。

对汇率、进出口变动的相关分析研究表明，当 $|E_m + E_x| > 1$ 时，货币贬值可以促进出口，减少进口，从而改善国际收支；当 $|E_m + E_x| = 1$ 时，货币贬值会使进出口商品数量发生改变，但是进出口值保持不变，国际收支状况保持不变；当 $|E_m + E_x| < 1$ 时，货币贬值导致出口收入下降，而且下降的幅度大于进口支出减少的幅度，国际收支逆差进一步扩大。由此我们可以看出，采用货币贬值手段改善贸易收支逆差的充分条件是 $|E_m + E_x| > 1$。如果该条件能够实现，即本国和外国的需求价格弹性很大，且其和的绝对值大于1，那么贸易收支状况会因本币贬值而得到改善。其具体的调节过程是，一国货币贬值后，从出口商品来看，以外币表示的价格下降，可能导致出口量增加，但出口值能否增加，取决于国外的需求弹性。弹性越大，出口总值的增加就会越多。从进口商品来看，贬值后进口商品的本币价格上升，进口数量随之减少，但进口额的下降取决于进口商品的需求弹性。弹性越大，进口额减少就越多。

（三）J 曲线效应

马歇尔—勒纳条件表明，只要进口和出口的数量对汇率的变动能做出比较充分的反应，本币贬值就可以改善本国的贸易收支。然而，在现实中，如果说随着时间的推移，这种比较充分的反应有可能实现，但在短期内，这种反应存在时滞，因而可能很不充分，从而使马歇尔—勒纳条件短期内得不到满足。其现实状况可能是，在贬值发生的初始阶段，贸易收支不会立即改善，反而可能急剧恶化，随即将是一段时间的缓慢恶化，经过一段时间之后，进出口开始做出反应，贸易收支将逐渐改善。在图形上，贸易收支在货币贬值后先恶化，后经一段时间后的逐渐改善的变化过程，近似英文字母"J"，因而人们形象地将本币贬值后贸易收支改善的这种时滞现象称为"J 曲线效应"（见图 2-5）。

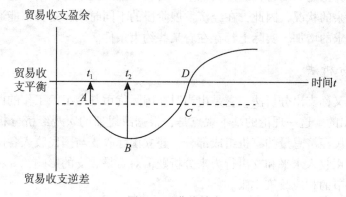

图 2-5　J 曲线效应

本币贬值对贸易收支的有利影响之所以会产生 J 曲线效应，主要是因为存在着以下几种时滞：（1）认识时滞，指新价格信息不能立即为交易双方所掌握；（2）决策时滞，贸易商认识到货币贬值带来的物价变动后，需要一定的时间来判断价格变化的重要性，然后才能作出改变进出口数量的决定；（3）订货时滞，指需要一定的时间来定购新的商品和劳务；（4）替代时滞，指在定购新商品之前先要耗用完库存商品或报废掉目前尚有价值的机器设备；（5）生产时滞，指面对出口商品需求的增加，生产商很难立即获得足够的资金、人力资源等用以迅速增加或转产商品和劳务。另外，在贬值之前签订的协议仍需按原来的协议执行，出口数量不能增加以冲抵出口外币价格的下降，进口数量不能减少以冲抵进口价格的上升，于是，贸易收支趋向恶化。由于上述原因的存在，在短期内，贬值之后有可能使贸易收支首先恶化，但是经过一段时间后，到了数量调整阶段，进出口数量不仅能够变动，而且其变动的幅度将逐渐增大并越过价格变化的幅度，从而贸易收支将逐渐从逆差走向平衡，并最终得到改善。

（四）对弹性分析法的基本评价

国际收支的弹性分析法以微观经济学为基础，从分析汇率变动对进出口的影响入手，揭示了货币贬值引致进出口商品价格与进出口商品数量变化之间的相互关系，进而对一国如何通过汇率变动以调节一国的国际收支（贸易收支）提供了某种思路。从客观上讲，弹性分析理论反映了世界市场发展变化中的一些实际情况，其理论的重要贡献在于，正确地指出了只有在一定的进出口供求弹性的条件下，货币贬值才能改善一国的贸易收支状况，从而纠正了那种认为货币贬值一定能改善贸易收支的片面看法，这一点在现今仍然有现实意义。

弹性分析理论的局限性也是相当明显的。首先，它是一种局部的均衡分析方法，即假设其他条件不变，仅仅从汇率变动与进出口贸易之间的相互关系中，说明了影响一国贸易收支的因素，而忽视了其他因素对贸易收支的影响作用；其次，这一理论以国内外存在大量的闲置资源未充分利用为条件，并由此得出供给有完全弹性的假定，实际上这一假定在现实中并非总是存在的，换言之，供给弹性总是有限的。从现实观察来看，在一国经济发展的不同阶段，无论是劳动力，还是其他生产资料和生产技术的供给，总是存在着某种相对稀缺或相对剩余的状况，因此，在经济发展阶段的不同时期，是否都能通过增加生产以满足出口商品需求的增加，实际上都存在着某些约束条件。

二、吸收分析法

吸收分析法又称支出分析法，它是由当时在国际货币基金组织工作的西德尼·亚历山大于 1952 年提出的。这一理论的基本观点是，根据凯恩斯的宏观经济分析方法，将国际收支作为整个国民经济总量的有机组成部分，建立国际收支与国民收入各决定变量之间的数量关系，主张用收入水平和支出行为来分析贬值对贸易收支的影响，并在此基础上，提出了国际收支调节的相应政策主张。

（一）基本理论

在凯恩斯主义宏观经济理论中，一个最基本的关系式是国民收入恒等式：

$$Y=E=C+I+G+（X-M）\tag{2-1}$$

其中，Y 表示国民收入，E 表示国民支出，C 表示消费，I 表示投资，G 表示政府购买，X 表示出口，M 表示进口，$X-M$ 为净出口。把这一公式移项、整理后，得：

$$X-M=Y-（C+I+G）\tag{2-2}$$

如果以 B 代表国际收支经常账户差额，以 A 代表国内支出总额（亚历山大称之为"吸收"，即国民收入被国内吸收的部分），将 A、B 代入（2-2）式，则有：

$$B=Y-A\tag{2-3}$$

这就是国际收支吸收分析法的基本公式。亚历山大赋予这一会计恒等式以逻辑上的因果关系，认为右端（$Y-A$）为因，左端 B 为果，并由此得出结论：国际收支不平衡的根本原因是国民收入与国民支出的总量失衡。若总收入大于总吸收，该国就会出现国际收支顺差；若总收入小于总吸收，该国就会出现国际收支逆差；若国民收入等于总吸收，该国国际收支平衡。因此，一国国际收支失衡最终要通过改变总收入或总吸收来调节。当国际收支出现逆差时（$B<0$），可以通过增加总收入（Y）或减少总吸收（A）来调节；当国际收支出现顺差时，则相反。

吸收论将一国的贸易收支与该国的国民收入（或产出）、总支出（或总吸收）等变量联系起来，更为直观地说明了一国的贸易收支与这些因素之间的相互关系，即如果产出超过吸收，多余的产出就会通过出口贸易渠道输出到国外，其对应的就是贸易顺差；如果产出不能满足吸收，外国的产出就会通过进口贸易渠道输入本国，其对应的就是本国的贸易逆差。

（二）吸收分析法的基本评价

国际收支的吸收分析法建立在凯恩斯宏观经济学基础之上，采用一般均衡的分析方法，将国际收支和整个国民经济的诸多变量联系起来考察，从而克服了弹性分析理论的局限性。同时，吸收分析理论还有强烈的政策配合的含义。如当国际收支出现逆差时，在采用货币贬值的同时，若国内存在闲置资源时（即指经济处于衰退和非充分就业状态时），应采用扩张性财政政策来增加收入（扩大生产和出口）；若国内各项资源已达到充分就业，经济处于高涨时期时，应采用紧缩性财政政策来减少吸收（即社会需求），从而达到一国的内部与外部的均衡。

吸收分析理论的主要缺陷在于，假定贬值是出口增加的唯一原因，并以贸易收支代替国际收支，因而它的分析显然有不全面之处。另外，它也没有考虑本币贬值后相对价格的变动在国际收支调整中的作用，也没有考虑贸易伙伴国进出口对本国进出口、收入以及价格的影响等。

三、货币分析法

20 世纪 60 年代末 70 年代初，罗伯特·蒙代尔和哈里·约翰逊等人将起源于芝加哥学派的货币主义向国际经济领域延伸和扩展，形成了国际收支的货币理论。国际收支货币理论从货币的角度，考察了国际收支不平衡的原因并提出了相应的政策主张。

（一）货币分析法的前提假设

货币分析法有三个基本假定：

（1）如果一国处于充分就业的均衡状态下，那么它的实际货币需求是收入和利率等变量的稳定函数。

（2）假设购买力平价长期内成立，即存在一个高效率的世界商品市场和资本市场，而贸易商品的价格又由世界市场决定，那么从长期看，一国价格水平接近于世界商品市场价格水平，利率水平接近于世界资本市场利率水平。

（3）从长期看，货币需求是稳定的，货币供给的变化不会影响到实物产量。

（二）货币分析法的基本理论

货币分析法的基本公式：

$$M_s = m\ (D+R) \tag{2-4}$$
$$M_d = Pf\ (Y,\ i) \tag{2-5}$$
$$M_s = M_d \tag{2-6}$$

其中，M_s 表示名义货币供应量；M_d 表示名义货币需求量；m 为货币乘数，为了分析的方便，我们取 $m=1$；D 为国内提供的货币供应基数，即中央银行的国内信贷或支持货币供给的国内资产；R 为来自国外的货币供应基数，它通过国际收支盈余获得，以国际储备作为代表；M_d 表示名义货币需求量；P 为本国价格水平；Y 为国民收入；i 为利率水平；$f(Y,i)$ 表示对实际货币存量的需求；$Pf(Y,i)$ 表示对名义货币存量的需求；$Ms=M_d$ 是货币市场的均衡方程，表示一国的名义货币供应量等于名义货币需求量，货币市场处于均衡状态。我们取 $m=1$，可得：

$$M_d=M_s=D+R \tag{2-7}$$

$$R=M_d-D \tag{2-8}$$

或写成：

$$\Delta R=\Delta M_d-\Delta D \tag{2-9}$$

（2-9）式就是货币分析法的基本方程式。ΔR、ΔM_d 和 ΔD 分别表示国际储备的变动（此处代表国际收支的变动）、名义货币需求的变动和国内名义货币供应量的变动。从这一方程式中，我们可以看出：

（1）国际收支是一种货币现象，国际收支问题本质上是一个货币问题，它是名义货币需求与国内货币供应量的函数。

（2）国际收支逆差（或顺差），实际上就是因为一国国内的货币供应量超过（或小于）名义货币需求量。由于货币供给变动不影响实物产量，所以在价格不变的情况下，多余（或不足）的货币就要寻找出处（或弥补）。对个人和企业来说，就会增加（或减少）货币支出，调整持有的货币余额；对国家而言，过剩的货币会流往国外（或表现为国际资本的流入），产生国际收支逆差（或顺差）。

（3）国际收支问题，实际上反映的是实际货币余额对名义货币供应量的调整过程。只有当名义货币供应量与实际货币余额需求（由就业水平、国民收入等实际经济变量决定）一致时，国际收支才会达到平衡。

（三）货币分析法对收支不平衡的调节

货币分析法对国际收支不平衡的调节，主要包括以下两个方面：

（1）一国国际收支的不平衡是暂时的，可以通过货币调节机制自行消除，不可能长期存在下去。当 $\Delta D>\Delta M_d$ 时，国际收支出现逆差，该国国际储备会下降，基础货币 $D+R$ 下降，导致 M_s 数倍下降（乘数效应），最终达到 $M_s=M_d$，国际收支恢复平衡；当 $\Delta D<\Delta M_d$ 时，国际收支出现顺差，该国国际储备增加，基础货币 $D+R$ 上升，导致 M_s 数倍增加，直到 $M_s=M_d$ 时，国际收支恢复均衡。

（2）货币分析法主张实行浮动汇率制。在浮动汇率制下，国际收支不平衡可以立即由汇率的自由波动得到纠正。当一国发生国际收支逆差时，该国货币立即贬值，居民持有的货币余额下降，于是就会减少支出，增加货币余额的积累。当名义货币需求上升到将多余的货币供给完全吸收时，国际收支就会实现平衡。若出现国际收支顺差，则调节刚好相反。因而在浮动汇率制下，国际收支不平衡可以由汇率的自由波动予以纠正，不会发生国际储备的流出入，因为货币当局掌握着对货币供给的自主权，可以根据实际情况，相机决策，适时干预，而在固定汇率制下却做不到这一点。在固定汇率制下，国际收支的不平衡会导致国际储备的流动，使货币当局丧失控制货币供应和国内货币政策的自主权。

四、国际收支的政策配合理论

对于一国政府而言，在保持充分就业与物价稳定的前提下，促进本国经济的增长，是政府的重要经济目标，也是一国的内部平衡问题。与此同时，随着世界经济的发展和各国之间经济交往关系的深入发展，一国内部的经济发展与国际经济之间的联系也在与日俱增，本国经济的发展与国际经济之间的联系，通过贸易、投资与金融交易等诸多渠道，把国内经济与国际经济紧密地联系在一起。随着一国开放经济的发展，国际经济与金融环境的变化也会对国内经济产生某些冲击。在这一背景下，对政府而言，如何在保持国内经济增长的同时，处理好以国际收支平衡为内容的外部平衡，通过政策组合与搭配达到内外部之间的均衡发展，是开放经济条件下，各国政府在政策选择问题上面临的重大议题。

（一）内部平衡与外部平衡的冲突

政府的宏观经济目标一般包括内部平衡和外部平衡两个方面。内部平衡一般是指经济增长、充分就业和物价稳定，这三个目标概括了使经济处于合理运行状态的主要条件。一般而言，经济增长往往伴随着通货膨胀，而低通货膨胀或通货紧缩则会导致高失业率。所以，封闭经济中政策调控的主要课题是协调这三者的冲突。外部平衡通常是指国际收支平衡。在开放经济条件下，国际收支平衡成为宏观调控的目标之一，此时政策调控要求解决以上三个内部平衡的目标与国际收支平衡这一外部平衡目标之间的冲突。所以在开放经济条件下，政府一方面要保持内部平衡的实现，避免通货膨胀、失业等宏观经济的不平衡，促进经济的稳定增长；另一方面，政府又要利用国际经济往来，通过商品、劳务、资金的流动来增加本国福利。对面临着外部与内部平衡问题的政府而言，理想的状态是确保或维持内外平衡的统一，然而在现实中，由于受到诸多因素的影响，内部平衡和外部平衡两大政策目标之间往往会产生某种冲突。如果不考虑汇率变化这一因素，一般而言，造成内外部平衡之间冲突的主要原因可归纳为：一是国内经济条件的某些变化；二是国际经济波动的传递效应；三是国际游资的冲击。

1977年诺贝尔经济学奖获得者、英国经济学家米德在他1951年发表的《国际收支》一文中，首次提出了在固定汇率制度下内外部平衡的冲突问题。米德认为，由于实行的是固定汇率制度，因此政府不能通过调整汇率的方式来调节经济，政府只能借助诸如财政政策或货币政策以调节社会总需求的办法，实现对宏观经济的管理。在这种状态下，当采用某一种政策努力实现某一均衡目标时，这一措施可能会同时造成开放经济下另一均衡的被破坏，从而在开放经济运行的特定区间内，便会出现内外平衡难以兼顾的情形，这就是"米德冲突"。依据内外不均衡的具体情况，可以将一国在不同时期面临的内外部经济问题划分为4种组合，每种组合对应一种情形（见表2-1）。

表 2-1 　　　　　　　　　　固定汇率制下内外失衡的各种组合

情形	内部失衡	外部失衡
1	经济衰退或失业增长	经常账户逆差
2	经济衰退或失业增长	经常账户顺差
3	通货膨胀	经常账户逆差
4	通货膨胀	经常账户顺差

在表 2-1 中，针对 4 种情形组合，情形 2 和情形 3 不存在政策目标冲突的问题，在两者之间政府同一种宏观经济政策实施的效果是一致的，而情形 1 和情形 4 则存在着政策目标的冲突。这种冲突和一致的基本含义是，冲突意味着用一种政策解决内部失衡的问题，却难以解决外部失衡，反而可能使外部失衡更加严重；而一致意味着，用一种政策解决内部失衡问题的同时，外部失衡的问题也可能得到某种缓解或解决。

具体而言，在情形 2 和情形 3 中，以情形 2 为例，为了解决内部失衡的经济衰退或失业增长问题，政府应采用扩张性的财政政策或货币政策，扩大就业、提高国民收入水平和增加社会总需求；这一政策措施针对外部失衡而言，由于就业和国民收入的增长与社会总需求的扩大，可能导致进口的某种增加，从而解决外部的经常账户的顺差问题，使外部失衡的现象趋于改善。在情形 3 中，政府应采用紧缩性的财政政策或货币政策，通过紧缩性的政策不仅可解决内部的通货膨胀问题，外部失衡问题也可能因为紧缩政策，降低国民收入水平和社会购买能力，从而达到减少进口而相对增加出口来改善经常账户逆差状况。

与情形 2 和情形 3 相反，在情形 1 和情形 4 中，以情形 1 为例，为了解决内部失衡的经济衰退或失业增长问题，政府应采用扩张性的财政政策或货币政策，但这一政策措施针对外部失衡而言，由于扩张性政策的刺激，经常账户的逆差会因为社会总需求的扩张带来进口的进一步增长，从而使外部失衡的问题更趋严重。在情形 4 中，政府如果采用紧缩性的政策解决内部失衡问题，外部失衡的经常账户的顺差状况，会因为进口的下降和出口的相对上升不能得到解决。

可见，在国内经济与国际经济相互交错与纷繁复杂的背景之下，一国面临的需要通过政策措施加以解决的经济问题会变得越来越多，多样性的问题单凭一种政策工具实际上无法解决，需要政府采用多种政策的组合与搭配，才能使具体的政府政策针对具体的政府经济目标，有目的地和有针对性地加以实施，以充分发挥各种政策措施的效能。

针对政府政策工具与政府经济目标问题，1969 年第一届诺贝尔经济学奖获得者荷兰经济学家丁伯根指出，由于政府经济目标的多样性，政府必须用多种政策工具与多种政策目标相匹配，即一种政策工具只能用于实现一个经济目标，有 n 种经济目标，政府需要有 n 种有效的政策工具与之相适应，丁伯根的这一主张被称作为"丁伯根原则"。从理论意义上讲，丁伯根原则所强调的政策工具与政策目标之间的有效配合，为开放经济条件下内外冲突理论的进一步发展提供了理论基础，也为实践中的各国政府的经济政策的制定提供了某种思路。然而，丁伯根原则虽然强调了政策工具与政策目标之间的配合问题，但在现实中，由于各种政策工具实际上是由政府的不同决策部门掌握的，而且各种政策工具针对不同的政策目标也存在着不同的效果，因此，如何根据各种政策工具对政府不同经济目标的最大有效性，以便政府决策部门更有针对性地进行选择和指派，需要做进一步的研究，以满足政府实际经济调节的需要。有关政策搭配与政策指派的问题，澳大利亚经济学家斯旺于 1955 年提出的用支出转换性政策与支出增减型政策搭配以解决内外部冲突问题的理论研究，和 1999 年诺贝尔经济学奖获得者蒙代尔于 1962 年提出的关于政策指派的有效市场分类原则，比较好地从理论上解决了这一问题。

（二）斯旺模型①

斯旺模型所强调的重点是，为实现一国的内外部平衡，必须进行支出转换型政策与支出增减型政策的搭配使用。根据对需求的不同影响，国际收支调节政策可分为支出转换型政策和支出增减型政策两大类。支出转换型政策是指不改变社会总需求和总支出的数量而只改变需求和支出方向的政策，这一类政策主要有汇率政策、补贴政策以及直接管制等。以汇率政策为例，本币汇率的贬值引起进出口商品价格的相对变动，即用外币表示的出口商品的价格下降，用本币表示的外国进口商品的价格上升，价格的相对变动，将导致原来消费外国进口商品的社会需求可能转而消费国内的进口替代品，从而使社会支出的方向发生了转换。直接管制政策则通过增加了国内消费者获得外国进口商品的难度，从而促使消费者的支出方向发生转变，在这一方面与汇率政策的效果一致。支出增减型政策是指改变社会总需求或国民经济中支出总水平的政策。这类政策的目的在于通过改变社会总需求或总支出水平，来改变对外国商品、劳务和金融资产的需求，从而达到调节国际收支的目的。这一类政策主要有财政政策和货币政策。

这里用图形来分析如何进行搭配以实现内部平衡和外部平衡。为分析的简便，我们假定：（1）不存在国际资本的流动，国际收支即为贸易收支；（2）在总需求开始超过充分就业的产出水平之前，价格保持不变。

图 2-6 中，横轴表示国内支出（消费、投资、公共支出）或需求，并主要通过财政政策与货币政策等支出增减型政策的运用来体现，向右表示支出扩张，向左表示支出收缩；纵轴表示汇率（直接标价法），并主要通过汇率政策的运用加以体现，R 向上代表本币贬值或外币升值，R 向下代表本币升值或外币贬值。

图 2-6 中的 EB 曲线是外部平衡线，它代表使外部平衡得以实现的汇率（R）和国内支出（D）的各种组合。EB 线是一条从坐标的左下方向右上方倾斜的曲线，它表示，当外汇汇率上升时，贸易收支随之上升，为维持外部平衡，国内支出必须上升，以刺激进口，因此，EB 线是一条向右上方倾斜的斜率为正的曲线。

图 2-6 中的 IB 线是内部平衡线，它代表使内部平衡得以实现的汇率（R）和国内支出（D）的各种组合。IB 线是一条从坐标的左上方向右下方倾斜的曲线，它表示，当外汇汇

---

①　本节中的斯旺模型和蒙代尔有效市场指派原则的内容，主要参考王广谦. 20 世纪西方货币金融理论研究. 经济科学出版社，2003：306-307；奚君羊. 国际金融学. 上海财经大学出版社，2013：148-152.

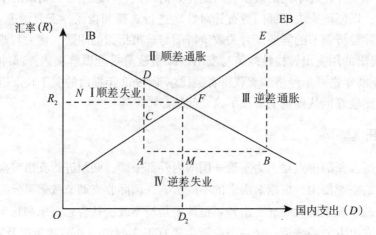

图 2-6　斯旺模型：支出转换型政策与支出增减型政策的搭配

率上升时，出口增加，进口减少，贸易收支相应上升。为抑制由此引发的经济扩张和价格上升，根据吸收论观点，为维持内部平衡，则国内吸收（国内支出）必须下降。因此，IB 线是一条向右下方倾斜的斜率为负的曲线，即较高的外汇汇率必须与较低的支出水平相对应，而较低的外汇汇率则需要和较高的支出水平相对应。

　　图 2-6 中的 EB 和 IB 线上的点，分别代表经济达到各自的均衡点，即 EB 线上任意一点都意味着外部平衡，而线外的任意一点都意味着外部失衡；同理，IB 线上任意一点都意味着内部平衡，而线外的任意一点都意味着内部失衡。只有当在 EB 和 IB 的交点 F 时，内外平衡才可同时实现，因为该点同时落在内部平衡与外部平衡线上，它也是政府宏观经济管理的目标。

　　IB 线的左边表示通货紧缩，右边表示通货膨胀；EB 线的右边表示国际收支逆差（赤字），左边表示国际收支顺差（盈余）。于是，EB 线和 IB 线将平面分成四个区域，其所表示的内外平衡的经济状态分别为：

　　Ⅰ（外部顺差+内部失业）；Ⅱ（内部通货膨胀+外部顺差）；Ⅲ（内部通货膨胀+外部逆差）；Ⅳ（内部失业+外部逆差）。

　　由图 2-6 所示，针对内外部平衡的不同经济状态，以下对斯旺模型的政策搭配原理进行说明：

　　当宏观经济处于内外失衡状态时，如图中的 A 点，政府可以采用支出增减型政策和支出转换型政策的搭配，使经济状态达到内外部平衡的均衡点 F。在 A 点上，经济处于内部失业与外部逆差同时并存状态，为达到 F 点，政府的理想做法是，使汇率（R）与国内支出（D）同时交互上升，即运用支出增减型政策将国内支出（D）提高到 D_2，同时运用支出转换型政策将汇率（R）提高到 R_2，才能使 A 点的内外部失衡的经济状态逐渐达到 F 点。如果在这一过程中，政府只运用支出增减型政策提高国内支出，该国可以获得内部平衡，甚至进一步地提高国内支出，使 A 点到达 IB 线上的 B 点，显然会导致更大规模的逆差（外部不平衡）；或者，只运用支出转换型政策提高汇率（R 上升），该国可以获得外部平衡（EB 线上的 C 点），甚至当 R 进一步上升时，一直到达 IB 线上的 D 点，该国可获得内部平衡，但却不能同时取得内外部均衡。

与此同时，如果该国实现了一种经济状态的平衡（即经济状态处于除 F 点之外，但处在 EB 线或 IB 上），是否需要有政策的搭配呢？从实际分析看，在这种状态下，仍然需要有政策的相对搭配。例如，IB 线上的 B 点。在 B 点上，该国经济实现了内部平衡，如果意欲达到外部平衡，使 R 上升到达 EB 线上的 E 点，然而在 E 点上虽然外部平衡了，但内部却重新陷入不平衡状态。因此，在此种情况下，该国仍然需要运用两种政策的搭配使用，除非当该国经济状态恰好处在经过 F 点的垂直或水平线上时（如图中的 M 或 N 点），政府才只需要运用一种政策工具即可达到内外平衡的状态（在 M 点上单一地运用支出转换型政策提高汇率，在 N 点上单一地运用支出增减型政策增加国内支出）。

以上分析表明，基于一国经济均衡状态的不同现实，为实现内外部平衡的经济目标，一国政府内外部平衡政策的关键是，在充分研究和掌握本国的内外部经济发展状态的前提下，在最大程度上更为精准地确立本国内外部均衡的经济点位，从而为政府选择和搭配运用恰当的汇率政策和财政货币政策提供强有力的支撑。

（三）蒙代尔模型

蒙代尔模型的核心观点是，对于一国而言，财政政策和货币政策在解决内外部平衡冲突中的作用效果是不一样的，两相比较，财政政策对解决内部平衡更有效果，而货币政策对解决外部平衡更有效果，因此，财政政策可着重用于解决内部平衡，而货币政策可着重用于解决外部平衡，只有两种政策同时交互使用，才能最终实现内外部平衡的经济目标。这就是蒙代尔政策指派原理的基本思想。根据这种指派法则，下面我们使用图形进行进一步的说明（见图 2-7）。

如图 2-7 所示，横轴表示预算，代表财政政策，纵轴表示利率，代表货币政策。预算增加意味着财政政策的扩张，利率的上升意味着紧缩性货币政策。

FF 曲线为外部平衡线，代表使国际收支实现平衡的预算和利率的各种组合。如果实行扩张性的财政政策，则总需求增加，进口增加，国际收支逆差，为此，要提高利率，增加资本净流入，以维持国际收支平衡。因此，FF 线为正斜率。FF 线左上方任意一点都意味着国际收支顺差，FF 曲线右下方任意一点都意味着国际收支逆差。

YY 曲线为内部平衡线，代表使国内平衡得以实现的所有预算和利率的组合。我们知道，当实现扩张性财政政策时，会提高总需求水平，而提高利率会减少投资与消费，压缩总需求，维持总供给与总需求的平衡。因此，为了维持内部平衡，利率必须随着预算的增加而提高。故 YY 曲线也是正斜率的。值得注意的是，虽然 FF 线和 YY 线都为正斜率，但是由于资本流动的利率弹性大于投资的利率弹性，所以 FF 线比 YY 线更为平缓。YY 线的左方意味着通货紧缩和失业，YY 线的右方意味着国内出现通货膨胀。

于是，FF 线和 YY 线将平面分成四个区域，分别所表示的内外平衡状况为 I（通货膨

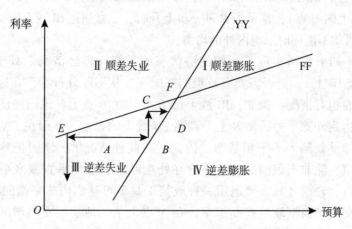

图 2-7　财政政策和货币政策的指派与搭配使用

胀+顺差）、Ⅱ（失业+顺差）、Ⅲ（失业+逆差）、Ⅳ（通货膨胀+逆差）。

　　根据上述图示与原理，现假定该国经济位于Ⅲ区域的 A 点，即逆差与失业并存的状态，有两种政策搭配方式可供选择：一种是以财政政策来解决失业问题，以货币政策来解决逆差问题。从 A 点开始，先实行扩张性的财政政策解决失业问题，到达 B 点后实现内部平衡，但仍存在国际收支逆差；再由 B 点开始实行紧缩性的货币政策，到达 C 点，实现国际收支平衡，C 点上同样出现了内部不平衡，但此时的失业已有所减少。为此，政府还需要如此进行财政政策与货币政策的持续搭配使用，直至达到内外平衡点 F，即两条线的交叉点上，最终实现该国的内外部同时平衡的目标。反之，若以财政政策来解决逆差（外部失衡），以货币政策来解决失业（内部失衡），则其调节结果会离两条线的相交点 F 越来越远。根据图 2-7，从 A 点开始，若先以紧缩性财政政策来解决逆差，到达 E 点实现了外部平衡，但却使失业增加了；再从 E 点实现扩张性的货币政策来解决失业问题，但却导致逆差进一步扩大，如此下去，只会偏离内外平衡点越来越远。

　　以上分析表明，为了同时实现经济的内部平衡和外部平衡，最佳搭配方式是利用财政政策以达到内部平衡，利用货币政策以达到外部平衡，如果政策指派出现失误，则不仅不能实现内外部平衡，反而会使内外部冲突问题更加严重。这种对财政政策和货币政策的指派与搭配使用，正是蒙代尔政策指派原理的主要内容。

　　蒙代尔模型的精妙之处，在于指出了财政政策和货币政策在解决一国内外部冲突矛盾中的不同作用与效果，并通过两种政策的指派与搭配使用，实现内外部均衡的经济目标。这一思想，为各国在经济实践中，如何借助宏观经济政策解决内外部经济矛盾与冲突，提供了一种政策思路和实施的基本路径。当然，从对现实经济观察来看，理论上讲，一国的财政政策和货币政策既可用来解决内部平衡，也可用来解决外部平衡，究竟哪种政策对解决内外部平衡矛盾更有效果，还需通过具体的政策实施的效果来加以判断和取舍。

第三节　中国的国际收支及其调节

一、中华人民共和国成立以来我国国际收支管理的沿革及改革开放后的变化

改革开放之前，我国的国际收支随着社会主义经济建设的发展，经历了从狭义的外汇收支到广义的国际收支的发展过程。从中华人民共和国成立初期到改革开放之前，由于受传统的计划经济影响，我国只编制外汇收支平衡表，以反映我国对外贸易和非贸易的收支状况，而对于大量的对外援助支付以及后来援款的归还，我国均是以财政开支来处理，并没有单独编制对国外资金的收支情况报表。显然，这样的平衡表不能反映我国与国外的资金往来的情况。

改革开放以后，随着社会主义经济建设的发展，特别是随着我国改革与开放事业的深入推进与社会主义市场经济体制建立以来，中国积极发展与世界各国之间的经济技术合作。30多年来的改革开放历程，中国与世界各国之间的经济、政治、文化等各方面的交往有了巨大的发展，不仅对外贸易和利用外资的规模有了前所未有的扩大，而且旅游、金融、保险等各种服务贸易及对外承包、文教、科技等非贸易往来也取得了长足的进步。国际经济交往的这种发展变化反映在我国的国际收支中，不仅表现在经常账户有了很大的增长，而且表现在资本与金融账户的地位也显著提高，国际收支的规模持续扩大。为此，必须建立一套既适合我国国情，又符合国际通行标准的完整的国际收支平衡表，以真实地反映我国对外经济交易的发展状况。1980年我国正式恢复了在国际货币基金组织和世界银行中的合法席位，根据有关规定，作为国际货币基金组织的成员国，我国有义务向该组织定期呈报国际收支平衡表。因此，中国政府从1980年起开始建立国际收支统计制度，从1985年起陆续公布我国的国际收支平衡表，1997年后国际收支平衡表按照《国际收支和国际投资头寸手册》第五版编制，近年来则按国际货币基金组织《国际收支和国际投资头寸手册》第六版编制。

根据新的编制原则与我国的具体实际，我国国际收支平衡表所反映的对外经济交易，既包括我国与外国之间也包括内地与香港、澳门、台湾地区之间的经济交易。根据《国际收支和国际投资头寸手册》第六版的账户设置，我国国际收支平衡表分为经常账户、资本与金融账户，以及净误差与遗漏账户。不仅如此，为进一步更直观地反映我国国际收支的实况与对比分析的方便，国家外汇管理局近年来在公布以美元计值的国际收支平衡表的同时，也公布以人民币计值的国际收支年度表（另分别公布有以美元和人民币计值的国际收支季度统计表）。值得注意的是，储备资产账户并没有作为单独账户单列，而是作为资本与金融账户下的二级账户来记录。对储备资产变动额的这种处理方式，与过去将这一账户单列相比，无疑增大或降低了我国资本与金融账户的差额。这是因为，按照国际收支平衡表对一国储备资产变动的记录原则，与国际收支其他项目的记录方式正好相反，增加记为"－"，减少记为"＋"，因此，当某一时期储备资产变动表现为增加时，就会相应增大我国资本与金融账户的逆差额，而当某一时期储备资产变动表现为减少时，就会相应

增大我国资本与金融账户的顺差额。表 2-2 是按照第六版账户设置编制的我国 2010—2015 年的国际收支平衡表、国际收支状况及具体的账户设置情况（以美元计值）。

表 2-2　　　　　　　　　　　中国国际收支平衡表（年度表）　　　　　单位：亿美元

项目	2010 年	2011 年	2012 年	2013 年	2014 年	2015 年
1. 经常账户	2378	1361	2154	1482	2774	3306
贷方	17959	22087	23933	25927	28047	26930
借方	−15581	−20726	−21779	−24445	−25273	−23624
1. A 货物和服务	2230	1819	2318	2354	2627	3846
贷方	16039	20089	21751	23556	25242	24293
借方	−13809	−18269	−19432	−21202	−22616	−20447
1. A. a 货物	2464	2287	3116	3590	4350	5670
贷方	14864	18078	19735	21486	22438	21428
借方	−12400	−15791	−16619	−17896	−18087	−15758
1. A. b 服务	−234	−468	−797	−1236	−1724	−1824
贷方	1175	2010	2016	2070	2805	2865
借方	−1409	−2478	−2813	−3306	−4528	−4689
1. A. b. 1 加工服务	251	263	256	232	213	203
贷方	252	265	257	233	214	204
借方	−1	−2	−1	−1	−1	−2
1. A. b. 2 维护和维修服务	0	0	0	0	0	23
贷方	0	0	0	0	0	36
借方	0	0	0	0	0	−13
1. A. b. 3 运输	−290	−449	−469	−567	−579	−370
贷方	342	356	389	376	382	386
借方	−633	−804	−859	−943	−962	−756
1. A. b. 4 旅行	−91	−241	−519	−769	−1293	−1781
贷方	458	485	500	517	1054	1141
借方	−549	−726	−1020	−1286	−2347	−2922
1. A. b. 5 建设	94	110	86	68	105	65
贷方	145	147	122	107	154	167
借方	−51	−37	−36	−39	−49	−102
1. A. b. 6 保险和养老金服务	−140	−167	−173	−181	−179	−44

续表

项目	2010 年	2011 年	2012 年	2013 年	2014 年	2015 年
贷方	17	30	33	40	46	50
借方	−158	−197	−206	−221	−225	−93
1. A. b. 7 金融服务	−1	1	0	−5	−4	−3
贷方	13	8	19	32	45	23
借方	−14	−7	−19	−37	−49	−26
1. A. b. 8 知识产权使用费	−122	−140	−167	−201	−219	−209
贷方	8	7	10	9	7	11
借方	−130	−147	−177	−210	−226	−220
1. A. b. 9 电信、计算机和信息服务	64	89	108	95	94	131
贷方	105	139	162	171	202	245
借方	−41	−50	−55	−76	−107	−114
1. A. b. 10 其他商业服务	5	72	87	99	155	189
贷方	−176	564	510	572	689	584
借方	182	−492	−424	−473	−534	−395
1. A. b. 11 个人、文化和娱乐服务	−2	−3	−4	−6	−7	−12
贷方	1	1	1	1	2	7
借方	−4	−4	−6	−8	−9	−19
1. A. b. 12 别处未提及的政府服务	−2	−3	−1	0	−10	−15
贷方	10	8	10	12	11	11
借方	−11	−11	−10	−12	−20	−26
1. B 初次收入①	**−259**	**−703**	**−199**	**−784**	**133**	**−454**
贷方	1424	1443	1670	1840	2394	2278
借方	−1683	−2146	−1869	−2624	−2261	−2732
1. B. 1 雇员报酬	122	150	153	161	258	274
贷方	136	166	171	178	299	331
借方	−15	−16	−18	−17	−42	−57
1. B. 2 投资收益	−381	−853	−352	−945	−125	−734
贷方	1288	1277	1500	1662	2095	1939

① 国际货币基金组织《国际收支和国际投资头寸手册》（第六版）将经常项下的"收益"名称改为"一次收入"，将"经常转移"名称改为"二次收入"。

35

续表

项目	2010 年	2011 年	2012 年	2013 年	2014 年	2015 年
借方	−1669	−2130	−1851	−2607	−2219	−2673
1. B. 3 其他初次收入	0	0	0	0	0	7
贷方	0	0	0	0	0	8
借方	0	0	0	0	0	−2
1. C 二次收入	407	245	34	−87	14	−87
贷方	495	556	512	532	411	359
借方	−88	−311	−477	−619	−397	−446
2. 资本和金融账户	−1849	−1223	−1283	−853	−1692	−1424
2.1 资本账户	46	54	43	31	0	3
贷方	48	56	45	45	19	5
借方	−2	−2	−3	−14	−20	−2
2.2 金融账户	−1895	−1278	−1326	−883	−1691	−1427
资产	−6536	−6136	−3996	−6517	−5806	−491
负债	4641	4858	2670	5633	4115	−936
2.2.1 非储备性质的金融账户	2822	2600	−360	3430	−514	−4856
资产	−1819	−2258	−3030	−2203	−4629	−3920
负债	4641	4858	2670	5633	4115	−936
2.2.1.1 直接投资	1857	2317	1763	2180	1450	621
2.2.1.1.1 资产	−580	−484	−650	−730	−1231	−1878
2.2.1.1.1.1 股权	−622	−577	−728	−882	−1423	−1452
2.2.1.1.1.2 关联企业债务	43	92	78	153	192	−426
2.2.1.1.2 负债	2437	2801	2412	2909	2681	2499
2.2.1.1.2.1 股权	2256	2508	2145	2654	2109	2196
2.2.1.1.2.2 关联企业债务	181	293	267	255	572	302
2.2.1.2 证券投资	240	196	478	529	824	−665
2.2.1.2.1 资产	−76	62	−64	−54	−108	−732
2.2.1.2.1.1 股权	−84	11	20	−25	−14	−397
2.2.1.2.1.2 债券	8	51	−84	−28	−94	−335
2.2.1.2.2 负债	317	134	542	582	932	67
2.2.1.2.2.1 股权	314	53	299	326	519	150
2.2.1.2.2.2 债券	3	81	243	256	413	−82

项目	2010 年	2011 年	2012 年	2013 年	2014 年	2015 年
2.2.1.3 金融衍生工具	0	0	0	0	0	−21
2.2.1.3.1 资产	0	0	0	0	0	−34
2.2.1.3.2 负债	0	0	0	0	0	13
2.2.1.4 其他投资	724	87	−2601	722	−2788	−4791
2.2.1.4.1 资产	−1163	−1836	−2317	−1420	−3289	−1276
2.2.1.4.1.1 其他股权	0	0	0	0	0	0
2.2.1.4.1.2 货币和存款	−580	−1155	−1048	−74	−1856	−1001
2.2.1.4.1.3 贷款	−210	−453	−653	−319	−738	−475
2.2.1.4.1.4 保险和养老金	0	0	0	0	0	−32
2.2.1.4.1.5 贸易信贷	−616	−710	−618	−603	−688	−460
2.2.1.4.1.6 其他	244	482	3	−423	−8	692
2.2.1.4.2 负债	1887	1923	−284	2142	502	−3515
2.2.1.4.2.1 其他股权	0	0	0	0	0	0
2.2.1.4.2.2 货币和存款	603	483	−594	758	814	−1226
2.2.1.4.2.3 贷款	791	1051	−168	934	−343	−1667
2.2.1.4.2.4 保险和养老金	0	0	0	0	0	24
2.2.1.4.2.5 贸易信贷	495	380	423	449	−21	−623
2.2.1.4.2.6 其他	−3	10	54	0	52	−24
2.2.1.4.2.7 特别提款权	0	0	0	0	0	0
2.2.2 储备资产	−4717	−3878	−966	−4314	−1178	3429
2.2.2.1 货币黄金	0	0	0	0	0	0
2.2.2.2 特别提款权	−1	5	5	2	1	−3
2.2.2.3 在 IMF 的储备头寸	−21	−34	16	11	10	9
2.2.2.4 外汇储备	−4696	−3848	−987	−4327	−1188	3423
2.2.2.5 其他储备资产	0	0	0	0	0	0
4. 净误差与遗漏	−529	−138	−871	−629	−1083	−1882

资料来源：国家外汇管理局网站《中国国际收支平衡表（时间序列数据）》。

二、中国国际收支的基本状况与特点

众所周知，一国的国际收支平衡表是分析该国对内与对外经济的重要参考与依据。中国多年来的国际收支交易反映了我国对外交易的基本情况。通过分析 21 世纪以来的中国国际收支平衡表，大致可以看出中国国际收支结构的基本特点。表 2-3 是我国自 2000 年以来国际收支主要账户的基本状况表。表中的资本与金融账户差额，2000—2009 年来自国家外汇管理局相关统计表；2010—2015 年这一差额，根据表 2-2 中的资本与金融账户剔除储备资产变动额后得出。

表 2-3　　　　　　　　　　　**1991—2014 年中国国际收支概览**　　　　　　　单位：亿美元

账户/年份	2000 年	2001 年	2002 年	2003 年	2004 年	2005 年	2006 年	2007 年
经常账户	205	174	354	431	689	1324	2318	3532
资本与金融账户	19	348	323	549	1082	953	493	942
储备资产变动	−105	−473	−755	−1061	−1901	−2506	−2848	−4607
其中：外汇储备	−109	−466	−742	−1060	−1904	−2526	−2853	−4609

账户/年份	2008 年	2009 年	2010 年	2011 年	2012 年	2013 年	2014 年	2015 年
经常账户	4206	2433	2378	1361	2154	1482	2774	3306
资本与金融账户	401	1985	2869	2655	−318	3461	−514	−4853
储备资产变动	−4795	−4003	−4717	−3878	−966	−4314	−1178	3429
其中：外汇储备	−4783	−3821	−4696	−3848	−987	−4327	−1188	3423

第一，经常账户和资本与金融账户除个别年份外出现持续的双顺差，从而使国际收支总体上保持了长期的顺差状态，但近年来这种双顺差状态，在国家相关政策的引导与我国对外开放新格局下，逐步得到调整。2000 年后，我国的经常账户顺差从 2000 年的 205 亿美元，到 2005 年达到 1324 亿美元，规模上翻了近 7 倍，在以后年份虽有波动，但都保持在较高水平。在资本与金融账户方面，顺差保持多年来的大规模增长，只是到了 2012 年后才有小规模的逆差，但 2015 年这一账户的逆差达到创纪录的 4853 亿美元，其主要体现在境内主体对外投资的增加和对外负债的减少。资本与金融账户这一变化格局的出现，一方面表现为境内主体参与国际经济活动的活跃度上升，直接投资和证券投资资产继续增加并且比 2014 年多增 53% 和 5.8 倍；另一方面也反映了我国企业对外债务的去杠杆化，如其他投资负债项下由 2014 年的净流入转为净流出①。从国家新的开放战略上看，2015 年我国政府与相关企业借助"一带一路"的相关战略，对与这一战略相关的 49 个国家进行了直接投资，投资额同比增长 18.2%；同年，我国承接"一带一路"相关国家服务外包合同金额达 178.3 亿美元，执行金额 121.5 亿美元，同比上年分别增长 42.6% 和 23.45%。

第二，经常账户中的货物项目的持续增长，是经常账户持续顺差的重要原因。相反，经常账户中的服务与收入项目特别是收入项目则出现持续的逆差，由于这些项目逆差的存在，巨额的贸易顺差需要弥补服务与收入项目的逆差，从而导致经济账户的顺差有所下降。

---

① 国家外汇管理局国际收支分析小组 . 2015 年中国国际收支报告，http：//www.safe.gov.cn.

第三，资本与金融账户顺差增长的主渠道是外商对华直接投资的持续增长，大量的外商对华直接投资，不仅成为资本与金融账户持续顺差的主渠道，而且它还是我国外汇储备增长的重要渠道。

第四，随着我国国际收支双顺差局面的出现，外汇储备的规模大幅度增长。从20世纪90年代中期开始，我国外汇储备增长迅速，由于1994年1月1日我的外汇体制改革政策的实行，仅1994年一年中国外汇储备就净增304亿多美元。表2-3显示，2000—2014年我国的国际储备出现持续的大规模增长态势，外汇储备的增长是国际储备增长的根本原因。由于国家外汇储备资产规模的持续上升，使我的对外支付能力、平衡国际收支的能力以及应付国际国内经济波动的能力稳步提升，但同时外汇储备增长所带来的对国内宏观经济的压力与来自国际层面的经济摩擦也在不断增大。近年来以及未来一段时期内，我国外汇储备规模的某种调整，正是国家加强对外汇储备管理与合理运用的具体体现。2015年国家外汇储备规模净减少3423亿美元，这与我国政府加强对外汇储备的运用管理、实施新的对外开放战略，以及大力推进人民币跨境贸易计价结算与投资的人民币国际化战略密切相关。

三、我国国际收支的调节

根据我国经济发展的总体目标以及对外经济发展的需要，在国际收支调节政策的选择上应当注意做到，一是要按照我国经济发展的要求以及现有的金融与货币制度的实际，对国际收支进行调节；二是要注重调节政策所具有的阶段性特点，即根据经济发展的不同阶段，选择与实施不同的国际收支调节政策；三是要对调节政策进行组合搭配，并针对不同原因所产生的国际收支不平衡，科学合理地选择符合中国经济与社会发展战略的调节政策；四是要注意国际收支调节政策可能产生的对他国的影响，以避免政策的实施可能带来的来自于其他国家的阻力甚至报复。

从我国经济发展的实际来看，国际收支的调节政策与策略大致有这样的选择。第一，适当的货币政策与财政政策。针对国际收支的不同状况，选择运用扩张性或紧缩性的财政货币政策。第二，合理运用调节国际收支平衡的汇率政策，以促进经济的内部平衡与外部平衡。在国际收支的调节政策中，汇率政策是一种比较直接且见效也相对较快的调节政策。在运用汇率政策调节国际收支时，应注意汇率政策的适度性问题，同时汇率调整也是一个最为敏感的经济因素，汇率的稳定与否直接关系到投资者对货币的信心，并最终会影响到对整个经济的信心。第三，适当运用直接管制措施。直接管制是目前大多数发展中国家实行的一种重要的调节国际收支的措施，这是由发展中国家的经济发展水平、经济结构以及管理能力和市场的发育程度所决定的。无疑，我国在这些方面与发达国家相比还有较大的差距，因此我国在选择国际收支调节政策时保持一定数量的直接管制，对维护我的经济利益和发展对外经贸关系仍然具有积极意义。第四，国际收支的调节政策应与我国新的对外开放格局与开放战略的基本进程相适应，通过实施新的对外开放战略和大力推进人民币的跨境贸易结算与投资，推进人民币国际化战略的稳定实施。

【案例 2-1】

中国国际收支运行的新常态

一、我国跨境资金双向波动更加明显

1. 国际收支进一步趋向基本平衡

经常项目收支继续保持基本平衡。从国际收支口径看，2014 年前三季度，我国经常项目顺差 1527 亿美元，同比增长 10%，经常项目顺差与 GDP 之比为 2.2%，虽然较 2013 年全年水平回升了 0.2 个百分点，但仍在国际合理标准以内，显示人民币汇率趋于均衡合理水平。

资本项目由大量净流入转为持续净流出。第一季度，经常项目顺差 70 亿美元，资本项目顺差 940 亿美元；第二、第三季度，经常项目顺差分别增至 734 亿和 722 亿美元，资本项目却转为分别逆差 162 亿和 90 亿美元。前三季度，资本项目累计顺差 687 亿美元，同比大幅下降 65%。第四季度仍呈现"经常项目顺差、资本项目逆差"的国际收支格局。

外汇储备增长势头趋于放缓。第一季度，在"双顺差"的推动下，国际收支口径的外汇储备资产增加 1258 亿美元。第二、第三季度，尽管经常项目顺差随货物贸易盈余增长而大幅扩张，但因为"经常项目顺差、资本项目逆差"，外汇储备资产分别增加 228 亿和减少 1 亿美元。前三季度，外汇储备资产增加 1481 亿美元，同比下降 51%。

"藏汇于民"和"债务去杠杆化"是第二季度以来资本项目逆差的主要原因。第二季度，经常项目与直接投资差额之和为 1127 亿美元，较第一季度增长 86%，但非直接投资资本流动（即证券投资与其他投资差额之和）由第一季度净流入 401 亿美元转为净流出 549 亿美元，减少 950 亿美元，基本可以解释为同期储备资产较第一季度少增 1032 亿美元的原因。具体来看：证券投资净流入 146 亿美元；其他投资由第一季度净流入转为净流出 695 亿美元，其中资产方净流出 1176 亿美元，负债方仍为净流入 483 亿美元。资产方的净流出反映了第二季度外汇存款增加 652 亿美元，而外汇贷款下降 23 亿美元，银行将当期外汇贷存差 675 亿美元存放或拆放境外，可见"藏汇于民"是第二季度其他投资净流出的主要原因。第三季度，经常项目与直接投资差额之和为 1167 亿美元，较第二季度增长 4%，但非直接投资资本流动净流出 537 亿美元，环比少流出 12 亿美元，低于同期储备资产较第二季度少增 224 亿美元的水平。具体来看：证券投资仍为净流入 235 亿美元；其他投资净流出 772 亿美元，环比增长 11%，其中资产方净流出 656 亿美元，负债方由第二季度的净流入转为净流出 116 亿美元。资产方的净流出显示"藏汇于民"仍是非直接投资资本净流出的重要原因。负债方逆转则主要反映了第三季度进口贸易融资余额减少 365 亿美元，而第一、第二季度分别为增加 241 亿美元和 187 亿美元，因此负债去美元化是第三季度非直接投资资本净流出的又一重要原因。

2. 外汇供过于求的矛盾明显缓解

银行即期结售汇由年初较大顺差转为逆差。2014 年第一季度，外汇市场供过于求的矛盾较为突出，银行结售汇顺差达到 1592 亿美元，为历史最高水平。第二季度，在国内外经济金融形势变化、人民币汇率市场化形成机制改革取得较大进展等因素推动下，外汇净流入压力大大缓解，当季结售汇顺差降至 290 亿美元，同比和环比分别下降 21% 和 82%。第三季度，结售汇转为逆差 160 亿美元，第四季度逆差环比上涨 1.9 倍至 465 亿美元。全年，银行结售汇顺差 1258 亿美元，较 2013 年下降 53%。

银行远期结售汇由大量净结汇转为基本平衡。2014 年前 5 个月，远期结售汇签约连续顺差，但月均顺差规模由 1—2 月的 240 亿美元降为 3—5 月的 17 亿美元。6 月以来，远期结售汇顺逆差交替出现，但绝对规模均不大，月均顺差 4 亿美元。全年远期结售汇签约顺差 561 亿美元，较 2013 年下降 58%。

外汇市场由年初偏流入转为偏流出压力。第一季度，反映零售市场外汇供求状况的银行"即远期结售汇顺差"（银行结售汇差额与未到期远期净结汇余额变动合计）1649 亿美元，第二季度降至 25 亿美元，市场供求逐步实现了自主性平衡；第三、第四季度，外汇市场逐渐转为供不应求，银行结售汇分别为逆差 305 亿美元和逆差 513 亿美元。全年，即远期结售汇顺差 856 亿美元，较 2013 年下降 74%。

3. 跨境资金流动的两个明显背离

贸易投资差额与结售汇差额变动相背离。2014 年下半年，中国进出口顺差屡创新高。第三、第四季度，海关统计的外贸进出口顺差合计达 2778 亿美元，同比增长 84%，较前两个季度增长 1.7 倍；中国利用外资规模也保持基本平衡。但 7—12 月，反映零售市场外汇供求状况的银行即远期结售汇连月逆差，累计逆差达 818 亿美元，这说明其他渠道的资金流出已可以在短期内抵消贸易投资顺差。

本外币正向利差与套利资金流向相背离。近期，虽然国内融资成本有所回落、美联储逐步退出量化宽松货币政策，但人民币利率仍然持续高于美元利率。尽管如此，下半年境内主体却延续债务去美元化的调整，第三、第四季度境内外汇贷款余额分别下降 212 亿美元和 187 亿美元，第一、第二季度分别为增加 626 亿美元和下降 23 亿美元；海外代付、远期信用证等进口跨境融资余额分别减少 365 亿美元和 512 亿美元，第一、第二季度分别增加 241 亿美元和 187 亿美元。此外，3 月人民币汇率双向波动后，境内反映利差交易货币吸引力的人民币套利交易夏普比率经历了由负转正、大幅回升的变化，但并没有随之出现套利资金流入。

二、多因素共同推动我国跨境资金流动发生较大变化

1. 人民币汇率双向波动的政策效果逐步显现

"新汇改"后人民币汇率弹性明显增强。1994 年初汇率并轨以来，人民币对美元汇率长期单边走强，到 2013 年底，中间价较并轨初期累计升值 43%。2014 年初，人民币汇率中间价和交易价连创 1994 年并轨以来新高。然而，正当市场惊呼人民币汇率即将进入"5 时代"之际，2 月中旬尤其是 3 月 17 日"新汇改"以来，人民币汇率一改单边走势，境内外人民币汇率交易价和中间价同时走低，5 月以来又先后小幅反弹，总体呈现有涨有跌的双向波动格局。同时，进入 4 月以后，境内外人民币对美元交易价出现时强时弱的交替变化。2014 年，中间价以及境内外即期交易价分别累计贬值 0.4%、2.4% 和 2.6%。

　　汇率双向波动触发了市场主体的适应性调整。第二季度以来，企业结汇意愿减弱、购汇动机增强。衡量企业和个人结汇意愿的银行代客结汇占涉外外汇收入的比重（即结汇率）总体下降，由第一季度的77%降至第二季度的68%，下半年为70%；衡量购汇动机的银行代客售汇占涉外外汇支付的比重（即售汇率）呈上升态势，由第一季度的61%升至第二季度的69%，下半年为72%。企业由此开启了"资产外币化、债务去杠杆化"的财务运作调整，境内外汇贷存比（贷款/存款）由年初的125%逐步回落至12月末的99%。

　　2. 境内外经济金融运行状况发生变化

　　从国际看，全球经济走势分化且新兴经济体进一步承压。当前，世界经济呈现不平衡的缓慢复苏格局。美国经济持续向好，欧元区经济仍旧疲弱，日本经济步履蹒跚，新兴市场增长动力减弱。国际货币基金组织连续四次下调2014年世界经济增长预估值，并称世界经济正步入不温不火低增速的"新平庸"时期。由于经济复苏状况不同，2013年以来主要经济体货币政策走势分化，美元汇率逐步恢复强势，这加剧了全球金融市场和国际大宗商品市场的调整。2014年9月，我国境内外汇市场供求突然出现较大的负缺口，就是在国内8月主要经济金融指标偏弱、世界经济增长继续放缓、美元汇率明显走强等内外部偏空因素的叠加作用下，境内市场作出的强烈反应，同时也反映了跨境资本流动从前期"加杠杆"转向"去杠杆"所引发的"钟摆效应"。近期，地缘政治冲突、重大疫情等突发事件此起彼伏，更是进一步加剧了市场情绪、投资风险偏好的波动。

　　从国内看，经济增长放缓、美元升值等因素进一步分化人民币汇率预期。在经济增长速度换挡期、经济结构调整阵痛期、前期刺激政策消化期"三期"叠加的背景下，我国经济总体保持在合理区间运行，但也面临经济下行压力的挑战。2014年第三季度中国GDP同比增长7.3%，较第二季度回落0.2个百分点；12月，官方制造业采购经理人指数降至50.1，为18个月以来最低。11月、12月进出口顺差虽然高达545亿和496亿美元，但被市场普遍认为是由于进口下降，体现了国内需求不足和经济下行风险加大，人民币汇率预期也进一步分化。在这种情况下，市场不可避免地对中国的投资风险重新评估，对人民币资产重新定价。再加上外部的美元指数走强（2014年累计上升超过12%，且主要体现在下半年），共同带动境外人民币对美元交易价率先下行，9月以来CNH相对CNY呈现贬值且价差较4—8月有所拉宽。由于境外结汇汇率价格优于境内、境内购汇汇率价格优于境外，企业在具有真实贸易背景的前提下，倾向于将出口收入在境外结汇、进口支付从境内购汇。

　　3. 市场和政策因素推动境内外贸易融资大幅下降

　　从借贷企业角度看，为应对美联储购债逐步缩减和人民币汇率双向波动等挑战，一些境内企业主动收缩了对外负债。同时，随着2014年上半年企业外汇存款大幅增加，境内银行体系美元流动性大幅改善，境内外美元利差收窄，企业境外借美元、境内存外汇的动力减弱，9月以来出现外汇存款和贷款双降局面。从放贷银行角度看，出于对资产质量恶化和风险事件的担忧，相关监管部门加强了针对大宗商品贸易融资的调查，银行更加重视风险管理和控制，压缩甚至暂停了相关业务的开展。境外贴现行由于担心融资产品违约问题也收紧了相关业务。

三、当前我国跨境资金流出压力是预期的适度的调整

当前外汇市场的调整符合调控和改革方向，特别是"藏汇于民"和"债务去杠杆化"的调整路径，从宏观上来讲有利于外汇供求平衡，改善宏观调控，从微观上来讲有利于企业部门减少货币错配，更好地应对资本流动的冲击。考虑到随着人民币汇率形成市场化改革不断推进，央行逐步淡出常态式外汇市场干预，将来必然是贸易顺差越大、资本流出越多，外汇供求才能自主性平衡。未来，"经常项目顺差、资本项目逆差"，应该成为中国国际收支调节的合意状态。

目前的资本流出在可承受的范围之内。2014年我国跨境资金总体净流入的格局并未改变，全年银行结售汇和涉外收付款都是顺差，外汇储备总体也是增加的。而且，当前外汇供不应求的缺口有限，2014年11月、12月外汇供求缺口，由9月、10月的两三百亿美元收敛至百亿美元左右。对于人民币汇率波动，目前市场只是在进行适应性调整，并没有出现恐慌性的囤积外汇。外汇市场仍然保持了平稳运行，外汇流动性充足，企业用汇需求能够得到充分保证。

人民币汇率是双向波动而非趋势性贬值。2014年2月中旬以来，人民币汇率开始有所走低。全年，人民币兑美元汇率中间价、境内人民币兑美元交易价以及境外人民币兑美元交易价仅下跌了0.4%、2.4%和2.6%。这一变动幅度，与过去20年的升幅相比并不算多。另外，人民币对主要贸易伙伴货币的汇率总体也继续偏强，BIS公布的人民币名义和实际有效汇率分别上涨了6.4%和6.2%。同时，境内外远期市场出现人民币贴水，即未来人民币对美元汇率贬值，主要反映的是本外币利差方向，而非贬值预期，显示我国外汇市场逐渐趋近于利率平价理论所反映的成熟外汇市场运行状态。

我国跨境资金流动主导因素从贸易投资转向经济基本面。前述两个"明显背离"表明，影响中国跨境资本流动的因素正日趋多样化、复杂化。除传统的贸易、利差因素外，其他国内外经济基本面因素也为市场日益关注，进而影响市场主体的风险偏好和财务运作。与此同时，境内外汇市场的多重均衡特征更加凸显，在进出口顺差和本外币正利差的给定条件下，外汇市场既可能供大于求，也可能供不应求，跨境资本流动的波动性加大。

总体而言，今后一段时期，我国将继续呈现"经常项目收支基本平衡、跨境资本流动双向波动"的国际收支格局。当境内外因素偏多时，跨境资本流入较多，境内市场外汇供大于求，且供求缺口可能超过贸易顺差；当境内或境外因素偏空，尤其是境内外偏空因素叠加时，跨境资本流出压力加大，境内市场外汇供求趋向基本平衡，供求缺口小于贸易顺差，甚至有可能出现外汇供不应求。对于跨境资金流动可能出现的这种双向振荡格局，市场各方必须做好应对预案，管好敞口风险，防患于未然。

资料来源：本案例根据国家外汇管理局国际收支司司长管涛《国际收支运行新常态》一文整理所得。原文载《中国金融》2015年第4期。

【复习思考题】

一、基本概念

国际收支政策调节　　自主性交易　　补偿性交易　　结构性不平衡

货币性不平衡　　收入性不平衡　　吸收分析法　　弹性分析法

马歇尔-勒纳条件　　"J曲线效应"　　货币分析法　　内部平衡

外部平衡　　支出增减型政策　　支出转换型政策　　斯旺模型　　蒙代尔模型

二、问答题

1. 如何理解国际收支不平衡的基本含义？

2. 国际收支的自动调节机制有哪些？

3. 国际收支的政策调节有哪些？

4. 国际收支不平衡的主要原因是什么？

5. 国际收支不平衡的经济影响有哪些？

6. 简述开放经济条件下内外部冲突的基本理论。

7. 当前中国国际收支的基本特点及主要调节措施有哪些？

【主要参考文献和阅读书目】

1. 克鲁格曼等著：《国际金融》（第10版），中国人民大学出版社2016年版。

2. 蒙代尔著：《蒙代尔经济学文集卷三：国际宏观经济模型》，中国金融出版社2009年版。

3. 奚君羊主编：《国际金融学》（第2版），上海财经大学出版社2015年版。

4. 裴平主编：《国际金融学》（第4版），南京大学出版社2013年版。

5. 姜波克主编：《国际金融学编》（第四版），复旦大学出版社2010年版。

6. 梅德平主编：《国际金融学》，中国经济出版社2004年版。

7. 王广谦主编：《20世纪西方货币金融理论研究：进展与述评》，经济科学出版社2003年版。

8. 国家外汇管理局：《2015年中国国际收支报告》，http：//www.safe.gov.cn。

第三章　外汇与汇率

外汇是国际商品流通和货币收支往来的产物，而货币的收支必然涉及汇率的确定与变动。在当今世界经济一体化的背景下，汇率的升降不仅是一国经济发展的"风向标"，同时对世界经济也会产生深远的影响，因此，对外汇和汇率的研究成为国际金融学科最基本的组成部分之一。本章主要介绍外汇的含义及作用、汇率的概念及其标价方法、汇率决定的基础、汇率变动及其对经济的影响，最后介绍西方主要汇率理论。

第一节　外　汇

一、外汇的含义及其特征

（一）外汇的含义

"外汇"（Foreign Exchange）具有动态（Dynamic）和静态（Static）两种含义。动态的外汇是国际汇兑的简称。它是指一种活动，或者说是一种行为，即把一种货币兑换成另一种货币，借以清偿国际债权债务关系的一种专门性的经营活动。动态的外汇侧重于外汇兑换的交易过程。而静态的外汇又有狭义和广义之分。狭义的静态外汇是指一国持有的、用外国货币表示的，为各国普遍接受的，可用于国际债权债务结算的支付手段。广义的静态外汇是指一切用外币表示的资产。我们一般所指的外汇，是指狭义的静态外汇。必须指出的是，各国在不同时期对外汇有着不同程度的理解，并且随着国际货币体系的改革与变迁，外汇的概念也处在不断发展变化中。

国际货币基金组织（IMF）对外汇的界定是："外汇是货币当局（中央银行、货币管理机构、财政部等）以银行存款、财政部库券、长短期政府证券等形式所保有的在国际收支逆差时可以使用的债权。"按此定义，国际货币基金组织所说的外汇是就其静态定义而言的。

《中华人民共和国外汇管理条例（2008）》第三条规定，外汇是以外币表示的可以用作国际清偿的支付手段和资产，包括：（1）外币现钞（纸币、铸币）；（2）外币支付凭证或支付工具，包括票据、银行存款凭证、银行卡等；（3）外币有价证券，包括债券、股票等；（4）特别提款权；（5）其他外汇资产。显然，我国政府的规定也是从静态角度来定义的。

与国际货币基金组织对外汇的定义相比，我国对外汇的界定有两个特点：一是不强调官方持有性，二是外汇不仅包括生息资产，也包括外国货币和支付凭证等流通手段。

国家间发生的债权、债务问题必须按约定的条件清偿。例如，从国外进口货物，必须向国外商人支付货款。不同国家的货币制度不同，一国货币不能在另一国流通使用，所以外汇成为清偿国际债权与债务关系的重要手段。对进出口商而言，进口商购买外国商品时，要用本国货币购买以外国货币表示的支付手段（即外汇）来对外支付；出口商向国外出口货物时，收取到的以外国货币表示的支付手段（即外汇），必须换成本国货币方可在国内使用。

（二）外汇的特征

外汇是用外币表示的资产，但并不是所有的外国货币都能成为外汇，一种外国货币只有同时具有以下特征才能称为外汇。

（1）可兑换性①。外汇的可兑换性是指能够自由兑换成其他国家的货币或购买其他信用工具以进行多边支付的性能。由于各国或地区的货币制度不同，外汇管理制度存在差异，一国的货币一般不能在另一国流通使用。为了清偿由于对外经济交易而产生的国际债权与债务关系，为了在国与国之间进行某种形式的单方面转移（如经济援助、侨民汇款等），被各国普遍接受为外汇的货币必须是能够不受限制地按照一定比例兑换成别国货币及其他形式的支付手段，否则要在实行不同货币制度的国家或地区间进行收付是不可能的。凡是不能兑换成其他国家货币的外国货币，不能视为外汇。例如，日元可以自由兑换成美元、欧元、英镑等其他国家或地区的货币，因而日元对日本以外的其他国家的人来说就是一种外汇。我国人民币由于不能自由兑换成其他国家的货币，对中国以外的其他国家的人来说就不能称作外汇，而仅仅是一种外币。

一国货币是否具有充分的可兑换性一般是与该货币发行国的经济实力密切相关的；另外，它还与该国进出口能力的大小、进出口贸易的自由程度以及一国的汇率政策等因素密切相关。

（2）可补偿性。即这种外币资产是可以保证得到偿付的。空头支票、遭拒付的汇票等就不能视为外汇。一个国家的货币能普遍地被其他国家接受为外汇，这实际上反映了该国具有相当规模的生产能力和出口能力，或者该国丰富的自然资源正是其他国家所缺乏的，其货币的偿付可以得到充分的保证；反之，假如一国的经济规模较小而且是低效率的，自然资源是贫乏的，其出口产品在国际市场上缺乏竞争力，那么该国货币往往难以被其他国家接受为外汇。另外，在多边结算制度下，在国外得不到偿付的债权是不能用来清偿该国对第三国的债务的。

（3）以外币计值或表示的可以用于对外支付的金融资产。外汇是一种金融资产，可以表现为外币资金，也可以表现为外币支付凭证或外币有价证券。外汇还必须能够对外支付，即它所代表的资金在国家间转移时不受限制或阻碍。另外，还应注意的是，用本国货

---

① 根据《国际货币基金协定》（1944 年 7 月 22 日联合国货币金融会议通过，于 1945 年 12 月 27 日生效，1969 年和 1976 年 12 月两次进行修改）第八条的二、三、四款的要求，一国货币需要满足"避免限制经常性支付"、"避免施行歧视性货币措施"，以及"兑付外国持有的本国货币"的三项要求，才具有可兑换性。如果一个成员国的货币满足以上三款要求，则该国就被称为"第八条款国"。

币表示的信用工具和有价证券不能被视为外汇。例如，对美国人而言，凡是用美元对外进行的收付都不算动用了外汇，而对其他非美元国家的人来说，用美元支付才算是动用了外汇。常用自由兑换货币名称及符号等如表 3-1 所示。

表 3-1   **常用自由兑换货币名称及标准代码**

货币符号	货币名称	中文名称	习惯写法
USD	US Dollar	美元	$
EUR	EURO	欧元	€
GBP	Pound Sterling	英镑	£
JPY	YEN	日元	JP¥
CHF	Swiss France	瑞士法郎	SF
SEK	Swedish Krona	瑞典克朗	SKr
NOK	Korwegian Krona	挪威克朗	NKr
CAD	Canadian Dollar	加拿大元	Can $
AUD	Australia Dollar	澳大利亚元	A $
SGD	Singapore Dollar	新加坡元	S $
HKD	Hong Kong Dollar	香港元	HK $
MOP	Pataca	澳门元	P/Pat
MYR	Malagsium Ringgit	马来西亚林吉特	M $
THB	Thai Baht	泰国铢	B
KRW	Korea Won	韩国元	W
SDR	Special Drawing Right	特别提款权	SDRs

二、外汇的作用

外汇是随着国际经济交往的发展而产生的，反过来，它又推动了国际政治、经济、文化交往的进一步发展，主要表现在：

（1）促进国际贸易的发展。外汇是一种国际清偿债权债务关系的重要结算工具。用外汇清偿国际债权和债务，不仅可以节省大量的运送现金的费用，降低风险，缩短支付时间，加速资金周转，而且可以通过外汇的使用扩大进出口交易的可能、扩大资金融通的范围，进而促进国际经济与贸易的发展。

（2）促进国际交往，扩大国际经济合作。在外汇业务未广泛开展之前，由于世界各国的金融制度不同，一些国家的货币难以在对方国家内流通，除了使用黄金清偿国际债权债务关系外，不同国家的购买力往往难以发生转移。然而，伴随着外汇业务的发展，在国际上利用代表外汇的各种信用工具使不同国家间的货币购买力都能得以实现，从而扩大了商品流通的范围与速度，进而极大地促进了国际经济交往，推动了国际经济合作。

（3）调节国际资金供求的不平衡。由于世界各国经济发展水平差异较大，资金余缺情况不同，客观上存在着调剂资金余缺的必要。为此，伴随着外汇业务的发展，人们可以利用外汇这种国际支付手段，办理国际长、中、短期信贷，促进国际投资活动、国际资本移动的开展，从而便利国际资金供需关系的调节，活跃资本市场。

（4）衡量一国的国际经济地位。一国外汇收入的增加，对增加外汇储备，调节国际收支，提高该国货币的币值，稳定汇率，增强对外经济地位都具有重要的作用。由于外汇代表一国的国际购买力，代表一国所拥有的债权，外汇越多意味着该国越有实力干预国际金融市场、增加本国商品在国际市场流通的速度、规模和范围，提高该国的国际经济地位。外汇与国际收支的关系十分密切，当一国国际收支出现持续顺差时，外国对本国债务增多，将产生供过于求的现象，本国国际储备的外汇也相应地增加，本国货币对外国货币的比值将随之提高，在国际上就成为硬通货。如果某国国际收支出现持续顺差，该国货币对外国货币的价值就会上涨，进而影响该国商品出口竞争力，抑制本国经济的增长。为此，该国为了避免自身经济发展受影响，将会扩大进口，增加外汇支出，千方百计地防止顺差的增长。反之，将扩大出口，增加外汇收入，减少逆差。

（5）平衡国际收支。外汇是国际金融组织和世界各国重要的储备资产。当一国由于对外贸易不平衡、非贸易往来或资本与金融账户收支不平衡而使国际收支出现逆差时，该国可以动用外汇储备予以弥补。一般情况下，一国的外汇储备越多，表明该国的国际清偿能力越强。然而一国的外汇储备并非越多越好，因为积存过多往往意味着资源的闲置和浪费。

第二节　汇率与汇率种类

一、汇率的概念

外汇作为一种资产，可以和其他商品一样进行买卖，但是商品买卖是用货币购买商品，而货币买卖却是以货币购买货币。国际经贸和非经贸往来所引起的货币收支和债权债务关系，都需要在有关国家办理相应的国际结算，而这种结算正是通过经常的、大量的货币兑换即外汇买卖来完成的。我们进行外汇买卖时，必须有一个兑换比率作为标准，通常称这个兑换比率为汇率或汇价。所谓汇率（Exchange Rate）就是用一国货币表示的另一国货币的相对价格。简言之，汇率是两国货币之间的比率。

外汇是实现两国之间商品交换和债务清偿的工具，是两种不同货币的买卖行为；而汇率是买卖外汇的价格。因此，可以说外汇是对兑换行为质的表述；汇率则是对兑换行为的量的度量。事实上，汇率解决了一单位的甲货币能兑换多少单位的乙货币的问题。

汇率作为一种交换或兑换比率，实质上反映的是不同国家货币之间的价值对比关系，它在国际经济交往中发挥着重要的作用。第一，汇率是外汇买卖的折算标准。没有汇率，外汇交易将无从谈起。第二，汇率是国内外货币价格之间的桥梁。通过汇率，人们可以将用本国货币表示的国内商品、劳务的价格转化为以外币表示的价格，反之亦然。第三，汇率可以作为调节本国经济的杠杆，通过适时的调整来实现一定时期的经济目标。第四，汇率的变动作为反映经济状况的指示器，可以提供一国经济发展、贸易及资本往来等方面的信息，为经济决策提供参考。

二、汇率的标价方法

与实物商品的标价方法不同，一种货币的汇率可以有两种不同的标价方法。这是由外汇买卖对象的特殊性决定的。因为外汇买卖业务中买和卖的对象都是货币，它们都可以用来表示商品的价格。那么，我们究竟是用甲货币来表示乙货币的价格，还是用乙货币来表示甲货币的价格呢？这正是汇率的标价方法所要解决的问题。由于两种货币都可以作为计算对方货币的基础，为此，在确定两种不同货币之间的比价时，我们首先要确定用哪个国家的货币作为标准。确定的标准不同，汇率的标价方法也就不同。

（一）直接标价法

直接标价法又称应付标价法，是以一定单位的外币为基准来计算应付多少本币。在直接标价法下，外国货币数额往往固定不变（如 1 个外币单位或 100 个、1000 个、10000 个外币单位），应付本币额随着外币币值的变化而变化。例如，在中国，美元是外汇，人民币是本币，1 美元＝6.1235 人民币元就是直接标价法。

在直接标价法下，如果一定单位外国货币所折算的本币增多了，则说明外国货币币值上升（外国货币汇率上涨），或者说本国货币币值下降（本国货币汇率下跌），反之，一定单位外国货币所折算的本国货币减少，说明外国货币贬值了（外国货币汇率下跌），本国货币升值了（本国货币汇率上升）。也就是说，直接标价法下，汇率的升降与本币对外价值的高低成反比。

目前，除美国、英国和其他欧盟极少数国家外，世界上绝大多数的国家采用直接标价法。其实，美国原来一直采用直接标价法，但第二次世界大战后，随着国际金融市场的高度发展，美元在国际支付和国际储备中逐渐取得统治地位。为了与国际外汇市场上对美元的标价相一致，美国从 1978 年 9 月 1 日起，除继续对英镑采取直接标价法外，对其他货币一律改用间接标价法公布汇价。欧元问世后，在国际金融市场上，美元对欧元采用的也是直接标价法，即用 1 欧元兑换多少美元来标价。表 3-2 是中国外汇交易中心部分交易货币汇率的行情。

表 3-2　　　　　　　　　**2016 年人民币汇率中间价列表**

日期	美元	欧元	日元	港元	英镑	林吉特	卢布
2016-06-06	654.97	743.77	6.1406	84.316	942.81	62.549	1003.79
2016-06-03	657.93	733.47	6.0431	84.678	948.3	62.884	1015.36
2016-06-02	656.88	735.5	6.006	84.545	947.06	62.965	1019.24
2016-06-01	658.89	733.08	5.9543	84.789	953.69	62.341	1010.5

续表

日期	美元	欧元	日元	港元	英镑	林吉特	卢布
2016-05-31	657.90	733.18	5.932	84.685	963.26	62.319	997.49
2016-05-30	657.84	730.15	5.9365	84.7	961.56	61.926	1011.17
2016-05-27	654.90	733.34	5.9706	84.331	960.59	61.918	1004.69
2016-05-26	655.52	731.8	5.9597	84.432	963.68	62.246	997.95
2016-05-25	656.93	731.18	5.9662	84.577	959.98	62.345	1009.05

注：人民币对林吉特、卢布汇率中间价采取间接标价法，即 100 人民币折合林吉特与卢布的数量；人民币对其他 5 种货币汇率中间价仍采取直接标价法，即 100 外币折合的人民币数量。

资料来源：根据中国外汇交易中心数据整理得出。

（二）间接标价法

间接标价法又称为应收标价法。与直接标价法不同的是，间接标价法是以一定单位的本币为基准，来计算应收多少外币。在间接标价法下，本币金额总为一定单位（如 1 单位本币或 100 个、1000 个、10000 个单位本币），外币数额则随本币币值的变化而变化。

如果一定单位的本币能兑换的外币的数额比原先少了，则说明外国货币币值上升（外国货币汇率上涨），而本国货币币值下降（本国货币汇率下跌），反之，如果一定单位的本国货币能兑换的外币的数额比原先多，则说明外国货币币值下降（外国货币汇率下跌）；本国货币币值上升（本国货币汇率上升）。

与直接标价法相反，间接标价法的汇率升降与本国货币对外价值的高低成正比。能够采用间接标价法的国家，一般要求该国曾经或者目前在国际经济政治舞台上占据着统治地位，其货币曾经或正是世界上最主要的货币之一。例如，英国在金本位制时期及第一次世界大战前后，在国际经济及金融领域一直占据支配地位。伦敦一直是国际金融中心，英镑一直是最主要的国际货币，所以英国能够长期以来一直采用间接标价法。第二次世界大战以后，美元逐渐在国际支付和国际储备中取得统治地位，从而使美国可以从 1978 年 9 月 1 日起，除仅对英镑汇率沿用直接标价法外，对其他国家货币的标价改为间接标价法，以便与国际外汇市场上美元交易的做法相符。当前，在国际外汇市场上，欧元、英镑、澳大利亚元采用间接标价法。如 2014 年 4 月国际外汇市场行情（卖出价）如下：1 澳元 = 0.93197 美元，1 欧元 = 1.47413 澳元，1 欧元 = 0.82616 英镑，1 英镑 = 1.78417 澳元，1 英镑 = 1.66307 美元。

另外，应该指出的是，直接标价法与间接标价法是相对而言的，汇率的两种标价法只表明汇率表示方法上的不同，它们并没有实质性的区别。事实上，两种标价方法同时寓于一个兑换等式之中，可能在这个国家是间接标价，而在另一个国家却是直接标价。例如，100 美元 = 615.27 人民币，在美国看来是间接标价法，而在中国看来却是直接标价法。

不同的标价法下，汇率上涨和汇率下跌的含义有所不同，因此在引用某种汇率并说明其高低涨落时，必须明确指出是在哪一个外汇市场上，或者指明采用的是哪种标价方法，以便读者理解汇率上涨和下跌的含义，避免产生歧义。

（三）美元标价法

第二次世界大战以后，随着欧洲货币市场的发展，国际金融市场之间外汇交易量迅速增长，为了便于在国家间进行外汇业务交易，在当今的国际金融市场上，汇率的表达方式已经逐渐标准化了。无论哪一国家的银行，只要它在国际金融市场上报价，就必须按标准的方式报价，这种标准方式便是美元标价法。

美元标价法是指以一定单位的美元为标准来计算应兑换多少其他货币的汇率表示方法。美元标价法的主要内容有：第一，所有在外汇市场上交易的货币都对美元报价。当交易员在外汇市场上询问日元或新加坡元价格时，他所指的是美元对日元的汇率或美元对新加坡元的汇率。第二，除了英镑、欧元等极少数货币外，其他货币的报价以美元为基础固定不变，其他货币作为变量货币。美元以外的其他货币之间的汇率，一般通过各自对美元的汇率进行套算。美元标价法下，美元的单位始终不变，美元与其他货币的比值是通过其他货币的量的变化来表现的。

各种标价方法下数量固定不变的货币是基础货币；数量不断变化的称为标价货币或报价货币。直接标价法下，基础货币是外国货币，标价货币是本国货币；间接标价法反之。而在美元标价法下，美元是基础货币，其他各国货币是标价货币。一般不论采用何种标价方法，都用标价货币来表示基础货币的价格。

三、汇率的种类

外汇汇率的种类很多，有很多划分方法。特别是在实际业务中，从不同的角度划分，有各种不同的汇率。

（一）按国际货币制度的演变来划分，有固定汇率和浮动汇率

1. 固定汇率

固定汇率是指两国货币比价基本固定，汇率在一定的幅度之内波动。当实际汇率波动超过规定的幅度时，中央银行有义务进行干预。其特点是该汇率在规定幅度内相对固定，具有相对稳定性。在历史上存在两种固定汇率，一是金本位制下的固定汇率；二是布雷顿森林体系下的固定汇率，即金汇兑本位制下的可调整的钉住汇率。

2. 浮动汇率

浮动汇率是指一国货币对外国货币的汇率，依据外汇市场的供求情况自由涨落，各国政府原则上不实施干预。当外国货币供过于求时，外币贬值，本币升值，即外币的汇率下浮。当外国货币供不应求时，外币升值，相对地，本币贬值，即外币的汇率上浮。在浮动汇率制下，中央银行一般不规定汇率波动的界限，原则上也没有义务维持汇率的稳定。实行浮动汇率的国家往往根据各自经济发展变化的需要，对汇率的变动进行或明或暗的干预。

就浮动汇率而言，从不同角度来看有不同种类。如果从浮动过程是否受干预来看，可以划分为自由浮动和有管理的浮动。前者指货币当局对汇率上下浮动不采取任何干预措

施，汇率完全随外汇市场供求变化而自由涨落；后者指货币当局以各种不同的方式来干预与影响汇率的变动。目前大多数国家实行浮动汇率制，自由浮动通常被认为是一种纯理论的分析，多数国家实行有管理的浮动。

如果按浮动的方式来划分，可以分为单独浮动、钉住浮动和联合浮动。单独浮动指一国货币不与其他国家货币发生固定联系，而按市场供求变化独立实行浮动。如美元、日元、加拿大元、澳大利亚元和少数发展中国家的货币采取单独浮动。钉住浮动指一种货币钉住另一种货币或特别提款权或"一篮子"货币，并随其汇率的变动而变动。钉住浮动最典型的是港元的联系汇率制。联合浮动则是指某些国家组成货币集团，集团内各种货币间实行固定汇率，而对集团外的货币汇率实行共同浮动。如在欧元推出之前，欧洲货币体系成员国实行的联合浮动汇率制度。

（二）以外汇买卖后资金交割的时间来区分，有即期汇率和远期汇率

交割是指买卖双方履行外汇交易合约，进行钱货两清的接受行为。外汇买卖的交割即买卖双方各自向对方支付卖出的货币。交割完毕后，一笔外汇交易即告结束。由于交割的日期不同，汇率相应地应有差异。

1. 即期汇率

即期汇率也称现汇汇率或现价，是指外汇买卖的双方成交后，在两个营业日内进行资金交割的汇率。一般地，外汇市场汇率和官方外汇牌价未注明远期字样的都是即期汇率。实务中，即期汇率一般是确定远期汇率的基础。即期汇率用于即期外汇交易。

2. 远期汇率

远期汇率是指买卖双方签订合同，约定在将来某一时间内，一般以 30～90 天为期，进行交割的汇率。到了交割日期，届时不论汇率如何变动，协议双方都必须按合同约定的汇率、币种和金额结算。远期汇率用于远期外汇交易。

远期汇率是远期价格，属于预约性交易，具有外汇期货预约的性质。远期汇率与即期汇率的差额称为远期差价。远期汇率是在即期汇率的基础上加、减升水或贴水而计算出来的汇率。升水表示远期汇率比即期汇率高；贴水表示远期汇率比即期汇率低；平价表示远期汇率与即期汇率相等。汇率的升水、贴水或平价主要受短期利率差异、外汇供求关系以及汇率预期等因素的影响。

（三）从银行买卖外汇的角度区分，有买入汇率、卖出汇率、中间汇率和现钞汇率

1. 买入汇率

买入汇率又称为买入价，是指银行向同业或客户买入外汇时所使用的汇率。因为其客户主要是出口商，所以时常将买入汇率称为出口汇率。采用直接标价法时，外币折合本币数较少的那个汇率是买入价；采用间接标价法时，本币折合外币数较多的那个汇率是买入价。

2. 卖出汇率

卖出汇率又称为卖出价，是指银行向同业或客户卖出外汇时所使用的汇率。采用直接标价法时，外币折合本币数较多的那个汇率是卖出价；采用间接标价法时，本币折合外币

数较少的那个汇率是卖出价。

买入、卖出汇率都是从银行买卖外汇的角度来看的，一般两者之间有个差价。这个差价是银行买卖外汇的收益，一般为1%~5%。

3. 中间汇率

中间汇率又称为中间价，是银行买入价或卖出价的平均数，即买入价加卖出价后除以2。中间汇率一般不挂牌公布。报刊上报道汇率消息时常用中间汇率，套算汇率一般也用有关货币的中间汇率来计算。

4. 现钞汇率

世界各国一般规定不允许外国货币在本国流通，只有将外币兑换成本国货币，才能购买本国的商品。因此，把外币现钞换成本币，就将出现买卖外币现钞的兑换率，即现钞汇率。现钞汇率一般和外汇汇率不相等，这主要是由于本国的银行要花费一定的运费和保险费将外币现钞运送到各发行国，并且要承担此间可能遭遇的相关风险。因此，银行在收兑外币现钞时要扣除相应的费用，从而使银行在收兑外币现钞时的汇率往往稍低于外汇买入汇率，一般卖出外币现钞时的汇价和外汇卖出价相同。

（四）按制定汇率方法的不同来划分，有基础汇率和套算汇率

1. 基础汇率

基础汇率是指一国货币对某一关键货币的汇率。其中关键货币是指在国际贸易和国际收支中使用最多、在各国外汇储备中占比重最大的，同时又是可以自由兑换、汇率行情最稳定或被国际社会普遍接受的货币。需要指出的是，一国在一定时期内采用哪种货币或哪些货币作为关键货币不是一成不变的。由于美元是国际支付中使用较多的货币，各国在制定汇率时，往往选择美元作为关键货币，并且根据本国货币与美元的实际价值的对比，制定出对美元的汇率作为基础汇率。一般地，一国确定基础汇率后，再根据它套算出本国与其他国家货币的汇率。

2. 套算汇率

套算汇率又称交叉汇率，是指两种货币通过各自对第三种货币的汇率换算出来的这两种货币之间的汇率。在实际业务中，套算汇率往往可以利用基本汇率具体计算出来。

（五）按对外汇管理的宽严，分为官方汇率和市场汇率

1. 官方汇率

官方汇率又称法定汇率，是指国家机构（如中央银行、外汇管理当局等）公布的汇率，并规定一切外汇交易都按其公布的汇率为标准来进行。在外汇管制比较严格的国家往往禁止自由外汇市场的存在，官方汇率就是实际汇率，一般没有市场汇率。官方汇率还可进一步分为单一官方汇率和多重官方汇率。

2. 市场汇率

市场汇率是指在自由外汇市场上买卖外汇自发形成的汇率。其特点是汇率随行就市，随外汇供求变化而变动。一般外汇管理较松的国家，官方宣布的汇率仅起中心汇率的作用，实际外汇交易按市场汇率进行。当然，市场汇率的波动也不是都不受限制。有时，货

币当局为了使市场汇率不至于过远地脱离官方汇率，一般会运用各种手段，通过直接或间接的政策工具来干预外汇市场，调节市场汇率。

（六）按汇率是否适用于不同的来源与用途，分为单一汇率和多重汇率

1. 单一汇率

单一汇率是指一国对外仅有一个汇率。各种不同来源与用途的外汇的收与付均按此计算。西方发达国家往往采用单一汇率，单一汇率也是 IMF 要求会员国使用的汇率。

2. 多重汇率

多重汇率又称复汇率或多元汇率。它是外汇管制的产物，指一国货币对某一外国货币的汇价因用途及交易种类的不同，而规定有两种或两种以上汇率。在某些外汇管制较为严格的国家，常常对进口、出口及非贸易规定出不同的汇率。如果一国在本国货币与另一国货币的兑换中规定有两种不同的汇率，称为双重汇率。例如，有的国家就官方结算和非官方结算规定有不同的汇率。一国制定双重或多重汇率的目的在于奖励出口，限制进口，限制资本的流入或流出，并借以改善国际收支。多重汇率被视为汇兑限制。

（七）按外汇交易工具和收付时间不同，分为电汇汇率、信汇汇率和票汇汇率

1. 电汇汇率

电汇汇率是经营外汇业务的本国银行，在卖出外汇后，以电报委托其国外分支机构或代理行付款给收款人所使用的汇率。电汇外汇的交收时间最快，一般银行不能占用顾客资金。此外由于国际电讯费用较高，所以电汇汇率往往比一般汇率要高。由于电汇汇率调拨资金的速度快，可加快国际资金的周转，因此，电汇在外汇交易中占有较大比重。电汇汇率已经成为一种基础汇率。一般银行外汇交易中的买卖价均指电汇汇率。电汇汇率通常是计算其他各种汇率的基础。

2. 信汇汇率

信汇汇率指经营外汇业务的本国银行，在卖出外汇后，用信函方式通知其国外分支机构或代理行付款给收款人时使用的外汇汇率。由于航邮比电讯通知的时间长，银行在一定时间内可以占用顾客的资金，因此信汇汇率较电汇汇率低。

3. 票汇汇率

票汇汇率指经营外汇业务的本国银行，在卖出外汇时，开立一张由其国外分支机构或代理行付款的汇票时所使用的汇率。汇票开立后，交付给汇款人，由汇款人自带或寄往国外收款人，收款人拿到汇票后，就可以向付款银行提示或取款。由于用票汇方式解款，银行可以长时间占用客户资金，所以票汇汇率比电汇汇率低。

因为汇票根据期限的不同有即期和远期之分，故票汇汇率又可分为即期票汇汇率和远期票汇汇率，通常后者要在即期票汇汇率基础上扣除远期付款的利息。

除上述分类方法外，按照买卖对象不同，汇率可分为银行间汇率和商业汇率；按外汇资金性质和用途不同可分为贸易汇率和金融汇率；按银行营业时间可划分为开盘汇率和收盘汇率等。

第三节 汇率的决定与变动

一、汇率决定的基础

汇率是两国货币之间的比价。各国货币之所以具有可比性，在于它们都具有或代表一定的价值，汇率的本质是两国货币所具有的或代表的价值相交换，这是外汇汇率决定的基础。不同货币制度下，各国货币具有或代表的价值的情况各不相同，因而需要按照不同的货币制度，分别研究汇率的决定问题。

（一）金币本位制下汇率决定的基础

第一次世界大战以前，西方国家实行典型的金本位货币制度——金币本位制度。这种制度下金币可以自由铸造；金币可以自由流通和自由交换；黄金可以自由输出入。

在金币本位制度下，金币是用一定数量和成色的黄金铸造的，金币所含有的一定重量和成色的黄金称为含金量，含金量是金币所具有的价值。两个实行金本位制的国家的货币单位的含金量之比，叫作铸币平价。两国货币汇率是由两国的铸币平价决定的，即铸币平价是这两国货币汇率决定的基础。

金币本位制度下，黄金是世界货币。在国际结算过程中，如果需要输出或输入金币，通常按照它们的含金量进行折算。例如，1925年到1931年，英国立法规定，1英镑所含纯金数量是7.32238克，美国立法规定1美元所含纯金数量为1.504656克。这样，按照英镑和美元所含纯金量来比较，英镑和美元的铸币比价为：$\frac{7.32238}{1.504656} = 4.8665$，即1英镑=4.8665美元，这也就是英镑和美元之间的汇率。

铸币平价虽然是汇率决定的基础，但它并不是外汇市场上买卖外汇的实际汇率行市，它只是一种基础汇率或法定汇率。在外汇市场上，因为受供求因素的影响，汇率行市有时会高于铸币平价，有时会低于铸币平价，即实际汇率与基础汇率之间往往略有差异。但实际汇率不会偏离铸币平价太远，实际汇率的波动不是漫无边际、毫无约束的，而是在一定限度内波动。金币本位制度下，汇率的波动以黄金输送点为界限。所谓黄金输送点，是指在金币本位制度下，由汇率波动引起黄金输入或输出的界限，即汇率波动范围的界限。这是因为，在金币本位制度下，进行国际结算有两种手段，即人们可以以外汇和黄金间进行相应的选择。金币本位制度下，黄金是可以自由输出输入的。当汇率对结算人有利时，他通常会利用外汇来进行国际结算；当汇率对结算人不利时，他通常就不会利用外汇来进行国际结算，他将采用输出或输入黄金的方法来办理国际结算，这样一来就起到了约束汇率的波动幅度的作用。但是，由于运送黄金需要一定的费用，如包装费、运输费、保险费及运送期的利息等，是否运送黄金就取决于这笔费用的大小。当运送黄金的费用过高时，结算人仍然不会采用黄金结算，而依旧采取外汇结算。例如，第一次世界大战以前，在美国和英国之间运送黄金的各项费用和利息各为运送黄金的价值的5‰~7‰。若按平均数6‰计算，在英国、美国之间运送1英镑黄金的费用约为0.03美元。如果运送黄金的费用超过 0.03 美元，结算人将不会采用黄金结算，而采用外汇结算。为此，铸币平价 4.8665±0.03 就成为英镑和美元这两种货币的黄金输送点。

一般情况下，汇价的波动总是以铸币平价为中心，以黄金输出点作为上限，即铸币平价加上黄金运送费用是汇率上涨的最高点；以黄金输入点作为下限，即铸币平价减去黄金运送费用是汇率下跌的最低点；汇率在这个上、下限的幅度内摇摆。

由此可见，在金币本位制度下，黄金输送点限制了汇价的波动。单位货币黄金的运送费用占黄金价值的比例很小，所以汇率的波动幅度很小，汇率基本上是稳定的。

（二）金块本位制下和金汇兑本位制下汇率决定的基础

第一次世界大战爆发后，交战各国的金本位制度陷于崩溃。第一次世界大战后，许多国家出现了严重的通货膨胀，现钞与黄金之间的自由兑换和黄金的自由移动遭到破坏，金币本位制度崩溃，一些国家相继实行两种变形的金本位制，即金块本位制和金汇兑本位制。

在金币本位制后期，由于黄金产量跟不上经济发展对货币日益增长的需求，黄金参与流通、支付的程度下降，其作用逐渐被以黄金为基础的纸币所取代。一般只有在发生大规模支付需要时，黄金才以金块的形式参与流通和支付。这种形式的货币制度被称为金块本位制。金块本位制的特点是不再铸造和流通金币，银行券在市场上自由流通。银行券虽然规定了含金量，但只有在一定数额以上才能兑换成金块。金块本位制依旧属于金本位制，在金块本位制下，纸币的价值以黄金为基础，代表黄金流通，并与黄金保持固定的比价。金块本位制下黄金仍可直接参与清算和支付。

后来，随着经济的发展，黄金的流通和支付手段职能逐渐被纸币取代，货币制度逐渐变为金汇兑本位。应该说，金汇兑本位也是一种金本位。金汇兑本位制下，银行券只能兑换成外汇，外汇在国外才能兑换成黄金。金汇兑本位制度下，纸币成了法定的偿付货币，简称法币。政府对外宣布单位纸币的代表金量，并且维护纸币与黄金的比价。纸币充当价值尺度、流通手段和支付手段，并能按政府宣布的纸币与黄金的比价自由兑换。金汇兑本位制下黄金只发挥储藏手段和稳定纸币价值的作用。事实上，金汇兑本位是一种既以黄金为基础，又节约黄金的货币制度，金汇兑本位下纸币代替黄金流通，充当国际清算和支付手段。当国际收支发生逆差时，一般先动用外汇储备，如果仍不能平衡，才使用黄金作为国际结算的最后手段。

在金块本位制度下，由于黄金已较少直接充当流通手段和支付手段，绝大部分金块为政府所掌握，黄金的自由输出入因此而受影响。金汇兑本位制度下，黄金储备主要集中在政府手中，日常生活中黄金不再具有流通手段的职能，输出入受到了极大限制。

在上述两种货币制度下，货币汇率由纸币所代表的金量比来决定，这个金量比被称为法定平价。法定平价可视为铸币平价的一种表现形式，在上述两种货币制度下，由于黄金的输出和输入受到了限制，此时汇率波动的幅度不再受制于黄金输送点，黄金输送点实际上已不复存在。实际汇率随供求关系而围绕法定平价上下波动。各国货币都规定了一定的含金量，决定汇率的基础是它们所代表的含金量之比，此时汇率波动的幅度通常由政府规定，并由政府加以维护。通常政府通过设立外汇平准基金来维护汇率的稳定，即在外汇汇率上升时，出售外汇；在外汇汇率下降时，买入外汇，从而使汇率的波动局限在政府允许的幅度内。在金块本位和金汇兑本位这两种货币制度下，汇率的稳定程度远小于金币本位制度下的情况。

（三）纸币本位制下汇率决定的基础

1929—1933 年资本主义世界经济危机爆发以后，金本位制彻底瓦解，各国普遍实行纸币制度。纸币本身并没有价值，它是作为金属货币的代表而出现的。纸币所代表的金属货币具有价值，所以纸币被称为价值符号。在实行纸币制度时，各国参照过去流通的金属货币的含金量，用法令规定纸币的金平价，即纸币所代表的含金量。所以在纸币本位制下，若纸币真正能代表所规定的金平价和金含量，两国纸币的金平价就是决定汇率的依据。通过比较两国纸币的购买力就可以获知两国货币的比价。

实行纸币制度的国家，由于纸币不能自由兑换黄金，市场中流通的实际上是不兑换的纸币。在这种情形下，货币将不受黄金储备的限制，可以任意发行，从而使得通货膨胀成为一种时常出现的经济现象。通货膨胀情况下，因为一国纸币所代表的价值减少，所以导致汇率下跌。由于经常爆发通货膨胀，使得纸币本位下各国的外汇行市大多显得十分脆弱和不稳定。

第二次世界大战以后，资本主义各国为了稳定汇率，于 1944 年建立了布雷顿森林体系。布雷顿森林体系概括地讲是一种"双挂钩"制度。在这一货币体系下，汇率确定的方式是：（1）美元与黄金挂钩，确定美元与黄金的比价，即 1 盎司黄金等于 35 美元的官价；（2）各国货币大多规定含金量或者与美元挂钩，美国政府规定美元的含金量，其他国家货币也规定含金量，两种货币含金量的对比即货币平价决定各国货币与美元的汇率。另外美国还需要承担同各国政府兑换美元的义务。其他货币之间的汇率，通过各自货币与美元的货币平价的换算来确定。布雷顿森林体系下，各国货币与美元的货币平价是汇率决定的基础。例如 1 美元的含金量是 0.888761 克纯金，1 法国法郎含金量是 0.16 克纯金，则美元与法国法郎的含金量对比为 5.5548，美元与法国法郎的汇率是 1 美元 = 5.5548 法国法郎。

布雷顿森林体系下，汇率波动的界限受到国际货币基金组织的控制，即允许在平价基础上上下浮动 1%。一旦汇率波动超过此界限，该国货币当局就有义务进行干预，即通过影响外汇的供求来保持汇率的相对稳定。只有当一国国际收支发生根本性失衡，且市场干预无效时，该国才可以请求变更平价。这种成员国货币汇率围绕国际货币基金平价小幅度波动的汇率被称为"可调整的钉住汇率制"。1971 年 12 月以后，各国市场汇率波动幅度扩大至平价的上下 2.25%。

20 世纪 70 年代初布雷顿森林体系崩溃，以美元为中心的固定汇率制瓦解，各国纷纷实行浮动汇率。由于存在恶性通货膨胀，各国纸币的含金量大多失去了实际意义，纸币与黄金的联系最终脱钩了。浮动汇率制度下，决定纸币汇率的基础不再是货币平价，而是纸币所代表的实际价值。纸币所代表的实际价值就是纸币所表现的购买力，纸币所代表的实际价值大多通过纸币能够买到的商品和劳务的实际价值来表现。

二、影响汇率变动的主要因素

汇率作为一种货币的价格，它的波动是十分常见的。一国汇率的变动往往受许多因素的影响，这里既包括经济因素，又包括政治因素和心理因素。从根本上讲，劳动生产率才是决定本国货币对外价值的基础。劳动生产率的相对快速发展，使单位货币包含的价值相对增加，从而使本国货币的对外价值相应上升。不过，劳动生产率对货币汇率的影响是缓慢而长期的，不易被察觉。

随着国际政治、经济环境的发展和变化，影响汇率变动的诸多因素对汇率变动的影响力也会发生相应的变化。有些原来起决定性作用的因素，现在显得不怎么重要了；而原来不起决定性作用的因素，现在却发挥主导作用。另外，应该强调的是，影响汇率变动的诸多因素对汇率的影响不是绝对的和孤立的。有时各种因素可能要合在一起才能发生作用，有时只有个别因素起作用，有时各种因素的影响相互抵消，有时某一因素的主要作用会被另一因素所代替。总之，汇率的变动难以捉摸，预测十分困难。通常认为影响汇率变动的主要因素有：

（一）国际收支

国际收支是一国对外经济活动的综合反映，国际收支对一国汇率的变动有着直接的影响。当一国国际收支持续顺差时，外汇收入增多，国际储备相应增长，外汇市场对该国货币的需求将增加，进而导致该国货币币值上浮，该国货币汇率将随之上升，该国货币趋于坚挺。当一国国际收支持续逆差时，外汇收入减少，国际储备相应下降，逆差国对外汇的需求将增加，该国货币的汇率将下跌，该国货币趋于疲软。

固定汇率制度下，国际收支的经常账户（尤其是贸易收支）是影响汇率变动的最重要的因素。当一国进口增加或出现国际收支经常账户逆差时，该国将会对外币产生额外的需求，这将使本币汇率下跌。而当一国出口增加或国际收支经常账户出现顺差时，顺差国货币汇率会上升。随着浮动汇率制取代了固定汇率制，通货膨胀和利率对汇率变动的影响力逐渐加强，国际收支对汇率变动的影响力相对下降了。

另外需要注意的是，国际收支状况是否会影响汇率，还需要考察国际收支顺差或逆差的性质。长期的、巨额的国际收支逆差，一般来说肯定会导致本国货币汇率的下降，而一般性的、短期的、临时性的、小规模的国际收支逆差，可以轻易地通过国际资本的流动、相对利率和通货膨胀的变化、政府对外汇市场的干预等来弥补，所以不一定会最终影响到汇率，使之发生变动。

（二）通货膨胀

一国货币价值的总水平是另一个影响汇率变动的长期、重要且有规律性的因素。

通货膨胀是指纸币发行量超过商品流通所需要的货币量而引起的货币贬值、物价上涨现象。它直接影响一国商品、劳务在世界市场上的竞争能力。在纸币本位制度下，两国货币之间的比率，从根本上讲是通过各自货币所代表的价值量的对比关系决定的。

在一国发生通货膨胀的情况下，该国货币所代表的价值量将会减少，实际购买力也随之下降，国内物价总水平上涨，商品市场成本增加，导致以外币表示的商品价格上涨，商品的出口将下降而进口增加。同时通货膨胀会降低实际利率，障碍资本流入，刺激资本流出。一国货币对内价值的下降将不可避免地影响其对外价值，从而引起外汇市场上供求关系的变化，导致本币汇率下跌。

由于货币的对内贬值到对外贬值有一个过程，通货膨胀对汇率的影响也要经过一段时间（往往半年以上）才能显露出来。但这种影响一旦起作用，其延续的时间会比较长，有时可能会持续好几年。

通货膨胀几乎在所有国家都发生过，因此在考察通货膨胀率对汇率的影响时，不仅要考察本国的通货膨胀率，还要比较他国的通货膨胀率，即考察相对通货膨胀率对汇率变动的影响。一般相对通货膨胀率持续较高的国家，其货币的国内价值往往呈现出持续下降的特点，而且下降的速度相对较快，进而使其汇率也下降。

（三）利率水平

各国利率的差异也是影响汇率变动的一个重要因素。一些国家为了使汇率朝着有利于本国经济发展的方向变动，往往利用汇率政策加以调节。一般来说，在资本安全性和流动性不变时，利率的高低变动会使国际短期资本发生运动，进而影响汇率。一国利率水平相对提高，对国内而言，可以紧缩信贷、抑制通货膨胀，在国际上可以增强对外资的吸引力，尤其是可以吸引外国短期资金流入，增加国外对该国货币的需求，改善国际收支，从而促使该国货币的汇率上升。反之，一国利率水平相对降低，会使一国国内信用宽松、易于导致货币贬值，会引起本国国内短期资本流出、国际资本流入减少，国外将减少对该国货币的需求，最终致使本币汇率下跌。

当然，短期资金在国际上追逐最大收益时，除了会考虑利率，还要考虑汇率因素，即考虑两国利率的差异与汇率预期变动率之间的关系。只有当外国利率与汇率的预期变动率之和大于本国利率时，把资金移往国外才是有利可图的。这是本章第四节"利率平价理论"的基本思想。

利率政策的实施是同一国中央银行的贴现政策、该国鼓励或限制资本流动的政策联系在一起的，会对汇率起到调节作用。短期内，利率政策在汇率变动中的作用是很明显的。

（四）实际经济增长率

一国实际经济增长率对汇率也会产生影响，该影响较为复杂。

在其他条件不变的情况下，如果一国实际经济增长率相对于别国来说较快，其国民收入的提高也会较快，这时该国将增加对外国商品和劳务的需求，从而出现外汇供不应求的结果，最终导致该国货币汇率下跌。

但是，一国经济增长率的提高也会导致本国货币汇率上升。首先，对实施出口导向战略的国家来说，由于其经济增长主要由出口来推动，经济快速增长伴随着出口的高速增长，而且出口增长超过进口增长，这种条件下，汇率不仅不会下跌反而会上升。另外，如果国内外投资者把该国较高的经济增长率视作经济前景看好、资本收益率提高的反映，则会导致大量外资的流入。如果外资的流入抵消了经常账户的赤字，该国货币汇率也就不仅不下跌反而会上升。

（五）资本流动

资本在不同的国家间大量流动会使汇率发生重大的变动。资本的大量流入，会增加对流入国货币的需求，使流入国的外汇供应增加，外汇供应的相对充足和对流入国本币需求的增长，会使本币比值上升，外汇汇率下降；相反，一国资本大量流出，就会出现外汇短缺、对本币需求下降的情况，从而使本币币值下降、外汇汇率上升。

（六）政府、中央银行的干预

在浮动汇率制下，各国政府、中央银行为了稳定外汇市场、将汇率的变动控制在一定范围之内，通常会对外汇市场进行干预。其中，中央银行介入外汇市场直接进行货币买卖，对汇率的影响是最明显的。如在外汇市场上买卖外汇以调整外汇储备，或者和其他国家中央银行联合来干预外汇走势等。20世纪80年代以来，西方主要工业国家为避免因汇率变动造成对国内经济的不利影响，协调相互之间的宏观经济政策，往往采取联合干预的措施，共同影响汇率的变动，以达到稳定汇率市场的目的。这种干预政策不是靠行政性的硬性管制或干预来实现的，而是靠介入外汇市场，通过外汇买卖活动这一经济行为来实现的。

通常，一国中央银行干预外汇市场的措施有四种：一是直接在外汇市场上买卖外汇；二是调整国内财政和货币等政策；三是在国际范围内公开发表导向性言论以影响市场心理；四是与国际金融组织和有关国家配合进行直接和间接干预。一般来说，政府、中央银行的干预只能对短期汇率的变动产生影响，而无法从根本上改变汇率的长期变动趋势。

（七）心理预期因素

心理预期因素对汇率的变动有相当大的影响力。如果人们预期某国的通货膨胀率将比别国高，实际利率将比别国低，国际收支的经常账户将出现逆差。另外，其他因素也对该国经济产生不利影响时，该国货币就会在外汇市场上被抛售，导致其汇率下跌。反之，汇率将上升。有些学者认为外汇交易者对某种货币的预期心理已经成为决定这种货币短期汇率的最主要因素。这是因为，对某种货币的心理预期产生变化，转瞬之间就可能会诱发大规模的资金运动。外汇交易者预期心理的形成，主要取决于各国的经济增长率、货币供应量、利率、国际收支、国际政治形势等因素，因此，心理预期对汇率变动的影响通常难以捉摸。

（八）财政收支状况

一国财政收支状况如何，对该国货币汇率的变化也会产生较大的影响。财政赤字往往会带来货币供应量增加和需求增加，财政赤字的增加将导致本国货币汇率的下降。另外，一国财政预算的增加或减少会影响汇率的变动。如果一个国家的财政预算出现巨额的赤字，其货币汇率将会下降。因为庞大财政预算赤字意味着政府支出将过度，从而导致通货膨胀的加剧和经常账户收支的恶化，于是汇率将自动下浮。但是，赤字增加对货币汇率的影响也不是十分确定，因为庞大的财政赤字将促使利率上升，而较高的利率又会吸引资金流入，使货币趋于坚挺。例如，美国赤字曾高达 2000 亿美元，但美元汇率并未因此而下降。

（九）国际储备

一国拥有的国际储备充足与否，是该国国际清偿力与政府干预市场、维持货币稳定能力大小的反映，也是能否稳住投资者对本国货币信心的一个重要保证。一国如果拥有较多的国际储备，表明政府有较强的能力来干预外汇市场，稳定货币汇率；而且较多的国际储备也可以反映出外汇市场对本国货币的信心，从而推动本国货币汇率的上升。

（十）市场投机

市场投机是外汇市场不可或缺的组成部分，投机者以逐利为主要目的，其投机行为对外汇市场上汇率的稳定产生影响。当今国际金融市场上，投机资本以万亿计算，对汇率的变化会产生相当大的影响，有时甚至连多国政府的联合干预在短期内也难以控制。尤其是跨国公司的外汇投机活动，有时使汇率异常波动，进而导致外汇市场剧烈动荡。

除以上因素外，新闻及其他信息、国际突发的重大政治事件等都有可能对汇率产生影响。

三、汇率变动的经济影响

汇率的变动受到上述因素的影响，但它反过来也会对一国经济、政治乃至整个世界经济的运行产生很大的影响。汇率变动的经济影响是多方面的。掌握汇率变动的形式及汇率变动的经济影响对保持一国汇率的稳定和经济的发展是相当重要的。

（一）汇率变动的形式

1. 货币的法定升值与贬值

货币的升值与贬值是同固定汇率制相联系的。固定汇率制下，政府正式宣布提高本国货币的法定平价，或者提高本国货币与外国货币的基准汇率，即为货币的法定升值。反之，为货币的法定贬值。

货币升值是指货币对外汇价的提高。在直接标价法下，一国货币升值表现为固定单位的外国货币折算成的本币数额比以前少；而在间接标价法下，则表现为一定数量的本币能换回比以前更多的同种外币。

货币贬值是指货币对外汇率的下降。在直接标价法下，表现为固定单位的外国货币折算成的本币数额比以前多；而在间接标价法下，则表现为一定数量的本币可以换回比以前少的同种外币。

2. 货币的上浮和下浮

货币的上浮和下浮是浮动汇率制下汇率变化的两种形式。在浮动汇率制下，货币汇率随市场供求关系的变化而变化。当外汇供小于求时，其汇率上浮；当外汇供大于求时，其汇率下浮。

3. 货币高估与低估

货币高估与低估是指货币的汇率高于或低于其均衡汇率。在固定汇率制下，官方汇率若能准确反映两国间经济实力的对比变化与国际收支状况，就是一种均衡汇率。而在浮动汇率制下，外汇市场上的供求相对平衡时，两国货币的交换比率就是均衡汇率。

在很多情况下，政府往往会有意识地把汇率定得高于或低于均衡汇率。但从长远来看，货币汇率是不能长期高估或低估的，它必须通过各种方式进行调整，以便实现内部和外部的平衡。

货币的升值或贬值，上浮或下浮，统称为汇率的变动。计算汇率变动的公式如下：

在直接标价法下：

本币汇率的变化幅度（%）=（旧汇率/新汇率−1）×100%

外币汇率的变化幅度（%）=（新汇率/旧汇率−1）×100%

在间接标价法下：

本币汇率的变化幅度（%）=（新汇率/旧汇率−1）×100%

外币汇率的变化幅度（%）=（旧汇率/新汇率−1）×100%

（二）汇率变动的经济影响

前面提到了汇率变动受诸多经济因素的影响，但汇率变动反过来也会影响经济的运行。例如，汇率变动不仅会对一国国际收支和经济增长产生直接影响，还有可能使价格、工资和消费水平发生变动。由于货币升值与货币贬值的作用相反，下面我们就对货币贬值对一国国内经济产生的影响进行具体的分析。

1. 汇率变动对一国贸易收支的影响

汇率的变动对进出口影响是通过引起价格的相对变化而实现的。从理论上讲一国货币贬值会产生扩大出口、限制进口的作用，进而促进该国国际收支的改善。一般来说，贬值不影响进出口商品本身的价值，但会改变它们在国际贸易中的相对价格，进而提高或削弱它们在国内外市场上的竞争能力。一国货币贬值后，该国出口商品的外币价格下降了；价格降低，有利于在国际市场上竞争，出口规模将得以扩大。同时，一国货币贬值后，外汇汇率上涨。即该国进口商品的本币价格上升，进而抑制国内对进口商品的需求，而使进口规模缩小。如此一来，将促进该国国际收支的改善。另外，汇率下跌后，如果出口商在国际市场上依旧按照过去的价格出售商品，所得的外汇将能换回更多的本币，这将刺激出口。若出口商在汇率下跌后，以比过去低的价格出售商品，将有利于增强出口商品的竞争能力，扩大出口市场，以获得更多的外汇收入。

假定人民币对美元的汇率下跌，从1美元=6.28元人民币下调到1美元=6.50元人民币。这样，一方面原来在国际市场上卖628元人民币的商品（折合成100美元），现在只需96.62美元就可以买到了。由于产品的价格下降了，国际需求将随之增加。另一方面由于汇率的变动，原来在国际市场上卖200美元的商品（折算成人民币是1256元），而现在则折算成1300元人民币。随着进口商品价格的上升，国内的需求将下降，进而抑制进口。随着出口的增加，进口的减少，贸易收支将获得相应的改善。

当然，实际情况并非如此简单。一国货币贬值能否改善贸易收支，刺激出口和抑制进口，还受到诸多因素的制约。第一，贬值的传导进程会受时效的制约，即存在"时滞"（Time Lag）问题。汇率变动对一国国际收支的影响是通过商品和劳务价格的相对变动来实现的，但在汇率变动影响国际收支的整个过程中，国际收支从恶化转为改善不是立即实现的，而是存在一个时滞，即先继续恶化，而后才逐渐地得以改善。由于这个影响过程的状态曲线像英文字母 J，故称之为"J 曲线效应"。第二，贬值对贸易收支的改善还受进出口需求弹性大小的制约。汇率变动对贸易收支的改善的影响主要取决于进出口商的需求弹性和供给弹性。本币贬值或汇率下跌对出口的促进作用是以有足够大的需求弹性为前提，通过足够大的供给弹性来实现的。而进口商品的需求弹性越大，汇率下跌对进口的抑制作用也就越强。根据马歇尔—勒纳条件，只有当进出口商品的需求弹性之和大于 1 时，货币贬值才能有改善贸易收支的作用与效果。第三，一国货币贬值要想改善贸易收支，刺激出口和抑制进口，必须建立在两个前提之下：一是国内物价上涨小于贬值的幅度；二是其他国家没有采取同等程度的贬值。第四，一国货币贬值能否改善贸易收支，刺激出口和抑制进口，还受到国内政策的制约。一国实行货币贬值，必须同时采取紧缩的货币政策，以保持国内币值的稳定和物价的稳定。汇率下调后，贸易收支改善时滞的长短，主要取决于国内传导机制完善的程度及国内市场完善的程度。如果一国国内宏观经济严重不平衡，国内投资需求、消费需求及政府开支之和远远大于国内总供给，那么，无论汇率如何变动，外贸结构如何调整，对改善国际收支状况的收效都将十分有限。

2. 汇率变动对一国非贸易收支的影响

汇率变动对一国的国际收支经常账户中的涉外旅游业及其他劳务的收支状况将产生较大的影响。在其他条件不变的情况下，本币贬值，以本币所表示的外币价格上涨，同样多的外汇可以比先前换取更多的本国货币，外国货币购买力相对加强，本国商品和服务项目显得比贬值前便宜，这将促进本国旅游及相关非贸易收入的增加。

3. 汇率变动对资本流动的影响

从长期看，当以本币所表现的外币价格上涨时，本币价值下降。此时，本国资本所有者为了防止贬值可能给自己带来的损失，常常会在一国货币贬值时将资本转移至国外，特别是存在本国银行的国际短期资本或其他投资会十分迅速地被调往他国。随着本国资本的流出，该国国内投资的规模将缩减，该国对外支出将增加，国际收支状况将恶化。

一国汇率下跌将对来自国外的直接投资产生影响，将有利于吸引以合资或独资形式出现的实物投资的流入。因为汇率下跌可使按贬值国货币计算的投资额增加，而且同量的外币投资可以购得比以前更多的劳务和生产资料。投资人将认为此时投资比在汇率调整前更合算，从而扩大其在贬值国的投资。但本币贬值，将不利于投资人将投资所得的利润折成外币汇回，因为按照贬值后的汇率折算的外币将比原来少一些。

此外，汇率的变动还会影响到借用外债的成本。一国从国外借款，该国货币贬值将对债务国（即本国）不利，而对债权国有利。外汇汇率的上升将加重本国债务还本付息的负担，如果这些债务负担沉重的国家形成了债务危机，则不会有国际资本流向这些国家。

4. 汇率变动对国内物价水平的影响

汇率下跌有助于推动国内物价水平的上涨，即贬值会给一国带来通货膨胀的压力。因为汇率下跌后，以外币表示的本国出口产品的国外价格下降了，但以本币表示的进口商品的价格将提高，并会通过连带效应引起国内同类商品或替代商品价格的上涨。（1）从进口来看，贬值导致进口商品价格上升。若进口的是原材料、中间产品，而这类物品的弹性又较小的化，将导致进口成本提高，进而引发推动型的通货膨胀。（2）从出口来看，贬值会刺激出口，但贬值如果是在国内经济状况不佳的情况下发生的，短期内将加剧国内市场的供求矛盾，引起出口商品国内价格的高涨，并引发其他相关产业物价的上涨。

实践中，贬值不一定能达到上述的理想结果。这是因为，贬值有时会通过货币、工资机制、生产成本机制、货币供应机制和收入机制等导致国内工资和物价水平的循环上升，从而抵消它可能带来的全部好处。汇率影响物价水平实例参见本章案例 3-1、案例 3-2。

5. 汇率变动对一国外汇储备的影响

储备货币汇率的变动会造成储备货币本身价值的变动，进而削弱或加强一国外汇储备的作用。储备货币汇率变动会影响一国外汇储备的实际价值，即在储备货币汇率上升时，使该种储备货币的实际价值增加，从而使一国外汇储备增加；若储备货币汇率下降，就会使该种储备货币的实际价值减少，进而造成一国外汇储备遭受损失。另外，储备货币汇率变动还有可能影响某些储备货币在该国外汇储备中的地位和作用。

本国货币汇率的变动还会通过资本转移、进出口贸易额的增减来影响本国外汇储备量的大小。例如，本国货币汇率稳定，外国投资者将能够获取稳定的利息或红利收入，这将有利于国际资本的流入，从而促进该国外汇储备的增长。另外，当一国货币贬值导致其国际收支大额顺差时，该国的外汇储备也会相应增加。

汇率变动可能影响某些国际储备货币的地位和作用。一国在选择储备货币时总是以储备货币汇率长期比较稳定为前提的。如果某种储备货币发行国国际收支长期恶化、货币不断贬值，汇率不断下跌，该储备货币的地位和作用就会不断削弱，严重的甚至会失去其储备货币的地位。第二次世界大战后，英镑的国际储备货币地位的衰落就是一个例证。

6. 汇率变动对国际经济的影响

汇率变动除了对一国国内经济产生影响外，还会对国际经济产生一定的影响。汇率变动被视为一种国际竞争与扩张的手段。通过本币的法定贬值，提高外币的汇率，可以达到扩大对外销售的目的；另外，通过高估本国货币的价值，提高本币的对外汇率，可以实现加强对外掠夺的目的。再者，汇率频繁变动还有可能会加剧发达国家与发展中国家的矛盾。

第四节　西方主要汇率理论

汇率决定理论主要是研究汇率是如何决定和变动的，即哪些因素决定了汇率的大小，又有哪些因素影响汇率的上下波动，这些因素之间存在怎样的关系。汇率理论和国际收支理论一样，是国际金融理论的基础和核心。同时，它也随着经济学理论的发展而发展，是一国货币当局制定宏观经济政策的理论依据，也是进行汇率预测的理论基础。

西方国家汇率决定理论的流派很多，本节主要介绍国际借贷说、购买力平价理论、利率平价理论、汇兑心理说以及资产市场说，最后对该理论研究的新进展作简要介绍。

一、国际借贷说

国际借贷说也称外汇供求理论，是金币本位制下阐述汇率变动的重要学说。它是由英国经济学家葛逊（G. J. Goschen）于 1861 年在其所著的《外汇理论》一书中提出来的，在第一次世界大战前颇为流行。当时处于金本位盛行的时期，该理论实际上是解释汇率波动原因的学说。

国际借贷理论认为汇率决定于外汇的供给与需求，而外汇的供求又是由国际借贷引起的，因此国际借贷关系的变化是汇率变动的主要因素。

葛逊认为，商品的进出口、资本的国际转移、利润的收付、旅游支出和资本交易等都会引起国际借贷。葛逊将已经进入支付阶段的借贷称为流动借贷，尚未进入实际支付阶段的借贷称为固定借贷。在国际借贷关系中，只有已经进入支付阶段的借贷（即流动借贷）才能影响外汇的供求关系。当一国的外汇收入多于外汇支出时，汇率将下降；反之，汇率上升。若外汇收支均衡，汇率将处于均衡状态，不发生变动。葛逊同时指出物价水平、黄金存量、信用关系和利率水平等都会对汇率产生影响，但它们是次要因素。

葛逊所说的流动借贷实际上就是国际收支，所以国际借贷理论又被称为国际收支说。该理论以金本位制为前提，把汇率变动的原因归结于国际借贷关系中债权与债务变动导致的外汇供求变化，这不仅在理论上有极其重要的意义，而且在实践中也有合理之处。国际借贷理论用外汇的供求解释汇率的决定与变动是符合价值规律原理的；这一学说使用均衡汇率的概念也是有道理的，因为均衡汇率正是国际收支失衡所引起汇率变动趋向的目标或状态；这一学说能较好地反映具有比较发达的、自由的外汇市场的国家的情况，但对那些外汇市场不发达或受政府干预的国家而言，外汇供求的情况则难以得到真实反映。另外，这一学说主要说明了短期汇率的变动，未能对汇率决定的基础问题加以详细论证，而且也没有对影响汇率的其他重要因素进行详尽的解释。因此，在金本位制转变为纸币本位后，国际借贷学说的局限性就日益显现出来了。

二、购买力平价理论

购买力平价理论是西方国家汇率理论中最具影响力的一个理论。瑞典经济学家卡塞尔（G. Cassel）1916 年提出这一主张，后在 1922 年公开发表的《1914 年以后的货币与外汇》一文中进行了系统的阐述。卡塞尔认为汇率是由两国货币购买力的对比决定的。经过后人的发展与完善，这一理论仍然具有活力。

购买力平价理论认为，本国人之所以需要外国货币，是因为该外国货币在发行国有购买力；而外国人需要本国货币，则是因为本国货币在本国有购买力。为此，一国货币对外汇率主要是由两国货币在本国所具有的购买力决定的。两种货币购买力之比决定了两国货币的汇率。

（一）购买力平价理论的内容

购买力平价理论有两种形式：绝对购买力平价理论和相对购买力平价理论。前者解释某一时点上汇率决定的基础，后者解释某一时间段上汇率变动的原因。

1. 绝对购买力平价

绝对购买力平价是指在某一时点上，两国货币的汇率取决于两国的一般物价水平之比。也就是说，绝对购买力平价认为汇率取决于用不同的货币衡量的商品价格水平之比。根据两国物价水平计算得来的均衡汇率就是绝对购买力平价。

用公式表示为 $e = \dfrac{P}{P^*}$（其中 e 代表汇率，即一单位外国货币可以折算为多少单位本国货币，P、P^* 分别代表本国和外国的一般物价水平）。

绝对购买力平价理论的前提条件是各国实行自由贸易。实际上，上述公式暗含了一个重要的假设，即在自由贸易条件下，同一种商品在世界各地的价格是等值的。由于各国所采用的货币单位不同，同一种商品以不同货币表示的价格经过均衡汇率的折算，最终是相等的。这就是著名的"一价定律"。

例如，在美国一件商品的价格为 300 美元，同样的商品在英国卖 120 英镑，则有 GBP1.00 = USD2.50。

实际汇率高于或低于均衡汇率都将引起套利活动，从而使实际汇率恢复到均衡汇率水平上来。

2. 相对购买力平价

在纸币流通条件下，由于各国经济状况的变化，各国货币的购买力经常发生变化，相对购买力平价理论的出现，说明了汇率在这种情况下是如何变化的。相对购买力平价是指一定时期内，汇率的变化与该时期两国物价水平的相对变动成比例。相对购买力平价把汇率的升降归因于物价或货币购买力的变动。一定时期内，汇率的变动与同一时期内两国物价水平的相对变动成比例。

用公式表示为 $e_t / e_0 = (P_t / P_0) / (P_t^* / P_0^*)$

其中 e_t 和 e_0 分别表示当期和基期的汇率；P_t 和 P_0 分别为本国当期和基期的物价水平；P_t^* 和 P_0^* 分别为外国当期和基期的物价水平。

相对购买力平价说明汇率的升降是由两国的通货膨胀率的差异决定的。如果本国通胀率超过了外国，则本币贬值。通胀率的数据比较容易获得，从而使相对购买力平价比绝对购买力平价更有说服力。

（二）评价

购买力平价理论提出后，在西方理论界引起很大反响，学者们对该理论一直存在着较大的争论，认为购买力平价理论的合理性在于：（1）购买力平价理论提出了纸币制度下决定汇率的基础；可以较为合理地表现出一国货币的对外价值。（2）它有助于说明通货膨胀和汇率变动之间的联系：在发生通货膨胀或通货紧缩的情况下，它可以作为汇率决定的主要依据，即如果想要稳定汇率，首先需要稳定国内物价。根据对购买力平价理论所作的实证研究，一般认为这个理论从长期来看是可以成立的，但在短期内并不适用。

虽然该理论能说明通货膨胀和汇率变动之间的联系，但也存在不足：（1）购买力平价理论以货币数量论为前提，用货币数量来解释和说明价格水平问题，这是把现象当作本质来论述汇率问题，因此具有唯心主义色彩。（2）购买力平价理论假定货币数量是影响物价的唯一因素，而这是不符合实际的。影响物价水平变动的因素很多，把货币数量作为影响物价的唯一因素不免以偏概全。（3）卡塞尔主张国际收支自动均衡论，把两国贸易平衡时的汇率作为计算的基础。但现实生活中国际收支失衡是常见的经济现象，因此其分析的基础也存在问题。

三、利率平价理论

利率平价理论又称远期汇率理论，它最早是由英国经济学家凯恩斯在其于 1923 年出版的《货币改革论》一书中提出来的，后经过其他西方国家经济学家的发展而最终得以形成。该理论主要通过利率同即期汇率与远期汇率之间的关系来说明汇率决定和变动的原因。

（一）主要内容

利率平价理论认为，由于各国间存在着利率的差异，投资者为了获得较高的收益，往往会将资本从利率较低的国家（例如 A 国）转移到利率较高的国家（例如 B 国），以获取利息差额。但能否获利取决于两国货币汇率是否发生变化。一旦汇率发生对该投资者不利的变动，投资者将不仅无法获得较高收益，反而有可能会遭受损失。因此，投资者为了避免这种情况的出现，就会在外汇期货市场，按远期汇率将其拥有的 B 国投资所得的收益卖出，并折换成 A 国货币，然后将此收益与直接在 A 国投资所得收益进行对比。对比的结果将作为投资者确定是否投资的依据。

两国投资收益的差异是资本在国家间移动的根源；通过利率的调整，可以带动两国投资收益趋等，最终杜绝国际资本移动。

利率平价理论分为套补的利率平价和非套补的利率平价两种。

（1）套补的利率平价。

假设资金在国家间流动不存在任何限制和交易成本。假定 A 国（本国）一年期投资收益为 i，B 国同种投资的收益为 i^*，即期汇率为 e（直接标价法）。如果在 A 国投资，一年后，一单位本国货币到期可增值为 $1+i$，如果到 B 国投资，1 单位本国货币一年期满后增值为 $\dfrac{1}{e}(1 + i^*) \times e_f$（其中 e_f 为一年期满之时的汇率）。由于 e_f 是不确定的，所以到 B 国投资的最终收益是难以确定的。

但投资者如果在即期购买一年后交割的远期合约，记这一远期汇率为 f，则这笔投资将不再存在任何风险：一年届满后 1 单位本国货币增值为 $\dfrac{f}{e}(1 + i^*)$。

接下来比较在两国投资的收益，即考察 $1+i$ 与 $\dfrac{f}{e}(1 + i^*)$ 孰大孰小。

如果：① $1 + i > \dfrac{f}{e}(1 + i^*)$，则在 A 国（本国）投资。

② $1 + i < \dfrac{f}{e}(1 + i^*)$，则在 B 国（外国）投资。

③ $1 + i = \dfrac{f}{e}(1 + i^*)$，则在两国投资均可。

如果 $1 + i < \dfrac{f}{e}(1 + i^*)$，大量的资金将流入 B 国，这将导致人们在外汇市场上即期购入 B 国货币，远期卖出 B 国货币，从而使本币即期贬值（即 $e\uparrow$），远期升值（即 $f\downarrow$）。这样一来，在 B 国投资的收益下降（即 $\dfrac{f}{e}(1 + i*)\downarrow$），直到与在 A 国投资的收益（即 $1+i$）相等为止。

前面的分析表明，只有当两种方式收益率完全相同时，市场才会处于平衡。因此当投资者采取远期套补方式交易时，市场最终会使利率与汇率形成以下关系：$\dfrac{f}{e} = \dfrac{1 + i}{1 + i^*}$。

从上式可以看出，若 $i > i^*$，则远期外汇出现升水；若 $i < i^*$，则远期外汇出现贴水。

若令 $p = \dfrac{f - e}{e}$（其中 p 为即期汇率与远期汇率间的升/贴水率），得：

$$p = \frac{i - i*}{1 + i^*} \approx i - i^*$$

上式表明，汇率的远期升/贴水率约等于两国货币利率之差。本国利率高于外国利率将导致本币在远期贬值；反之，本国利率低于外国利率将导致本币在远期升值。为此，可以利用套补的利率平价方程预测远期汇率。

但套补的利率平价忽略了外汇交易的成本因素，也未考虑外汇管制等限制资本流动的因素，因而使该理论预测的远期汇率与即期汇率的差价与实际不符，特别是在货币危机条件下，这一理论预测的差价与实际的差距就更大了。

（2）非套补的利率平价。

此条件下投资者根据自己对未来汇率变动的预测来计算的收益，即在承担一定的汇率风险情况下进行投资活动。

仍以上例来予以证明。假定投资者预期一年后汇率为 Eef。则市场处于均衡状态时，有 $1 + i = \dfrac{Eef}{e}(1 + i^*)$，得 Ep = $i - i^*$（其中 Ep 表示预期的汇率远期变动率）。

在非套补的利率平价成立时，如果本国利率高于外国，则意味着市场预期本币在远期将贬值。

因为预期的汇率变动率大多是心理变量，难以进行可信的数据分析，为此很少有学者利用非套补的利率平价的一般形式来进行实证检验。

（二）评价

利率平价理论在推论上是严密的，也较好地解决了远期外汇市场上汇率与利率相互作用机制及即期汇率变化与利率变动的关系。但它也存在不足。第一，没有考虑交易成本问题；第二，该理论假设资本流动不存在障碍是不实际的；第三，该理论的分析都是静态分析，因此比较表面化；第四，没有考虑投机者对市场的影响力以及政府对市场的干预等。

四、汇兑心理说

汇兑心理说是 20 世纪 20 年代后期法国学者阿夫达里昂根据奥地利学派的边际效用理论提出来的外汇理论。汇兑心理说认为，人们之所以需要外国货币，除了用于购买外国商品之外，还可以满足投资、外汇投机、资本逃避等需要。事实上，正是这些欲望使得外国货币具有价值。因此，汇兑心理理论认为外国货币的价值决定于外汇供需双方对外币所作的主观评价，外币币值的高低是以人们主观评价中实际效用的大小为转移的。

当某种外汇供给增加时，其实际效用相应递减，人们对该外汇所作的评价将降低。由于不同的人对不同的外币的主观评价不尽相同，在自由的外汇市场上，供需总会实现均衡。外汇市场上供需均衡时的价格就是实际的汇率。

第一次世界大战后，汇兑心理说独树一帜，目前汇兑心理说还有相当的市场。汇兑心理说把主观评价的变化同客观事实的变动结合起来考察汇率，以客观的事实来说明汇兑心理，有其可取之处。因为心理因素毕竟会对汇率的走势产生一定的影响。

但是这种从主观心理评价的角度出发来说明汇率带有相当的主观唯心论的色彩。另外，用边际效用的概念来说明汇率的决定与变动也是不科学的。比如说，在国际金融动荡时期，货币投机往往对汇率变动起主导作用，这一结论与汇率预期的推导是不同的。因此该理论带有极大的主观片面性。

五、资产市场说

20 世纪 70 年代，许多经济学家从货币数量、货币供求、资产市场均衡的分析角度阐释汇率的决定问题，创建了颇具影响力的资产市场学说，其主要代表人物有哈里·约翰逊（H. G. Johnson）、罗伯特·蒙代尔（R. A. Mundel）、鲁迪格·多恩布什（Rudiger Dornbusch）等。其中，罗伯特·蒙代尔因为其对不同汇率制度下货币和财政政策分析及最优货币的理论获得 1999 年诺贝尔经济学奖。

资产市场学说能迅速成为现代汇率理论的主流学说，有其历史必然性。其一，20 世纪 70 年代以来，汇率的多样化、频繁的国际资本的流动、心理预期等因素越来越对汇率的变动产生重大影响，在这样的现实状况中，资产市场学说格外重视金融资产市场均衡对汇率变动的影响，在相当程度上揭示了现代金融发展对汇率决定的影响。其二，资产市场学说通常被称为汇率决定的存量模型，其将国内外的商品市场、货币市场和证券市场融为一体，将汇率看成是资产市场中的一种价格，认为汇率是存量因素而不是流量因素。作为一种资产价格，汇率变动反映了市场对该资产价值评价的变化，加上预期因素的重要影响，在很少甚或没有交易发生的情况下，汇率也会发生频繁的、大幅度的变动。其三，资产市场学说创设于布雷顿森林体系解体、牙买加体系问世的国际货币体系的变革时期，其不同于国际收支流量分析的论证方法很具有操作性，为金融机构和跨国公司进行汇率预测提供了有价值的分析依据。

资产市场学说的基本思想是：一国金融市场供求存量失衡后，不仅可以通过国内商品市场的调整予以改善，在各国资产具有完全流动性的条件下，还可通过国外资产市场的调整来完成。汇率作为两国资产的相对价格，其变动有助于资产市场恢复均衡，消除资产市场的超额供给或超额需求。两国资产市场供求存量处于均衡时两国货币之间的相对价格，即均衡汇率。

根据本、外币资产是否具有可替代性，资产市场学说可分为货币供求说、超调模型和资产组合平衡模型。其中货币供求说、超调模型假定本、外币资产可完全替代，外汇风险升水为零，即远期汇率与预期的未来即期汇率相等，这时公众对于持有外国资产还是本国资产无所谓。资产组合平衡模型假设本、外币资产不存在完全替代关系，外汇风险升水不为零，即远期汇率与预期的未来即期汇率不相等。这时，投资者就需要根据"风险—收益"分析法在国内外资产间进行精心的组合。

（一）货币供求说

货币供求说，简称货币论，它利用汇率的弹性价格货币分析法，着重阐述了货币市场对汇率决定的影响。货币供求说假定在浮动汇率制度下，国际资本市场上不存在障碍，即无交易成本和资本管制等。国内外非货币金融资产（如国内外债券）完全可替代，外汇市场的均衡汇率水平取决于国内外货币市场的均衡，汇率直接受货币供求的影响。当货币供大于求时，国内物价上涨，由于购买力平价的作用，国际套购行为会促使外汇汇率上升，本币汇率下跌；而当货币供不应求时，情况则正好相反。

货币供求说假设：①货币供给是由货币当局决定的外生变量，在价格弹性的假定下，利率、实际国民收入与货币供给无关；②汇率是一种货币现象，国民收入、利率等因素通过货币供求作用于汇率，实际货币需求是实际国民收入和利率水平的稳定函数；③购买力平价有效成立，它提供了两国价格水平之间的关系；④国内货币需求的收入弹性和利率弹性与国外对应的弹性相等。

基于上述假设，货币论认为，汇率水平取决于本国与外国的实际国民收入、利率以及货币供给，即：

$$e = (M_s - M_s^*) - \alpha (y - y^*) + \beta (i - i^*)$$

上式中，e 表示汇率，M_s 和 M_s^* 分别表示本国和外国的货币供给，y 和 y^* 分别表示本国和外国的实际国民收入，i 和 i^* 分别表示本国和外国的利率水平，α、β 为系数。

货币供求说认为：（1）本国货币供给相对于国外货币供给增长时，将迅速导致本国价格水平等比例上升。在购买力平价有效成立的条件下，本国货币汇率等比例下跌，本国收入水平和利率则不发生变动。（2）本国实际国民收入相对增长，将导致货币需求的增加，在名义货币供给不变的情况下，国内价格水平下降，在购买力平价有效成立的条件下，本国货币汇率相应上升，进而维持货币市场均衡。货币供求说认为，一国货币贬值是货币供给增长过快所致。其主张，为了维持汇率稳定，货币供给的增长应与国民收入的增长保持一致，否则，一国货币的币值将是不稳定的。（3）本国利率水平相对提高，会导致国内货币需求下降，价格上升，在购买力平价机制的作用下，本国货币汇率将下跌，本币贬值。

作为一种资产价格，汇率变动肯定会受到公众预期的影响，所以，预期对汇率决定具有重要作用。20 世纪 70 年代以来，合理预期理论被广泛地应用于宏观经济分析，包括对汇率理论的研究。引进预期后的货币模型表明，在其他条件相同时，公众预期外币升值时，国内利率超高，货币需求下降，进而引致本币贬值，外币升值。所以，在存在预期的情况下，预期汇率上升，则会导致即期汇率上升，反之则会导致即期汇率下降。经济学家们普遍认为，在货币当局的货币供给机制稳定和透明的前提下，理性的预期有助于平缓外汇市场的波动，引导汇率趋向于均衡。

在货币论模型中所揭示的汇率决定的三个重要因素均与购买力平价机制的成立密切相关，因而，通常认为货币供求说是购买力平价理论的现代表现形式。另外，货币供求说模型将外汇市场与货币市场联系起来，将分析视野拓展至货币供给、实际收入水平和利率水平等名义和实际变量，从而补充和发展了购买力平价，使其更具理论与应用价值。

货币供求说自 20 世纪 70 年代创建以来，实证检验结果与其理论主张的吻合度在各个时期有所不同。较吻合的事例是，20 世纪 90 年代日元坚挺时期，日本的国民收入增长长期超过美国，进而日元相对于美元长期升值；另一些国家为了稳定币值而采取紧缩性货币政策，却收效甚微，未能有效阻止本国货币汇率下跌。美国麻省理工学院教授、曾任世界银行副行长和首席经济学家的鲁迪格·多恩布什也提到，IMF 在为处于国际收支困境的国家分析和设计经济政策时，曾经运用了货币供求说的理论主张，即实施紧缩性的货币政策控制国际收支。然而，由于在实行固定汇率制的开放经济中，货币存量具有内生性，中央银行只能通过控制国内信贷增长使得货币"偏紧"，中央银行不可能控制货币存量。这就意味着，外汇储备和外债的增加成为货币增长的唯一源泉，一国为了实现国际收支盈余，必须承受经济衰退或者利率上涨的压力。

（二）汇率超调模型

汇率超调模型最初由美国麻省理工学院多恩布什教授于 1976 年提出，也被称为"黏性价格货币论"。它同样强调货币市场均衡对汇率变动的决定性作用。

前面提到，货币供求说的假定前提之一是价格具有充分的弹性，是一个分析汇率均衡长期变动的模型。但是凯恩斯主义经济学家认为：现实经济中，短期内名义工资的调整十分缓慢；新凯恩斯主义经济学家进一步认为，一些物品与劳务的价格对经济状况变动的调整也是缓慢的，即短期内工资和价格具有黏性。据此，多恩布什指出，短期内价格和汇率在经济调整过程中按不同的速度运动。由于产品市场价格具有黏性，不会因为货币市场的失衡而立即发生调整，即价格的调整是渐进的。但资产市场（证券市场）反应却极其灵敏，利息率将立即发生调整，使货币市场恢复均衡。这是由于价格在短期内的黏性，使得利率必然超调，即调整幅度要超过长期均衡水平。在资本完全流动假设下，利率的变动引起资本在国际上的迅速流动，由此带来汇率的变动。与利率的超调相适应，汇率也必然超调。也就是说，商品市场与资产市场调整速度的差异使得货币论模型所分析的均衡汇率难以持久维系。一旦发生货币冲击效应，汇率将偏离其长期均衡水平，"随着时间的推移，价格上升到与货币增加相称的地步，汇率也将与较高水平的货币和价格相适应"。这就是多恩布什基于黏性价格条件所提出的著名的汇率决定理论——汇率超调模型的基本思想。

汇率超调模型与货币论都强调货币市场均衡对汇率决定的影响，但超调模型却修正了短期内价格可以灵活变动的弹性价格分析思路，因而又被称为黏性价格模型。

$$e = e^* - (1/\lambda\theta)(p - p^*)$$

上式中，e 为汇率（以本币表示的外币的价格）变动率；λ、θ 分别为实际货币需求的利率弹性和收入弹性；p 为即期价格的变动率；e^*、p^* 为利率、价格的长期均衡值的变动率。

多恩布什认为，货币供求均衡应该是货币市场、资本市场和外汇市场的同时均衡，但由于各市场运动规律不同，只要任何一个市场不能完成瞬时调节，就可能出现其他市场的"超调"。

具体分析如下：如果由于货币供给量的增加导致货币市场失衡（即货币供给大于货币需求），而短期内由于价格黏性，实际货币供给量会增加。为维持货币市场的均衡，实际货币需求必须相应增加。而实际货币需求是国民收入和利率的函数，在短期内国民收入保持不变的条件下，国内利率水平下降。在本国利率低于外国利率的情况下，非抵补套利行为就有可能发生，进而引起本国资本外流，导致外汇汇率上升，本币汇率下浮。

简言之，由于价格黏性的存在，货币供给增加所产生的货币市场的瞬时调整使本币出现超过购买力平价的较大贬值，且本币的瞬时贬值程度大于其长期贬值程度。这一结果刺激了国内总需求的扩大，商品市场处于超额需求的非均衡状态。在产出不变的情况下，超额需求推动价格的上升，进而实际货币供给相应下降，带动利率上浮，致使资本流入、本币汇率回调。这一过程的多次往复使价格充分调整，购买力平价成立，最终促使汇率趋向于长期均衡水平。从"调整"的机理及过程看，超调模式被认为是货币论的一种动态模式。本国汇率因货币市场失衡而出现超调后，通过价格的充分调整可以实现价格水平与货币供给的同步上升，进而实现汇率的长期均衡。

超调模型的提出是现代汇率理论的重要成果，其突出贡献之一即修正了货币论所基于的价格完全弹性的假定，而根据经济中的价格黏性现象，从动态的角度揭示了现实中的汇率超调现象，较系统地描绘了开放经济条件下的货币市场失衡后，汇率实现长期均衡的调整过程。自多恩布什创建超调模型以后，学者们依循动态调整模式的研究思路，从不同的角度和层面丰富和深化了汇率决定理论。有的学者指出，除价格黏性外，其他因素也会造成汇率的超调；在一些情况下，汇率甚至可能出现短期内调整不足的"低调"现象。

多恩布什断言，货币市场的失衡总会造成汇率的超调，因而在浮动汇率制度下汇率的波动在所难免，超调是在开放经济条件下资金自由流动和汇率自由调整的必然现象。多恩布什的这一重要思想对于开放经济条件下的宏观经济管理提出了极具价值的理论依据。其政策含义在于，汇率的频繁和过度波动不利于宏观经济的稳定运行，因此，完全放任自流的资本及汇率运动不一定科学有效，需要政府的干预与调控。这尤其对发展中国家的资本市场和资本与金融账户开放具有重要的启示意义。

从本质上讲，超调模型是对货币论模型的发展与修正，故而其无法避免货币论模型的固有缺陷。此外，多恩布什将分析的重心置于商品市场与资产市场失衡调整速率的不同步，考察了汇率中长期的均衡过程，而忽略了国际收支流量对汇率的相应影响。再有，现实经济中引起汇率变动反应的货币性及非货币性因素复杂多变，增大了对超调模型进行计量检验的难度，从而在一定程度上影响了这一理论总结的实践性。

（三）资产组合平衡理论

20 世纪 70 年代初期，美元危机四伏，进一步印证了美国耶鲁大学教授特里芬所揭示出的布雷顿森林体系无法克服的内在矛盾，"特里芬两难"最终导致了布雷顿森林体系和固定汇率制度的彻底解体以及浮动汇率制度的取而代之。伴随着国际货币体系的变迁，金融市场业务的快速发展以及国际资本流动规模的扩大与流速的增加，各种理论学说纷纷问世。其中，资产组合平衡理论对汇率理论的发展作出了重要贡献。

资产组合平衡理论来源于诺贝尔经济学奖获得者托宾的"资产组合选择理论"在国际经济研究领域中的应用。该理论创建于 20 世纪 70 年代末期，主要代表人物是美国普林斯顿大学教授布兰森。资产组合平衡理论偏重于短期汇率决定的分析，认为汇率是资产市场均衡的产物。

资产选择理论的核心思想是，理性的投资者会根据风险与收益的权衡，将其所拥有的财富合理地配置于各种可供选择的资产，进而构成既定风险条件下预期收益最大化的资产组合。在开放条件下，金融市场的各种资产之间具有高度的流动性，在投资者所拥有的金融资产中，不仅包括以本国货币表示的金融资产，还包括以外国货币表示的金融资产。布兰森等人肯定了多恩布什所提出的价格黏性所导致的汇率超调，针对金融市场高度开放及浮动汇率制度的现实条件，论证了影响汇率的决定性因素。

尽管资产组合平衡模型也认同货币市场均衡对汇率的决定性影响，但与货币论不同的是，其指出除了贸易、投资、消费等因素对汇率的影响外，在金融交易尤其是外汇市场交易日益脱离传统交易背景的现实条件下，投资者对持有本国及外国资产的选择所引发的国际资本流动，对汇率的决定也有不可忽略的关键作用。

资产组合平衡理论否定了货币论关于汇率决定分析的严格假设条件——各国资产具有完全的可替代性，认为流动性风险、差别税收风险以及外汇风险的客观存在使得本国资产与外国资产之间并不可完全替代，厌恶风险的国际投资者会基于风险与收益的权衡做出资产组合选择。国内外资产的不完全可替代，因而非抵补的利率平价并不能成立，需要分别考察不同市场上的资产供求均衡。

基于上述分析思路，资产组合平衡模型可以表示为：

$$W = M + B + eF$$

上式中，W 表示一国的财富（资产）总量，M 表示本国货币，B 表示国内本币债券（即本币资产），e 表示汇率（直接标价法），F 表示国外外币债券（即外币资产），eF 表示以本币表示的外币债券的价值。

在财富总量一定的情况下，一国财富分布于本国货币、国内债券和国外债券。均衡汇率就是投资者做出资产组合最佳选择时的汇率；任何因素的干扰都会导致资产市场的失衡，导致投资者对所拥有的国内外资产组合进行相应的调整，而外汇供求的变动必将引发汇率变动。这样，汇率的变动将使投资者重新评价并调整其所持资产，直至资产市场重新恢复均衡，此时的汇率即均衡汇率。

资产组合平衡模型突破了利率平价与汇率决定关系的思维定式，纠正了本国资产与外国资产完全可替代的理论假设，其基于国际资金流动对汇率决定的关键性影响，将经常账户余额这一开放条件的流量因素纳入存量分析范畴，从而大大提高了理论模型的包容性，为货币当局制定货币政策、观察货币供给对汇率的影响提供了理论分析依据。然而，资产组合平衡模型的假设条件过于复杂，实证检验的难度较大，这就局限了它的应用性。

六、汇率理论的新进展[①]

传统汇率决定理论对于现实经济中汇率实际变动情况的解释能力十分低下，尤其对短期内的汇率变化，预测能力甚至不如简单的随机游走模型。20 世纪 80 年代以来，西方汇率理论又有了新的进展，学者们不是从影响汇率的根本因素出发，而是从引起汇率变动的直接原因——新闻消息入手。此处仅作简要介绍。

（一）新闻模型

该模型最早由 Mussa 于 1979 年提出。该模型是在资产市场宏观结构模型的基础上结合理性预期假说建立起来的。所谓"新闻"，是指那些非预期的并且能够引起人们对汇率的预期值进行修改的新的信息。其基本观点是：如果在预期的期间内有宏观基本因素非预期因素的出现，这些未预期到的新闻将会导致汇率变化莫测。具体而言，未预见到的即期汇率的变化是由基本经济变量的新闻引起的，即通过影响外汇市场上交易者的预期，任何新闻都能够及时有效地融入即期或远期汇率之中。也就是说，由于即期汇率和远期汇率之间的时间内会有新闻因素的存在，从而可能导致远期汇率是将来即期汇率的有偏估计，这就可以用来解释外汇市场有效性检验失败的原因了。而新闻因素不断进入外汇市场则可以在一定程度上解释汇率的频繁波动。

（二）投机泡沫模型

新闻模型根据未预料到的基本经济变量的变化来解释汇率的变动性。然而，外汇市场上有时会在基本经济变量没有很大变化的情况下出现暴涨和暴跌。这种现象既无法用汇率超调理论也无法用汇率的新闻模型来解释。于是一些学者在理性预期的假设下对这种汇率现象进行了分析，产生了汇率变动的理性投机泡沫模型。支持该模型的主要代表人物是 Blanchard 和 Dornbusch。该模型的基本思想是：由于初期汇率偏离基本因素所决定的水平，在理性预期的条件下导致汇率泡沫进一步成长，投资者之所以继续购买被高估的货币，是指望能够获得预期货币进一步升值带来的收益，并且能够赶在汇率最终回归由基本经济变量所决定的均衡值之前将货币卖出。因此汇率有时会在基本经济变量没有很大变化的情况下出现暴涨和暴跌。由此，该模型在理性预期的条件下，得出了一个初期的偏离会导致汇率理性泡沫的生成并且进一步加速膨胀的结论。

20 世纪 90 年代以来，汇率决定理论逐渐形成了三个重要发展方向：一些经济学家开始关注原有汇率理论未曾考虑的宏观经济关系的微观基础，从而形成了具有微观基础的汇率宏观经济分析方法；与此同时，基于对理性预期的批判，形成了从外汇市场微观结构研究出发的汇率决定的微观结构理论以及从市场参与者异质性导致汇率混沌运动思想出发的

---

① 陈雨露、侯杰（2005）的研究成果。见本章参考文献。

汇率决定的混沌分析方法。相关内容可参阅本章参考文献。

【案例 3-1】

2015 年 8 月 11 日的人民币汇率改革

一、央行：预计人民币汇率将更加反映经济基本面

中国人民银行宣布，自 2015 年 8 月 11 日起，人民币兑美元中间价将根据银行间外汇市场做市商提供的报价确定。特别地，做市商参考上日银行间外汇市场收盘汇率、综合考虑外汇供求情况以及国际主要货币汇率变化向中国外汇交易中心提供中间价报价。

中金公司研究认为，完善中间价形成机制是人民币汇率改革的重要一步，为人民币加入 IMF 特别提款权（SDR）的货币篮子进一步铺平了道路。汇率缺乏弹性是人民币加入 SDR 的一大技术障碍。优化做市商报价，有利于提高中间价形成的市场化程度，扩大市场汇率的实际运行空间。作为汇率改革的下一步，央行可能在未来面向合格境外主体扩大在岸外汇市场的准入程度，加强在岸与离岸市场间的联系，促进形成境内外一致的人民币汇率。

中金预测，人民币汇率在近期可能保持在较弱水平上，并呈现较大波动性。相关举措在很大程度上是为了一次性调整中间价偏离市场汇率的情况。但市场汇率在短期内可能出现过度反应，出现超调。汇率波动放大可能相应地要求更高风险折价，使市场汇率短期内承压。此后，随着市场情绪的平复，预计市场汇率将逐渐企稳。类似地，在 2014 年 3 月央行扩大人民币浮动区间后，市场汇率经历了一段时间的震荡后才相对企稳。

从中长期来看，中金认为，预计人民币汇率相对以往将更加反映经济基本面的情况。特别地，生产率较高的经济体往往会经历工资上涨以及实际汇率升值，即所谓的巴拉萨—萨缪尔森效应。一项经典估计表明，相对人均 GDP 增长 1%约带来本币实际升值 0.4%。相应地，如果中国经济增速较美国经济平均高 4.5%，则人民币实际汇率仍需每年实际升值 1.8%。这将为人民币汇率提供重要的支撑。因此，中金评估，人民币在中长期出现趋势性大幅贬值的可能性不大，特别是如果中国经济表现依然相对较好。

中金表示，此次中间价形成机制改革带来的贬值效应将在边际上减轻出口放缓对经济增长的压力。但是，人民币有效汇率的贬值幅度预计将显著小于人民币兑美元即期汇率所反映的程度。随着人民币走弱，主要区域性货币对美元也纷纷走软。总之，相关举措将有利于出口部门，但是其促进作用也是有限的。

二、加快适应人民币汇率双向波动

人民币汇率弹性不断增加，但人民币汇率波动率总体较低。2015 年 11 月底，人民币汇率波动率达到 3.9%，较"8·11"汇改前的 1.1%提高较多，但在世界主要货币中仍然排名靠后。当前的贬值预期，有可能与市场波动不足有关，是管出来的预期。

我国基础国际收支状况依然强劲，只是因为一致性的贬值预期，造成了挤兑的局面。反过来，外汇储备下降、资本管制收紧，又进一步加剧了贬值预期，刺激了更多的恐慌性购汇。长此以往，有可能演变成预期自我实现的恶性循环，所以预期的影响不容忽视。如果最终出现外汇储备大降、汇率大跌、资本管制收紧，将造成多输。

1. 汇率形成市场化是改革开放的大势所趋

党的十八届三中全会提出，要发挥市场在资源配置中的决定性作用。2015 年 8 月 11 日，中国人民银行优化人民币兑美元汇率中间价报价机制（即"8·11"汇改），提高中间价形成的市场化和基准性，这是人民币汇率形成市场化改革的延续，是完善金融市场体系的内在要求。党的十八届五中全会提出，要坚持开放理念，发展更高层次开放型经济，扩大金融业双向开放，有序实现人民币资本项目可兑换，推动人民币加入特别提款权，成为可兑换、可自由使用货币。

开放环境下，僵化的汇率制度容易招致货币攻击，实行灵活的汇率安排是国际潮流。国际货币基金组织披露的美元、欧元、英镑、日元、加元、澳元和瑞士法郎等主要国际储备货币，都是实行自由浮动汇率安排；世界前十大经济体货币中，除了人民币和俄罗斯卢布外，其他货币包括印度卢比、巴西雷亚尔，均实行浮动汇率安排。反过来，如果要坚守一个汇率水平，则资本管制必不可少。"8·11"汇改之后，为稳定汇率，我国加强跨境资金流出管理正是情理之中。

2. 汇率波动加大是市场机制下经常性现象

搞市场化汇率，就必须尊重和遵循市场经济的一般规律。价值规律就是市场经济最主要的基本规律之一，其基本内容是"价值决定价格"，表现形式是"价格围绕价值上下波动"。具体到外汇市场，"价值决定价格"意味着市场汇率不可能偏离均衡汇率太远，"价格围绕价值上下波动"则意味着不能指望市场汇率稳定在均衡合理水平上。

"8·11"汇改虽然面临人民币贬值压力，但当局的基本判断是人民币汇率接近均衡水平，宏观经济基本面不支持人民币汇率大幅贬值。据此，当局认为当前市场反应不够理性。然而，均衡汇率是合理汇率水平的理论价值，并无市场公认、统一的标准或模型。均衡汇率不是计算出来的，而是交易中市场试错试出来的。

在汇率形成越来越市场化的情况下，由于市场对于均衡汇率有不同的解读和预判，如有关心长期因素的，就有关心短期因素的，有关心实体经济因素的，就有关心金融层面因素的。市场的看法既不可能统一，也没有必要统一。基于市场预期的分化，出现有涨有跌的双向波动将会越来越常态化。特别是在新旧体制转轨过程中，由于缺乏参照系，期间市场震荡加剧甚至出现超调也是可能的。

随着人民币汇率市场化改革推进，人民币汇率弹性不断增加，但人民币汇率波动率总体较低。2015 年 11 月底，人民币汇率波动率达到 3.9%，较"8·11"汇改前的 1.1% 提高较多，但在世界主要货币中仍然排名靠后。这难以满足汇率管理体制过渡的需要。当前的贬值预期，有可能与市场波动不足有关，是管出来的预期。压制时间越长，贬值预期越强烈，汇率下跌刺激卖汇、抑制购汇的杠杆调节作用就越失灵。未来一旦放松控制，市场反弹的力量就会越大。尽管这种情况下的汇率水平不代表均衡汇率，但可能对市场运行效率造成损害。

3. 破解汇率单边预期是改革平稳推进重要保障

自 2014 年二季度起我国就出现了资本外流。截至 2015 年二季度的累计五个季度中，国际收支口径的资本项目累计逆差 1813 亿美元，剔除估值影响后的外汇储备资产减少 963 亿美元。其中，资产（即对外投资）项下净流出 5326 亿美元，负债（即外来投资）项下净流入 3313 亿美元。"藏汇于民"是前期我国资本外流的主要原因，反映了外汇资产由央行集中持有向民间部门分散持有的转变过程。截至 2015 年 6 月末，储备资产占我国对外金融总资产的比重为 58.6%，较 2014 年 3 月末回落了 6.8 个百分点。

"8·11"汇改后，"偿还债务"同"藏汇于民"因素叠加，造成我国资本流出增加、储备降幅扩大。2015 年三季度，资本项目逆差达到 1491 亿美元，外汇储备资产减少 1606 亿美元。其中，资产项下净流出 674 亿美元，负债项下净流出 817 亿美元。究其原因是，剔除官方的国际储备资产（包括外汇储备、黄金储备等）后，我国非政府部门对外净负债 2 万多亿美元，出于债务负担增加的担忧，市场天然对人民币贬值较为敏感。

2014 年二季度至 2015 年三季度，经常项目与直接投资顺差合计 8286 亿美元，较前六个季度增长 29%。只是因为贬值预期下"藏汇于民"和"偿还债务"突然加速，同期短期资本净流出规模由 685 亿美元增至 5843 亿美元，使外汇储备资产由前期增加 1482 亿美元转为减少 2342 亿美元。同期，只有 2015 年一季度和三季度，负债项下出现了大流出，外汇储备资产也出现了较大降幅。而其他四个季度，资产项下净流出，负债项下仍为净流入，外汇储备资产小幅下降，人民币可兑换和国际化如常进行。

由此可见，我国基础国际收支状况依然强劲，不论是"藏汇于民"还是"偿还债务"，正常用汇是有保证的。只是因为市场一致性的贬值预期，造成了集中挤兑外汇储备的局面。反过来，外汇储备下降、资本管制收紧，又进一步加剧了贬值预期，刺激了更多的恐慌性购汇。长此以往，有可能演变成预期自我强化、自我实现的恶性循环。

当前我国外汇市场已经进入多重均衡状态。即在给定的基本面情况下，市场既可能向好的方向发展，也可能向坏的方向发展，预期对市场外汇交易策略的影响不容忽视。如果最终出现外汇储备大降、人民币汇率大跌、资本管制收紧的后果，这将不仅是国家的损失，也是百姓的损失，同时也非世界之福。因此，只有消除单边预期引起的市场恐慌，才可能避免出现最坏的结局，更要防止出现把一手好牌打坏的遗憾。

4. 主动适应人民币汇率双向波动的新常态

"8·11"汇改初衷是提高汇率形成的市场化程度。改革后，人民币汇率下跌，是前期供求失衡压力和看空情绪集中宣泄的自然结果。尽管 2015 年全年人民币兑美元汇率出现 4%~5% 的跌幅，但各种方法编制的人民币汇率指数大多是升值的。这一方面说明中国政府无意参与竞争性贬值和挑起货币战争，另一方面也提醒贬值论者丢掉以汇率为工具刺激经济的幻想。今后，中国政府仍将坚持强势人民币政策，抵制以贬值作为工具的诱惑。对于中国这样一个大型开放经济体来讲，汇率水平变化应该只是经济运行的结果，而不应是预设的目标。

　　未来影响人民币汇率走势的内外部不确定因素依然较多，单方向做空人民币未必可取。经济下行是人民币贬值压力的内因，但中国经济增速虽然放缓，绝对增速在主要经济体中并不低，中国经济转型升级孕育了许多机会，投资中国的风险与收益并存。美元加息、美元走强是人民币贬值压力的外因，但美联储加息是从非常规走向常规货币政策，没有现成经验，其道路必不平坦，历史也不可能是简单的重复。"藏汇于民"也造成资本外流压力，但一方面外币资产的利息收益几乎为零，境外股市调整风险大，境外不动产投资规则陌生、交易成本较高，短期内大举增持境外资产或外币资产既不现实也非理性；另一方面，海外配置人民币资产的潜在需求较大，一旦中国金融市场开放扩大，经济政策和经济前景更加明朗，随时可能演变成现实的资本流入。最后，我国拥有巨额外汇储备，捍卫人民币汇率稳定的决心和能力不容小觑。

　　市场不要被境外机构大肆唱空人民币所迷惑，因为它们唱空未必就做空。不排除它们有可能通过唱空制造恐慌情绪，吸引境内机构和百姓跟风，大量消耗官方外汇储备，然后一拥而上。当年泰国铢就是被境外机构用这种手段，从1996年中发起数轮货币攻击，最终于1997年7月2日攻陷，进而引爆席卷全球新兴市场的亚洲金融危机。相信，理性的中国机构和家庭显然不愿意也不应该成为外人手中"剪羊毛"的刀。

　　既然汇率市场化是大势所趋，各方就不能叶公好龙，而应该克服浮动恐惧，主动接受和适应汇率双向波动的新常态。市场不必对汇率波动过度反应，更不应妄加猜测，将市场分析的结论强解为国家的汇率政策，而应该多从市场中寻找人民币汇率涨跌的答案。政府也要容忍和适应市场波动，尽量保持客观中立，少对具体的汇率水平发表意见，同时减少外汇市场干预，加快外汇市场发展，不断便利市场主体使用和交易外汇。另外，市场主体应树立正确的汇率风险意识，不要用市场判断替代市场操作，控制货币错配风险、用好金融避险工具。

　　资料来源：中金：预计人民币汇率将更加反映经济基本面［EB/OL］.［2015-08-12］. http：//xinhuanet.com；专家：加快适应人民币汇率双向波动［EB/OL］.［2016-01-11］. http://xinhua-net.com.

【案例3-2】

人民币汇率波动推升海外资产配置需求

　　自2015年8月11日以来，人民币对美元汇率中间价一度连续三天累计下跌4.66%。25日，人民币对美元汇率中间价下跌125个基点，报6.3987。尽管人民币汇率波动对于境外游、海淘族的影响有限，但对于高净值人群的影响则相对显著，其中不少人选择了全球配置以转移风险，随之黄金投资也重回视野，成为保值途径。专家表示，汇率波动或可刺激人们扩大投资视野。

以 8 月初 1 美元兑换 6.1174 元人民币为例，在 8 月 19 日人民币汇率跌到 6.3963，这意味着同样的 1000 美元标价商品，中国消费者在本月初购买需要花费 6117 元，而在月底购买则需要花费 6396 元，涨价了 279 元。

专家表示，奢侈品等海淘商品在国内外差价较大，所以人民币贬值对价格影响也并不算大。另据各大旅游机构分析，8 月正值暑期旅游旺季，人民币的贬值虽导致境外旅游购物花费增加，但并不影响居民出游的兴致，暑期欧洲、日本、东南亚等出境游线路报名依然出现大幅增长。

"虽然人民币贬值对于普通老百姓的境外游、海淘等日常生活影响不算明显，但对于高净值人群而言，人民币贬值，资产投资回报率降低，他们将会选择更多的资产配置到海外市场。"德信移民董事长杨澄表示，人民币贬值会驱动很多资产的全球配置，资产的多元化配置能够分散风险，具体可以投资海外的房地产，二级市场的股票、公司债，还有一级市场的股权投资。

据介绍，目前银行外币理财产品的起点金额一般在数千美元，人民币理财产品起点金额在 5 万元人民币，而公募基金的 QDII 产品门槛较低，主流产品均为千元起投。

近一个月以来，投向海外黄金、地产等市场的 QDII 产品逆势上涨。数据显示，8 月 11 日至 8 月 14 日短短 4 个交易日，95 支各类 QDII 基金平均收益率达到 3.6%，其中有 36 支基金收益率超过了 4%。

业内人士指出，QDII 基金用美元或港元购买海外资产，以人民币计算基金净值时带来资产重估的收益，8 月 11 日至 12 日的人民币贬值给 QDII 基金带来外币兑换的收益就超过 3 个百分点。

关于汇率波动对百姓投资的影响，博时基金固定收益总部国际组投资总监何凯坦言，此次贬值虽在意料之外，但属情理之中，并且整个情况仍在央行控制之下，不会形成系统性冲击。未来人民币或存在进一步温和贬值的动力，建议投资者进一步配置美元资产。但在资产选择过程中还应注意选择自身波动性较小，回报预期较为稳定的资产。

近期国际金价重回 1150 美元/盎司关口，止跌回升。而人民币的贬值，使得黄金保值功能骤然提升。

"受人民币贬值引发的避险需求支撑，黄金已经连续多个交易日上涨，上周刷新今年初以来的最大单周涨幅；此前一周的国内市场上，纯度 99.99% 的黄金两天劲升 5.6%，涨幅为六年多来最大。"博时黄金 ETF 基金经理方维玲表示，尽管美联储年内的加息预期对国际金价施压，但除美元计价的黄金外，今年以欧元、日元等货币计价的黄金表现较好，目前日元计价黄金已经从此前的低位反弹 7%。

市场上 4 只黄金 ETF 近一个月以来收益均在 7% 以上。上海一家券商营业部的投资顾问表示，短期黄金是值得持有的安全资产，追踪国内黄金现货价格的黄金 ETF 产品又兼具了流动性和安全性，申购量提升较快。

不过业内人士也提醒，金价快速上行，后期市场仍需谨慎。海通证券分析师刘博指出："我们认为人民币持续贬值的概率较小，短期内刺激金价上涨的利好难以维持较长时间。而美联储加息仍将继续压制金价反弹。因此，建议短期可少量参与这波行情。"

　　资料来源：人民币汇率波动推升海外资产配置需求［EB/OL］. ［2015-08-26］. http：//jjckb. xinhuanet. com.

【复习思考题】

一、基本概念

外汇　　外币　　汇率　　　直接标价法　　间接标价法　　美元标价法　　固定汇率
浮动汇率　　即期汇率　　远期汇率　　买入汇率　　卖出汇率　　中间汇率
现钞汇率　　单一汇率　　多重汇率　　电汇汇率　　信汇汇率　　票汇汇率
官方汇率　　市场汇率　　基本汇率　　套算汇率　　铸币平价　　黄金输送点
货币升值　　货币贬值　　币值高估　　币值低估　　购买力平价理论　　国际借贷学说
资产组合理论

二、问答题

1. 外汇的含义与作用是什么？

2. 简述汇率的不同标价方法及其主要内容。

3. 简述不同条件下汇率决定的基础。

4. 试述影响汇率变动的主要因素。

5. 试述汇率变动的经济影响。

6. 简要评析购买力平价理论。

7. 试述利率平价理论。

8. 简要评析汇兑心理说。

9. 试述资产市场说。

【主要参考文献和阅读书目】

1. 孙睦优等主编：《国际金融》，清华大学出版社 2012 年版。

2. 徐立新等主编：《国际金融》，北京大学出版社 2012 年版。

3. 刘园主编：《国际金融学》，机械工业出版社 2012 年版。

4. 黄先禄主编：《汇率理论发展与实践研究——兼论人民币汇率形成的"二合一"模式》，人民出版社 2011 年版。

5. 梅德平主编：《国际金融学》，中国经济出版社 2004 年版。

6. 王广谦主编：《20 世纪西方货币金融理论研究：进展与述评》，经济科学出版社 2003 年版。

7. 陈雨露等：《汇率决定理论的新近发展：文献综述》，载《当代经济科学》2005 年第 5 期。

8. 科普兰著：《汇率与国际金融》（原书第五版），机械工业出版社 2011 年版。

第四章　外汇市场与外汇交易

在价值量对比的基础上，两种货币之间的汇率受外汇市场上供求状况的影响而不断变动，外汇市场是汇率最终决定的场所。进出口商之间债权债务的结算，银行间外汇头寸的轧抵，也是通过外汇市场上一定形式的外汇买卖来实现的。外汇交易与外汇风险的防范问题，是国际金融活动中的重要理论问题，也是技术性较强的实务问题。本章将重点介绍外汇市场的内涵、主要的外汇交易种类、外汇风险管理，以及中国外汇市场的相关问题。

第一节　外汇市场概述

一、外汇市场的概念

外汇市场是外汇供求双方买卖外汇的领域和场所，它是随着各国间货币交易的产生而出现并发展起来的。外汇市场既包括买卖双方在指定的地点讨价还价的具体场所，也包括由电话、电传所构成的整个通信网络。

二、外汇市场的构成

(一) 外汇市场的主体

(1) 中央银行。中央银行既是外汇市场的管理者与干预者，也是外汇市场买卖直接的参与者。当外汇市场上的货币汇率剧烈波动时，中央银行就通过买入或卖出外汇来干预市场，以稳定货币汇率。在干预无效甚至外汇市场爆发货币危机时，央行甚至可能采用关闭外汇市场的极端措施，停止外汇银行之间以及外汇银行与客户之间的外汇买卖。中央银行干预外汇市场的买卖活动既包括一国央行的单独行动，也包括和他国央行的联合行动，如美国 2008 年次贷危机爆发后，美联储、加拿大央行、欧洲央行、英国央行、瑞士央行就曾联手干预过外汇市场。中央银行参与外汇市场的主要目的，即是通过干预市场来稳定市场和稳定汇率。

(2) 外汇银行。它也称外汇指定银行，是指由各国中央银行指定或授权经营外汇业务的银行，是外汇市场的主要经营机构，外汇交易大部分是通过它来进行的。外汇银行有三种类型：①专营外汇业务的本国银行；②兼营外汇业务的本国银行；③在本国设立的外国银行分支机构。外汇银行从事的外汇交易有两种：①买进外汇。即用本币或其他外国货币向外汇出售者买进外汇；②卖出外汇。即按照一定的汇率向外汇需求者出售外汇，收进本国货币或其他外国货币。

（3）外汇经纪人。指专门为外汇买卖双方介绍交易，以获取佣金的中间商人，它一般需经中央银行批准，才能取得营业资格。西方国家银行之间的大笔外汇买卖，大多通过外汇经纪人，有的国家还规定必须通过外汇经纪人。外汇经纪人有两类：①一般经纪人。一般经纪人一方面充当外汇买卖中介，赚取佣金，另一方面本身拥有一定的资金，用自己的资金进行外汇买卖。②外汇掮客。外汇掮客即"跑街"，这类经纪人自己没有资金，只代理客户进行买卖，收取一定的佣金。

（4）贴现商号。它也称贴现公司，是指以各种票据的贴现为主要业务的公司。其经营的票据以外国汇票为主，因为这类汇票一般经大银行承兑，信用与流动性都相对较高。贴现商号还可将这些汇票再贴现，以解决对资金的需要。贴现商号是重要的外汇供求者之一。

（5）外汇交易商。它是指经营汇票买卖业务的商号，因此也叫汇票交易商。其买卖是通过先买后卖、先抛后补或同时进出等方式，利用时间与空间的差异进行外汇交易，从中获取外汇价格上的差额利润。这类交易商，一般为信托公司、银行（兼营）或个人。与贴现商号一样，外汇交易商也是重要的外汇供求者。

（6）跨国公司。是指从事国际化或跨国化生产和经营的公司，其资金调拨都在国际上进行，因此，它经常以自身强大的实力，参与外汇交易活动，进行外汇投机，影响市场行情，甚至操纵外汇行市。跨国公司是外汇市场上的主要客户。

（7）外汇投机者。它也是不可忽视的外汇供求者之一，其进行外汇投资是利用外汇市场上汇率的涨跌，以买空卖空或其他各种方式进行交易，从中牟取暴利。在外汇市场上，私人、企业和银行以及其他机构都可能参与外汇投机活动。

（8）进出口商和其他外汇供求者。进出口商从事进出口贸易活动，是外汇市场上主要的外汇供求者，进口商进口商品所需外汇与出口商出口商品支出外汇，都要通过外汇市场上的外汇买卖来进行。进出口商所进行的这种外汇买卖，多为远期外汇买卖。其他外汇供求者，是指由于运输、保险、旅游、留学、单方面汇兑、国际有价证券买卖、外债本息收付等非贸易外汇交易而产生的外汇供求者。

以上八类外汇市场交易的参与者，归纳起来就是中央银行、外汇银行、外汇经纪人和外汇市场的客户四大部分。这四大部分对市场的参与，构成了外汇市场全部交易的五大形式或关系：①外汇银行与外汇经纪人或客户之间的外汇交易；②同一外汇市场的各外汇银行之间的外汇交易；③不同外汇市场的各外汇银行之间的外汇交易；④中央银行与各外汇银行之间的外汇交易；⑤各中央银行之间的外汇交易。

（二）外汇市场的结构

外汇市场按照交易途径来划分，可分为银行外汇市场和交易所外汇市场。银行外汇市场指通过银行进行外汇买卖的整个领域。银行外汇市场，按照交易对象的不同又可划分为客户与银行之间的外汇市场、银行与银行之间的外汇市场、中央银行与银行之间的外汇市场等。交易所外汇市场是指通过货币交易所进行外汇买卖的整个领域。

1. 银行外汇市场结构

按照交易对象的不同，银行外汇市场结构也可划分为三个层次：

（1）客户与银行之间的交易市场，也叫作商业市场或客户市场。它是一种柜台交易。客户可以是个人，也可以是厂商。这些交易包括即期交易、远期交易、掉期交易等。用汇时，客户向银行买入外汇；收汇时，客户向银行卖出外汇。

（2）银行之间的交易市场，也称为同业市场。一般来说，银行之间交易的目的主要在于平衡银行同客户进行的外汇交易以及进行外汇投机。银行之间既可以直接交易，也可以通过经纪人进行交易。同业市场可以细分为国内同业市场和国际同业市场。

（3）中央银行与银行之间的市场交易。中央银行参与外汇市场上的交易可直接同银行进行，也可通过经纪人进行。中央银行往往利用外汇市场，从事相关外汇交易，进而调节和管理本国的外汇储备，稳定汇率和调节国际收支。

2. 交易所外汇市场结构

交易所外汇市场是一种有组织的交易所内的交易，可以从事外汇期货交易和外汇期权交易。外汇买卖双方通过交易所成员公司在交易所进行喊价，成交后通过清算公司进行清算。存在清算公司是交易所交易不同于柜台交易的一个非常重要的特点。

三、外汇市场的功能与特征

在一国国内经济及国际经济中，外汇市场都占有十分重要的地位，它是各国国内及国际金融市场的组成部分之一。外汇市场不仅可以决定远期汇率和即期汇率的水平，为投资者提供规避汇率风险或赚取汇差的场所，还可以为汇率理论的形成奠定宏微观的基础。具体来说，外汇市场除了提供外汇交易的场所外，主要有以下功能：

（1）平衡外汇供求。外汇市场除了充当外汇供需双方的中介人之外，还可以通过汇率的变动来对外汇的供求起平衡作用。

（2）干预汇市。外汇市场是各国政府进行国际收支乃至国民经济调节的重要渠道。各国政府可以通过各种方式来影响外汇市场的供求和外汇汇率的变动，进而起到调节国际收支和货币供应等作用。

（3）保值及投机的场所。外汇市场可以为试图避免外汇风险的国际交易者提供保值的途径。如在外汇市场上从事套期保值、掉期等外汇交易以避免外汇风险；外汇市场同时还为那些期望从汇率波动中获得好处的投机者提供投机机会。

目前，世界上大约有30多个外汇市场，它们各具特色并分别位于不同国家和地区，各市场间汇率差异微小，构成了一个庞大的、统一的世界外汇市场体系。

20世纪80年代以来，由于国际经贸的迅速发展，电子科技革命的推动，国际外汇市场呈现出一系列新特点：

第一，全球外汇市场在时间上和空间上联成一个统一体。目前，世界各金融中心的外汇市场都已经相互连接了，外汇市场基本实现了全球化，形成了一个昼夜营业的市场。凌晨，澳大利亚的惠灵顿、悉尼市场率先开市，接着，亚洲的东京、香港、新加坡市场陆续开市，然后，欧洲的法兰克福、卢森堡、巴黎、苏黎世、伦敦市场相继营业，等到美洲的纽约市场闭市时，澳洲的外汇市场又将开始新的一天的外汇交易。如此周而复始，世界外汇市场形成了一个遍布全球各地、相互间有机联系的巨大网络，使国际外汇市场得到了空前的拓展。

表 4-1　　　　　　　　　　　　全球外汇交易的地理分布

（全球交易占比）

国家或地区	1998 年	2001 年	2004 年	2007 年	2010 年
英国	32.6%	32.0%	32.0%	34.6%	36.7%
美国	18.3%	16.1%	19.1%	17.4%	17.9%
欧元区国家	17.0%	14.6%	13.1%	10.5%	9.4%
日本	7.0%	9.0%	8.0%	5.8%	6.2%
新加坡	6.9%	6.1%	5.1%	5.6%	5.3%
瑞士	4.4%	4.5%	3.3%	5.9%	5.2%
中国香港	3.8%	4.0%	4.1%	4.2%	4.7%
所有其他国家和地区	10.1%	13.6%	15.3%	15.8%	14.7%

资料来源：［美］麦金农．失宠的美元本位制：从布雷顿森林体系到中国崛起．李远芳，译．中国金融出版社，2013：16-17.

第二，国际外汇市场交易规模迅速扩大，外汇交易的币种相对集中。在全球金融市场不断开放的背景下，外汇交易量持续增长，外汇交易市场成为世界上规模最大的市场。1977 年，世界各主要外汇市场的年交易总量为 26 万亿美元。进入 20 世纪 80 年代，世界各主要外汇市场的交易量有了迅速增长。到 1987 年底，整个国际外汇市场的日交易量已达到 3000 亿美元，年交易量达 100 万亿美元以上。到 20 世纪 90 年代，世界外汇市场的交易额又有了大的发展。1995 年 4 月，世界外汇市场的平均日交易量已经达到 11900 亿美元，各主要外汇市场的日交易量都较 80 年代有了大幅度的增长。另据国际清算银行的统计，2001 年传统的国际外汇市场日均交易量达到 12100 亿美元。1998—2001 年，由于欧元的启动和电子交易的增加，全球外汇市场的交易额虽然有所下降，但日均交易量仍然稳定在 1.2 万亿美元以上的水平。2011—2013 年，全球外汇日均交易额已达到 5.4 万亿美元，与 2010 年相比，增长约 30%，2013 年，全球最大的外汇交易活动中心英国的日成交额占比从 2011 年的 37% 增至 41%，2013 年，新加坡超过日本成为世界第三大外汇交易活动中心，外汇交易越来越集中于主要金融中心——英国、美国、新加坡和日本，这四国交易额占比由 2011 年的 66% 升至 71%。人民币日均交易额增加了两倍多，由 2011 年的 340 亿美元增至 1200 亿美元，占全球总规模的 2.2%，跻身前十。

当今一些主要的国际货币，是国际外汇市场的主要交易币种，其交易的规模与占整个外汇市场交易的比重都很高（见表4-2）。同时，这些币种的买卖对国际市场价格以及汇率都有重要影响。

表4-2　　　　　　　**当前全球外汇交易中使用货币占全球交易百分比**

（每笔交易记两次）

币种/时间	1998 年	2001 年	2004 年	2007 年	2010 年
美元	86.8%	89.8%	88.0%	85.6%	84.9%
欧元	–	37.9%	37.4%	37.0%	39.1%
日元	21.7%	23.5%	20.8%	17.2%	19.0%
英镑	11.0%	13.0%	16.5%	14.9%	12.9%
瑞士法郎	7.1%	6.0%	6.0%	6.8%	6.4%
加元及澳元	6.5%	8.8%	10.2%	10.9%	12.9%
所有其他	14.4%	20.9%	21.1%	27.6%	24.8%
总额（10 亿美元）	1705	15.5	2040	3370	3981

资料来源：［美］麦金农. 失宠的美元本位制：从布雷顿森林体系到中国崛起. 李远芳，译. 中国金融出版社，2013：15.

随着人民币国际化进程的推进，在国际外汇市场上，人民币已然成为重要的交易货币，其交易量在世界外汇市场交易的比重迅速提高。这一现象对世界各国投资者提升对人民币的认知度，促进人民币走向国际化具有重要作用。全球金融市场协会（GFMA）发布的数据显示，人民币在 2015 年 10 月的日成交量已经达到 2800 亿美元，比 2013 年 4 月国际清算银行（BIS）发布报告中的 1200 亿美元翻了一倍有余，在全球外汇交易规模中的占比也由当时的 2.2%攀升至 6%，增幅超过各家央行和其他市场参与方此前的预期，说明人民币在全球贸易、支付和金融交易中的作用越来越重要。值得一提的是，未来人民币交易量在全球外汇交易中的比重仍有很大提升空间。随着国际货币基金组织批准人民币在 2016 年 10 月加入特别提款权篮子，其权重（占 10.92%）仅次于美元和欧元。人民币"入篮"给人民币在整个世界外汇市场中的交易地位的提升带来积极影响。

第三，国际上不同外汇市场之间的汇差日趋缩小。由于电子通信技术的现代化，世界各地的外汇市场都能畅通无阻地进行交易。既可以通过电话，又可以通过互联网进行交易。外汇行情的国际传递十分快捷，从而使各个外汇市场的汇率差异越来越小，传统的利用外汇市场汇价差异进行的套汇活动也大大减少了。

第四，西方国家中央银行对国际外汇市场的干预日益频繁。在布雷顿森林体系下，中央银行有义务对外汇市场进行直接干预，以保证本国货币汇率在法定的幅度内波动。在浮动汇率制下，各国中央银行仍然把它作为一种重要的工具和手段，使本国汇率维持在合理的水平上。尤其是 1985 年 9 月，西方 5 国财政部长会议，决定引进国际协调机制，联合干预外汇市场，以避免汇率剧烈变动给各国经济带来损害。此后，各国中央银行的联合干预更成为国际外汇市场上影响汇率趋势的强大力量。1986 年 5 月，西方七国首脑东京会议采纳美国提出的"贝克货币计划",即主要通过加强经济政策协调来稳定汇率。1988 年 9 月,西方七国财长西柏林会议重申,将继续奉行稳定货币汇率的政策,并为此继续紧密合作和协调政策。近年来,西方各国中央银行对外汇市场的干预越来越频繁,经常聚会磋商干预政策,以使国际汇率保持相对稳定。2008 年美国次贷危机爆发后,美联储联合日本央行、欧洲央行、英国央行、澳联储通过各种手段干预外汇市场,以缓解美元危机。

第五,金融创新不断涌现。20 世纪 80 年代以来,由于世界经济不平衡加剧,以及国际资本流动的自由化,国际外汇市场的汇率频繁波动,从而大大增加了国际经济活动中的汇率风险。面对这种现实,国际外汇市场不断涌现出各种防范汇率风险的保值工具,如外汇期权业务、外汇期货业务及互换交易等。这些外汇市场的创新业务在稳定国际商业交易成本、避免汇率风险方面具有重要的作用。而且,由于某些金融创新业务把外汇市场和国际货币市场联系起来,使整个外汇市场的发展进入更高的层次。

四、世界主要外汇市场简介

国际外汇市场统一体是由各个国际金融中心的外汇市场构成的。目前,具有国际影响的外汇市场主要处在发达国家,如纽约、伦敦、东京、巴黎、法兰克福等。世界上比较大的外汇市场有 30 多个,其中最重要的是伦敦、纽约、东京、新加坡、苏黎世、香港、巴黎和法兰克福外汇市场等。2013 年的数据显示,全球外汇交易大多数是通过 5 个国家和地区进行的,其中英国占全球外汇交易市场的 41%,美国占 19%,而新加坡、日本和中国香港地区的份额依次是 5.7%、5.6% 和 4.1%。以下对世界几个主要外汇市场进行介绍。

(一) 伦敦外汇市场

伦敦外汇市场是世界最早的、久负盛名的国际外汇市场。第二次世界大战前,由于英国经济和银行、保险等业都居于世界领先地位,英镑是当时最主要的国际货币,大量的外汇业务使伦敦外汇市场在世界上独占鳌头。战后英国虽然衰落,但由于在历史上建立起来的国际金融关系和信誉,以及长期积累起来的业务经验和技术,伦敦仍不失为世界上最重要的外汇市场。

伦敦外汇市场是抽象的外汇市场,通过电话、电报、电传和计算机网络与世界各地外汇市场进行联系,完成外汇交易。它处于全球时区适中的位置,得天独厚的地理条件对全球交易十分有利。开市与亚洲香港、新加坡外汇市场的尾市接上,参照这些外汇市场的汇率,确定伦敦外汇市场上各种货币的开盘价。上午便可与中东、非洲、欧洲国家的外汇市场进行交易。下午又可与纽约外汇市场进行两小时的交易。在一天营业时间里,与世界其他各主要外汇市场基本能保持衔接。

目前,参与伦敦外汇市场的外汇银行达 250 多家,外汇经纪公司也有十多家,交易多为即期交易和远期交易,且对每笔交易的金额,没有具体规定和限制。所以在伦敦市场上外汇交易十分活跃,外汇交易量已从 1989 年的 1870 亿美元上升到 1995 年的 4640 亿美元。2013 年的世界外汇交易数据显示,目前在全球每日超过 5 万亿美元的外汇交易量中,伦敦占有大约 40% 的份额,在国际外汇市场上居于首位。

（二）纽约外汇市场

纽约外汇市场交易量仅次于伦敦外汇市场，是当今世界上最大的外汇市场之一，也是一个完全自由的外汇市场。第二次世界大战后美国经济实力大增，对外经济关系迅速发展，英镑被美元取代，美元成为世界上最主要的储备货币和清算手段。由于美国实行开放政策，不实行外汇管制，纽约外汇市场不仅是美国国内的外汇交易中心，也是世界各国外汇结算的枢纽。

纽约外汇市场也是无形外汇市场，没有固定的交易场所。纽约外汇市场有美国银行50多家，外国银行的分行、代理行和代表处200多家，此外还有9家外汇经纪公司。

在纽约外汇市场上，汇率报价由原先的既采用直接标价法又采用间接标价法改为只采用间接标价法，便于在世界范围内进行美元交易。主要交易的外币依次是英镑、欧元、日元、瑞士法郎、加元等，近年来日元和英镑的交易量增加较快。美国厂商在进行国际经济交易时，可以直接用美元而不必用其他外币来报价和进行支付。外国银行大多在美国银行开立账户，存入美元，当出售美元外汇时，只要把美元存款从其账户上划拨到购买美元外汇的银行账户上即可。反之，外国银行购买美元外汇，不过是将其他银行的美元存款划拨到自己的账户上来。这样，纽约外汇市场就成了全世界美元交易的清算中心。

（三）东京外汇市场

东京外汇市场是随着日本对外经济的发展和外汇管理体制的变革而发展起来的。20世纪80年代以来，日本政府积极推动日元国际化策略，国际收支长期保持顺差，外汇储备迅速扩大。此外，自70年代起，日本推行金融自由化与国际化政策，自1980年12月起，实施新的《外汇修正法》，外汇管制彻底取消，居民外汇存款和借款自由，证券发行、投资及资本交易基本自由。东京外汇市场得以迅速发展，从一个区域性外汇交易中心发展为位居世界前列的外汇交易中心。

东京外汇市场也是无形外汇市场，其中有银行300多家，外国银行99家，本国银行200多家。欧元问世以前，日本进出口多以美元结算，所以90%以上是日元和美元之间的买卖，日元对其他货币的交易较少。欧元问世后，日元对欧元的交易逐渐增多。交易的种类有即期交易、远期交易和掉期交易，这都是为了客户的需要和与纽约市场的衔接。即期外汇买卖分为银行对客户的当日结算交易和银行同业间的次日结算交易。

（四）新加坡外汇市场

新加坡原是亚洲转口贸易的集散地，20世纪60年代中期以后，新加坡引进外资，发展本地工业，扩大出口，改变单纯依赖转口的经济结构；同时，发展国际金融服务业，增加无形收入。在政策上取消外汇管制，免除外汇存款的利息所得税，允许外币债券发行。在这种完全自由的金融环境下，各种外资纷纷涌进新加坡，形成了以新加坡为中心的亚洲美元市场。在亚太地区经济高速增长的背景下，新加坡外汇市场与亚洲美元市场相辅相成，互相促进，逐渐发展成为世界第四大外汇市场。

新加坡外汇市场也是无形外汇市场，所处的时区和地理位置比较优越，早上可与东京、香港、吉隆坡等地市场交易，中午可与澳大利亚、新西兰市场交易。下午可与中东、欧洲等地各金融中心交易，晚上可与美国、加拿大等地市场交易。由于交易时间长，准许有些交易员晚间在家里办理外汇业务。新加坡外汇市场经营的主要是美元与其他自由兑换货币的交易，是离岸业务。新加坡元与外币的交易系用于进出口业务的货币收付。

国际结算银行发布的报告显示，新加坡在 2013 年 4 月份的日均外汇交易量达到了 3830 亿美元，与 2010 年相比，增加了 44%。而全球市场同期增长幅度约为 35%，已经超越日本，成为全球第三大外汇交易中心，仅排在伦敦和纽约之后。这也是自 1989 年有关数据统计以来，新加坡首次进入外汇交易中心的三甲行列。在利息衍生品方面，新加坡的日均成交量在 2013 年 4 月份增加了 6%，达到 370 亿美元，在亚洲位居第二，仅次于日本。该数据显示了新加坡作为世界和亚洲主要外汇交易中心的一贯地位，而外汇交易实力的持续增强，则辅助了新加坡资本市场和资产管理活动的发展。这也使得新加坡的金融中心能够更好地为亚洲各地金融机构与企业的投资和风险管理需求提供服务。

（五）苏黎世外汇市场

瑞士是个永久的中立国，政局稳定，两次世界大战均未遭受创伤，长期处于债权国地位；且始终实行货币自由兑换制度，加之实行严格的银行存款保密制度，为其赢得了世界性的声誉，吸引了大量外来资金，从而使苏黎世外汇市场比较活跃。

严格的存款保密制度，也引起许多国家的非议，20 世纪 80 年代末以来，瑞士政府多次作出规定，颁布法律采取措施：规定在瑞士银行开立的无记名存款新旧账户必须出具瑞士律师签署的"清白证明"；合谋"洗钱"的可判 5 年徒刑，不对非法获得的美元进行监督的银行家将受到惩罚，从 1991 年 7 月 1 日起取消 B 种账户，存款人必须使用真实姓名开户，在瑞士隐藏财富的最后期限为 1992 年 9 月 30 日，届时所有 B 种账户都必须注明储户的真实身份。瑞士政府的这一做法受到世界舆论普遍欢迎。

苏黎世外汇市场也属于无形的外汇市场，参加者有瑞士银行、瑞士信贷银行、瑞士联合银行、国际清算银行、瑞士国家银行（瑞士央行）、外国银行的分支机构及经营国际金融业务的其他银行。苏黎世外汇市场没有经纪人，所有的银行间的外汇交易都是直接进行。主要业务是瑞士法郎对美元的交易，对其他货币的交易通过美元进行交叉买卖，所以瑞士法郎对美元的汇率是苏黎世外汇市场的主要汇率，瑞士法郎对其他货币的汇率通过美元套算得出。除现汇市场外，远期外汇市场也比较发达。瑞士中央银行除利用即期外汇交易来干预外汇市场外，有时还用远期外汇交易的办法来维持市场汇率的稳定。

（六）香港外汇市场

我国香港地区是个自由港，1973 年起取消了外汇管制，由于它与内地和东南亚的紧密联系，与世界各地良好的业务往来，加之良好的地理位置填补了欧洲与北美之间的时差距离，逐渐发展成世界第五大外汇交易中心。

香港外汇市场由两个部分构成。一是港元兑外币的市场，其中包括美元、日元、欧元、英镑、加元、澳元等主要货币和东南亚国家的货币，当然也包括人民币。二是美元兑其他外汇的市场。这一市场的交易目的在于完成跨国公司、跨国银行的资金国际调拨。在香港外汇市场中，美元是所有货币兑换的交易媒介。港币与其他外币不能直接兑换，必须通过美元套购，先换成美元，再由美元折成所需货币。

香港外汇市场是一个无形的市场，没有固定的交易场所，交易者通过各种现代化的通信设施和电脑网络进行外汇交易。香港地理位置和时区条件与新加坡相似，可以十分方便地与其他国际外汇市场进行交易。香港外汇市场与伦敦、纽约外汇市场保持着密切的联系。只要欧美外汇市场上有新的外汇业务，就会很快传到香港来。因此，香港外汇市场上金融创新品种比较多。1997 年 7 月 1 日回归祖国后，中央政府继续支持香港特别行政区自由港的地位，继续支持其作为国际贸易和国际金融中心的地位。在中央政府的支持下，香港外汇市场在国际外汇市场体系中的地位将会不断加强。

(七) 巴黎外汇市场

巴黎外汇市场历史悠久，但真正发展成为世界重要的金融中心之一是 20 世纪 60 年代以后的事情。由于法国的对外贸易的发展，欧洲货币市场的形成和扩大，及 70 年代以来外汇管制的放松，法郎地位的加强，巴黎外汇市场的地位才不断提高起来。

随着现代通信技术的发展和计算机技术的应用，巴黎外汇市场"大陆方式"的有形市场变成与无形市场相结合的方式。有形市场的交易项目仅限于决定对客户交易的公定汇率，或调整各自即期交易的头寸，现在大量的交易已在无形市场中完成。在巴黎外汇交易所，每天首先完成"订价"活动，即通过拍卖外汇的方式确定法郎对各主要货币当日的汇率，然后由外汇交易所经纪人协会的代表公开报告。在这一过程中，如有必要，法兰西银行会进行干预。在"订价"市场之外，各银行则通过电话、电传按"订价"市场确定的价格进行交易。这样，"订价"有利于保证外汇的买卖汇率不致受任何一家银行左右，因而能使商业交易在平等竞争的基础上进行。另外，由于"订价"公开发表，工商企业可以通过"订价"直接进行相互间外汇交易的划抵，而不必通过银行。

巴黎外汇市场名义上是所有的外币都可以买卖，但实际上常以美元、欧元、英镑、瑞士法郎等 7 种货币为主。交易的种类有即期、远期、掉期和套汇交易等。

(八) 法兰克福外汇市场

法兰克福具有悠久的金融历史，是德国中央银行（德意志联邦银行）总部所在地。长期以来由于实行自由汇兑制度，随着德国经济的迅速发展，联邦德国马克地位的不断提高，法兰克福外汇市场逐渐加入世界主要外汇市场的行列中来。

法兰克福外汇市场是有形的外汇市场，随着现代化通信设施和计算机网络技术的应用，固定交易场所的交易方式正在向无形市场转变。法兰克福外汇市场由两部分构成：一是每天正式"订价"市场，二是一般市场即转变成的无形市场。"订价"活动由固定经纪人代表央行负责进行，每天中午 12 时 45 分根据法兰克福、杜塞尔多夫、汉堡、慕尼黑和柏林的五大交易所向其口头或通过电话提出的交易委托确定汇率。如果委托的买卖不平衡，汇率就相应地有所变动，一直到买卖能够平衡，或者由央行进行干预，吸收过剩的外汇或提供短缺的外汇以达到平衡。然后是根据已确定的汇率进入一般市场交易。

法兰克福外汇市场交易的货币有美元、英镑、瑞士法郎等，交易的种类有即期、远期、掉期、套汇、套利等。

第二节　外汇交易种类与方法

外汇交易是指在外汇市场上进行买卖外汇的活动。外汇交易主要是由于对外贸易和投资需要不同的货币进行结算和支付而产生的。外汇交易所体现的外币运动，实质上反映了国际间有形贸易、无形贸易和资本投资中的商品运动和资本运动。在当今的外汇市场上，外汇交易的种类十分丰富，主要有即期外汇交易、远期外汇交易、外汇期货交易、外汇期权交易、套汇交易、套利交易等。

一、即期外汇交易

（一）即期外汇交易的概念

即期外汇交易又称现汇交易，是指交易双方以当天外汇市场的价格成交，并在当天或在两个营业日内进行交割的外汇交易形式。

例如8月1日（星期二），A银行和B银行通过电话达成一项即期外汇买卖交易。A银行愿意按1美元=134.78日元卖出100万美元，并买入等值的日元。B银行愿意以同样的汇率卖出13478万日元，买入等值的美元。8月2日（星期三），A、B银行分别按对方的要求将卖出的货币划入对方指定的账户内，从而完成整个外汇交易。

即期外汇交易主要是为了满足机构与个人因从事贸易、投资等国际经济活动而产生的对外汇的供求而进行的，它是外汇交易的重要组成部分，其交易量居各类外汇交易之首。为此，必须清楚与其有关的若干概念。

①交割。指买卖成交后"钱货两清"的行为。交割日为成交当天的称为当日交割；交割日为成交后的第一个营业日的，称为翌日或明日交割；成交后的第二个营业日交割的，则称为即期交割，也称为标准日交割。

②营业日。指两个清算国银行都开门营业的日期，一国若遇到节假日，交割日按节假日天数顺延。

③交易员。指外汇市场的经办人。其基本职责是每天将企业、公司或私人客户买卖外汇的命令集中起来，按各种外汇将这些用书面或电话陆续发给银行的命令进行登记，然后按照头寸和价格决定买进或卖出，使银行之间很快地找到对象而成交。

④报价。指外汇银行在交易中报出的买入或卖出外汇的汇价。一般采用双档报价法，即外汇银行在交易中同时报出买价和卖价。如纽约外汇市场牌价为：US＄1＝HK＄7.7971~7.7999，其中7.7971为买入价，7.7999为卖出价。银行的买卖价格之间的差价就是外汇银行买卖外汇的收益。实际操作中，外汇交易员一般不报全价，只报汇率小数点后的最后两位。例如US＄1＝HK＄7.7971~7.7999情况下，香港银行接收到询问时将仅报71~99。这是因为外汇汇率一天之内的变化往往不会超过两位数，不需要报全价。

⑤基本点。简称为点，是表示汇率的基本单位。一般情况下，一个基本点为万分之一货币单位，相当于小数点后的第四个单位数，即0.0001。极少数货币会因为面额较大，

其基本点有些不同。以日元为例，日元的价格变动主要在小数点后的两位数上，因此它的基本点为 0.01 单位。

（二）即期外汇交易的汇率

即期外汇交易采用的汇率被称为即期汇率，通常指银行同业间的价格，它是其他外汇交易价格的基础。目前，全球两大电子即期汇率报价系统（路透社、美联社）所报出的汇率都是即期汇率。由于标价方法不同，即期汇率的报价不一样。以直接标价法表示时——买价在前，卖价在后，而以间接标价法表示时——卖价在前，买价在后。例如某一银行美元对港币的即时报价为 US＄/HK＄ 7.7971～7.8011。这里"/"不是除号，而表示 against，即美元对港币，左边为买价，右边为卖价。

（三）即期外汇交易的种类

即期外汇交易可分为电汇、信汇和票汇。

①电汇。汇款人向当地外汇银行交付本币，由该行用电报或电传通知国外分行或代理行立即付出外币给收款人。电汇的凭证是汇款行的电报汇款委托书。

在浮动汇率制下，汇率经常大幅波动，电汇由于收付外汇的时间较短，从而可以在一定程度上减少汇率波动的风险。电汇汇率已经成为外汇市场的基本汇率，其他汇率大多以电汇汇率为标准来计算。

在电汇方式下，银行在国内收入本币、在国外付出外汇的时间间隔不过一两日。由于时间较短，银行通常不能利用顾客的汇款，而且国际电报、电传费用较高，所以电汇汇率最高。

②信汇。汇款人向当地外汇银行交付本币，银行开具付款委托书，用信函的方式通知国外的汇入银行，委托其支付一定款项给予指定的收款人的汇款方式。信汇的凭证是信汇付款委托书。

③票汇。汇出银行应汇款人的申请，开立以汇入行为付款人的汇票，交由汇款人自行寄送给收款人或亲自携带出国，凭票取款的汇款方式。票汇的凭证是银行汇票。

由于信汇和票汇的资金在途时间较长，银行可以在此期间利用顾客的汇款，从而信汇和票汇的汇率要低于电汇汇率。

二、远期外汇交易

（一）远期外汇交易的概念和特点

远期外汇交易又称期汇交易，是指交易双方按商定的汇率订立买卖合同，到约定的日期进行外汇交割的交易。远期合同是进行远期外汇交易的买卖双方达成的协定。该协定中，一般规定了将来交割外汇的数额、日期和地点；规定了交割的价格（即远期汇率）；使卖者承担按以上条件向买者卖出某种货币的义务，使买者承担向卖者买入某种货币的义务等内容。外汇市场的远期交易，一般按月计算。常见的远期外汇买卖的期限为 1 个月、2 个月、3 个月、6 个月，也可以长达 1 年，其中以 3 个月的最常见。在日常交易中，任何一个营业日都可以作为远期外汇买卖的交割日。

远期外汇交易的特点是：（1）买卖双方签订合同时，无需立即支付外汇或本国货币，而是延至将来某个时间进行交割。（2）买卖规模较大。（3）买卖的目的，主要是为了保值、避险或进行外汇投机。（4）外汇银行与客户签订的合同一般需有外汇经纪人担保。同时客户还要交纳一定数量的押金或抵押品。当汇率变化不大时，银行可以把押金或抵押品抵补应负担的损失。当汇率变化使客户的损失超过押金或抵押品时，银行就通知客户加存押金或抵押品，否则，合同就无效。客户所存的押金，银行视其为存款，应当支付利息。

（二）远期外汇交易的作用

远期外汇交易的作用总体来说是为了规避外汇风险和进行外汇投机。具体包括以下几个方面：

（1）为进出口商防范汇率风险。在进出口贸易中，通常进出口商预先买进或卖出外汇，以避免汇率波动风险。浮动汇率制下，汇率变动是经常性的，在商品贸易往来中，时间越长，由汇率变动所带来的风险就越大，而进出口商从签订买卖合同到交货、付款往往需要较长的时间，因此会因为汇率的波动而遭受损失。在汇率变动中，出口商将来收回外汇、换回本币时可能比预期的要少；进口商将来换汇结算时支付的本币可能比预期的要多。进出口商为避免汇率波动所带来的风险，在进出口业务成交和确认后，即向外汇银行签订买卖远期外汇的合同。在结算之日收付货款时，可以不受即期汇率的影响，而按约定的汇率办理交割，从而避免了外汇风险，并且有利于贸易成本的核算。假定有一个香港进口商向美国出口商购买了价值 10 万美元的商品，合同约定 3 个月后付款。假设当时外汇市场上即期汇率是 US＄1＝HK＄7.7360，该批货物的买价为 77.36 万港元。但三个月后，美元升值，US＄1＝HK＄7.7440，那么这批货物的价款就上升为 77.44 万港元，进口商为此将多付出 0.08 万港元。如果美元再上涨，香港进口商进口成本也将随之上升，甚至导致经营亏损。为此，香港进口商为了避免因美元汇率波动而遭受损失，在订立合同之时就向外汇银行按 US＄1＝HK＄7.7400 的汇率买进 3 个月的美元期汇进行保值，三个月后只需付款 77.4 万港元。

（2）回避外币借款风险。借入某种外币，会给借方带来汇率风险。还款期到来时，若本币贬值，偿还贷款的本币成本将上升；若本币升值，本币成本则下降。而通过远期外汇交易，则可以避免借款风险。即在现时就约定外汇汇率，预先确定借贷的成本，从而防范未来市场出现对自己不利的变动时使自己面临风险。

（3）平衡银行外汇头寸。进出口商为避免外汇风险而进行期汇交易，这实际上是将汇率风险转嫁给了外汇银行。外汇银行在与客户进行了多种交易后，会产生一天的外汇总头寸，这当中难免会出现期汇和现汇的超买和超卖现象。这样，外汇银行就处于汇率变动的风险之中。为此，外汇银行就设法把它的外汇头寸予以平衡，即要对不同期限的不同货币头寸的余额进行抛售或补进，由此求得期汇头寸的平衡。例如，香港某外汇银行发生超卖现象，即美元期汇头寸"缺"10 万美元，为此银行必须设法补进。假定即期汇率为 US＄1＝HK＄7.70，3 个月远期汇率为 US＄1＝HK＄7.88，即美元 3 个月期汇汇率升水港币

0.18 元。3 个月后，该外汇银行要付给客户 10 万美元，收入港币 78.8 万元。该银行为了平衡这笔超卖的美元期汇，它必须到外汇市场上立即补进同期限（3 个月）、相等金额（10 万）的美元期汇。如果该银行没有马上补进，而是延至当日收盘时再成交。若收市时的即期汇率涨至 US＄1＝HK＄7.90，3 个月的美元期汇仍为升水港币 0.18 元，这样，该外汇银行补进的美元期汇汇率变成 US＄1＝HK＄8.08，10 万美元合 80.8 万港元。银行因为补进时间不及时而损失 2 万港元。为此银行一旦发现超卖，就应立即买入同额的某种即期外汇。

另外银行的期汇超卖，还可以买入现汇进行抵补。本例中，10 万美元合 77 万港元。若当天收盘时又补进 3 个月美元期汇，则美元现汇已为多余，因此，又可把这笔美元现汇按 US＄1＝HK＄7.90 卖出，可收入 79 万港元，该外汇银行可获利 2 万港元。

由此可见，银行在出现期汇头寸不平衡时，首先应先买入或卖出同类同额现汇，再抛补这笔期汇。即用买卖同类同额的现汇来掩护这笔期汇头寸平衡之前的外汇风险。其次，外汇银行在平衡期汇头寸时，还必须着眼于即期汇率与远期汇率差额的大小。

（4）进行外汇投机。浮动汇率制下，汇率有可能频繁而激烈地波动，这给外汇投机者进行外汇投机创造了有利的条件。外汇投机是指利用外汇市场的汇率波动赚取价差收益的外汇交易。

外汇投机的特点是：（1）投机者主动置身于汇率的风险之中，希望从汇率变动中获利。（2）投机活动并非基于对外汇的实际需求，而是想通过汇率涨落来赚取差额利润。（3）投机收益大小取决于本身预期的正确程度。其方式是：当投机者预期某种外汇汇率将剧烈变动时，就通过买卖现汇与买卖期汇来获取投机利润。由于买卖即期外汇投机者必须持有外汇资金，其交易规模要依资金多寡而定。为此，大部分投机者是通过买卖远期外汇来谋求利益。因为期汇投机只需要缴纳少量的保证金，无需付现汇。

外汇投机有两种形式：（1）先卖后买，即卖空或称为"空头"。当投机者预期某种外币将贬值或汇率将大幅度下跌时，可在外汇市场上趁该价格相对较高时先行预约卖出，到期如果该外汇的汇率真的下跌，投机者就按下跌的价格买进该外汇现汇来交割该外汇的远期，赚取差价利润。例如，有一日本投机商预期美元将贬值。当时日元 3 个月期汇是 US＄1＝J￥120.01，他就在法兰克福外汇市场上卖出 10 万美元的 3 个月期汇，即在交割日他应付 10 万美元现汇，收入 1200.1 万日元。若 3 个月后，法兰克福外汇市场的美元现汇价格果然下降，跌至 US＄1＝J￥117.01，这时他就以原先约定的汇率所得的 1200.1 万日元中的 1170.1 万日元在市场上买进 10 万美元现汇，来履行期汇合约。这样该投机商就通过卖空赚取了 30 万日元的差价利润。当然，如果汇率变动与投机者预期正好相反，该投机商就将遭受损失。（2）先买后卖，即买空或称为"多头"。当投机者预期某种货币将升值，就在外汇市场上趁该货币价格相对较低时先行预约买进该种货币的远期，到时该货币汇率真的上升，投机者就按上升的汇率卖出该货币的现汇来交割远期，从中赚取投机利润。这种交易是预约交易。由于投机者有很多仅仅是在到期日收付汇价涨落的差额，一般不具备实足的交割资金，故称为"买空"。例如，有一美国投机商预期欧元将大幅度升值。当时欧元 3 个月期汇是 €1＝US＄1.0089，他就在法兰克福外汇市场上买入 10 万欧元的 3 个月期汇，即在交割日他应付 10.089 万美元现汇，收入 10 万欧元。若 3 个月后，法兰克福外汇市场的欧元现汇价格果然上升，升至€ 1 = US $ 1. 1289，这时他就以原先约定的汇率所得的 10 万欧元中的 8. 937 万在市场上买进 10. 089 万美元现汇，来履行期汇合约。这样该投机商就通过卖空赚取了 1. 063 万欧元的差价利润。当然如果汇率变动与投机者预期正好相反，该投机商就将遭受损失。

卖空和买空事实上是一种反向的期汇投机活动。这种活动建立在两个基础上：一是必须有远期外汇买卖市场的存在；二是外汇汇率必须有较大、较频繁的变化。另外，投机能否成功则有赖于投机者的预期是否准确，以及投机技巧和经验如何。在业务中，投机作为一种行为有其存在的必要性与合理性。在远期外汇市场上，进出口商和外汇银行通常不愿承担外汇风险，希望转嫁风险；而投机者愿意冒风险，因此成为需要转嫁风险者的最佳对象。投机者便成了远期外汇市场必需的构成部分。但是，由于外汇投机不能真实地反映外汇市场的供求关系的变动，过度地投机容易扰乱正常的金融秩序。

（三）远期外汇交易的分类

根据交割日是否固定可以将远期外汇交易分为以下两种：

（1）固定交割日的远期外汇交易。它是指交易双方必须按照交易双方商定的日期进行外汇的实际交割的交易，交割日不能提前或推后。

（2）选择外汇交割日的远期外汇交易，又称择期交易。它是指交易的一方可在成交日后的第 3 天起至约定的期限内的任何一个营业日，要求交易的另一方按照双方约定的远期汇率进行外汇交割的交易。这类交易在交割日期上具有较大的灵活性，通常适应于难以确定收付款日期的对外贸易。

择期交易在外汇买卖中发展相对迅速。因为在固定交割日期的远期外汇交易中，由于缺乏灵活性和机动性，通常难以满足进出口商的需要。在实际交易中，进出口商往往事先不知道外汇收入或支出的准确时间。为了满足通过远期市场避免汇率变动的风险的需求，他们便与银行签订一项合同，保证按双方约定的汇率，在将来规定的期限内进行外汇买卖，即开展择期交易。

择期交易的特点是：（1）交割日期随客观形式与主观判断而转移，并不固定，它意味着客户可以在择期的第一天，也可在最后一天履行交割手续；（2）银行不给这类业务活动以优惠汇率。原因在于交割的期限越长，银行所承受的风险越大。

在择期交易中，询价方得到选择交割日的权利是以放弃价格上的好处为代价的，所以，询价方应根据业务需要确定合理的交割日期，应尽可能缩短择期的天数，以减少择期成本。另一方面，由于询价方有权选择交割日，报价银行需承担汇率波动风险及资金调度的成本。为了补偿资金调度和价格变动风险，报价银行必须报出对自己有利的汇率，即报价银行在买入基准货币时，报出较低汇率；在卖出基准货币时，报出较高的汇率。一般来说，报价银行对于择期交易的远期汇率报价应遵循以下原则：一是报价银行买入基准货币，若基准货币升水，按选择期内第一天的汇率报价；若基准货币贴水，按选择期内最后一天的汇率报价。二是报价银行卖出基准货币，若基准货币升水，按选择期内最后一天的汇率报价；若基准货币贴水，按选择期内第一天的汇率报价。

(四) 远期外汇交易的报价方式

远期交易的报价分两种，一种为直接远期报价，另一种是掉期率报价。

（1）直接远期报价。它是指不通过掉期率换算而直接报出的远期汇率。该方法简单明了，与即期外汇的报价相似，只是变现的期限不同。采用此法的地方越来越少，日本、瑞士等外汇市场采用此方法。如：

	即期汇率	3 个月远期
美元/瑞士法郎	1.1289/09	1.1302/11

又如中国银行公布的人民币远期外汇牌价（见表4-3），也是直接标出人民币与外币的远期买卖价格。

表4-3　　　　　　　　　**2014 年 1 月 10 日中国银行人民币远期外汇牌价** 单位：人民币/100 外币

		美元	欧元	日元	港元	英镑	瑞郎	澳元	加元
七天	买入	603.44	819.40	5.7405	77.70	993.07	664.30	535.24	555.42
	卖出	607.33	827.98	5.8063	78.44	1001.97	670.51	541.43	560.76
一个月	买入	603.73	819.87	5.7453	77.74	993.36	664.62	534.57	555.29
	卖出	607.89	828.63	5.8109	78.51	1002.75	671.36	541.20	561.04
三个月	买入	604.48	820.91	5.7535	77.86	994.24	665.77	533.13	555.21
	卖出	608.62	829.53	5.8200	78.61	1003.45	672.44	539.72	560.87
六个月	买入	605.16	822.23	5.7664	78.00	995.15	667.39	530.77	554.89
	卖出	609.80	830.74	5.8316	78.73	1004.25	673.98	537.21	560.44
九个月	买入	605.75	823.43	5.7794	78.11	995.71	668.96	528.16	554.38
	卖出	610.89	832.05	5.8443	78.85	1004.95	675.70	534.72	560.01
十二个月	买入	606.10	824.36	5.7912	78.18	995.73	670.38	525.29	553.77
	卖出	611.54	832.98	5.8558	78.92	1004.96	677.18	531.81	559.39

资料来源：中国银行网站，http://www.boc.cn.

（2）掉期率远期报价。又称差额报价法，它通过掉期率报出远期汇率。掉期率是以基本点表示的远期汇率与即期汇率的差额，即以基本点表示升水或贴水的数额。远期升水是指一种货币的远期汇率高于即期汇率；远期贴水是指一种货币的远期汇率低于即期汇率。如果远期汇率等于即期汇率，就称远期平价。

一般情况下，掉期率的表达方式有两种。一种是斜线左边的数字大于右边的数字，即"高/低"型，即基准货币贴水，报价货币升水；另一种是斜线左边的数字小于斜线右边的数字，即"低/高"型，即基准货币升水，报价货币贴水。通过掉期率来计算直接远期汇率的规则是"左低右高往上加"、"左高右低往下减"。例如：

即期汇率　　　　　　　　　　　　US $/DM　　　　　　　　　　1.5500/10

1 年远期 　　　　　　　　　　　　　　　　　　　　　350/340

则 1 年期的直接远期汇率 　　　US ＄/DM　　　　　　　1.5150/70

又如中国外汇市场上人民币对各种外汇的远期报价形式（见表 4-4）。

表 4-4 　　　　　　　　　　**人民币对主要外币的远期报价**

日期：2014 年 4 月 30 日　　　　单位：1 单位外币/人民币

人民币外汇即期报价		人民币外汇远期报价			
货币对	买/卖报价	货币对	1 周	6 月	1 年
USA/CNY	6.2590/6.2600	USA/CNY	-22.50/-22.39	405.0/405.0	680.0/680.0
HKD/CNY	0.80730/0.80746	HKD/CNY	2.77/3.21	53.05/55.20	88.65/90.97
100JPY/CNY	6.1070/6.1087	100JPY/CNY	24.23/24.23	464.78/464.78	835.55/835.55
EUR/CNY	8.6391/8.6398	EUR/CNY	30.76/30.86	535.07/541.57	918.85/945.95
GBP/CNY	10.5256/10.5282	GBP/CNY	32.23/32.30	505.05/529.0	721.99/756.64
AUD/CNY	5.8142/5.8147	AUD/CNY	-9.01/-4.90	-370.58/-349.76	-855.57/-834.34
CAD/CNY	5.7177/5.7194	CAD/CNY	10.20/13.19	103.62/125.40	100.97/124.65

资料来源：中国货币网，http：//www.chinamoney.com.cn/index.html.

根据表 4-4，我们可以计算出人民币对美元 1 周的汇率为 6.0340/6.0361。

应该指出的是，不论是即期汇率还是远期汇率，斜线左边的数字总是小于斜线右边的数字，即单位货币的买入价总小于单位货币的卖出价。并且与即期汇率相比，远期汇率的买入价与卖出价之间的汇差总是更大。

（五）远期汇率与利率的关系

前面讲过，远期外汇交易成交时远期汇率与即期汇率的差额称远期汇差。远期外汇市场上的汇率与货币市场上的利率密不可分。它们之间的基本关系大体可表述为，低利率货币远期有升水，而高利率货币远期有贴水。

例如：美元三个月期存款的利率为 20%；日元三个月期存款利率为 10%。在这种情况下，日元的远期汇率为升水，而美元的远期汇率为贴水。如果不是这样，市场上就会出现套利的机会。套利的结果，必然会把远期汇率和即期汇率之间的差额推向这一点。在此例中，我们先假定远期市场上的汇率等于即期市场上的汇率，即汇差为平价。这时，投资者就会用日元买入美元，同时远期卖出美元。这样做的结果，使该投资者在市场上未付出任何成本（假设不计交易成本），而在货币市场上得到 10% 的利息好处。在外汇市场上，由于有利可图，许多投资者会这样做，这便会提高美元的即期汇率，压低美元的远期汇率，从而出现美元的贴水或日元的升水。

如果在远期市场上，美元的远期汇率高于即期汇率，即汇差为升水，那么，投资者不仅可以在货币市场上获利，而且可以同时在外汇市场上获利。如果投资者都从事这种套利活动，势必使美元的远期升水趋于平价，最后趋于贴水。可见，当美元的利率高于日元时，美元势必趋于贴水，即日元势必趋于升水。

三、外汇期货交易

期货交易是相对于现货交易而言的。外汇期货交易是外汇市场上一个很有特色的组成部分。虽然商品期货交易已经有几百年的历史，但外汇期货交易却只是 20 世纪 70 年代的事情。

（一）外汇期货交易的概念和特点

外汇期货交易简称外汇期货，指在有组织的交易市场上以公开叫价方式进行的具有标准的合同金额和标准的清算日期的货币买卖的交易。

尽管远期外汇交易和外汇期货交易都有预定的交割日、预定的汇率和预定的交割金额，但它们是有很大区别的。首先，远期外汇交易属于柜台交易的范畴，而期货交易则属于交易所交易。另外，它们在合同规模、交割日、交易方法、交易规则、交割、保证等方面都存在一定的差异。

相对于远期外汇交易而言，外汇期货交易具有如下特点：第一，合同规格和金额标准化。外汇期货合约的规格具有标准化的特点，每笔交易都按照规定的标准金额办理买卖合同，如 1 张英镑外汇期货合约为 25000 英镑，1 张日元期货合约则为 12500000 日元等。第二，交割日期固定化，且与日历月份一致。常见的有 3 个月、6 个月、9 个月和 12 个月。第三，外汇期货交易在有形的交易所内喊价，竞价成交。第四，期货交易手续简单。第五，期货交易买卖双方都以交易所的清算部门为成交对方，可避免违约风险。第六，期货交易采取保证金的交易方式，买卖双方都需要缴纳保证金。第七，期货交易每天结算盈余，获利可以提走，亏损在保证金维持水平以下时要立即补足原始保证金的数额。第八，合同价格波动严格化。期货交易的外币都规定每日的最低价格和最高波动限额，只要达到或突破限额，当天的交易即告终止。

（二）外汇期货交易的功能

（1）保值。套期保值者可以把外币期货合约视为一种保险手段。套期保值者为了规避汇率风险，通过外汇期货市场，用最小的成本将汇率风险转移出去。

（2）投机。由于期货市场保证金需求不高，交易者以较小金额的保证金，从事数倍于或数十倍于保证金金额的交易，以赚取利润。

（3）价格发现。价格发现是指外汇期货市场形成的货币价格。这些货币价格反映了大量买方和卖方对目前供求形势和价格的综合看法。这并不意味着对未来价格的预期都是正确的。随着条件的转变，对价格的预期也会发生变化。由于市场上频繁地买卖外币期货合约，货币汇率会稳定在一定程度上，由此形成的价格是通过竞争形成的，具有重要的参考价值。

（三）外汇期货交易的基本程序

外汇期货交易都是在专营或兼营外汇期货的交易所进行的。任何企业和个人都可以通过外汇期货经纪人或交易商买卖外汇期货。具体而言，客户欲进行外汇期货交易，首先，必须选定代理自己交易的经纪公司，开设账户存入保证金。然后，客户即可委托经纪公司替他办理外汇期货合约的买卖。在每一笔交易之前客户要向经纪公司发出委托指令，说明他愿意买入或卖出的外汇期货、成交的价格、合约的种类和数量等。经纪公司在接到客户的指令后，会将此指令用电话或其他通信工具通知交易厅内的经纪人，由他执行。成交后，交易厅经纪人一方面把交易结果通知经纪公司和客户，另一方面将成交的订单交给清算所，进行记录并最后结算。每个交易日末，清算所计算每个清算会员的外汇头寸。由于每个交易者既可以买进也可以卖出，因而当天的清算头寸只是买入和卖出的差价，即净头寸。

（四）外汇期货交易保证金制度

期货市场所需交纳的保证金的多寡同期货价格的易变性有关，即同每日损益的概率发布有关。在外汇期货交易中，汇率变动大的货币所要求的保证金高一些；反之则低一些。

保证金制度是外汇期货市场的一个极具特色的地方。在美国的外汇期货市场，有初始保证金和维持保证金之分。（1）起始保证金，即期货合同签订时，买方或卖方必须存入的货币数额，以此避免因汇率变动而导致交易所的损失。外汇期货市场的汇率经常变化，两日间汇率差额便构成了买卖双方的损益。当其中一方由于汇率变化对自己不利而造成损失时，另一方便会获利。如果前者不能支付这笔金额，势必给后者带来损失。为了避免这种信用风险，期货的买方或卖方客户需缴纳起始保证金。（2）维持保证金，是指保证金被允许下降到的最低水平。如果汇率变动对交易者不利，损失使其起始保证金迅速下降，交易所为了避免信用风险，规定了保证金下降的最低水平。当交易者的保证金达到最低水平时，交易所将通知其将保证金恢复到维持保证金的水平，否则交易所有权在期货市场上中止这笔合同。

（五）外汇期货交易的参与者

外汇期货合同持有者可分为二类：一是多头持有者，即某一种外币期货合同的买者；另一类空头持有者，它们是某一种外币期货合同的卖者。当外汇期货合同价格发生变化时，对两者造成的损益是不同的。当价格上升时，对多头持有者有利，而对空头持有者不利；相应的，当价格下降时，对空头持有者有利，而对多头持有者不利。

外汇期货市场的参与者主要有两种，一种是投机者，另一种是套期保值者。

（1）对投机者来说，因为外汇期货市场有财务杠杆作用，这为投机者提供了一个赌博的场所，他可以用较少的投资去博取高额的收益。当然，如果投机者预测错误，实际汇率对其不利时，他将可能遭受巨额损失。例如，芝加哥商品交易所的保证金大约为合同金额的5%。拿瑞士法郎来说，1500美元的起始保证金便可控制125000瑞士法郎的期货合同。现在假定某一投机者买入一笔瑞士法郎合同。假定合同中规定的汇率为1瑞士法郎＝0.5000美元。当瑞士法郎的价格上升2%，投机者将得到1250美元。相反，如果瑞士法郎下降2%，投机者将损失1250美元。

（2）对套期保值者来说，他可以利用外汇期货合同来固定日后的汇率水平。假定瑞士法郎期货合同的标准金额仍为 125000 瑞士法郎，合同中规定的汇率仍为 1 瑞士法郎＝0.5000 美元。于是 125000 瑞士法郎的美元金额为 62500 美元。例如，某一进口商需要一笔 3 个月期限（即在 3 月份支付）的 125000 瑞士法郎。于是，他通过经纪人在外汇期货市场买入一笔期货合同。所交存的起始保证金为 1500 美元。该合同的美元金额随着每天市场上价格的变化而变化。如果瑞士法郎对美元的价格在即期外汇市场上升，芝加哥商品交易所中国际货币市场的期货价格也会同步上升。反之，同步下降。我们进一步假定，现在，这笔 3 月份交割的瑞士法郎期货合同的价格从 0.5000 美元上升到 0.5060 美元。合同中 125000 瑞士法郎的等值美元金额，现在便成为 63250 美元，比起始的 62500 美元要高出 750 美元。如果维持保证金为 750 美元，该进口商必须增加 750 美元到他的保证金账户。

如果期货合同到期时，即期外汇市场上的汇率为 1 瑞士法郎＝0.6000 美元。进口商这时可以有两种选择。第一种选择是按期货合同交割。该进口商用 62500 美元买到 125000 瑞士法郎。第二种选择是在该合同的最后交易日清算（Liquidate）合同。进口商除了向经纪人取回自己的保证金（扣除议定的费用）外，还通过了经纪人收回由于汇率上升而赚取的价格差额。在这里，这笔差额为 12500 美元。（75000－62500＝12500 美元）。接着，该进口商进入即期外汇市场，以 75000 美元的成本，买入 125000 瑞士法郎。比起期货合同中规定的成本来，这里多付出了 12500 美元。即期市场上的成本上升正好为期货市场上所赚取的收益抵消。该进口商通过期货市场的运用，将今后买入瑞士法郎的价格固定为 1 瑞士法郎＝0.5000 美元，从而达到了保值的目的。

四、外汇期权交易

（一）外汇期权交易的概念及特点

1. 概念

外汇期权，也称货币期权，是指交易双方按商定的汇率就将来在约定的某段时间内或某一天是否购买或出售某种货币的选择权预先达成一个合约。外汇期权交易以外汇期权合约为交易对象，合约买方拥有权利，即期权的买方通过支付一笔期权费，将获得购买或出售某种货币的权利。但这种权利并不是买方必须履行的义务。期权的买方有权根据市场汇率的变动情况，决定是否放弃按合约规定的汇率及金额行使自己拥有的买或卖的权利，也可以不执行期权而让合约自动作废。对期权的买方而言，如果合约作废，他的损失仅限于预先付出的期权费。

2. 特点

（1）外汇期权具有更大的灵活性。外汇期权交易可以使交易者有效地避免因汇率波动而导致的风险。首先，外汇期权合约的买方可以选择不同的协定汇率。其次，在合约的有效期内，或约定的到期日，如果汇率对合约买方有利时，他就会行使期权，按约定的汇率买进或卖出外汇，反之，则不履行。从这个意义上讲，外汇期权弥补了远期外汇交易的某些弱点，更具有灵活性。

（2）期权费不能收回，且费率不固定。期权费又称保险费、权利金，即外汇期权的价格。期权交易的买方获得选择权，意味着卖方出售了这种权利，所以卖方要收取一定金额作为补偿；期权费在期权交易成交时由合约买方支付给合约卖方，无论买方在有效期内是否行使期权，期权费均不能收回。期权费率根据多种因素决定，它随市场价和履约价格等因素的变动而变动。

（3）外汇期权交易的对象是标准化的合约。在期权交易中，期权合约的内容是标准化的，如货币数量、到期日等。期权合约的到期日通常是每年的 3 月、6 月、9 月和 12 月。

3. 外汇期权交易与现货交易、期货交易的区别

外汇期权交易与外汇现货交易的区别。外汇期权合约赋予买方的权利是单方面的。当价格变动对买方有利时，他就执行期权，而且在合约到期前盈利随价格变动而增加，是无限的；当价格变动对买方不利时，他可以放弃执行期权，损失是有限的，仅为其支付的期权费。但现货交易下，交易完成后，买方无权选择盈利或亏损。当价格变化对买方有利时，买方可获利；而价格变化对买方不利时，买方则亏损。

外汇期权交易与外汇期货交易的区别。①期权合约赋予买方的是权利。在约定期内，买方可以在任何时候行使权利，也可以在任何时点上放弃权利；而期货交易只有一个交割日，而且约定期内合约不能对冲的话，到期要进行实物交割。②期权合约的卖方只有义务，即只要在合约期内买方要行使期权的权利，卖方就应履行义务；外汇期货交易的履约责任是双方的，也是强迫性的。如果不对冲，到期就必须履约。③期权交易中买方盈利随价格的有利变化而增加。若价格不利，亏损限定在期权费内；而期货交易双方盈亏是随价格变动而增减的，即都面临着无限的盈利和亏损。④期权的保险费是根据市场行情而定的，由买方付给卖方，买方最大的损失就是最初缴纳的保险费，不存在增加的义务；而期货合同要求双方均需缴纳初始保证金，且在交易中还需根据价格的变动要求亏损的一方追加保证金，而盈利方可适当提取多余的保证金。

（二）外汇期权的类型

1. 按履约时间划分

（1）美式期权。自选择权合约成立之日算起，至到期日止，买方可以在此期间内的任一工作日，随时要求卖方依合约的内容，买入或卖出约定数量的某种货币。

（2）欧式期权。期权买方不得在期权合约到期日之前要求期权卖方履行合约，即仅能在合约到期日要求期权卖方履行合约。美式期权的买方可于有效期内选择有利的时点履行合约，比欧式期权更具灵活性。对卖方而言，美式期权下，他承担的汇率风险更大。为此，美式期权的期权费比欧式期权高。

2. 按外汇期权的性质划分

（1）买方期权。又称看涨期权，它指签约一方有权在合约期满时或在合约期满前，按规定的汇率购进一定数额的外币。这种期权之所以称为看涨期权，一般是进口商或投资者预测某种货币有上涨的趋势，为避免支付增加或投资成本增加，按约定汇率买进外汇以避免汇率风险。

（2）卖方期权。又称看跌期权，指签约一方有权在合约期满时或在此以前按约定的汇率出售一定数额的外币。之所以称为看跌期权是因为出口商或有外汇收入的投资者，在

预测某种货币有下跌趋势时，为避免收入减少而按约定汇率卖出外汇以避免风险。

3. 按交易特点划分

（1）现汇期权。它是指期权买方有权在到期日或到期日以前，以协定汇率购入或售出一定数量的某种外汇。这种交易的对象是某种具体的外币现汇。

（2）外汇期货期权。它是指期权买方有权在到期日或之前，以协定的汇价购入或售出一定数量的某种外汇期货。这种交易的买卖对象是标准化的外汇期货合同，交易全部是在交易所内按照一定的规则进行的。外汇期货期权进行交割时，买方得到的是未到期的外汇期货合同，它可以在期货合同到期时交割现汇，也可以在期货合同未到期前将其卖出而平仓。与现汇期权不同的是，期货期权的行使有效期均为美式期权，即可以在到期日前任何时候使用。

（3）期货式期权。它是指外汇期权以一种期货形式进行。这种交易也在交易所内进行，与一般期货合同相近的特点是，交易双方的盈亏取决于期权行市变动的方向，且需交存保证金，按每天期权收市价结清，即按每天收市的期权清算价对期权合同价的变动差额进行盈亏结算。

五、套汇交易

套汇交易是套汇者利用不同的外汇市场上，不同的货币种类和不同的交割期限的外汇在汇率上的差异而进行的外汇买卖。交易者可以利用套汇交易来调拨外汇头寸，增加外汇收益，进而防范汇率风险。在西方国家，套汇交易是外汇投机的方式之一，具有强烈的投机性。

在各个不同的外汇市场上，外汇供求或其他关系的变动，会使不同的货币汇率在信息交流不够充分的情况下出现短暂的差异。套汇者就利用这个短暂的外汇差异，在汇率较低的市场上买进一种货币，然后在汇率较高的市场上卖出该种货币，从中获取差价利益，套汇就由此产生了。套汇交易的结果会造成汇率低的货币求大于供，原来较贱的货币汇率上涨；而汇率高的货币供大于求，原本较贵的货币汇率下跌，从而使不同外汇市场的汇率差异很快趋于消失。

一般来说，要进行套汇必须具备以下三个条件：（1）存在不同外汇市场的汇率差异；（2）套汇者必须拥有一定数量的资金，且在主要外汇市场拥有分支机构或代理行；（3）套汇者必须具备一定的技术和经验，能够判断各外汇市场汇率变动及其趋势，并根据预测采取行动。

套汇分为两种：一种是地点套汇，另一种是时间套汇。

（一）地点套汇

地点套汇是指套汇者利用不同地点的外汇市场之间的汇率差异，同时在不同的地点进行外汇买卖，以赚取汇率差额的套汇交易。地点套汇又分为直接套汇和间接套汇。

1. 直接套汇

也称两角套汇，它是利用两个不同地点的外汇市场之间某种货币之间的汇率差异，在两个市场上买卖同一货币，即将资金由一个市场调往另一个市场，从中牟利的行为。其交易准则是：在汇率较低的市场买进，同时在汇率较高的市场卖出，也称"贱买贵卖"。

例如，伦敦市场汇率为 1 英镑 = 1.6150/60 美元，纽约市场汇率为 1 英镑 = 1.6180/90 美元，两相比较，英镑在纽约市场上的汇率高，根据贱买贵卖的原则，套汇者在伦敦市场以 1 英镑兑换 1.6150 美元的汇率卖出 161.5 万美元，买进 100 万英镑；同时在纽约市场以 1 英镑兑换 1.6180 美元的汇率卖出 100 万英镑，买入 161.8 万美元。这样，套汇者可获利 3000 美元。

套汇能否成功还要考虑套汇成本，包括电传、佣金等套汇费用，如果套汇成本太高或者接近套汇利润，则没有必要进行套汇交易。另外，通过这种套汇交易获利的机会也不会长期存在，因为套汇活动会随着对某种货币需求的增加，而推动该货币汇率上涨，如上例中的英镑，两地的汇差将缩小直至均衡，套汇将终止。

2. 间接套汇

间接套汇又称三角套汇或多角套汇，它是指利用三个或多个不同地点的外汇市场中三种或多种货币之间汇率的差价，同时在这三个或多个外汇市场上进行套汇买卖，以赚取汇率差额的一种套汇交易。由于外汇市场瞬息万变，情况复杂，套汇困难，因此多角套汇一般在三者之间进行。三角套汇的准则是：判断三角汇率是否有差异，如有差异，存在套汇的机会；如没有差异，则不存在套汇的机会。一般地，判断三角汇率是否存在差异的方法是：先将三地的汇率换算成同一标价法下的汇率，然后将三个汇率连乘起来，若乘积等于 1，不存在汇率差异；若乘积不等于 1，则存在汇率差异，这时可以从事套汇交易。下面举例说明具体的套汇过程。

假定同一时间，巴黎、伦敦、纽约三地外汇市场，英镑（STG）、美元（US＄）、欧元（€）三种货币之间的现汇行情如下：

巴黎　STG1 = € 1.7200/1.7250

伦敦　STG1 = US＄1.4300/1.4340

纽约　US＄1 = € 1.1100/1.1148

首先，判断是否存在套利机会。

为了简化，我们以三个市场的中间价格来代替。

巴黎　STG1 = € 1.7225

伦敦　STG1 = US＄1.4320

纽约　US＄1 = € 1.1124

现将三个标价改为同一种标价法，且基准货币的单位为 1，然后相乘，则有：

$1.7225 \times (1/1.4320) \times (1/1.1124) = 1.0813 > 1$

上式说明套汇者在欧洲巴黎投入 1 英镑，经过纽约市场，在伦敦可以换回 1.0813 英镑。所以有套汇的机会。

其次，选择套汇途径。

如果套汇者要套取英镑，可选择在欧洲或伦敦投入，以纽约作为中介市场。如果套汇者在巴黎投放英镑，由于 $1.7225 \times (1/1.4320) \times (1/1.1124) = 1.0813 > 1$，则套汇路径为：巴黎-纽约-伦敦。如果计算结果小于 1，则说明市场路线与此相反。

假设套汇者用 100 万英镑套汇。在巴黎按 STG1 = € 1.7200 换成 172 万欧元，在中介市场纽约将 172 万欧元按 US＄1 = € 1.1148 换成美元，得 154.29 万美元，而后在伦敦按

STG1 = US＄1.4340换成英镑，得107.59万英镑。则套汇利润总计7.59万英镑。

（二）时间套汇

时间套汇又称抛补套利，是指套汇者利用不同交割期限所造成的外汇汇率的差异，在买入或卖出即期外汇的同时，卖出或买入远期外汇；或者在买入或卖出远期外汇的同时，卖出或买入期限不同的远期外汇，通过时间差来盈利的套汇方式。它常被称为防止汇率风险的保值手段。时间套汇实质上与掉期交易相同，不同的只是时间套汇侧重于交易的动机，而掉期交易侧重于交易的方法。时间套汇的目的是获取套汇收益，只有在不同交割期的汇率差异有利可图时，才进行套汇。而掉期交易多数是为了防范汇率风险进行保值，一般不过分计较不同交割期的汇率差异的大小。时间套汇一般在同一个外汇市场内进行。

假定，某一时点，甲货币6个月存款年利率为12%，乙货币6个月存款年利率为9%，甲货币为本国基准货币，乙货币为标价货币，甲乙两种货币的即期汇率为1.6180，6个月远期汇率为1.5932。

套汇者若有100万单位乙货币，则通过套汇后其所获得的收益为多少？

100÷1.618 = 61.80

61.80×（1+12%×1/2）×1.5932 = 104.37

套利后的收入为4.37万美元。

事实上，由于现代通信技术的迅速发展和完善，世界各地的外汇市场关系日益紧密；外汇市场和外汇交易日益全球化、同步化，那种由于地区不同，时间不同所造成的汇率差距几乎不存在了。上述几种套汇方式日益不为重视，逐渐为外汇期权交易等代替。

六、套利交易

套利交易指利用不同国家或地区货币市场上短期利率的差异，将资金由利率较低的国家或地区转移到利率较高的国家或地区进行投放，以赚取利润的外汇交易。套利活动将外汇市场与货币市场紧密联系在一起。例如，某一时点上6个月的C货币存款利率为5.4875%，而同期D货币存款利率为8.75%。套利者可以将C货币兑换成D货币进行短期投资，以便多获得年率3.2625%的利息收入。

套汇和套利一样，是外汇市场上重要的交易活动。由于各国外汇市场联系十分紧密，一有套利机会，大银行或大公司就会迅速投入大量资金。最终促使各国货币利差与货币远期贴水率趋于一致，使套利无利可图。套利活动使各国货币利率和汇率形成一种有机联系，两者互相影响，推动国际金融市场一体化。

进行套利交易要承担汇率变动的风险，因此在做套利交易时，一般要做一笔远期外汇交易，如掉期交易，使套利者在获利的同时避免汇率风险。套利交易按套利者在套利时是否做反方向的交易来轧平头寸，可分为两种形式：

（一）抵补套利

抵补套利又称抛补套利，是指在现汇市场买进一国货币对外投资的同时，在期汇市场上出售与投资期限相同、金额相当的该国货币的远期，借以规避风险的套汇活动。

假设英国货币市场上 3 个月年利率为 8%，美国货币市场上 3 个月年利率为 12%。在这种情况下，英国的套利者可以在英国以 8%的年利借入英镑，在即期市场上换成美元，然后投放到美国的货币市场，以获得 4%的年利差。与此同时，套利者担心 3 个月套利完成后，因美元汇率下跌，而使自己在将美元换回英镑时遭受损失。于是，套利者会在将英镑对换成美元现汇时，卖出 3 个月的美元期汇，规避风险，确保利差收益。具体而言，抵补套利操作过程如下：

假设伦敦外汇市场 STG/US $ 即期为 1.8400/20，3 个月远期为 1.8410/40。套利者在伦敦货币市场借入 100 万英镑，借期 3 个月，则到期应还本息 100+100×8%×（3/12）= 102 万英镑。

同时，套利者将 100 万英镑按 STG1 = US $ 1.8400 兑换成 184 万美元，并存入到纽约某银行，存期 3 个月，到期可获本息 184+184×12%×（3/12）= 189.52 万美元。套利者为了规避风险，确保利差收益将按 STG1 = US $ 1.8440 卖出 189.52 万美元的 3 个月的期汇。3 个月后，套利者的获利为 189.52/1.8440−102 = 0.7766 万英镑。

以上例子表明，套利者作出抵补套利后，将不必担心汇率的波动对利差的影响，从而确保套利者的收益。

（二）不抵补套利

不抵补套利又称非抛补套利，是指没有采取保值措施的套利交易。由于这种套利没有将兑换价格确定，投资期满后，套利资金收回时，外汇市场汇率变化会有两种：一种情况是汇率向套利者有利的方向发展，此时套利者还将可以得到汇率方面的好处。另一种情况是汇率向套利者不利的方向发展，此时套利者套利的利润不仅会因为汇率的下跌而被抵消，而且还会出现套利亏损。因此一般认为不抵补套利具有极强的投机性。

第三节 外汇风险管理

从事对外贸易、投资、借贷和外汇买卖等经济活动的主体，不可避免地会在国际范围内收付大量的外汇，或拥有以外币计值的债权和债务。当汇率发生变化时，外汇债权人或债务人的收支将是不确定的，而这种不确定性在浮动汇率制度下显得尤为突出。浮动汇率制下，主要货币的汇率经常大幅度波动，而且相互间的强弱地位也频繁变换。为此，经济主体为了规避潜在的风险，往往十分重视对外汇风险的防范和管理。

一、外汇风险的含义与种类

（一）外汇风险的概念

外汇风险又称汇价风险，是指在一定时期的国际经济交易中，未预料到的汇率变动带来的收益或损失。在这个概念中，首先需要明确的是，外汇风险是由于经济主体持有外汇敞口头寸而产生的。其次，外汇风险产生于汇率变动的不确定性。不确定性表明汇率有可能向有利于当事人的方向变化，也有可能向不利于当事人的方向变化，由此产生的结果既有可能带来收益，也有可能遭受损失。最后，外汇风险只能转移，不能消除。在浮动汇率制度下，汇率受市场供求等因素的影响而随时变动，外汇风险是客观存在的；外汇头寸的平衡只能是暂时的、动态的平衡，而外汇敞口是一种常态，外汇市场上的风险只能通过不同交易者的风险态度而进行转移，而无法消除。

一般来说，外汇风险由货币因素和时间要素构成。其中货币要素是指一种货币对另一种货币的兑换或换算。时间要素是指在不同的时点，汇价往往不相同。时间越长，外汇风险就可能越大。

（二）外汇风险的种类

一般地，外汇风险可分为以下三类：

1. 交易风险

外汇交易风险又称商业风险，是指以外币计价的交易中，由于汇率发生变化而引起以外币表示的应收资产或应付负债价值变化的风险。外汇交易风险主要有以下三类：一是进出口贸易中的交易风险；二是国际借贷中的交易风险；三是资本输出入中的交易风险。

2. 折算风险

折算风险又称会计风险或账面风险，是指经济主体在对资产负债进行会计处理的过程中，将功能货币转换成记账货币时，由于汇率变动而产生的账面损益。这里功能货币是指经济主体在日常经营活动中使用的货币，记账货币是指经济主体在编制财务报表时所采用的报告货币，报告货币通常是母国货币。一般情况下，当功能货币与记账货币不一致时，在编制财务报表时就需要进行一定的折算。这时如果汇率发生了变动，折算就会使报表中各项的价值发生变化。

3. 经济风险

经济风险是指由于意料不到的汇率波动，导致企业的生产销售数量、价格、成本等引起企业在未来一定时间内收益或现金流量发生变化的潜在风险。必须指出的是，意料之中的汇率风险不属于经济风险的范畴。因为企业在预测时已经将预料到的汇率变动考虑进去了，因此意料之中的汇率变动不会构成经济风险。

对一个企业而言，在各种外汇风险中，经济风险最为重要，它直接影响企业在海外的经营效果或银行在海外的投资效益。经济风险比交易风险和折算风险更加需要防范，因为前者的影响是长期的，后者的影响是一次性的。此外，交易风险主要强调的是在汇率差变化前签订交易合同后，由于将来汇率的变化而导致的收支变化；折算风险主要强调的是由于汇率变化后，在由外币折算成本币后所发生的账面损益；经济风险则强调的是由于意料之外的汇率波动所造成的未来现金流的变化。总之，以上三种风险在发生的时间、风险衡量的角度、风险损益的特点以及风险损失的真实性等方面不同。

二、外汇风险管理的理论、原则与策略

（一）外汇风险管理理论

1. 成本收益分析法

在外汇业务中应力图做到在既定的成本下获得最大的收益，或在收益一定的情况下使成本最小化。在外汇风险管理中，风险管理的成本主要是交易费用、保险费用、咨询调查费用等，其效益就是使可能的损失减少的数额。在进行风险管理方案的评估时，应力图避免为了控制一项风险而增加另一项新的风险和为此所付出的成本费用。

2. 风险与报酬分析法

对于任何一个投资项目，我们都应该遵循"风险报酬的对应原则"，即高风险、高收益的原则，它反映了风险与期望收益的关系，即外汇的风险和收益与证券的风险和收益的关系是一致的，高收益所付出的代价就是高风险，它们之间是一种线性的正相关关系。

（二）外汇风险管理的原则

1. 保证宏观经济原则

在处理企业、部门的微观经济利益与国家整体的宏观经济利益时，企业和部门通常尽可能减少或避免外汇风险损失，而转嫁到银行、保险公司甚至是国家财政上去。实际业务中，应把两者利益尽可能结合起来，共同防范风险损失。

2. 分类防范原则

对于不同类型和不同传递机制的外汇风险损失，应该采取不同方法来分类防范。对于交易结算风险，应以选好计价结算货币为主的防范方法，辅以其他方法；对于债券投资的汇率风险，应采取各种保值为主的防范方法等。

3. 稳妥防范原则

该原则从其实际运用来看，包括三方面，一是使风险消失；二是使风险转嫁；三是从风险中避损得利。

（三）外汇风险管理的策略

外汇风险管理的策略是指国际经济主体对外汇风险持有的态度，包括要不要防范外汇风险，应防范到什么程度等。根据对外汇风险的不同态度，企业或外汇银行可以有以下几种策略可供选择：

1. 完全不防范策略

完全不防范的策略是对外汇风险不采取任何措施。这是一种消极的策略，当汇率朝有利的方向变动时，坐收其利，汇率朝不利的方向变动时，甘愿承担损失。

一般在固定汇率制度下，或虽然处于浮动汇率制度下，但市场不存在交易限制，市场机制能顺利发挥作用时，或是出于投机心理，或外汇业务量较小等情况下，会采用这一策略。但在现行的浮动汇率条件下，对汇率风险采取完全不防范的策略的比较少见，因为在现实经济环境中，不仅存在金融、外汇方面的管制，而且汇率容易受经济、政治、军事等的影响而剧烈波动，外汇市场的均衡几乎不能实现。

2. 完全防范策略

完全防范的策略指对外汇风险采取严格的防范措施，试图消灭一切不确定因素。这种策略理论上能有效的防范外汇风险，但现实中不太可能存在。因为完全防范的策略将花费高昂的成本，不能获取投机收益；另外，要想控制一切不确定因素也是不可能的。

3. 部分防范策略

部分防范的策略是对所面临的外汇风险的一部分采取防范措施，其他部分予以放置的策略。采用此策略的关键在于防范哪些风险。在确定防范的对象时除了应考虑防范的外汇风险的成本和防范的难易程度外，还要考察汇率走势的预测的准确程度；经营者的经营作风等。

三、外汇风险管理的一般方法

实施外汇风险管理主要方法有两种：一是事前的外汇风险的防止；一是事后的外汇风险的转移。

（一）外汇风险的防止

1. 国际经营的多样化

国际经营多样化有可能在各国经济发展发生不均衡时，及时了解这种情况，对它作出有竞争力的反应，并且也能较为及时地发现各国货币的购买力平价所发生的不均衡，并对之作出积极反应。各国货币汇率的变动是不可避免的，但通过国际经营的多样化，可以使所有这些汇率变动引起的风险互相抵消，使风险趋向于极小化。

2. 分散筹资

筹资的分散化策略的主要作用是：（1）可以通过使借款货币结构与经营中预期收入货币结构相适应的办法，在一定程度上抵消交易风险与折算风险；（2）可以降低由于商业周期引起的现金流量的易变性；（3）可以分散因战争、资金冻结、没收等引致的政治风险；（4）可以分散因金融市场动荡所引起的证券风险等。

3. 选择有利币种

外汇风险来自货币汇率与利率的变动，故在对外业务达成交易时，即需妥善地选择交易的货币，这是一种根本性的防范措施。作为交易的一方来说，选择货币的基本原则是"收硬软付"，即对将要收入或构成债权的货币以汇率稳定趋升的货币，即所谓"硬"货币为宜；对将要支付或构成债务的货币以汇率趋降的货币，即所谓"软"货币为宜。例如争取出口合同以硬货币计值，进口合同以软货币计值，向外借款可选择将来还本付息时趋软的货币；向外投资时选择将来收取本息趋硬的货币。但任何交易都是由买卖或借贷双方洽谈商定，不能由单方决定，故这个基本原则必须结合贸易条件、商品价格、市场行情、或者结合对外筹资中借、用、还各个环节综合考虑，统筹决策。例如进口交易中对方坚持收硬货币，如果进口的设备物资为我方所必需，可以在市场条件许可范围内争取对方降低售价。又如向外筹资时尽量使借入的货币与使用或者还款来源的货币相一致；或者可以借入软硬搭配的货币以分散风险。还须注意到货币汇率变动的因素复杂，预测正确绝非易事，金融市场动荡多变，货币的软硬之分只是在一定时间内相对而言，因此，在一定范围内的进口和出口，有时可以争取使用同一种货币计价结算，以固定交易的收益和成本，免受外币汇率变动的影响。

货币选择的另一个场合是借贷业务中对利率的选择问题。以借入方的选择而言，在两种利率不同的货币中通常选择利率水平较低的货币，但必须结合汇率的变动趋势综合考虑。对于固定利率与浮动利率的选择，主要看利率的水平与趋势。就借入方而言，在借入货币利率趋升时，以借入固定利率的货款为宜；若借入货币的利率趋降，则以选用浮动利率为宜。

4. 货币保值法

货币保值法即在签订进出口贸易合同或国际借贷合同时，为防止汇率波动，在合同中加列保值条款。目前主要有以下两种常用的保值条款：（1）硬币保值条款。该方法指在贸易合同中，规定以某种软货币为计价结算货币，某种硬货币为保值货币。贸易双方签订合同时，按照当时硬货币与软货币的汇率，将货款折算成一定数量的硬币，到货款支付时，再按此时的汇率变动情况，将这一定的硬货币折算成软货币来结算。该方法一般同时规定硬币和软币之间汇率波动的幅度，即如果汇率波动超过了该幅度，则对货款进行相应的调整，反之，如果汇率的波动在规定的范围内，则不调整。（2）"一揽子"货币保值条款。该方法是交易双方在合同中明确规定支付货币与"一揽子"货币的综合价值挂钩的保值条款。在实际操作中，双方按当时的汇率和各保值货币的权重将货款分别折算成各保值货币，到支付货款日时，根据汇率变动情况和每种所选货币的权重，对支付的合同货币金额进行调整。

除以上两种方法外，历史上曾经运用过黄金保值条款，即将合同货币的金平价载入合同，在订立合同时，按当时的黄金市场价格将支付的货币金额折算为黄金。到实际支付日时，如果合同货币的金平价发生变动，则合同货币金额将作相应调整。该方法主要运用于固定汇率时期，如今由于黄金非货币化以及黄金价格的不稳定，此方法已不再使用。

5. 价格调整法

价格调整法是指当出口用软币计价结算、进口用硬币计价结算时，企业通过调整商品的价格来防范外汇风险的一种方法。其操作方法是：在出口贸易中，如果出口商接受软货币报价，出口商将汇率损失摊到出口商品价格中，即提高出口商品价格，价格提高的幅度等于软币预期贬值的幅度；在进口贸易中，当进口商接受硬币计价时，进口商将汇率损失从进口商品的价格中提出，即降低商品的价格，降价的幅度等于硬币的预期升值幅度。

6. 期限调整法

期限调整法是指通过调整收支时间从而达到防范外汇风险的一种方法，即进出口商根据计价结算货币汇率走势的预测，将贸易合同中所规定的货款收付日提前或延迟，抵消汇率变动带来的损失。其操作方法是：如果预测计价货币未来要贬值，出口企业或债权人可要求提前收汇，进口商或债务人则应争取延期支付；如果预测计价货币未来要升值，出口企业或债权人可要求延期收进外汇，进口商或债务人则应争取提前支付外汇。

（二）外汇风险的转移

交易风险是企业面临的最主要的外汇风险，此处主要就如何转移交易风险进行论述。

1. 配对法

配对法是指在同一时间内，经济主体创造一个与外币债权或债务相同币种、相同期限、相同金额的反方向资金流动，以达到相互抵消汇率风险的目的。如中国某公司出口一批价值100万美元的货物到美国，6个月后收款。该公司为了避免美元贬值的风险，可以设法创造一个6个月付款的进口业务，价值同样是100万美元。这样一来，应收款与应付款相互抵消，从而消除了外汇风险。

2. 即期合同法

指具有近期外汇债权或债务的企业通过与银行签订出售或购买外汇的即期合同来消除外汇风险。很显然，合同中的汇率基本是固定的。若企业在近期有外汇收入，则与银行签订出售外汇的协议，反之若在近期有外汇支出，则签订买进外汇的协议。

3. 远期合同法

指具有远期外汇债权或债务的企业与银行签订以固定汇率出售或买进远期外汇的合同。若企业预计在远期既定时间有出口收汇，则应与银行签订卖出远期外汇的合同；若企业预计在远期既定时间有进口支付，则应与银行签订买进远期外汇的合同。

4. 期货交易法

指拥有债权或债务的企业在期货市场上通过卖出或买进外汇期货以防范风险的一种方法，即通常所说的套期保值法。若企业预期未来有一笔外汇债权，则在期货市场上卖出外汇，到期时再买进对冲。如果企业收回外汇债权时外汇汇率下跌，则期货市场的盈利可以抵补现货市场的亏损。若企业预期有一笔外汇债务，则做法刚好相反。

5. 期权合同法

期权即选择权，期权合同法是指拥有债权或债务的企业通过进入外汇期权市场买进或卖出期权合约，从而防范汇率变动风险的一种保值方法。具体而言，若企业预期未来有一笔外汇收入，则可以买入看跌期权。如果到期时外汇汇率下跌，则企业可以行使该期权，以弥补现货市场带来的损失；如果到期时外汇汇率不变或反而上升，则企业可以放弃该期权。

反过来，若企业预期未来有一笔外汇支出，则可以买进看涨期权。如果到期时外汇汇率上升，则企业可行使该期权，以弥补现货市场带来的损失；如果到期时外汇汇率不变或反而下降，则企业可以放弃该期权。

6. 掉期合同法

指具有不同到期日的外汇债权或债务的企业，在与银行签订卖出或买进即期或远期外汇的同时，买进或卖出相应的远期外汇，以防范外汇风险的一种方法。该方法主要运用于短期投资或借贷业务方面。如中国某企业进行为期6个月的跨国投资，在美国投资100万美元，该企业为了防范汇率风险，可以在向银行购买100万即期美元外汇的同时，卖出6个月期的远期美元外汇，从而避免了6个月后美元对人民币贬值的风险。

7. 货币互换

指交易双方通过互相交换期限相同、金额相同但币种不同的货币，以降低筹资成本或防范外汇风险的一种方法。当然，在该方法中，双方必须事先商定一个协定汇率，一般来讲，初次互换的汇率以即期汇率来计算。由于在该方法中，双方以两种货币的交换取代了两种货币的买卖，从而达到防范外汇风险的目的。

8. 投资法

该方法用于未来有外汇支出的情况。指企业在外汇现货市场上买进一笔与未来要支付的币种相同的外汇后，将其投放到短期资金市场，其投资期限与未来要支付外汇的时间吻合，其投资所得的本利和等于未来要支付的金额。如中国某企业3个月后要支付一笔10万美元的货款，为防范3个月后美元汇率上升，该企业可以事先在现汇市场买进一笔美元，投资于美国货币市场（比如存入美国银行），使其 3 个月后的收入大致等于 10 万美元。

9. 借款法

该方法用于未来有外汇收入的情况。指企业向银行借入一笔与未来外汇收入币种相同、期限相同、金额相同的款项，并将该借款在即期外汇市场上兑换成本币，等借款到期时，用外汇收入偿还。如英国某公司 6 个月后将收到一笔 100 万美元的货款，为了防止 6 个月后美元对英镑汇率下跌，该企业从银行借入 100 万美元，期限为 6 个月，并将这笔美元在即期外汇市场上兑换成英镑。6 个月该企业收到 100 万美元后归还银行借款，到时即使美元汇率下跌，该公司也不会遭受损失。

10. 提早收付—即期合同—投资法

该方法适用于有应收外汇账款的企业。指有应收外汇账款的企业，在征得债务方同意并给予一定折扣的前提下，要求提前收回货款，然后通过即期合同，将收回的外汇换成本币进行投资，这样就消除了汇率差变动风险。

11. 贸易融资法

贸易融资法包括远期外汇票据贴现、保理、出口信贷、福费廷等方法。

（1）远期外汇票据贴现。出口商收到远期外汇票据后，将票据贴现，提前取得外汇并将其在即期外汇市场卖出，换回本币，从而避免汇率变动的风险。

（2）国际保理业务。指出口商以延期付款的形式出售商品后，将发票、汇票、提单等有关单据卖给保理机构，从而取得货款的一种资金融通业务。该方法与远期外汇票据贴现的原理基本相同，都是以一定的成本将风险转移到了愿意承担的经济主体。

（3）出口买方信贷和出口卖方信贷。出口买方信贷是指出口方银行向进口商（买方）或进口商银行提供信贷，以供进口商购买技术和设备，并支付有关费用。出口买方信贷主要有两种形式：一是出口商直接将贷款发放给进口商银行，再由进口商银行转贷给进口商；二是由出口商银行直接贷给进口商，由进口商银行出具担保。进口商获得买方信贷后，是以支付现汇的方式付款，因此不管以何种货币计价，出口商都没有风险。

出口卖方信贷是指出口方银行向本国出口商（卖方）提供与贸易合同计价货币币种相同的贷款，出口商则可在收到货款后归还银行贷款，因此不存在外汇风险。

（4）福费廷。指出口商将经过进口商承兑并由进口商往来银行担保的、期限在半年以上的远期票据，无追索权地卖给进口商所在地的银行或其他金融机构（及包买商），从而提前取得现款。企业采取福费廷业务将汇票卖出后，无论汇率如何波动，都由包买商来承担，从而避免了汇率风险。

第四节　中国的外汇市场与外汇风险管理

一、中国外汇市场的形成与发展①

改革开放前，我国实行严格的外汇集中计划管理，国家对外贸和外汇实行统一经营，

① 资料来源：国家外汇管理局，http：//www.safe.gov.cn.

外汇收支实行指令性计划管理。所有外汇收入必须售给国家，用汇实行计划分配；对外基本不举借外债，不接受外国来华投资；人民币汇率仅作为核算工具。改革开放后，我国外汇管理体制根据经济社会发展和经济体制改革的根本要求，沿着逐步缩小指令性计划、不断培育和增强市场机制在配置外汇资源中的基础性作用的方向转变。经过 30 多年的努力，初步建立起了适应市场经济要求的外汇管理体制。具体而言，1978 年以来，我国外汇管理体制改革大致经历了以下三个重要阶段。

第一阶段（1978—1993 年），外汇管理体制改革起步。这一阶段以增强企业外汇自主权、实行汇率双轨制为特征。1978 年召开的党的十一届三中全会正式宣布我国开始实行改革开放的总方针。在涉外经济领域，过去外汇统收统支的体制逐步松动，出口企业开始拥有一定的外汇自主权。为调动出口企业创汇的积极性，确保有限的外汇资源集中用于国民经济建设，从 1979 年开始实行外汇留成办法，在外汇集中管理、统一平衡、保证重点的同时，适当留给创汇的地方和企业一定比例的外汇，并允许持有留成外汇的单位把多余的外汇额度转让给缺汇的单位，官方汇率与调剂市场汇率双重汇率制度并存。总的来看，这一阶段，外汇管理体制处于由计划体制开始向市场调节的转变过程，计划配置外汇资源仍居于主导地位，但市场机制萌生和不断发育，对于促进吸引外资、鼓励出口创汇、支持国内经济建设发挥了积极作用。

第二阶段（1994—2000 年），社会主义市场经济条件下的外汇管理体制框架初步确定。1994 年初，国家对外汇体制进行了重大改革，取消外汇留成制度，实行银行结售汇制度，实行以市场供求为基础的、单一的、有管理的浮动汇率制度，建立统一规范的外汇市场。此后，进一步改进外汇管理体制，1996 年全部取消了所有经常性国际支付和转移的限制，实现人民币经常项目可兑换。1997 年，亚洲金融危机爆发，给中国经济发展与金融稳定造成严重冲击。为防止危机进一步蔓延，保持国民经济持续发展，我国作出人民币不贬值的承诺，并重点加强资本流出的管制，成功抵御了亚洲金融危机的冲击。总体来看，这一阶段，我国初步确立了适合国情、与社会主义市场经济体制相适应的外汇管理制度框架，外汇供求的市场基础不断扩大，奠定了市场机制配置外汇资源的基础性地位。

第三阶段（2001 年以来），以市场调节为主的外汇管理体制进一步完善。2001 年底加入世界贸易组织以来，我国加速融入全球经济，对外开放进一步扩大，国际收支持续大额顺差，对国民经济影响日益增强。适应新形势新挑战，外汇管理体制改革向纵深推进，积极促进贸易投资便利化，稳步推进资本项目可兑换，加强跨境资金流动管理，健全国际收支统计监测，完善外汇储备经营管理。伴随着入世后外汇储备规模的较快增长，2001 年，外汇储备经营以规范化、专业化和国际化为目标，建立了投资基准经营管理模式和风险管理框架，完善了大规模外汇储备经营管理的体制机制。2005 年 7 月启动的人民币汇率形成机制改革为深化外汇管理体制改革注入新的活力。企业和个人持有和使用外汇的政策更加便利，外汇市场加快发展。与此同时，外汇管理方式加快从重点管外汇流出转为流出入均衡管理，逐步建立起资本流动双向均衡管理的制度框架，在 2008 年新修订的《外汇管理条例》确立了均衡监管思路，并在行政法规层面明确取消了强制结售汇制度。2008 年 9 月国际金融危机全面爆发以来，及时启动应急机制，做好国际收支逆转的应急预案，积极防范金融风险，确保了外汇储备资产的总体安全，顶住了国际金融危机的冲击。2009 年以来，针对跨境资金流向复杂和规模增大、市场主体便利化需求不断增长的现实，外汇管理加快了理念和方式的"五个转变"，即从重审批转变为重监测分析、从重事前监管转变为强调事后管理、从重行为管理转变为更加强调主体管理、从"有罪假设"转变到"无罪假设"、从"正面清单"（法无明文授权不可为）转变到"负面清单"（法无明文禁止即可为）。总体来看，这一阶段，外汇管理体制改革进一步深化，外汇管理的理念和方式加快转变，市场配置外汇资源的作用不断增强，对于促进外贸持续快速发展、引导资本有序双向流动、充分利用两个市场两种资源、服务实体经济发展等发挥了积极的作用。

二、中国外汇市场干预实践

外汇市场干预是指货币当局通过在外汇市场上的买卖，以影响本国货币汇率的行为。货币当局对外汇商场干预的主要目的是防止汇率在短期内过分波动或中长期失调。外汇市场干预是货币当局管理外汇汇率的主要手段之一。

1994 年 4 月，中国银行间外汇市场正式运行，中央银行以普通会员身份参与外汇市场交易，以此作为调控外汇市场、贯彻货币政策的手段。1994 年以来，中央银行干预外汇市场的主要实践如下①：

1. 抑制人民币升值的外汇市场干预（1994—1998 年）

1994 年人民币并轨并实行强制结汇制度以来，中国的国际收支连续出现"双顺差"，对人民币造成了巨大的升值压力。中央货币当局竭尽全力进行干预，保持了人民币汇率的基本稳定。为此 3 年多来收购外汇上千亿美元，平均每个工作日收购 1 亿美元。国家外汇储备从 1993 年底的 211 亿美元增加到 1997 年底的 1400 亿美元，4 年增加 1200 亿美元，成为仅次于日本的全世界第二位外汇储备大国。

外汇储备猛增背后，隐含着四个反常的汇率现象：第一，人民币对内贬值和对外升值并存；第二，实际汇率升值与出口上升并存；第三，利率高水平与人民币升值预期并存；第四，绝对购买力和相对购买力理论出现了互相矛盾的结论。在此背景下，中国人民银行进行了以抑制人民币升值为目标的外汇市场干预。从理论上讲，控制通货膨胀的手段应该是提高利率、抑制投资的紧缩政策，但央行为了维持人民币汇率的稳定，必须限制资本流入，降低利率，缩小国内外利差。货币政策与汇率政策不可避免地存在冲突。在此期间，由于货币市场发展滞后以及外汇干预工具单一，中国人民银行主要采取商业银行回收再贷款的方式进行干预。

2. 抑制通货紧缩的外汇市场干预（1998—2000 年）

1997 年爆发了亚洲东南亚金融危机，东南亚国家货币汇率大幅度贬值，人民币也面临着贬值预期。此时国内经济由原来的通货膨胀变为通货紧缩，市场有效需求不足，失业问题严重，物价指数下降。在这种情况下，中央银行采取了扩张性的货币与财政政策，人民币的一年期存款利率由 1996 年的 7.47% 下调到 1999 年的 2.25%，而与此同时，美国联邦基金的利率由 1998 年的 4.75% 上升到 2000 年的 6.5%。国内外利差以及人民币贬值预

---

① 此处引用了杨帆（1998）、鄢欣（2007）、金军（2011）的研究成果，具体见本章参考文献。

期加速了资本外流。为了不影响人民币国际化进程，以及避免人民币贬值所带来的国际投机资本的冲击，央行依旧采取了稳定人民币汇率的政策，在外汇市场上抛售外汇。但该干预方式带来的后果是外汇储备减少以及外汇占款对人民币基础货币投放的减少，不但没有改变贬值预期，还加剧了通货紧缩。1998 年 5 月，央行恢复公开市场业务后，通过公开市场操作对外汇市场进行干预。数据显示，1998 年、1999 年，中央银行通过公开市场操作投放的基础货币达 2600 多亿元，占基础货币增加总额的 85%。

3. 抑制通货膨胀和国际收支双顺差的干预（2000—2006 年）

2001 年以后，中国的出口和外商直接投资又开始进入高速增长阶段，加上中国利率水平高于美国，因此人民币升值预期十分强烈。自 2001 年以来资本与金融项目一直保持顺差，国内货币供应量持续增长，通货膨胀的潜在风险日渐增加。在这种情况下，中国政府果断采取了紧缩性的货币政策，如提高法定存款准备金率、实施差别存款准备金率政策和窗口指导等。另一方面，为了维持人民币汇率的稳定，中国人民银行在外汇市场上不断买进外汇，配合在市场上发行票据以减少基础货币投放量的增加。

4. 控制流动性的冲销式干预（2006 年至今）

2005 年人民币汇率制度改革后，我国仍积极地进行外汇市场干预。2006 年始，我国经济出现流动性过剩，中国人民银行多次上调法定存款准备金率。2008 年美国次贷危机爆发后，流动性过剩问题有所缓解，中国人民银行又开始下调法定存款准备金率。2010 年后，又多次对法定存款准备金率进行了调整。此外，在此期间，中国人民银行还采用了其他手段来干预外汇市场，如转移财政性存款、调整再贴现率、放宽汇率波动幅度等。

从以上干预外汇市场的实践可知，我国央行外汇市场干预具有以下特点：

一是被动性。1994 年我国实行了银行结售汇制。在该制度下，企业的外汇自主权受到限制，各外汇指定银行的结售汇周转外汇余额实行比例浮动管理，各银行持有的多余头寸必须在银行间外汇市场卖出，而银行持有的结算周转外汇降到其下限比例以下的，应从市场补足。在该机制下，外汇市场的供求平衡只能依靠中央银行被动的外汇市场买卖，即通过增减外汇储备来实现汇率稳定。

二是干预工具单一。中国人民银行主要采取的外汇干预手段有回收商业银行再贷款、公开市场操作，发行央行票据以及调整存款准备金率，新兴的外汇市场衍生金融工具运用极少。干预工具的单一难免使得干预效果有限或震荡过度。

三是干预效率不高。在现行制度下，中国人民银行是以普通会员身份进入外汇市场进行外汇交易的，其交易对手既有中资银行也有外资银行，但从实际情况来看，中国人民银行的交易对手主要集中于工、农、中、建四家大型国有银行，外汇市场的垄断特征较为明显。另外，由于中国人民银行干预汇市的目的是稳定人民币汇率，因此，在一定程度上会抑制商业银行等市场主体发挥作用，降低了市场效率。

四是干预具有日常性且规模较大。为了将人民币汇率波幅控制在一定范围内，中国人民银行必然要对外汇市场进行持续的日常性干预。另外，我国激增的外汇储备量也使外汇市场干预的规模日益扩大，央行交易额在整个外汇市场交易额的比例一直保持在较高水平。

【案例 4-1】

德国汉莎航空公司外汇风险管理案例

1986 年 2 月 14 日，德国汉莎（Lufthansa）航空公司的主席，海因茨·鲁瑙（Heinz Ruhnau）先生，被召去会见德国汉莎航空公司的董事会成员。董事会的任务是决定鲁瑙先生是否留任。在这之前，鲁瑙先生已经被德国的交通部部长叫去，解释关于他在购买波音飞机时被指控的对外汇损益的投机行为。

1985 年 1 月，海因茨·鲁瑙先生掌管下的德国汉莎航空公司从美国的波音公司购买了 20 架 737 型喷气式飞机。协商一致的价格是 5 亿美元，飞机到货一年后以美元的形式支付货款，也就是在 1986 年 1 月支付货款。而美元从 1980 年后便迅速而稳定地升值，到 1985 年 1 月大约为 3.2 马克兑换 1 美元。如果美元的价格继续上升，对德国汉莎航空公司来说，到支付款项的时候，喷气式飞机的成本将大大增加。

关于汇率变动的方向，鲁瑙先生有他自己的观点和预期。像当初许多其他的人一样，鲁瑙先生相信美元的价格已经涨到了最高价格，到 1986 年 1 月左右可能回落。但是不管怎样，他并不是真的拿自己的钱去投机。他采取了折中的办法。他以 3.2 马克/美元的汇率卖掉了一半（2.5 亿美元），剩下的一半（2.5 亿美元）没有进行抛补。

1. 对套期保值方法的评估

德国汉莎航空公司和鲁瑙先生与所有的公司一样，有相同的套期保值基本方法：

（1）不进行外汇保值；

（2）用远期合约对全部外汇损益保值；

（3）只对一部分外汇损益保值，余额不做抛补；

（4）用外汇期权对全部外汇损益保值；

（5）现在就获取美元并持有到货款支付日期。

虽然不能事先知道每种方法的最后成本，但是每种方法的结果可以通过到期时潜在的汇率范围模拟出来。图 4-1 显示了在到期时潜在的即期汇率变化范围中，上述前 4 种方法的最终净成本。

当然，对于公司来说，外汇损益保值的一个常见方法是货币现金流的"搭配"。这种方法不像远期或者期权那样需要金融合约。德国汉莎航空公司有固定的美元流入，因为美国人会购买机票。尽管鲁瑙先生简单地认为可以用这些美元现金的流入来搭配对波音公司的美元流出，但是很显然这种搭配很不适当。德国汉莎航空公司在一年内不能很容易地就获得近 5 亿美元的收入，甚至在几年的时间里也无法做到。

（1）不进行外汇保值。不进行外汇保值是一个风险最大的方法，因此它代表了最大的潜在收益（如果美元相对德国马克价格很低）和最大的潜在成本（如果美元对德国马克继续坚挺）。如果到 1986 年 1 月汇率跌到了 2.2 马克/美元，那么购买这些波音 737 喷气式飞机仅需要 11 亿马克。当然，如果美元继续升值，到 1986 年 1 月的时候也可能升值到 4.0 马克/美元，那么购买这些波音 737 喷气式飞机的总成本将会达到 20 亿马克。在图 4-1 中，不进行外汇抛补的风险价值线的斜率最陡峭（垂直距离最大）。很明显，这对许多公司来说是相当大的风险水平。许多公司相信，长时间内不对大额外汇损益进行保值的决定只可能是货币投机。

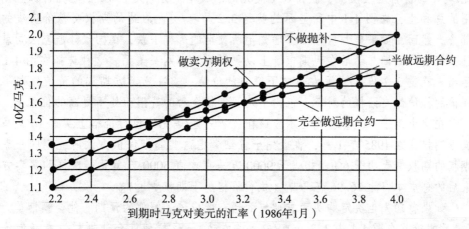

图 4-1　德国汉莎航空公司各种外汇套期保值方法的净成本

（2）完全远期合约。如果德国汉莎航空公司是风险回避者，并且希望能完全消除外汇风险，就可以做远期合约全额买进美元。这样将会把汇率锁定在 3.2 马克/美元的价格水平上，最终成本就是 16 亿马克。这种方法在图 4-1 中是一条水平的价值线。这样，购买波音 737 飞机的总成本不再具有任何风险，或者说对到期时的即期汇率不再敏感。大部分的公司认为，它们应该接受或容忍本行业中的风险，而不能接受或容忍支付过程中的风险。完全远期合约法常常被许多公司用来作为基准点，以及上述所有方法的实际外汇成本的比较标准。

（3）部分远期合约。这种方法是仅对部分外汇损益作远期合约保值，而其余部分保持不动。鲁瑙先生预期美元会下跌，因此他希望大部分外汇损益不进行保值（就像上述方法 1 那样），从而让德国汉莎航空公司从中受益。然而这种战略有点武断，因为有一些客观方法可以确定保值与不保值之间的合适的比例关系（如 20/80、40/60、50/50 等）。图 4-1 显示了以 50/50 的比例进行保值的最终总成本，即以 3.2 马克/美元的汇率购买 2.5 亿美元的远期合约，其余 2.5 亿美元仍按最后到期时的即期汇率购买。注意这条价值线的斜率是完全不进行保值的价值线斜率的一半。任何部分保值方法的价值线都将相应地落在不作外汇保值和完全保值的价值线之间。

像这样的部分远期合约保值方法会产生如下两个主要的极端：第一，鲁瑙先生的总的潜在外汇损益仍然是不确定的。美元继续升值到一个"天文数字"的水平的可能性仍然存在，那时 2.5 亿美元可以兑换成无数的德国马克。第二，就是第一种情况极有可能不会发生。因此，对于任何在当前为 3.2 马克/美元的即期汇率左右徘徊的潜在汇率范围，鲁瑙先生已经降低了最终价值与 3.2 马克/美元汇率下的基准价值之间的差额的风险。

（4）外汇期权。在所有的外汇套期保值方法中，外币期权因其价值线的弯曲形状而与众不同。如果鲁瑙先生以 3.2 马克/美元价格购买一个德国马克的卖方期权的话，他就能获得许多人认为在两种情况下都是最好的机会。如果美元仍以超过 3.2 马克/美元的价格继续坚挺，获得 5 亿美元的总成本就会锁定在 16 亿马克再加上期权费用的总和上，在图 4-1 中所显示的就是 3.2 马克/美元右边的期权交易价值线的水平部分。然而，如果美元价格如鲁瑙先生所预期的那样下跌，德国汉莎航空公司就可以让期权自然到期，然后在现期市场上以更低的成本购买美元。这种选择在图 4-1 中显示出来就是 3.2 马克/美元左边向下倾斜的价值线。注意卖方期权的价值线与不进行保值的价值线有同样的斜率，但由于购买期权合约的费用而处于更高的位置上。

在这个例子中，鲁瑙先生本应该在 3.2 马克/美元的执行价格上买进 16 亿马克的卖方期权。在 1985 年 1 月，鲁瑙先生仔细考虑这些套期保值方法时，德国马克卖方期权的期权费大约是 6%，相当于 9600 万马克或者 3000 万美元。这样购买卖方期权最后的总成本将为 16.96 亿马克（执行价格加上期权费用）。

如果鲁瑙先生决定购买卖方期权的话，就应该了解他的预期。他会预期美元下跌（最后的价格在图 4-1 中 3.2 马克/美元的左边），这样他就会让期权没有任何价值的自然到期。在许多公司财务主管的眼中，对于购买这样一个外汇保值工具却还希望这个工具无效，9600 万马克是一个很大的数目。

（5）立即买进美元。第 5 种方法是在货币市场上对应付账款进行外汇保值。现在就买进 5 亿美元，并把它作为一个有息账户或资产来持有，直到货款支付到期。虽然这样能消除外汇风险，但它要求德国汉莎航空公司现在就拥有所有的资金。购买波音喷气式飞机的计划要与德国汉莎航空公司当前的财务计划相协调，而财务部的计划是到 1986 年 1 月才提供这笔资金。另外需要考虑的是（正是这一点把这一方案剔出了考虑范围），德国汉莎航空公司还有几个相当严格的合约。这些合约限制了能在德国汉莎航空公司的资产负债表中记入债务的类型、金额和标价货币。

2. 鲁瑙先生的决定

尽管鲁瑙先生真的期望美元价格在未来下跌，但他还是认为不进行外汇套期保值对德国汉莎航空公司来说风险太大了。尤其是在给出的图 4-2 中我们看到马克对美元看涨的强烈趋势之后，很少有人对此提出异议。美元对马克的升值趋势已经持续了 3 年，而近年来这种趋势又有加速增长的迹象。

鲁瑙先生本人强烈地感觉到美元价格会下跌，所以他选择部分外汇套期保值方式。他选择用远期合约（一年的远期汇率为 3.2 马克/美元）对 50% 的外汇损益（2.5 亿美元）进行保值，其余的（2.5 亿美元）不进行保值。由于对许多公司而言，外汇期权还是相对较新的外汇风险管理工具，又因为期权需要预付大量的期权费，所以没有选择外汇期权。时间会证明这是否为明智的决策。

3. 结果

鲁瑙先生的理论既有正确的一面也有错误的一面。他的预期绝对正确。美元在第二年只是继续升值了 1 个月，然后便开始下跌了。事实上，这还不是简单的下跌，而是直线下落。到 1896 年 1 月该支付波音飞机货款的时候，即期汇率已经从原先的 3.2 马克/美元跌到了 2.3 马克/美元，如图 4-3 所示。这是对德国汉莎航空公司很有

图 4-2 鲁瑙先生所看到的: 升值

利的一种即期汇率的变化。

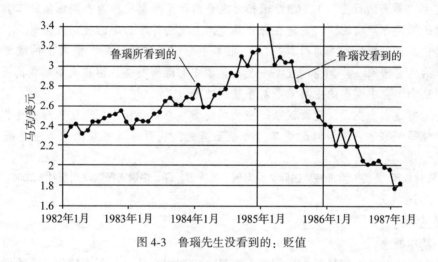

图 4-3 鲁瑙先生没看到的: 贬值

不正确的是部分远期保值后总成本是 13.75 亿马克, 比完全不套期保值多出 2.25 亿马克。这也比全部进行外汇期权保值的总费用多出 1.29 亿马克。按实际的最终即期汇率 2.3 马克/美元计算, 获得所需要的 5 亿美元的各种方法的总成本如表 4-5 所示。

表 4-5　　　　　　　　　　　　　**各种方案的成本比较**

选择方案	相应汇率	总的马克成本
1. 不进行外汇保值	2.3 马克/美元	11.50 亿
2. 全部进行远期合约保值	3.2 马克/美元	16.00 亿

续表

选择方案	相应汇率	总的马克成本
3. 部分进行远期合约保值	1/2（2.3 马克/美元）+1/2（3.2 马克/美元）	13.75 亿
4. 购买马克卖方期权	3.2 马克/美元（敲定价格）	12.46 亿

海因茨·鲁瑙先生的政治对手，不管是德国汉莎航空公司内部还是公司外部的，都没有感到特别高兴。因为虽然瑙鲁被指控利用德国汉莎航空公司的钱进行鲁莽的投机活动，但却被认为是利用远期合约进行投机，而不是全年未进行保值的那部分美元数额。

4. 案例问题

鲁瑙先生被指控犯有如下 4 个失误：

（1）在错误的时间购买波音飞机。在 1985 年 1 月的这个购买时间里，美元一直很坚挺。（2）在他预期到美元下跌的情况下还是选择了对一半的外汇风险损益做套期保值。如果他按照他的直觉或预期行事，他就会不做任何外汇保值（一些批评家称之为"愚蠢的行为"）。（3）选择远期合约而不是期权作为套期保值的工具。如果鲁瑙选择卖方期权的话，它能在保证马克对美元的即期汇率的流动性条件下，避免让鲁瑙逆着汇率变化的方向行事。（4）根本不应该买波音飞机。像其他的欧洲经济共同体的主要国家一样，德国在空中客车集团中有既得利益。而在大型远距离民用客机的制造上，空中客车的主要竞争对手就是波音。

面对这么多批评，德国汉莎航空公司的董事会还会让海因茨·鲁瑙先生担任主席的职位吗？鲁瑙应该如何证明其行为是正当的，从而保证他在未来职业生涯中的成功？

资料来源：[美] 莫菲特. 国际金融案例. 吴秀云，译. 中国人民大学出版社，2006：106-112.

【复习思考题】

一、基本概念

外汇市场　　外汇交易　　远期外汇交易　　期权交易　　看涨期权　　看跌期权
套期保值　　套汇交易风险　　折算风险　　经济风险　　外汇风险

二、问答题

1. 简述外汇市场的概念及其功能。

2. 什么是即期外汇交易？即期外汇交易的汇率如何确定？

3. 简述远期外汇交易的概念及其作用。

4. 什么是外汇期货交易？它有什么功能？外汇期货交易的参与者有哪些？

5. 简述外汇期权交易的概念及特点。外汇期权交易有哪些种类？

6. 什么是套汇交易？它有哪些类型？

7. 什么是套利交易？它有哪些类型？

8. 什么是外汇风险？它有哪些类型？

9. 外汇风险管理的基本原则有哪些？

【主要参考文献和阅读书目】

1. 克鲁格曼等著：《国际金融》（第 10 版），中国人民大学出版社 2016 年版。

2. 戈登斯坦等著：《货币错配：新兴市场国家的困境与对策》（中译本），社会科学文献出版社 2005 年版。

3. 艾特曼等著：《跨国公司金融》（中译本第 9 版），北京大学出版社 2005 年版。

4. 莫菲特著：《国际金融案例》，中国人民大学出版社 2006 年版。

5. 伊藤隆敏等：《日本企业的计价货币选择和汇率风险管理》，载《比较》2010 年 10 月，总第 49 辑。

6. 鄢欣：《我国外汇市场干预研究》，厦门大学硕士学位毕业论文，2007 年。

7. 金军：《我国央行外汇市场干预效力研究》，湖南大学硕士学位毕业论文，2011 年。

8. 杨帆：《关于人民币汇率的几个问题》，载《管理世界》1998 年第 3 期。

9. 杨金梅：《论我国央行外汇干预与冲销操作》，复旦大学博士学位论文，2007 年。

第五章　汇率制度与外汇管制

选择何种汇率制度以及进行外汇管制是一国宏观金融政策的重要组成部分。根据不同的分类方法，汇率制度可分为几种不同的类型，本章着重介绍了固定汇率制和浮动汇率制及其优缺点、汇率目标区以及人民币汇率制度的演变与改革历程；介绍了外汇管制的内涵、方法及外汇管制的利弊，回顾了我国的外汇管理体制改革历程，对人民币可自由兑换的若干问题进行了探讨。

第一节　汇　率　制　度

汇率制度又称汇率安排，指一国货币当局对本国汇率变动的基本方式所作的一系列安排或规定。如规定本国货币对外价值、汇率的波动幅度、本国货币与其他货币的汇率关系、影响和干预汇率变动的方式等。完整的汇率制度应包含四个方面的内容：第一，汇率确定的依据；第二，汇率波动的幅度；第三，维持汇率应采取的措施；第四，调整汇率的方式。按照传统划分方法，一般将汇率制度划分为两类：固定汇率制和浮动汇率制（表5-1 为固定汇率制和浮动汇率制实施的大致时间）。1973 年以后，汇率制度日益多样化，国际货币基金组织重新将汇率制度分为钉住汇率制和弹性汇率制两种，后者包括浮动汇率制。

表 5-1　　　　　　　　　浮动汇率制和固定汇率制实施的时间

货币制度	金本位制度	纸币本位制度	
汇率制度	固定汇率制	固定汇率制	浮动汇率制
实施的大致时间	19 世纪初—20 世纪 30 年代	20 世纪 40 年代—1973 年	1973 年至今

一、固定汇率制度

固定汇率制度是指汇率决定于金平价，在这一制度下，汇率依靠自身的调节机制或由货币主管当局运用各种手段进行干预与控制，使之基本固定，或在很小的幅度内波动。在金本位制和布雷顿森林体系下，世界上绝大多数国家实行的都是固定汇率制度。此种汇率制度在不同的货币制度下有着不同的内涵。

（一）金币本位制下的固定汇率制度

从 19 世纪中叶到第一次世界大战前夕，各主要资本主义国家实行的是金币本位制度。在这种货币制度下，货币具有含金量，因此，金币的含金量是决定汇率的物质基础，铸币平价则是确定两国货币汇率的根本因素。由于汇率自动调节机制的作用，汇率波动的上下界限是黄金输送点。而在国际上运送黄金的费用所占运送黄金价值的比重较小，汇率波动的幅度很小，一般在 5‰~7‰。因此，金币本位制下的汇率制度是典型的固定汇率制度。

（二）金块本位和金汇兑本位制度下的固定汇率制度

在金块本位和金汇兑本位制度下，流通中的货币是银行券，虽然各国银行券也都规定了一定的含金量，但银行券不能自由兑换黄金，且银行券本身没有什么价值，各国货币的发行量不再以本国的黄金储备量为基础。因此，在这种货币制度下，以银行券的含金量的对比来确定各国货币间的汇率，已不如金币本位制下的汇率稳定。但我们习惯上仍将它归属于固定汇率制度。

（三）布雷顿森林体系下的固定汇率制度

第二次世界大战后，西方各主要资本主义国家之间的经济力量发生了极大的变化。德国、日本、意大利等战败国的经济几近全面崩溃，英国、法国等战胜国的经济也遭受重创，只有美国的经济在战后得到了空前发展。于是，美国凭借其经济霸主的地位，于 1944 年 7 月召开了联合国货币金融会议，该会议确立了以美元为中心的国际货币制度，同时建立了以美元为中心的固定汇率制度，即美元与黄金挂钩，其他货币与美元挂钩，各会员国货币的汇率围绕黄金平价上下波动，波动上下限为货币平价的 ±1%（1971 年 12 月以后调整波动幅度，放宽到 ±2.25%），且各会员国的中央银行按每盎司 35 美元的价格向美国联邦储备银行兑换黄金。

应该指出的是，在典型的金本位制度下，各国货币的金平价是不会变动的，因此各国之间的汇率能够保持真正的稳定；而在布雷顿森林体系下的纸币流通条件下，各国货币的金平价则是可以调整的：即当一国国际收支出现根本性失衡时，金平价可以经由国际货币基金组织的核准而予以变更。因此，金币本位制度下的汇率制度是典型的固定汇率制，而布雷顿森林体系下的固定汇率制还不能算作真正的固定汇率制，严格来说只能称之为可调整的钉住汇率制度。

（四）固定汇率制度下的特例——货币局制

货币局制是指本国货币与某一可兑换货币之间保持固定的兑换比率，且本国货币的发行受制于该国外汇储备的一种汇率制度。这一制度中的货币当局被称为货币局，故这一汇率制度也就相应地被称为货币局制。目前，实行货币局制的国家或地区有很多，如爱沙尼亚、立陶宛、保加利亚、波斯尼亚、吉布提以及中国香港等。虽然每个国家的具体实施情况不太一样，但一般而言，货币局制具有如下几个特点：首先，本国货币当局每发行一个单位的本币都要有相应的外汇储备作基础，本国货币发行额只与外汇储备额相关；其次，货币局制具有自动兑换约束，即该国货币当局必须无条件地按照固定的汇率接受市场对所固定外汇的买卖要求；最后，该国货币当局只能被动地因应市场对本币需求的变动，扩张或收缩本国货币的供给，不能主动地创造国内信贷，因而无法主动地去影响本国经济的发展。货币局制度一旦形成，不能轻易改变，往往要以法律的形势固定下来。

我国香港特别行政区实行的就是货币局制，即联系汇率制。该制度于 1983 年 10 月 15 日正式实施，其主要内容是：（1）香港的三家发钞银行（汇丰、渣打、中银集团）在增发港币时，必须按 1 美元＝7.8 港币的固定汇率向外汇基金缴纳等值美元，以换取港币的债务证明书，并作为发钞的法定准备金；发钞行可以同样的比价用现钞向外汇基金换回美元及负债证明书。（2）发钞行以同样的方式为其他银行提供和收回港元现钞，1 美元＝7.8 港币的汇价只不过适用于发钞行和外汇基金之间，发钞行和其他银行之间、银行同业之间、银行与客户之间的港元现钞交易全部按市场汇率进行。这样一来，就使得香港形成了两个平行的外汇市场：即由外汇基金与发钞银行因发钞关系而形成的公开外汇市场以及发钞银行与其他挂牌银行因货币兑换而形成的同业外汇市场，相应地，也就存在着两种汇率：官方汇率（联系汇率）和市场汇率。当官方汇率与市场汇率不一致时，会通过银行的套汇和套利活动使得市场汇率围绕官方汇率上下波动并趋近于后者。

货币局制的优点主要表现在：对汇率的管理与操作非常简便；赋予了货币政策高度的可信性。但该制度也存在以下不足：政府不能控制货币供应和利率；政府不能利用汇率来调整外来因素对本国经济的影响，如进口价格的上涨、资本流通的转移等，而只能调整国内工资和商品价格。

二、浮动汇率制度

自 20 世纪 50 年代末美元逐渐过剩以来，美国的黄金储备越来越少，美元的信用基础开始发生动摇，国际社会对美元的信心逐渐减弱。自 1960 年 10 月爆发第一次美元危机以后，美元危机频频爆发。到 1971 年 7 月，11 年间共爆发了七次美元危机。在此背景下，1973 年 3 月，西欧各国出现了抛售美元、抢购黄金和联邦德国马克的风潮。伦敦黄金价格一度涨到每盎司 96 美元，联邦德国和日本的外汇市场被迫关闭达 17 天之久。3 月 16 日，欧洲共同市场 9 国在巴黎举行会议并最终达成了如下协议：联邦德国、法国等国家对美元实行"联合浮动"，但这些国家内部仍实行固定汇率；英国、意大利、爱尔兰三国实行单独浮动。此外，其他主要西方国家的货币也都实行了对美元的浮动汇率制。至此，布雷顿森林体系下的固定汇率制度彻底崩溃，代之而起的是浮动汇率制度。

（一）浮动汇率制度的含义

所谓浮动汇率制度是指一国政府不再规定本国货币对外国货币的金平价和汇率的上下波动幅度，中央银行也不再承担维持汇率的义务，而是听任外汇汇率根据外汇市场的供求状况而上下波动的一种汇率制度。在这种制度下，当外国货币的供给大于需求时，外币的价格即外汇汇率就下浮；反之，当外国货币的需求大于供给时，外币的价格即外汇汇率就上浮。

（二）浮动汇率制度的种类

1. 按政府是否干预来划分

（1）自由浮动，又称清洁浮动，指汇率完全由外汇市场上的供求状况自发决定，政府不采取任何干预措施，听任汇率自由涨落、自由调节。此种汇率制度只是纯理论上的划分，事实上世界各国并不存在绝对自由浮动的汇率制度。

（2）管理浮动，又称肮脏浮动，指政府为了不使汇率的波动幅度过大和波动次数过于频繁，并使汇率向本国有利的方向变化，或多或少、或明或暗地对汇率进行干预。当今世界各国凡实行的浮动汇率制的国家均属此种汇率制度。

2. 按照浮动的方式来划分

（1）单独浮动，又称独立浮动，指本国货币价值不与其他国家货币发生固定联系，而是根据外汇市场供求状况单独调整变动。目前，美国、加拿大、日本、英国、澳大利亚、新西兰等国家实行这种汇率制度。

（2）联合浮动，指由一些国家组成经济集团，在集团内部各成员之间实行固定汇率，当某成员的货币受到冲击时，其他成员有义务采取一致行动，共同干预外汇市场。1973年欧洲共同体6国（联邦德国、法国、比利时、荷兰、卢森堡和丹麦）率先实行此种汇率制度。

（三）浮动汇率制度对世界经济的影响

1. 促进了金融工具的创新

自1973年实行浮动汇率制度以来，汇率的波动日趋频繁和剧烈。以联邦德国马克对美元的汇率波动为例：1959年至1971年间，联邦德国马克对美元的日均波动幅度是1马克为0.44美分，而在1971年至1982年间，其波幅达5.66美分，增加了近13倍。而且，随着全球经济一体化、投资自由化以及电信网络的飞速发展，汇率波动在国家间相互快速传递，使汇率的波动越来越复杂，汇率风险越来越难以控制。面对复杂多变的汇率，人们纷纷寻求规避外汇风险的途径。在此影响下，国际外汇交易市场进行了一轮又一轮的金融创新，各种衍生金融工具应运而生，如外汇期货、外汇期权、货币互换等，活跃了国际金融市场，有效地规避了汇率风险。

2. 使各国经济的相互依赖进一步增强，要求政府间加强经济政策协调

从理论上看，浮动汇率制度赋予了各国自主决定汇率的权力，因此各国都能按有利于本国经济发展的目标来干预外汇市场，使汇率确定在一个合理的水平上。但是，在生产、资本、劳动力和商品日益一体化的今天，任何一个国家的政府已很难采取完全独立的政策，只要有资本的国际自由流动，一国的货币政策变化，就必然通过利率和汇率的变化，影响到其他国家的利率、汇率和整个经济的内外供求平衡。资本的跨国流动越自由，政府货币政策相互之间的影响就越大，因此，各国间加强经济政策协调就越有必要。

3. 经济小国在浮动汇率制度下尤其缺乏自主性

经济小国虽然也能选择符合本国国情的政策，但实际上不得不更多地考虑其他国家政策的影响。如 20 世纪 80 年代初，美国的高利率导致美元坚挺，其他国家在货币和财政政策制定上始终受到巨大的压力，为防止资本外逃和本币贬值，这些国家不得不被动地改变本国的财政货币政策。

三、固定汇率制度与浮动汇率制度的优缺点

关于固定汇率制与浮动汇率制孰优孰劣，国际金融界一直争论不休。在世界各国长期的实践中，无论是固定汇率制度还是浮动汇率制度都各自表现出其优点，也暴露出弊端[1]。

（一）固定汇率制度的优缺点

1. 固定汇率制度的优点

在固定汇率制度下，两国货币的比价相对稳定，故实行固定汇率制度方便企业在国际贸易、国际信贷与国际投资等涉外经济活动中进行成本和利润核算，也使得国际经济交易主体摆脱汇率波动的风险，从而有利于国际经济交易的顺利进行与发展，也有利于世界经济的稳定发展。

2. 固定汇率制度的缺点

（1）汇率不能发挥应有的经济杠杆的作用。前已述及，汇率的变动可自发调节一国的国际收支，从而实现外部平衡。但是固定汇率制度下货币比价基本固定或被限制在一定幅度内，因此，汇率也无法发挥其调节国际收支的经济杠杆作用。

（2）维持固定汇率制度使本国货币政策的独立性受到影响。在固定汇率制度下，各国货币当局的货币政策必须为本国货币的汇率负责。例如，一国货币当局试图通过采取扩张性货币政策来实现其经济目标，但扩张的货币政策却有可能导致国际收支的赤字，进而使该国货币面临贬值的压力，该国政府为了维持稳定的汇率，不得不在货币市场上抛售外汇，购回本币，结果使当初的扩张性货币政策半途而废，无法达到预期目标。此外，一国为了维持汇率波动官定上下限所采取的干预外汇市场措施也会有同样的后果。如软通货发行国货币当局进行市场干预，一方面会使其外汇储备流失，另一方面又会形成紧缩性的经济影响；硬通货发行国货币当局进行市场干预，会形成扩张性经济影响，使该国通货膨胀和物价上涨加快。

（3）实行固定汇率制易引起国际汇率制度的混乱与无序。如当一国国际收支状况恶化，该国政府进行市场干预仍无法达到预期效果时，最后有可能采取法定贬值的措施，这会引起同该国有密切贸易往来的国家也采取同样的措施，从而不可避免地导致整个外汇市场和整个国际汇率制度的混乱与无序，阻碍国际经济交易的进一步发展。

（4）易引发通货膨胀的国际传播。在固定汇率制度下，当国外发生通货膨胀时，可

---

① 关于固定汇率制与浮动汇率制的争论问题，国际经济学界的看法不一致。参见克鲁格曼等著《国际金融（第 10 版）》（中国人民大学出版社 2016 年版）的相关章节。

通过以下两个途径传递到国内：一是根据一价定律，由于汇率保持固定不变，国外物价水平的上涨直接影响国内物价水平的上涨；二是国外通货膨胀有可能带来本国国际收支盈余，增加本国的外汇储备，从而使本国的货币供应量增加，间接引发国内通货膨胀。

（二）浮动汇率制度的优缺点

1. 浮动汇率制度的优点

（1）具有双重调整机制。第一种调整机制是：汇率能自发地调节国际收支失衡状态，而不必牺牲内部平衡。如当一国贸易收支出现赤字时，本国货币汇率会自动下跌，汇率的下跌会使本国商品市场价格相对便宜；而汇率相对上升的国家其商品价格则相对昂贵。于是，货币贬值国的商品会在国际市场上排挤升值国的商品，从而有利于贬值国家的商品出口，改善该国的国际收支状况。第二种调整机制是：国际收支盈余引起货币升值，国际收支赤字引起货币贬值，这将促使私人投机者把升值的货币资金转换成贬值的货币资金，这样，私人投机资金的运动就会对国际收支逆差的国家起到资助的作用，改善它的逆差地位。当然，这种资助只能是短期的，一旦贬值国的物价上涨到一定程度，私人投资者的资金就会反向运动。正是这两种调节机制的作用，使得国家收支逆差国不必调整财政货币政策，从而不会产生以牺牲内部平衡来换取外部平衡的现象。

（2）节省国际储备。在浮动汇率制度下，汇率随外汇市场的供求状况而自发涨落，政府没有义务将本国货币汇率维持在某个既定水平，因此，政府可以保持较低的外汇储备水平，这就有助于节省国际储备，将更多的外汇资金用于本国的经济建设。

（3）对世界性通货膨胀有一定的绝缘作用。在浮动汇率制度下，当一国出现了严重的通货膨胀而导致经常账户出现逆差时，该国货币汇率会自动下跌，这样，用此种货币计价的出口商品的价格上涨会被汇率的下跌所抵消，使商品进口国免受商品出口国通货膨胀的影响。此外，在浮动汇率制度下，由于汇率由市场供求情况决定，因此，实行此种汇率制度的国家其货币汇率不存在高估现象，从而可以避免其货币遭到抢购而引发输入性通货膨胀的潜在威胁。

（4）可以提高国际货币制度的稳定性。在浮动汇率制度下，各国的国际收支能够自动地迅速获得调整，而不致出现累积性的长期国际收支赤字或盈余，因而可以避免巨大的国际金融恐慌。从这个意义上看，浮动汇率制度可在一定程度上维护各国外汇市场和国际货币制度的稳定。

2. 浮动汇率制度的缺点

（1）助长投机，加剧金融风险。在浮动汇率制度下，由于汇率波动幅度较大，波动次数频繁，有时一天之内波动幅度达5%，造成国际金融市场动荡不定，这为外汇投机活动提供了可乘之机，而投机活动的出现又会进一步加剧汇率波动程度。例如，当美元开始贬值时，投机者为了避免美元进一步贬值而引起损失，就会抛售美元，结果使美元贬值的程度加深。同时汇率的暴涨暴跌也加剧了整个金融市场的金融风险。如德国有名的赫斯塔特银行、美国的弗兰克林银行、瑞士联合银行、英国的巴克莱银行等都曾因外汇投机而导致信用危机或破产。

（2）不利于国际贸易往来和国际投融资活动的发展。在浮动汇率制度下，汇率的波动导致以本币表示的进出口商品的价格波动,不利于企业在国际贸易、国际信贷与国际投资等涉外经济活动中核算成本和利润,在一定程度上阻碍了国际经济的交往。

(3) 助长各国在汇率上的利己主义,不利于国际经济合作。在浮动汇率制下,一国为了促进出口,减少进口,往往倾向于实行货币贬值措施,由于示范效应的作用,其他国家也会纷纷仿效,导致竞争性贬值,结果加剧货币战。而若一国为了缩小国际收支顺差,减轻国内通货膨胀压力,则会实行高汇率政策,但持续实行高汇率政策又会使本国的贸易收支受到逆差的威胁,为了改善贸易收支,该国有可能实施贸易保护措施,加剧国际贸易摩擦,不利于国际经济合作。

四、国际货币基金组织对汇率制度的分类

作为管理国际货币和汇率制度的官方机构,国际货币基金组织每年都要编制《汇率安排和外汇管制年报》,该报告的一项重要内容就是汇总各成员国所宣称的汇率制度。自20世纪50年代以来,国际货币基金组织汇集的汇率制度种类不断细化,从最初的两类变成四类,最后扩展到八类(见表5-2)。

表5-2　　　　　　　　国际货币基金组织定义的汇率制度种类及其变化

时间	汇率制度种类
1950—1973 年	1. 存在平价值或中心汇率——运用中心汇率的平价值; 2. 除了可适用于所有或大部分的交易的平价值或中心汇率外,还存在固定的或波动的有效汇率
1974 年	1. 汇率维持在相对较窄的幅度内,相对于:美元、英镑、法国法郎、南非兰德、西班牙塞塔、一组货币以及主要贸易伙伴汇率的平均值; 2. 汇率没有维持在一个较窄的幅度内
1975—1978 年	1. 汇率维持在相对较窄的幅度内,相对于:美元、英镑、法国法郎、南非兰德或西班牙比塞塔、一组货币(在有共同干预安排的情况下)以及组合货币; 2. 汇率没有维持在一个较窄的幅度内
1979—1982 年	1. 汇率维持在相对较窄的幅度内,相对于:美元、英镑、法国法郎、澳元、葡萄牙埃斯库多、南非兰德或西班牙比塞塔、一组货币(在有共同干预安排的情况下)、组合货币以及一组指数; 2. 汇率没有维持在一个较窄的幅度内
1983—1996 年	1. 钉住美元、英镑、法国法郎、其他货币以及组合货币; 2. 有限弹性(有关单一货币和合作性货币安排); 3. 更富弹性的安排:根据一组指数来调整以及其他管理浮动; 4. 独立浮动
1997—1998 年	1. 钉住单一货币、组合货币; 2. 有限弹性; 3. 管理浮动; 4. 独立浮动

时间	汇率制度种类
1999 年	1. 无独立法定货币的汇率安排； 2. 货币局制度； 3. 传统的钉住汇率安排； 4. 水平带内的钉住汇率制度； 5. 爬行钉住； 6. 爬行带钉住； 7. 不事先公布干预方式的管理浮动制度； 8. 独立浮动

资料来源：陈三毛 . 汇率制度分类理论述评 . 世界经济，2007（1）.

从表 5-2 可以得知，从 20 世纪 50 年代到 80 年代，国际货币基金组织主要将国际汇率制度分为钉住汇率制和弹性汇率制两类。下面介绍这两类汇率制度的特点。

（一）钉住汇率制度

钉住汇率制度指一国（多为发展中国家）货币钉住某一关键货币或一篮子货币，与之挂钩，随该货币（篮子）汇率的变动而变动。当今被钉住的关键货币主要是美元，全世界有 20 多个国家实行的是钉住美元的汇率制度；钉住的篮子货币主要是特别提款权。除特别提款权之外，还有其他的篮子货币，如一国按照本国同主要贸易伙伴国的贸易比重来选择和设计的、模仿特别提款权的一篮子货币。

不难看出，钉住汇率制度实际上属于固定汇率制的范畴，但应该指出的是，目前世界上一些国家所实行的钉住汇率制不同于布雷顿森林体系下的钉住美元的固定汇率制度，前者所指的被钉住国家的货币是浮动的，而布雷顿森林体系下各国货币所钉住的美元的金平价是固定的。

（二）弹性汇率制度

（1）有限弹性浮动，又称有限灵活性汇率，指一国货币的汇率钉住某一种货币或一组货币浮动，且该国货币与被钉住货币之间的汇率有较大的浮动区间。这里所指的钉住某一货币浮动不同于前面所讲的钉住汇率制度，它的最大特点在于存在一定的波动幅度，且这个波幅必须维持在所钉住货币汇率的 2.25% 的范围内。而前面所介绍的钉住汇率制度一般不存在汇价波动的幅度问题，即使有波动，其幅度也非常小，不超过 1.0%。钉住一组货币浮动指由某些国家组成集团，在集团内部各成员之间实行固定汇率并规定波动幅度，对其他国家货币汇率则实行联合浮动的一种汇率制度。

（2）较大弹性浮动，又称更灵活的汇率，指一国货币的汇率不受波动幅度的限制，在独立自主原则的基础上对汇率进行调整。此种汇率包括单独浮动、其他管理浮动和按一套指标调整汇率。所谓按一套指标调整汇率指一些国家将国内外物价对比、外汇储备、国际收支、进出口贸易等动态性指标制定一组指标，根据这一组指标的变动情况，灵活自主地调整本国货币的汇率。

从 1983 年到 1998 年，国际货币基金组织将汇率制度进行了细化，大致分为钉住单一货币或组合货币、有限弹性、管理浮动和独立浮动等四类。

值得指出的是，1999 年以前，国际货币基金组织采用的是法定汇率制度分类方法，即以一国政府对外公开宣称的汇率政策、制度为依据来进行分类，这种方法也叫名义分类法。1999 年后，国际货币基金组织开始采用实际分类法（或事实汇率制度分类法），即通过对汇率制度运行中可观察变量及相关信息的评估，特别是汇率行为的评估来进行推导归类，以突出各国汇率的形成机制以及政策目标的差异。按照事实汇率制度分类方法，国际货币基金组织将成员国的汇率制度分为 8 类，各类汇率制度安排的国家数目见表 5-3。

表 5-3　　　　　　　　　　　　　IMF 新的汇率制度分类

汇率制度	采用该汇率制度的国家（地区）数目（187）			
	1999 年 1 月	2000 年	2003 年	2006 年
1. 无独立法定货币的汇率安排（包括货币联盟、货币局和美元化）	37	37	41	41
2. 货币局制度	8	8	7	7
3. 其他传统的固定钉住制（包括管理浮动下的实际钉住制）	39	44	42	52
4. 水平带内的钉住	12	7	5	6
5. 爬行钉住	6	5	5	5
6. 爬行带内的汇率安排	10	7	5	0
7. 不事先公布干预方式的管理浮动	26	26	46	51
8. 单独浮动	47	51	36	25

资料来源：IMF "*International Financial Statistics*"；张卫平，等. 汇率制度的分类、国别分布及历史演进. 国际金融研究，2007（5）.

（1）无独立法定货币的汇率安排。该制度是指将另一个国家的货币作为唯一法定的货币在本国流通（完全外币化），或者该国属于某个货币联盟，货币联盟各成员采用同一种法定货币（货币联盟汇率）。在这种汇率制度下，货币当局没有对国内货币政策的制定权。采用该汇率制度的国家包括欧元区及厄瓜多尔、多米尼加、贝宁、喀麦隆等国家或地区。

（2）货币局制度。该制度是一种基于明确的法律承诺的货币体制，即保证本币可以按固定的汇率兑换成特定的外币。该制度具体内容前已述及，此处不再赘述。

（3）其他传统的固定钉住制。采取这一制度的国家正式或实际上将本币与另一种货币或一篮子货币保持固定的兑换比率。货币当局可以通过在外汇市场上买卖外汇直接干预或通过利率政策等手段维护固定平价。采用该汇率制度的国家有孟加拉国、瑞士、科威特等国。

（4）水平带内的钉住。指汇率在中心汇率上下至少1%的范围内波动。在该汇率制度安排下，货币政策的灵活性与波动幅度大小有关。丹麦等国采用该汇率制度。

（5）爬行钉住。指汇率定期按固定幅度作小幅调整，或者根据一些量化指标（如与主要贸易伙伴国的通货膨胀率的差异等）的变化进行调整。维持可信的爬行钉住汇率制度对货币政策的制约与固定钉住体制类似。突尼斯、哥斯达黎加等国采用该汇率制度。

（6）爬行带内的汇率安排。指汇率的波动幅度维持在中心汇率至少1%上下波动，且中心汇率或波幅以固定的速率或应所选数量指标的变化而定期调整。

（7）不事先公布干预方式的管理浮动。也称管理浮动，指货币当局通过积极干预外汇市场来影响汇率的变动，事先不规定或承诺一个定期公布的汇率轨迹。该汇率所依据的指标基本上是判断性的，如国际收支、国际储备等，且调整不一定是自动的。阿根廷、埃及等国采用该汇率制度。

（8）单独浮动。也称自由浮动，指汇率由市场自由决定，货币当局干预外汇市场的目的是阻止汇率的过度波动而不是建立一个汇率水平。在这种汇率制度下，货币政策原则上独立于汇率政策。美国、英国、澳大利亚、加拿大等国采用该汇率制度。

五、汇率目标区

前面已对固定汇率和自由浮动汇率制度进行了讨论，作为汇率制度的两种极端情况，在当今世界各国基本不存在。各国在本国汇率制度的选择上，一般倾向于在浮动的基础上进行适当的干预，汇率目标区制度就是其中一种。

（一）汇率目标区的内涵

汇率目标区是近20年来国际汇率制度改革的一项重要方案，主要倡导者是美国经济学家约翰·威廉姆森、伯格斯坦、米勒及克鲁格曼等人。其主要观点是：一国货币当局选择一组可随时调整的基本参考汇率，作为一个均衡的基础汇率，然后再确定一个可以波动的幅度，通过市场自身的力量和货币当局的干预，使市场汇率在这个波动区域内浮动。汇率目标区的种类很多，但主要可以分为"硬目标区"和"软目标区"。硬目标区又称为严格的目标区，其汇率的变动幅度很窄，不常修订，目标区的内容对外公开，一般是通过货币政策将其维持在目标区。软目标区又称为宽松的目标区，其汇率的波动幅度较宽，而且经常修订，目标区的内容不对外公开，不要求必须通过货币政策加以维持。

此种汇率制度与现行的管理浮动汇率制度的区别主要在于：前者为一定时期内汇率波动幅度设立了一个目标范围，并且根据汇率变动的情况，采取各种政策（主要是货币政策）以防止汇率波动超过目标区。与固定汇率制度的区别在于实行汇率目标区的国家没有干预外汇市场、维持汇率稳定的义务，也不需货币当局作出任何形式的干预市场的承诺，并且目标区本身也可随时根据经济形势变化的需要进行调整。

（二）汇率目标区的优点

（1）"蜜月效应"的存在，使得目标区汇率比浮动汇率更稳定。

在有效管理的浮动汇率制下，由于缺乏有关波动区间明确的、公开的信息，汇率运动的轨迹主要取决于中央银行的政策目标及其偏好。这样，市场参与者只能根据获得的信息作出预期。由于信息的不对称，其预期不确定性就越大，预期的不稳定将导致市场参与者反应过度，进一步导致汇率波动过度，并且自始至终，中央银行都很难借助市场参与者的力量来稳定汇率。而在汇率目标区制度设计下，则会产生所谓的"蜜月效应"（见图5-1）。从图5-1中可以看出：汇率目标区的市场汇率轨迹（TT曲线）的上半部总是在不存在目标区时的市场汇率轨迹（FF曲线）之下，下半部总是在其上，这意味着即使没有实际的干预发生，同一基本变量所对应的目标区汇率的绝对值总是低于浮动汇率制下的汇率水平，因而目标区汇率比浮动汇率更稳定，这一现象被克鲁格曼称为"蜜月效应"。产生蜜月效应的原因在于目标区内的汇率越是远离该目标区的中央，就越可能达到目标区的边界，被干预的概率也就越高。例如：当本币贬值，从而汇率上升到一定的高度或接近上边界时，干预的可能性增加就意味着一个预期的未来本币的升值，所以在目标区内本币最终实现的贬值要比在浮动汇率制下同等水平的基本变量所决定的贬值幅度要小。同理，当本币升值，从而汇率降低或接近下边界时，将会有一个预期的贬值，使得最终实现的本币升值比浮动汇率制下同等水平的基本变量所决定的升值幅度要小。因此，目标区的存在使得汇率比自由浮动汇率制下的汇率更稳定。蜜月效应证明了一个可信的目标区是一种具有内在稳定性的汇率制度。这一结论为倡导建立汇率目标区的人们提供了有力的理论依据。

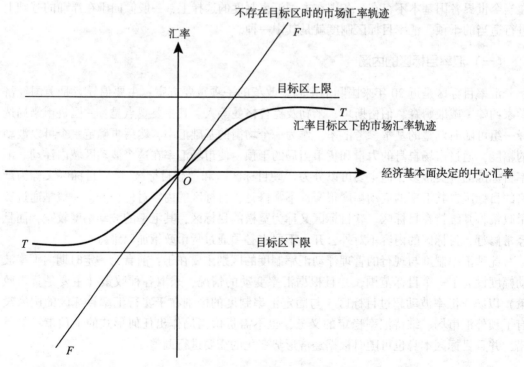

图 5-1　汇率目标区的蜜月效应示意图

（2）汇率目标区兼顾了浮动汇率与固定汇率两种制度的优点。

在汇率目标区边界内，汇率的生成主要取决于供求关系，由供求决定的均衡汇率满足边际成本等于边际收益的原则，从而使外汇资源配置更有效率。并且，一国中央银行无需对边界区内汇率的运动进行干预，从而货币政策有了相当程度上的独立性。这些都使得汇率目标区具有浮动汇率制的优点。同时，由于"蜜月效应"的存在使得区内汇率运动的轨迹呈 S 形曲线状，其斜率比有管理浮动汇率制度汇率运动的曲线斜率更小，因而在区间内克服了浮动汇率制下汇率过度反应的弊端。并且，这种兼顾固定与浮动汇率的制度安排还能有效地防止货币替代。这是因为：一方面，目标区的边界锁定了汇率波动的范围，避免了由基本面变动和市场投机力量所引发的汇率大幅度波动，另一方面，目标区内汇率较高的灵活性能较充分和迅速地反映国内汇率。而在管理浮动汇率制度下，由于不存在固定、明确的区间，使得人们对本币稳定的信心不足，且难以排除货币名义价值与真实价值之间出现大幅度偏离的危险。故在基本因素冲击下，有管理浮动的汇率更易出现汇率超调与货币替代。

（3）中央银行控制汇率的运动有更大的自主性。

在汇率目标区制度设计中，一国中央银行不仅可以在边界干预，也可以在区内进行干预，使汇率朝着有利于本国经济发展的方向移动。一国中央银行还可以在必要的时候改变中心汇率与波动区间，避免汇率高估所引发的外部投机冲击。

（三）汇率目标区的缺点

（1）"离婚效应"的存在使得目标区汇率有时发生剧烈波动。

蜜月效应存在的前提是目标区完全可信，也就是交易者确信汇率水平永远在目标区内变动，政府在汇率变动到目标区的上下限时必定进行干预。但现实生活中，由于经济基本面的突变，市场交易者普遍预期汇率目标区的中心汇率将作较大调整时，此时汇率目标区不再具有普遍的可信性。在这种情况下，投机会大量发生，市场汇率将不再向中心汇率靠拢，汇率的波动非常剧烈，而且一般超过了浮动汇率制下的正常汇率变动程度，与蜜月效应相反，此种情形被称为"离婚效应"。

（2）汇率目标区的实施尚存在许多困难。

如均衡参考汇率的确定，维持目标的有效方法等都值得我们去进一步研究。与此同时，维持汇率目标区的一个重要问题是要各国之间加强国际经济合作与政策协调。总体而言，汇率目标区的运行取决于参加目标区的各成员之间的紧密合作与货币政策的协调，只有在各国认为合作的利益大于限制货币政策的独立性所带来的损失时，各成员之间才会实施合作行为。由此可见，要使汇率目标区设想真正得到实施，显然并不是简单就可以实现的。

六、汇率制度的选择

以上讨论了各种汇率制度及主要优劣之处。那么，一国究竟应该实行固定汇率制还是浮动汇率制，或者说是应该实行钉住汇率制还是弹性汇率制呢？显然，一国应根据各自的具体情况而定，做到扬长避短。

（一）汇率制度选择的含义

汇率制度选择是指一国货币当局参照既定的政策目标或制度选择标准，根据本国在特定时期内所面临的国内与国际经济和政治环境约束条件，寻找并选择某一汇率制度以最优化其政策目标或制度选择标准的过程。①汇率制度选择的这一定义的基本含义，大致有以下三个方面：

第一，就一国而言，汇率制度选择是一国政府的主权行为。尽管汇率制度选择不仅受到本国经济和政治环境（如政治稳定性、选举和利益集团等）的影响，而且也受到国际经济和政治环境的影响，但总体上看，一国汇率制度选择行为，基本上是一国政府的自主决策过程，理应不会受太多外在因素的干扰。

第二，汇率制度选择是一个动态的、不断变化的制度变迁与制度创新过程。正如经济学家弗兰克（Fankel，1999）所言，"没有任何一种汇率制度适合于所有的国家，也没有任何一种汇率制度适合于一个国家的所有时期"。因为，汇率制度选择是一国根据它在某一时期内的政策目标，依照本国国内经济与社会发展的需要，自主地选择与本国经济与金融发展实际相吻合的汇率制度安排的过程。与此同时，随着本国经济与金融的发展，国内经济与金融的现代化水平与开放程度也会提高，这就需要一国的汇率制度安排必须适应这一变化趋势。从这一层面上讲，与旧的经济和金融体制相适应的原有汇率制度安排，必须通过政府在充分权衡本国经济与金融发展程度，以及所面临的新的国际经济环境的基础上，实施汇率制度的创新。因此，对一国而言，在经济与金融不同发展阶段上的汇率制度选择与制度调整，就是一个连续不断的、由汇率制度退出和汇率制度转型所构成的动态调整过程。

第三，由于一国经济与金融发展的复杂性，致使一国在某一时期内政府所宣称的汇率制度安排，可能和这一时期该国实际经济运行过程中的汇率制度存在不一致性。比如20世纪90年代后，虽然许多新兴市场经济体及发展中国家（地区）名义上宣称实行更加富有弹性的汇率制度，但是，这些国家（地区）在实际的经济运行中所表现出来的汇率制度却是缺乏弹性的，从而在汇率制度上常常表现出"言"与"行"不一的现象，经济学家把这一现象称为"害怕浮动"。在我国，1994年1月的外汇管理体制改革的一个重要内容是"汇率并轨，实行单一的有管理的浮动汇率制度"，但在1994—2005年7月"汇改"以前的10多年间，中国实际上实行的仍然是钉住美元的固定汇率制度，国际货币基金组织在统计各国的汇率制度安排时，也将中国这一时段归属为传统的固定汇率制度时期。

（二）汇率制度选择中的"经济论"与"依附论"

汇率制度选择的"经济论"。这一理论是由美国前总统肯尼迪的国际经济顾问罗伯特·赫勒（Robert Heller）提出来的。他认为，一国汇率制度的选择，主要是由经济方面因素决定的。这些因素主要有：（1）经济开放程度；（2）经济规模；（3）进出口贸易的商品结构和地域分布；（4）国内金融市场的发达程度及其与国际金融市场的一体化程度；

---

① 此处参考了范从来，等．汇率制度选择：经济学文献贡献了什么．商务印书馆，2013：3-4.

（5）相对的通货膨胀率。这些因素与汇率制度选择的具体关系是：经济开放程度高，经济规模小，或者进出口集中在某几种商品或某一国家的国家，一般倾向于实行固定汇率制或钉住汇率制；经济开放程度低，进出口商品多样化或地域分布分散化，同国际金融市场联系密切，资本流出入较为可观和频繁，或国内通货膨胀与其他主要国家不一致的国家，则倾向于实行浮动汇率制或弹性汇率制。根据赫勒对一些国家汇率政策的比较，浮动汇率制明显趋于与同一国进出口对 GNP 的低比率（即开放程度低），进出口贸易商品结构和地域分布的高度多样化，相对较高的通货膨胀率，以及金融国际化的高度发展相联系（见表 5-4）。

表 5-4   汇率制度选择应考虑的主要因素

	选择固定汇率制度的国家	选择浮动汇率制度的国家
对外贸易依存度	高	低
经济规模	小	大
贸易伙伴国的集中程度	较集中	较分散

汇率制度选择的"依附论"。这一理论主要是由一些发展中国家的经济学者提出的。该理论认为，一国汇率制度的选择，取决于其对外经济、政治、军事等诸方面联系的特征。该理论集中探讨的是发展中国家的汇率制度选择问题，认为发展中国家实行钉住汇率制时，采用哪一种货币作为"参考货币"，即被钉住货币，取决于该国对外经济、政治关系的"集中"程度，也即取决于经济、政治、军事等方面的对外依附关系。如从美国的进口在其进口总额中占有很大比例的国家，往往将本国货币钉住美元，而同美国等主要工业国的政治经济关系较为"温和"的国家，则往往选择钉住篮子货币。这一理论同时还指出，选择哪一种参考货币，反过来又会影响一国对外贸易的经济关系和其他各方面关系的发展。依附论者指出钉住汇率制对发展中国家较为有利，原因在于实行钉住汇率制的发展中国家一般是将本国货币钉住与其经济关系最密切的一种或一篮子货币，这样可以使对外经济交易中因汇率波动造成的不确定性大大减少，有利于对外贸易和金融业务的开展。

第二节 外汇管制

一、外汇管制的含义与目标

第一次世界大战爆发后，交战国军费开支大量增加，各国为了防止资金大量外流、弥补国际收支逆差和稳定汇率，纷纷实行外汇管制。一国实行外汇管制的目的主要是改善本国国际收支状况、维持本币汇率以及保护本国某些工业部门的发展等。

（一）外汇管制的含义

根据国际货币基金组织的分类，外汇管制的概念有狭义和广义之分。狭义的外汇管制也称外汇限制，指一国政府对本国居民从国外购买经常账户下的商品或劳务所需外汇进行限制；广义的外汇管制指一国政府授权本国的货币金融当局或其他机构，对外汇的收支、买卖、借贷、转移以及国际结算、外汇汇率和外汇市场等实行的控制和管制行为。当今世界各国都无一例外地实行外汇管制，完全没有外汇管制的国家是不存在的，差别只是管制程度的不同。

外汇管制产生于第一次世界大战爆发后。第一次世界大战期间，由于各参战国的军费开支剧增，黄金外汇短缺，大量资金纷纷外逃，国际收支出现了严重的逆差。为了筹措本国所需的外汇资金，防止本国资本外逃，减缓汇率的剧烈波动，各国纷纷对外汇买卖实行一定的限制，先后采取了不同程度的外汇管制。此后，外汇管制随着西方各国政治经济危机的交替出现时松时紧。1944 年国际货币基金组织成立后，曾敦促各会员取消外汇管制，恢复货币的可兑换性，但直到今天，仍有许多国家还在实行外汇管制，有些国家虽然名义上取消了外汇管制，但实际上对居民的非贸易收支和非居民的资本与金融账户收支也时常实行间接的限制。但是，从总体上看，世界各国的外汇管制程度是在不断放松。

（二）外汇管制的目标

一国进行外汇管制的主要目的是平衡本国国际收支，维持本国货币对外汇率的稳定，促进国内经济的发展。具体而言，实行外汇管制的国家一般追求下述目标：

（1）改善国际收支，适度增加外汇储备，维持本国货币汇率的稳定。我们知道，国际收支顺差或逆差都是不平衡的表现，若一国国际收支长期处于逆差状况，则意味着本国的外汇储备大量流失，本币汇率不断下跌，本国货币的币信降低。而外汇的流失，还会导致国内投资严重不足，经济长期停滞甚至衰退，反过来又会加剧国际收支的逆差。因此，实行外汇管制，如实行"奖出限入"政策，可以防止上述现象的发生。而对于国际收支长期处于顺差的国家来说，大量的国际资本流入，又会迫使本国外汇占款增加，本币投放增多，极易诱发或加剧通货膨胀。因此，实行外汇管制，对改善该国的国际收支状况，维护本国货币汇率的稳定有着重要作用。

（2）维持本国市场物价稳定，防止国际市场波动的影响和冲击。汇率波动会影响进出口贸易的成本和利润核算，增加对外贸易经济风险。实行外汇管制后，可将本国货币汇率维持在一个比较稳定的水平上，这样，就可减少进出口贸易的经济风险，从而使本国物价水平不致发生大的波动。此外，实行外汇管制还可使一国在一定时期资本流入和流出的数额保持相对稳定，减轻外汇流动对本国经济的影响，防止国际市场波动对本国经济的影响和冲击。

（3）保护本国某些工业部门的发展，增加财政收入。一国通过关税保护政策、进口外汇的审核批准等手段，限制某些商品进口，鼓励与促进某些必需的原料和设备进口，保护本国某些工业部门的发展。此外，一国实行外汇管制，通过垄断外汇业务的买卖和对外汇交易的管制，以及对外汇税的课征、经营许可证的审批等使国家的财政收入增加，从而有利于发展本国经济。

二、外汇管制的对象与方法

实行外汇管制的国家，一般由政府授权本国中央银行充当外汇管制机构，如英国，由英格兰银行执行外汇管制的行政管理工作。也有的另设专门机构负责外汇管制，如意大利，专门设立了外汇管制机构——外汇管制局，负责本国的外汇管制工作，我国也属于此种情况，我国外汇管制的机关是国家外汇管理局。也有的国家外汇管制分别由几个部门来承担，如日本，由大藏省和产业省分别负责资本方面的管制和进出口许可证方面的管制。

（一）外汇管制的对象

外汇管制的对象是指外汇管制所作用的客体，分为对人的管制、对物的管制和对地区的管制。

（1）对人的外汇管制。即对自然人和法人的管制。自然人是指在民事上享有权利和义务的公民，法人是指根据法律在本国境内设立的具有法人地位的组织，自然人和法人按其居住地及国籍的不同又可细分为居民与非居民。各国对居民与非居民的外汇管制松紧程度是不一样的，居民的外汇收支涉及本国的国际收支问题，故多数国家对居民实行较为严格的外汇管制，而对非居民的外汇管制较松。

（2）对物的外汇管制。即对外汇收支中所用的各种支付手段和外汇资产的管制，具体包括外币、现钞、外汇支付工具、外币有价证券、贵金属等。此外，本国货币的携出入境，也属于外汇管制的范围。

（3）对地区的外汇管制。有两层含义，一是指在一国境内实施外汇管制，但对国内不同的地区（如经济特区）实行有别于其他地区的外汇管制措施。例如我国的外汇管理条例规定，在我国保税区境内机构的外汇收支活动和外汇经营活动，目前适用《保税区外汇管理办法》，保税区的外汇政策优于区外，保税区内企业可以保留外汇账户，实行自愿结汇制度，区内企业经济交往活动以及区内企业与区外企业经济交往可以外币计价结算。二是指在一个货币区内，成员统一对外实施外汇管制，而在成员内部办理汇兑、结算则基本自由，如英镑区在成员内部基本不实施外汇管制，而对成员以外的国家则实施较严格的外汇限制。

（二）外汇管制的方法

1. 直接管制

直接管制包括行政管制、数量管制和价格管制。

（1）行政管制。即政府以行政手段对外汇买卖、外汇资金的来源和运用所实行的监督和控制。一般采取如下做法：政府垄断外汇买卖、管制外汇资产、管制进出口外汇、控制资本的输出入等。

（2）数量控制。即政府对外汇收支数量进行控制。如在经常账户上，对贸易外汇实行外汇配额制、外汇分成制和对非贸易外汇实行限制等；在资本与金融账户上，对资本输出入及非居民账户存款进行审批管制；在外汇交易方面，限制交易的数量，等等。

（3）价格管制。价格管制的实质就是实行不同形式的复汇率制。如政府规定法定的差别汇率，对某些进口商品给予优惠利率，而对某些商品（尤其是奢侈品）实行高汇率；为鼓励出口，在出口商结汇时给予一定汇率上的补贴；允许出口商的一部分外汇收入按要求向银行结汇后，其余部分按市场汇率在外汇市场上出售；等等。

2. 间接管制

指一国政府通过其他途径，间接控制外汇收支与稳定汇率，从而达到影响外汇供求或交易数量的目的。如由中央银行建立外汇平准基金，当一国国际收支与汇率发生较大波动时，通过公开市场操作、吞吐外汇来影响外汇供求，稳定汇率。

三、外汇管制的主要内容

实行外汇管制的国家一般针对贸易外汇收支、非贸易外汇收支、资本输出入、银行账户存款、黄金现钞输出入、汇率等项目进行管制。

（一）对贸易外汇收支的管制办法

贸易收支是一国国际收支中最重要的组成部分，因此，存在贸易收支逆差的国家，大多对贸易收支进行严格的管制，包括对出口外汇收入的管制和对进口外汇支付的管制。

（1）对出口外汇收入的管制。指对出口商品的外汇收入所进行的管制，此种管制一般有两种方法：一是采取颁发许可证的办法，以加强对出口外汇的控制。原因是出口商在申请出口许可证时要填写出口商品的价格、结汇金额、收汇方式、收汇时间等，并交验信用证，因此，此种方式可以防止外汇收入流失；二是通过对不同出口商品实行差别对待的方式，即对有些出口商品允许多留外汇，有些少留或不允许留外汇，对某些出口商提供信贷支持，等等。

（2）对进口外汇支付的管制。指对进口商品用汇的管制，此种管制也有两种方法：一是采取颁发进口许可证的办法，即企业的进口商品需要用汇时，需向外汇管理当局申请，经批准后才可购汇；二是采取其他措施来限制进口，如实行进口存款预交制、征收外汇税、限制进口商对外支付的币种、进口商进口时需获得外国金融机构提供的出口信贷、提高或降低开出信用证的押金额，等等。

（二）对非贸易外汇收支的管制办法

非贸易外汇收支指贸易与资本输出入以外的外汇收支。主要包括运输费、保险费、佣金、股息、红利、专利费、许可证费、特许权费等项目。一般而言，外国在本国投资收入的外汇汇出管制以及对专利费、许可证费、特许权费和技术劳务等的收支管制较松，而对收到的国外汇款、旅游事业外汇收入、汇出国外的版权费、稿费、奖学金、留学生费用以及出国旅游费用等外汇支出，需经有关外汇管理机构批准后才能汇出和使用。

非贸易外汇收支管制一般有以下措施：（1）实施许可证制度。即向境外汇款或携汇出境必须向外汇管制机构申请核准，取得购买外汇的许可证方可办理。（2）实施结售汇制度。即外汇收入卖给国家指定银行，外汇支出必须持有效证件申请购汇。（3）限额制度。国家对个人用汇规定限额。（4）登记制度。对一定额度的外汇收支，国家规定实行登记制度。（5）预付存款制，即将购汇款项存入银行一定时间后才予购买外汇，办理汇出或携出。(6) 规定购买非贸易外汇的间隔时间。(7) 控制非贸易外汇对外支付时间。(8) 课征非贸易外汇购买税等。

(三) 对资本输出输入的管制

随着各国对外开放程度的日益加深,以及全球金融交易量的剧增,资本与金融账户在国际收支中的地位日益重要,因此,无论是发达国家还是发展中国家,都十分重视对资本输出入的管制。但是,由于各国的国情不同,对资本输出入所采取的管制方法也不尽相同。一般而言,当一国由于资本与金融账户逆差而导致国际收支逆差时,往往采取鼓励资本输入、限制资本输出的措施。如第二次世界大战后的西方各国,由于急于恢复本国经济,因此对资本输入不加任何限制。目前,许多发展中国家也常常采取诸多鼓励外国资本输入限制本国资本输出的措施。如对外国投资者给予税收和利润汇出等方面的优惠,对本国居民持有的以外币支付的有价证券经批准后才能转让或出售;对汇出国外的外汇金额加以限制,等等。而当一国由于资本与金融账户的顺差而导致国际收支顺差时,则往往采取与上述做法相反的措施。如在 20 世纪 70 年代许多国家如联邦德国、日本、荷兰、瑞士由于经济实力逐步增强,资本与金融账户出现了顺差,导致国际收支大量顺差。这些国家采取了许多限制资本输入的措施,如对银行吸收的非居民存款规定较高的存款准备金率;对非居民的存款倒收一定利息;限制非居民购买本国有价证券,等等,以限制资本流入。不过从近些年的趋势看,由于国际金融市场一体化的加深和各国之间竞争的加剧,各国对资本与金融账户的管制开始逐步放松。

(四) 对银行账户存款的管制

由于银行账户存款的调拨也会直接影响一国的外汇收支,因此,在各国对银行账户存款也制定了不同的管制措施。根据各国对银行账户存款管制的松紧程度,一般把银行账户存款分为三类:第一类是自由账户,该账户可存入任何外汇收入,也可进行一切支付和转账。第二类是有限制账户,该账户要求国内的收入在汇出国境时必须事先约定,否则就必须转入该账户,如转入其他账户则要受到限制。第三类是封锁账户,即对外汇收支实行严格管制,具体规定是:非居民的一切国内外汇收入都汇入该账户,居民对非居民的债务只能以本币转入此账户清偿,此账户中非居民的款项不能换成外汇汇出,也不能转入其他账户,只能在国内使用。

(五) 对黄金、现钞输出入的管制

实行外汇管制的国家,一般对黄金和本外币现钞的转出入也进行管制。现今许多国家都禁止私人输出黄金,有的国家还禁止私人输入黄金,黄金的输出入由本国的中央银行或其他机构独家办理。由于本国现钞的输出一方面可能导致进口增加和资本外逃,另一方面受外汇供求关系的影响会使本币汇率下跌。因此,实行外汇管制的国家大都规定了本国货币输出的最高限额。如美国规定每次携带的限额为 5000 美元,超过限额的现钞需向海关申报。对于本国现钞的输入则管制相对较松,有的国家规定限额,有的则不加管制,但要求输入的现钞必须用于指定的用途。至于外币现钞的输出入,各国都实行一定程度的限

制，输入时一般需向海关申报，携带出境时，需出示有关证件，以证明其合法性。

（六）对外汇汇率的管制

对外汇汇率的管制分为间接管制和直接管制两种方式。

（1）间接管制。此种方式是一国采用外汇缓冲政策来稳定汇率水平。具体做法是由中央银行建立"外汇平准基金"作为缓冲体，当本国国际收支发生逆差、外汇汇率上涨幅度超过一定限度时，中央银行抛售其基金中的外汇以制止外汇汇率上涨、本币汇率下跌的趋势。反之，当一国的国际收支发生顺差导致本币汇率升幅过高时，中央银行则实行反向操作，即抛售基金中的本币来收购外汇，使外汇汇率不再持续下跌，本币汇率不再持续上涨。当然，由于一国外汇平准基金的数量有限，故其干预外汇市场的作用也有限。不过，实践证明，实行间接汇率管制的方式对改善一国短期的国际收支逆差具有立竿见影的效果。

（2）直接管制。此种方式又分为两种，一是实行复汇率制度，此种制度又细分为两种做法。第一种做法是实行差别汇率，即对进出口分别实行不同的汇率。如对必需品的进口，按较低的优惠汇率供应外汇，而对非必需品的进口，则按较高的汇率供应外汇。对于鼓励出口的商品，银行按较高的汇率结汇，以提高本国出口商品的竞争能力，对于限制出口的商品，则按较低的汇率结汇，以限制外汇支出，改善本国的国际收支状况。第二种做法是实行官方汇率和市场汇率同时并存，混合使用的制度，官方汇率一般低于市场汇率，以达到鼓励出口限制进口的目的。例如，对鼓励出口的商品，允许出口企业收汇后按市场汇价卖出，增加其出口收入，而对限制进口的商品，则规定进口商以市场价购进，扩大其进口成本。反之，对限制出口、鼓励进口的某些商品，则又适用于官方汇价。二是由外汇管理部门根据本国的国际收支情况和经济政策取向等以法令形式制定、调整对外汇率，并规定本国的有关外汇收付必须按照官方汇率来买卖外汇。但由于官方汇率与市场汇率常常脱节，故实际上是一种变相的复汇率制。

四、外汇管制的利弊分析

实行外汇管制在短期内可以对一国的国际收支失衡，汇率动荡等产生一定的改善作用，但与此同时，也会产生一定的弊端，随着国际经济的融合与发展，外汇管制最终将会逐步取消。

（一）外汇管制的正面影响

（1）有利于保护和促进本国工业的发展。一方面，一国通过实行进出口许可证制度、外汇审批、关税管制等措施，可以避免国外商品大量涌入国内从而对本国工业造成威胁；另一方面，一国根据本国的实际情况，通过鼓励进口必需的原材料和技术，还可以促进本国新兴工业的发展，从而增强本国商品的国际竞争力。

（2）有利于防止资本外逃和投机资本的过度涌入，稳定本国货币金融秩序。资本外逃给一国经济带来许多负面影响，如使国内投资和消费不足，外汇支出增加、国际收支逆差扩大等，最终会导致本国经济停滞不前。对资本输出实行外汇管制，见效快且可有效阻止上述现象的发生。而当一国的国际收支持续顺差，国际投机资本（俗称热钱）的大量涌入则会使本国货币供应量被迫增加，容易诱发通货膨胀，扰乱供求平衡。因此，即使是金融开放度较大的国家，对投机资本也实施十分严格的管制。

（3）有利于本国物价的稳定。一国的物价水平与本国货币的汇率有着非常密切关系。在其他条件不变的情况下，如果一国物价水平上涨，则本国货币汇率会下跌，反之亦然。反过来，当一国货币的汇率上升即对外价值上涨时，则本国货币的对内价值也相应上涨，即表现为本国货币购买力上升、物价水平的下跌。基于上述道理，当一国国际收支持续顺差、通货膨胀较严重时，货币当局可以采取高估本币汇率的做法，以抑制出口，使外汇占款减少，货币投放量降低，物价回落。此外，当一国主要消费品的价格上涨过快时，该国政府可以对这类商品的进口提供宽松的外汇供给，或实行优惠汇率，以增加供给，使物价下降到合理的水平。

（4）有利于推行本国的经济政策，实现政府意图。由于实施外汇管制可以较好地维持外部平衡，使物价、汇率保持在较合理的水平，因此，国内财政货币政策的实施可以不受或少受外部因素的影响，从而使一国政府能较顺利地推行本国的经济政策。同时，对关系国计民生的必需品和紧缺物资、战略性资源、奢侈品等进行管制，也可以更好地实现本国政府的政治、经济意图。

（5）便于实现外部平衡，改善国际收支。外汇管制的奖出限入政策可以有效地消除经常账户逆差；对资本和金融账户实行外汇管制，能很好地限制资本外流。因此，外汇管制在消除国际收支逆差和改善国际收支上能起到立竿见影的效果。对于一些国际收支经常逆差、外汇紧缺的国家来说，外汇管制常被作为平衡国际收支最重要最直接的手段。

（6）有利于增加国际储备，增强国际清偿力。外汇管制条件下，国际收支顺差的实现和外汇集中的措施有利于增加国际储备，国际储备增加形成的信用保证，又可提高本国的国际清偿力，增强本国的金融实力，强化市场对本国信心。

（二）外汇管制的负面影响

（1）扭曲外汇汇率，加剧外汇市场的混乱。在没有外汇管制、外汇自由买卖的情况下，汇率的高低取决于外汇市场的供求状况，汇率水平能真实反映本币的对外价值，使国内物价水平与国际市场价格一致，而实施外汇管制，人为规定一个汇率水平，使市场机制的作用不能充分发挥，汇率水平不能真实地反映外汇的供求关系，导致国内市场与国际市场的割裂，无法进行国际成本的比较，也不能充分享受国际分工带来的好处。此外，外汇管制往往与外汇黑市并存，容易导致违法犯罪行为。实施外汇管制还会提高交易成本和行政费用，降低工作效率，造成资源的浪费。

（2）妨碍国际贸易的正常进行，加剧国际贸易摩擦。外汇管制使外汇的自由买卖与支付不能正常进行，外汇管制国家之间，外汇管制国家与不管制国家之间就只能进行双边结算而无法实行多边自由结算，这就阻碍了国际贸易的正常进行与发展。并且，当某国政府实施外汇管制时，会引起贸易伙伴国的报复，加剧国际经济矛盾与摩擦。

（3）不利于资金余缺调节，降低资源配置的效率。对资金短缺的发展中国家来说，过多的外汇管制会减少国外投资者的兴趣，降低投资意愿，使本国难以充分利用外国资本。而对资金相对充裕的发达国家来说，很难为过剩的资本找到合适的投资渠道，影响资金的使用效率。

（4）管理成本高，效率低。外汇管制要对贸易、劳务、资本等庞杂项目进行繁琐的计划审批和配给工作，需投入大量的建设费用与运营管理费用。不仅如此，由于行政管理耗费时间长，无法适应瞬息万变的国际市场，阻碍了国际贸易的顺利发展。

（5）易产生寻租行为。外汇管制是政府对市场的人为干预，这种干预的结果往往形成多个外汇市场和多种汇率水平，在这种情况下，如果缺乏完善的约束和监督机制，极易诱致政府官员的寻租行为，滋生腐败。

综上所述，外汇管制有利有弊，各国应根据本国的实际经济状况和世界经济形势，适时、适度地实行外汇管制，尽可能地避免、减少外汇管制给该国带来的负面影响，不过，从世界经济发展的大趋势来看，外汇管制最终将会逐步取消，当然，取消外汇管制是要满足一定条件的，盲目地追求一体化，过早地取消外汇管制必然会造成本国经济与世界经济的混乱。

【阅读材料 5-1】

我国外汇管理机构及其主要职责

我国的外汇管理制度是根据我国国情，由国家制定的一系列外汇管理法规，规章以及规范性文件组成的，其管理目标是维持国际收支平衡，稳定汇率，促进国民经济健康稳定地发展。根据国家各部门分工，我国外汇管理机关目前是行使国家外汇管理职能的国家外汇管理局及其分支局。目前，国家外汇管理局在各省、自治区、直辖市、副省级城市设有34个分局，2个外汇管理部。国家外汇管理局还在有一定外汇业务量、符合条件的部分地区（市）、县（市）分别设立了国家外汇管理局中心支局。国家外汇管理局的分支机构与当地的中国人民银行分支机构合署办公，在机构设置和业务上按属地原则进行管理。

根据国务院的有关规定，国家外汇管理局的主要职责是：

（1）设计、推行符合国际惯例的国际收支统计体系，拟定并组织实施国际收支统计申报制度，负责国际收支统计数据的采集，编制国际收支平衡表。

（2）分析研究外汇收支和国际收支状况，提出维护国际收支平衡的政策建议，研究人民币在资本与金融账户下的可兑换。

（3）拟定外汇市场的管理办法，监督管理外汇市场的运作秩序，培育和发展外汇市场；分析和预测外汇市场的供需形势，向中国人民银行提供制定汇率政策的建议和依据。

（4）制定经常账户汇兑管理办法，依法监督经常账户的汇兑行为；规范境内外外汇账户管理。

（5）依法监督管理资本与金融账户下的交易和外汇的汇入、汇出及兑付。

（6）按规定经营管理国家外汇储备。

（7）起草外汇行政管理规章，依法检查境内机构执行外汇管理法规的情况，处罚违法违规行为。

（8）参与有关的国际金融活动。

（9）承办国务院和中国人民银行交办的其他事项。

第三节　人民币汇率制度与人民币国际化

一、人民币汇率制度的发展与改革

人民币诞生于 1948 年 12 月，人民币一诞生，我国就于 1949 年 1 月在天津确定并公布了人民币对美元的汇率，同时规定，全国各地的汇率以天津口岸的汇价为标准，根据当地的具体情况，公布各自的人民币汇率。1950 年全国财经工作会议以后，于同年 7 月 8 日开始实行全国统一的人民币汇率，由中国人民银行公布。1979 年 3 月 13 日，国务院批准设立国家外汇管理总局，统一管理国家外汇，公布人民币汇率。此后，为适应市场经济的改革与发展，人民币汇率的制定几经调整。下面按时间先后介绍人民币汇率的历史演变过程。

中华人民共和国成立以来，我国的人民币汇率制度经历了一个由计划到市场的演变过程，主要可分为以下六个阶段：

（一）国民经济恢复时期（1949—1952 年底）

这一时期，由于面临着恢复生产、发展经济的任务，因此当时制定人民币汇率的方针是"推动出口，积累汇源，保证进口，奖励侨汇"。具体计算方法是"物价对比法"，即以 75%～80% 的大宗出口商品的加权平均换汇成本加上 5%～15% 的利润与出口商品的 FOB 价（离岸价）相比，计算得到出口商品的理论比价，再参照进口商品的理论比价和侨汇购买力比价综合予以制定。

这一时期又分为两个阶段：（1）1949—1950 年 3 月全国统一财经工作会议以前。在这一阶段，由于受国民党政府遗留下来的通货膨胀因素的影响，国内物价飞涨，人民币的币值大幅下跌。从 1949 年 1 月制定的 1 美元 = 80 元旧人民币跌到 1950 年 3 月 1 美元 = 42000 元旧人民币，跌幅达 500 多倍。因此，为了扶持出口，更多地积累外汇资金，实行了"奖出限入，照顾侨汇"的人民币汇率政策。（2）1950 年 3 月—1952 年底。由于中国国内物价下跌，国外物价上涨，人民币汇率有所上升，到 1952 年 12 月，人民币与美元的比价为 1 美元 = 26170 元旧人民币。为了避免外币贬值所造成的损失，同时也为了打破国外对我国的"封锁禁运"，我国汇率制定的方针有所改变，由原来的"奖出限入"改为"兼顾进出口有利，照顾侨汇"。

（二）第一个五年计划到西方国家普遍实行浮动汇率制以前的时期（1953—1972 年）

从 1953 年开始，我国开始实行计划经济体制，全面进入了社会主义经济建设时期。这一时期，由于国内金融物价基本稳定，西方各国普遍实行以美元为中心的固定汇率制度。因此，汇率的波动幅度不大。在此期间，我国的对外贸易由国营外贸公司统一经营，并且由于出口商品的变化使得出口发生亏损。因此，外贸系统采取了以进口补贴出口、进出口统一核算、统负盈亏的核算办法，人民币汇率对进出口贸易已不再起调节作用。与此相适应，我国的人民币汇率也采取长期稳定的方针，几乎不作调整，如人民币与美元的汇率从 1955 年至 1972 年一直保持在 1 美元 = 2.4618 元人民币的水平。

（三）布雷顿森林体系崩溃到改革开放时期（1973—1980 年）

1973 年布雷顿森林体系崩溃后，世界各国普遍实行了浮动汇率制度，汇率开始频繁波动。为了避免汇率波动对我国对外经济活动带来的不利影响，人民币汇率的确定也发生了变化，由过去按国内物价比改为按"一篮子"货币确定，即选择若干有代表性的可自由兑换货币作为货币"篮子"，但货币"篮子"中选用的币种、数量和权数并不是一成不变的，而是根据我国的对外贸易国别对象适时调整，美元、日元、英镑、联邦德国马克、瑞士法郎一直是货币篮子中的重要币种。对所选中的货币篮子中的货币，分别规定变动的幅度，当这些货币汇率变动达到一定限度时，人民币汇率就相应进行调整，但并不随这些货币浮动的幅度等比例调整，而是根据国内外经济状况和我国实际需要适当调整。

（四）双重官方汇率制度时期（1981—1984 年）

1978 年十一届三中全会后，我国开始进行经济体制改革。为了鼓励出口、限制进口，加强外贸的经济核算和适应外贸体制改革，我国于 1981 年 1 月开始对人民币实行双重官方汇率，即人民币公开牌价与内部贸易结算价并存。在公开牌价下，人民币与美元的汇率被确定为 1 美元 = 1.50 元人民币左右，该汇价主要适用于非贸易外汇的兑换和结算，其定值方法仍沿用以前的一篮子货币加权平均计算的方法；内部结算价是根据 1979 年外贸部门出口平均换汇成本（1 美元 = 2.53 元人民币），再加上外贸部门的出口利润，定为 1 美元 = 2.80 元人民币，该汇价只用于我国外贸企业进出口贸易的外汇结算和外贸单位的经济效益核算。

双重汇率制度的实施，在一定程度上起到了鼓励出口和适当限制进口的积极作用，但此种汇率制度也暴露出不少弊端，主要表现在：（1）双重汇率的结算界限不清，给外汇管理和银行结算带来诸多不便。（2）双重汇率增加了我国创汇部门之间的矛盾，一些部门的外汇收入按较高价格折算成人民币，而另一些部门外汇按较低的价格折算，本身就很不合理，从而影响了非贸易部门的创汇积极性；而且，双重官方汇率使非贸易项下的人民币币值高估，使得"以物代汇"和"以钞代汇"等侨汇改道现象增加，也影响了国家侨汇收入。（3）由于实行贸易内部结算价的实质是人民币贬值，这样使得进口成本上升，进口企业亏损增加，既加重了财政负担，同时也加剧了国内的通货膨胀。

（五）取消双重官方汇率，人民币汇率大幅下调时期（1985—1993 年）

随着经济体制改革的深入和对外贸易的迅速发展，双重官方汇率已不再适应经济形势发展的需要。1985 年 1 月 1 日，我国正式取消了贸易外汇内部结算价，人民币对外公开牌价为 1 美元 = 2.8 元人民币，人民币汇率由双重汇率变为单一汇率。此后，人民币汇率根据国内外经济情况的变动而相应调整。从 1985 年到 1993 年，人民币汇率呈大幅下滑趋势。具体情况见表 5-5。

表 5-5　　　　　　　　　　人民币的汇率变化（1 美元折合人民币）

时间	汇率	时间	汇率
1985 年 1 月 1 日	2.8097	1990 年 11 月 17 日	5.2221
1985 年 10 月 30 日	3.2015	1992 年 9 月 8 日	5.4651
1986 年 7 月 5 日	3.7036	1993 年 10 月 25 日	5.7500
1986 年 7 月 15 日	3.7221	1993 年 12 月	5.7000
1989 年 12 月 16 日	4.7221	1994 年 1 月 1 日	8.7000

需要指出的是，人民币虽然取消了贸易内部结算价，实行单一汇率，但这只是名义上的。实际上，由于外汇调剂市场和外汇调剂价的存在，人民币汇率仍具有双重汇率的性质。

（六）人民币汇率并轨，实行真正单一汇率制时期（1994—2005 年）

1993 年 11 月 14 日，中央发布了《中共中央关于建设社会主义市场经济体制若干问题的决定》，该决定明确要求"改革外汇管理体制，建立以市场供求为基础的、有管理的浮动汇率制和统一规范的外汇市场，逐步使人民币成为可兑换货币"。为了贯彻落实该决定的要求，国务院发出了加快外汇管理体制改革的通知，中国人民银行于 1993 年 12 月 29 日发布了《关于进一步改革外汇管理体制的公告》，在这次外汇体制改革中，对人民币汇率的形成机制作了如下规定：

从 1994 年 1 月 1 日起，改进汇率形成机制，实现汇率并轨，实行以市场供求为基础的、单一的、有管理的浮动汇率制。在并轨前，1993 年 12 月 31 日人民币兑美元的官方汇率为 1 美元 = 5.8 元人民币，外汇调剂市场汇价为 1 美元 = 8.70 元人民币。由于外汇调剂汇率是由市场供求关系决定的，比较真实地反映了人民币兑美元的实际价值，因此，从 1994 年 1 月 1 日起，两种汇率合并后的牌价为 1 美元 = 8.70 元人民币。人民币对西方主要国家货币并轨前后汇率见表 5-6。

表 5-6　　　　　　人民币对主要西方货币的汇率（100 外币折合人民币）

	1993 年 12 月 31 日	1994 年 1 月 1 日
美元	580.00	870.00
日元	5.21	7.78
港币	75.09	112.66
英镑	856.66	1281.99

续表

	1993 年 12 月 31 日	1994 年 1 月 1 日
加拿大元	433. 66	658. 22
德国马克	335. 75	500. 52

通过汇率并轨，以银行间统一的外汇市场取代了外汇调剂市场，消除了汇率地区间差异，使外汇资源从两个市场的分配统一到一个市场，在外汇分配领域取消了审批制度，充分发挥了市场机制的作用，符合国际货币基金组织第八条款的有关规定，有利于我国与国际经济规则接轨。同时，通过汇率浮动可以在一定程度上对国际收支起到自动平衡的作用，有利于我国的企业参与国际竞争，也有利于改善投资环境，吸引外资等。

但是，此次改革也不可避免地造成了一定的负面效应，从表 5-6 可以看出，汇率并轨后，人民币对西方主要国家货币都发生了不同程度的贬值，加重了我国的外债负担。此外，汇率形成机制市场化后，人民币汇率随外汇供求变化经常调整，汇率风险也加大了，对我国涉外企业的经营管理提出了严峻的挑战。

（七）以市场供求为基础、参考一篮子货币的、有管理的浮动汇率制度（2005 年至今）

自 2005 年 7 月 21 日起，我国开始实行以市场供求为基础、参考一篮子货币进行调节、有管理的浮动汇率制度。人民币汇率不再钉住单一美元，而是按照我国对外经济发展的实际情况，选择若干种主要货币，赋予相应的权重，组成一个货币篮子。同时，根据国内外经济与金融形势，以市场供求为基础，参考一篮子货币计算人民币多边汇率指数的变化，对人民币汇率进行管理和调节，维护人民币汇率在合理均衡水平上的基本稳定。参考一篮子不等于钉住一篮子货币，它还需要将市场供求关系作为另一重要依据，据此形成有管理的浮动汇率。

根据对汇率合理均衡水平的测算，人民币对美元在 2005 年 7 月 21 日升值 2%，即 1 美元兑 8. 11 元人民币。这一调整幅度主要是根据我国贸易顺差程度和结构调整的需要来确定的，同时也考虑了国内企业进行结构调整的适应能力。

在该汇率制度下，中国人民银行负责根据国内外经济金融形势，以市场供求为基础，参考篮子货币汇率变动，对人民币汇率进行管理和调节，维护人民币汇率的正常浮动，保持人民币汇率在合理、均衡水平上的基本稳定，促进国际收支基本平衡，维护宏观经济和金融市场的稳定。

二、人民币国际化的理论与实践[①]

货币国际化是指发挥货币作为储藏手段、交易媒介、支付媒介和记账单位的职能。根据中国人民大学 2012 年发布的货币国际化报告，美元的国际化指数为 52. 34，欧元为 23. 60，人民币国际化程度仅为 0. 87，人民币国际化程度与中国经济总量居世界第二的位

[①]　此处参考了成思危. 人民币国际化之路. 中信出版社，2014.

置极不相称。

如何实现人民币国际化？从理论上讲，现阶段要推进人民币国际化，必须满足以下条件：

（1）人民币汇率制度的进一步改革与深化。从世界各国来看，发达经济体一般采取了浮动汇率制，我国目前实行的是参考一篮子货币汇率制度，政府对汇率的管制比较多。根据经验研究，当人均 GDP 达到 1.5 万美元时，可以实行浮动汇率制度。因此，人民币国际化必须逐步推进，比如先从参考一篮子汇率过渡到汇率目标区制度，然后逐步实行浮动汇率制度。（2）实现人民币资本项目下可自由兑换。我国已于 1996 年实现了经常项目下可自由兑换，资本项目下已有 22 项可自由兑换。不过，从世界各国来看，没有哪个国家所有资本项目都是开放的。

中国人民银行对人民币汇率制度的进一步改革方向已经比较明确。中国人民银行 2013 年 11 月指出，下一步"有序扩大人民币汇率浮动区间，增强人民币汇率双向浮动弹性，保持人民币汇率在合理均衡水平上的基本稳定"。此外，未来中国人民银行将基本退出常态式外汇市场干预，建立以市场供求为基础有管理的浮动汇率制度。汇率制度的进一步深化改革将使人民币向实现国际化迈出关键一步。

关于资本市场开放的问题，中国人民银行的思路是，应进一步扩大合格境内机构投资者（QDII）和合格境外机构投资者（QFII）主体资格，增加投资额度。"条件成熟时，取消合格境内投资者、合格境外机构投资者的资格和额度审批，将相关投资便利扩大到境内外所有合法机构。"此外，还应研究建立境内外股市的互联互通机制，逐步允许具备条件的境外公司在境内资本市场发行股票，拓宽居民投资渠道。

【案例 5-1】

人民币资本账户开放的条件基本成熟

2013 年 11 月党的十八届三中全会通过《中共中央关于全面深化改革若干重大问题的决定》，明确指出："完善人民币汇率市场化形成机制，加快推进利率市场化，健全反映市场供求关系的国债收益率曲线。推动资本市场双向开放，有序提高跨境资本和金融交易可兑换程度，建立健全宏观审慎管理框架下的外债和资本流动管理体系，加快实现人民币资本项目可兑换。"上述决定明确提出要"加快实现人民币资本项目可兑换"，与此同时，该决定也强调了实现资本项目自由化的一系列条件：汇率市场化与利率市场化。

资本账户开放过程，是一个逐渐放松资本管制，允许居民与非居民持有跨境资产及从事跨境资产交易，实现货币自由兑换的过程。资本账户开放的标准本身也在不断放宽。由于国际货币基金组织在这方面的研究最早最深入，其界定的资本账户开放标准基本得到各国的认可。在 1996 年之前，按照国际货币基金组织《汇兑安排与汇率限制年报》的定义标准，只要没有"对资本交易施加支付约束"，就表示该国基本实现了资本账户开放。1997 年亚洲金融危机爆发后，国际货币基金组织将原先对成员国资本账户开放的单项认定，细分为 11 项。如果一国开放信贷工具交易，且开放项目在 6 项以上，则可视为基本实现资本账户开放。2007 年国际金融危机爆发后，资本账户开放标准进一步放宽。可见，资本账户的开放并不是完全放任跨境资本的自由兑换与流动，而是一种有管理的资本兑换与流动。

一、国际经验表明资本账户开放总体利大于弊

资本账户开放有利于经济发展。根据比较优势理论，资本在全球范围内自由流动和优化配置，能提高资本效率，并产生最大的经济效益。资本账户开放也能使资本在全球范围分散风险，而不把"所有鸡蛋放在同一个篮子"。资本账户开放还能促进对外贸易发展。而且，由于各国人口年龄结构不同，人口抚养比低的国家往往储蓄率较高，资本账户开放能使这些国家将盈余的储蓄资金贷给资金缺乏的国家，而待人口抚养比提高时不降低消费水平。尽管在实证方法、实证数据以及变量选择等方面有所差异，但绝大部分实证结果表明，资本账户开放能显著促进经济增长。

相反，资本管制会扭曲市场行为，并且管制效果有限。资本管制实质是政府干预市场，是一种变相的金融保护主义，容易产生道德风险。管制的结果或者是国内金融市场竞争过度，或者是国际金融市场竞争不足，或者两者兼而有之。资本管制常与固定汇率政策搭配，常常导致"输入型"通货膨胀或通货紧缩。资本管制也人为割裂国内、外资金流动，使资金使用效率低下，资金成本提高，资金市场风险增加。

二、积极推进资本账户开放是我国经济发展的内在要求

一是我国资本账户开放已取得较大进展。改革开放以来，我国渐进式推进资本账户开放。1993 年，我国明确提出，"中国外汇管理体制改革的长远目标是实现人民币可自由兑换"。2003 年，党的十六届三中全会通过《中共中央关于完善社会主义市场经济体制若干问题的决定》，进一步明确，"在有效防范风险的前提下，有选择、分步骤放宽对跨境资本交易活动的限制，逐步实现资本项目可兑换"。2010 年 10 月，十七届五中全会决定，将"逐步实现资本项目可兑换"目标写入"十二五"发展规划。2012 年，央行行长周小川撰文进一步解释，"中国尚未实现但不拒绝资本项目可兑换"。从具体实践看，近年来，我国资本账户开放步伐明显加快。2002—2009 年，我国共出台资本账户改革措施 42 项。外汇管理已由"宽进严出"向"双向均衡管理"转变，逐步减少行政管制，逐步取消内资与外资企业之间、国有与民营企业之间、机构与个人之间的差别待遇。分结构看，按照国际货币基金组织 2011 年《汇兑安排与汇兑限制年报》，目前我国不可兑换项目有 4 项，占比 10%，主要是非居民参与国内货币市场、基金信托市场以及买卖衍生工具。部分可兑换项目有 22 项，占比 55%，主要集中在债券市场交易、股票市场交易、房地产交易和个人资本交易四大类。基本可兑换项目 14 项，主要集中在信贷工具交易、直接投资、直接投资清盘等方面。总体来看，目前我国资本管制程度仍较高，与资本账户开放还有较大距离。

二是当前我国正处于资本账户开放战略机遇期。开放资本账户有利于我国企业对外投资，也有利于购并国外企业，获取技术、市场和资源便利，提高我国企业可持续竞争能力。开放资本账户有利于推动跨境人民币使用和香港人民币离岸中心建设，推进人民币国际化。2009 年 7 月起，跨境贸易人民币使用从无到有，试点范围不断扩大，跨境贸易人民币结算量迅猛发展。2011 年全年，银行累计办理跨境贸易人民币

结算金额 2.08 万亿元，比上年增长 3.1 倍。同期，香港人民币离岸中心建设也卓有成效，香港也已成为海外人民币资本市场的定价和交易中心，主导了 CNH 汇率和人民币债券的定价。开放资本账户，拓宽人民币流入、流出渠道，将进一步提高人民币在国际贸易结算及国际投资中的地位，也将进一步促进香港离岸市场建设，加快离岸人民币金融工具创新。

三是资本管制效力不断下降，扩大开放可能是最终选择。近年来，我国资本管制的效率不断下降。2006 年净误差和遗漏项为流出 6 亿美元，2007 年转为流入 116 亿美元，2010 年流出提高到 597 亿美元，占当年储备资产变化的 12.7%，不排除部分资金可能绕过资本管制，流出境外。主要原因在于，一是规避管制的金融工具增多，如贸易品和服务价格转移，境外设立公司对倒，境内外货币互换，全球第三方支付网络，在境外买卖国内资产等金融工具创新。二是国际收支统计方法滞后、统计力量不足，难以对个人跨境金融资产买卖进行全面统计。三是境内外资金联动加强。

三、资本账户开放的风险基本可控

资本账户开放的前提条件非常重要，但并不是决定资本账户开放成败的绝对因素。一般认为，资本账户开放需要四项基本条件，即宏观经济稳定、金融监管完善、外汇储备充足及金融机构稳健。但这些条件并不是决定资本账户开放成败的绝对因素。当前，我国资本账户开放的风险主要来源于四个方面，但风险都不大。一是商业银行的资产负债绝大部分以本币计价，货币错配风险不大。二是我国外汇储备资产以债券为主，市场价格波动不影响外汇资产的本息支付。三是短期外债余额占比较低。四是房地产市场和资本市场风险基本可控。

我国经济部门资产负债表健康，金融体系稳健。资金存量核算数据表明，2010 年住户金融资产和金融负债分别为 49.5 万亿元和 11.7 万亿元，资产负债比例 23.6%，年本息支出为可支配收入的 9.9% 左右，均处于较低水平。企业金融资产负债比例 151.3%，与上年相比，负债结构有所优化，其中贷款和国外负债占比分别下降 2.8 个百分点和 0.3 个百分点。

资本账户开放与金融稳定并没有明显相关性。首先，不能因为有可能发生热钱流动和资本外逃就放弃资本账户开放。有观点认为，开放资本账户将引发热钱流入或资本外逃，因此"资本管制是维护我国金融安全的最后一道屏障"。应该明确的是，资本管制是一项长期性制度安排，不宜作为热钱流动、资本外逃等临时性冲击的应对措施。其次，国际上防范热钱流动和资本外逃的方法很多，价格型管理可能比数量型管制更为有效。比如智利央行对非居民存款的 20% 无息准备金要求就收到了较好的效果。

资本账户开放应审慎操作，但也要积极推进。资本账户开放应是一个渐进的过程。目前，我国已经是世界第二大经济体和第二大贸易国。若要等待利率市场化、汇率自由化或者人民币国际化条件完全成熟，资本账户开放可能永远也找不到合适的时机。过分强调前提条件，容易使渐进模式异化为消极、静止的模式，从而延误改革的时机。资本账户开放与其"前提条件"并不是简单的先后关系，在很大程度上是可以互相促进的。我们应抓住有利时机，积极推进资本账户基本开放，并以此促进经济发展方式的转变和经济运行效率的提高。监管当局可以通过综合运用各种宏观审慎工具和货币政策工具，在资本账户开放的同时，积极防范系统性金融风险，实现金融体系的总体稳定。

四、优化资本账户开放路径，降低开放风险

优化资本账户各子项目的开放次序，是资本账户开放成功的基本条件。一般原则是"先流入后流出、先长期后短期、先直接后间接、先机构后个人"。具体步骤是先推行预期收益最大的改革，后推行最具风险的改革；先推进增量改革，渐进推进存量改革。

短期安排（1~3年），放松有真实交易背景的直接投资管制，鼓励企业"走出去"。

直接投资本身较为稳定，受经济波动的影响较小。实证表明，放松直接投资管制的风险最小。当前我国推进海外直接投资已进入战略机遇期。过剩的产能对对外直接投资提出了要求，雄厚的外汇储备为对外直接投资提供了充足的外汇资金，看涨的人民币汇率为对外直接投资提供了成本的优势。

中期安排（3~5年），放松有真实贸易背景的商业信贷管制，助推人民币国际化。

有真实贸易背景的商业信贷与经常账户密切相关，稳定性较强，风险相对较小。随着我国企业在国际贸易、投资、生产和金融活动中逐步取得主导权，商业信贷管制也应逐步放开。目前，我国进出口贸易占全球贸易量约10%，贷款占全球的1/4以上。放宽商业信贷管制，有助于进出口贸易发展，也能为人民币跨境结算和香港离岸市场建设拓宽人民币回流渠道。同时，适度放松商业信贷管制，有利于促进国内银行业竞争，改善企业、特别是中小企业融资状况。

长期安排（5~10年），加强金融市场建设，先开放流入后开放流出，依次审慎开放不动产、股票及债券交易，逐步以价格型管理替代数量型管制。

不动产、股票及债券交易与真实经济需求有一定联系，但往往难以区分投资性需求和投机性需求。一般开放原则是，按照市场完善程度"先高后低"，降低开放风险。当前，房地产市场价格易涨难跌，向合理价格水平回归尚需时日。境内股市"重融资轻投资"，价格发现机制还有待完善。债券类市场发育很大程度与利率市场化有关，市场规模不大，且企业债券没有形成统一规范的市场，政府债券市场还有待发展。总体看，市场完善程度从高到低依次为房地产市场、股票市场和债券市场。

在开放的过程中，一是要加强金融市场建设，增强市场活力，夯实不动产、股票及债券市场开放的基础。二是要按照"先一级市场后二级市场"、"先非居民的国内交易后居民的国外交易"的开放原则，降低开放风险。三是谨慎推进，相机决策，遇险即收，逐步以价格型管理替代数量型管制。

至此，以不影响国家间合理资本交易需求原则来衡量，我国已经基本实现资本账户开放。剩下的项目按照风险程度依次为，个人资本交易、与资本交易无关的金融机构信贷、货币市场工具、集合投资类证券、担保保证等融资便利、衍生工具等资本账户子项，可以择机开放。与资本交易无关的外汇兑换交易自由化应放在最后。投机性很强的短期外债项目可以长期不开放。

资料来源：中国人民银行调查统计司课题组. 我国加快资本账户开放的条件基本成熟//陈元，等. 资本账户开放：战略、时机与路线图. 社会科学文献出版社，2014.

【案例 5-2】

"一带一路"基础设施融资如何成为人民币国际化的突破口

一、"一带一路"建设是人民币国际化的强力引擎

习近平主席 2013 年秋在哈萨克斯坦演讲时指出，共同建设"丝绸之路经济带"，需要加强资金融通。资金融通的核心就是广泛使用本币进行兑换和结算，以降低流通成本，提高地区的国际竞争力。而"一带一路"沿线国家多数为发展中国家，货币可接受程度普遍不高，人民币作为区域内币值最坚挺、使用最广泛的币种，可以成为沿线国家贸易投资合作的首选。

基础设施建设是"一带一路"建设的核心优先领域。由于基础设施项目通常投资大、期限长、风险高，必须得到长期资本的服务支撑，这将为人民币的资本项下流出带来机遇。从历史经验来看，没有任何一个国家在大规模对外投资时是使用外币的。据估计，在"一带一路"倡议引领下，未来 10 年中国对外投资总额将达约 10 万亿元人民币。如果使用美元进行如此大规模的资本投资项目，投资者就很难承受其中蕴含的货币错配风险。落实"一带一路"基础设施建设，首先要避免经济往来规模巨大但货币上受制于美元的错配现象。可见，人民币的国际化在"一带一路"建设中起着至关重要的保驾护航作用。

基础设施建设项目对人民币国际化的作用机制如下：以油气输送管道建设项目为例，如果该项目以人民币贷款形式进行融资，那么，工程项下可以用人民币采购来自中国的机器设备、支付中国劳务输出；管道建成后，随之而来的源源不断的油气贸易也可以使用人民币进行结算；油气贸易创造的大量利润可以被项目所在国的投资人以人民币资产形式持有，投资人或利用这部分利润在当地进行再投资，或形成闲余资金，产生金融配置需求。为了满足当地投资人的存贷款、保值增值等需求，就会形成人民币离岸金融市场。而所在国的央行为应对投资人的兑换需求，也会储备越来越多的人民币。这样，人民币的结算、储备、计价功能会在上述路径中得以逐步实现。因此，当前的关键就是将人民币国际化与"一带一路"的基础设施建设在战略高度上统筹结合起来，用"一带一路"建设带动人民币国际化进程，用人民币国际化推动"一带一路"落实。

二、人民币在推动"一带一路"基础设施建设中面临的困难

境外人民币资金存量不足、可接受度仍不高。这不仅是当前制约人民币在跨境基础设施投融资项目中使用的最大困难，也是人民币国际化推进过程中面临的阶段性问题和主要障碍。目前，人民币在全球可交易货币离岸资金存量中的占比较小，在地域分布上过于集中在香港一地，同时，由于中国资本项目尚未实现完全自由兑换，在大部分国家境外企业和个人无法在所在国直接开立人民币账户，导致交易便利化水平不

高，影响了人民币的可接受度。

人民币循环流动渠道不够通畅。受制于中国国内金融市场发育的深度和广度，目前境外人民币仅可通过人民币跨境结算、RQFII 制度、三类金融机构参与内地银行间债券市场、境内机构发行离岸人民币债券、沪港通等渠道回流境内，削弱了境外企业和个人接受、使用、持有人民币的意愿。从离岸市场的建设情况来看，除香港地区外的其他离岸人民币市场建设时间尚短，能够提供的具有保值增值、风险对冲和较强流动性的产品种类和数量仍较为有限、投资收益吸引力不足、规模仍然偏小。

境内外融资成本差异较大，人民币贷款缺乏价格优势。由于人民币境内外市场尚未完全打通，境外人民币投融资价格远低于境内，且近年美、欧、日等主要发达国家和地区竞相实施量化宽松和超低利率的货币政策，境外各币种整体融资成本较低，使得境内金融机构发放的境外人民币贷款利率优势不明显，一些资信较好、风险较低的境外项目选择人民币贷款的积极性降低。目前国内一年期人民币贷款基准利率为5.6%，而美国、日本、欧元区的基准利率则均在接近零利率的水平，价格上的差距显而易见。

金融机构服务能力有待提升，难以满足企业需要。其一，境内金融机构海外分支机构建设滞后。尤其在中东欧、中亚、北非等"一带一路"沿线区域的经营网点较少，金融服务效率和质量不高，制约了人民币投融资业务在上述地区的广泛开展。其二，商业银行办理境外项目人民币贷款动力不足。由于境外项目贷款包含在银行总体信贷规模管理之内，受存贷比考核的制约，加之大多数境外项目风险大、期限长、见效慢，多数商业银行不愿为此类项目融资。其三，投融资模式有待创新。同国外企业项目相比，中国企业参与境外基础设施项目时融资渠道相对单一，高度依赖国内银行贷款，债券、投资等方式应用并不广泛。

三、在"一带一路"基础设施建设中扩大人民币的使用

（一）利用国内资金优势，以人民币支持"一带一路"建设

（1）扩大人民币对外援助规模，更好满足沿线国家资金需求。将在"一带一路"基础设施建设中扩大人民币使用上升到战略高度统筹考虑，加强人民币国际化与对外基础设施援助项目结合的顶层设计。尤其对一些在当地影响力大、社会效益高但经济效益有限，需要借助政府贷款和国际援助等方式解决资金来源的基础设施项目，可通过政府间协议的方式协商优先使用人民币。也可以此类项目作为突破口，引导在当地的其他建设项目中使用人民币投融资。

（2）发挥银行资金融通优势，增加境外人民币贷款。不仅鼓励国内银行通过买方信贷、境外投资贷款、并购贷款、内保外贷等多种形式发放商业性人民币贷款，还要鼓励中国企业在承揽海外基础设施项目时以人民币为计价单位签署合同，在海外运营中使用人民币进行交易。进一步发挥政策性银行的引导和带动作用。基础设施项目建设无论是采用 PPP 模式还是 BOT 模式、BOOT 模式，都可以使用我国提供的资金利率较低、期限较长的优惠性质人民币资金贷款。在一些人民币接受程度尚待提高、完全使用人民币贷款有一定困难的国家或者地区，可考虑使用人民币与其他币种的混合贷款，如与当地金融机构开展的联合融资或银团贷款项目中，由中方金融机构提供

部分人民币资金，由当地金融机构以当地货币或其他国际货币提供融资，以此种方式循序渐进地扩大人民币的使用。

（3）用好投资合作基金，积极扩大人民币投资。近年来，中国政府发起设立了中国—东盟、中国—欧亚、中国—中东欧等多支政府性投资基金，有的基金已成功运作了数年，积累了相对丰富的海外投资基础设施项目经验。如中国—东盟股权投资合作基金，已成功在东盟国家投资了航运、港口、通信等领域的多个基础设施项目，缓解了部分东盟国家基础设施领域资金紧张的局面，促进了当地经济发展。今后，应与沿线国家共同完善相关配套措施，适当扩大此类基金规模，提高其人民币投资比重，并支持其开展金融创新，通过"投贷结合、以投带贷"等方式带动社会各方资金使用人民币进行基础设施对外投资。

（二）提高人民币在多边金融机构中的使用率

加强与世界银行、亚洲开发银行、非洲开发银行、欧洲复兴开发银行等第三方国际开发机构的业务联系与务实合作，扩大人民币在现有多边金融组织中的使用。例如，在大型跨境互联互通基础设施项目中开展以人民币为币种的联合融资、银团贷款，或者降低国际多边金融机构在华发行人民币债券的门槛，增加其人民币资金存量。

亚洲基础设施投资银行、金砖国家开发银行以及上合组织开发银行等正在组建或者筹备的区域性多边金融平台，是"一带一路"基础设施建设的主要输血机制，也是扩大人民币使用的主要通路。具体地，可以项目贷款方式（包括联合融资、银团贷款等），带动亚洲国家在与基础设施相关的产品和服务出口中使用人民币结算。通过人民币股权融资支持，形成共同出资、共同受益的资本运作模式，动员持有人民币资产的私人部门投资者投资于基础设施 PPP 项目。加强与沿线国家国内金融机构的务实合作，通过向项目实施国的银行提供人民币转贷款等方式，支持交通、通信、电力、油气管网基础设施建设项目。

（三）发展直接融资，鼓励发行"丝绸之路债券"

债券是国际上广泛应用的基础设施融资方式，但其在"一带一路"沿线大多数国家的基础设施融资中占比较低，具有很大的发展空间。如果能够成功发行面向"一带一路"基础设施的、以人民币计值的"丝绸之路债券"，不仅有助于弥补基础设施融资缺口，强化区域内债券融资合作，填补"一带一路"国家缺乏统一债券工具的空白，也将是人民币离岸债券发展的重大突破。

"丝绸之路债券"的发行主体可以是境内投资者、外国政府、境外金融机构、外资企业，也可以是它们联合组建的项目投资主体；发行地点既可以是中国境内银行间债券市场，也可以是香港、伦敦、新加坡等离岸人民币市场；期限上，应符合基础设施项目的特点，偏向于中长期。当然，为满足"丝绸之路债券"的市场需求，促进扩大其发行范围，需要中国政府在境内进一步降低熊猫债券的发行门槛、简化其审批程序，在境外放宽境内企业、金融机构发行人民币债券的相关限制，让发行主体能够更加便利地得到人民币和使用人民币。"丝绸之路债券"发行规模越大，使用范围越广，就越有利于培养非居民使用人民币的习惯，越有利于人民币的国际化使用。

对于大型互联互通基础设施项目主体所发行的"丝绸之路债券",还涉及信用评级、产品设计、跨国监管等一系列问题。在信用评级上,建议采用基础设施所在国的联合信用评级,也可由亚投行等区域金融组织提供信用担保,以提高债券的信用等级,更好地降低筹资成本。产品设计上,可采用非标准化的合约和更加灵活的本息偿还结构,广泛吸引各类投资者;对于"丝绸之路债券"的监管,宜建立监管信息共享和磋商机制,对融资主体和资金使用进行统一的跨国监管。

(四)深化货币互换,增加海外人民币流动性

可以考虑将货币互换由提供短期流动性应对汇率波动的应急性融资安排转化为一种经常性的安排,使其成为人民币境外融资的新通道。逐步将货币互换扩展至"一带一路"沿线的60多个国家,并根据双边、区域合作需要,实质性动用这部分资金。可由境外央行或中国央行发起协调,通过再贷款或者再贴现的方式以优惠利率借给当地银行,使互换的人民币能够进入其银行授信体系,为本国、本区域的基础设施建设项目提供融资支持。

(五)拓宽人民币回流渠道,让人民币在境内外流转起来

拓宽海外人民币回流渠道,构建强大、高效的人民币循环机制将是人民币国际化的重要保障。否则,即使通过贷款、投资、债券等方式促进了人民币的对外输出,也会因无处使用、无法循环、无法保值增值而前功尽弃。一是鼓励出口使用人民币结算,既可促进建立贸易回流渠道,也能规避使用外币的风险;鼓励外商使用人民币进行来华直接投资,可给予开辟绿色通道等优惠政策。二是扩大 RQFII 规模,减少投资限制,有条件地放开国内银行间债券市场,为有需要的合作国家相关机构进入国内金融市场提供便利。三是促进"一带一路"沿线人民币离岸市场发展,延长人民币在外流转的链条和时间。提高离岸中心的货币派生能力,支持各个离岸中心间开展金融合作,针对国际投资者开发更多以人民币计价的金融工具。

资料来源:中国人民大学国际货币研究所:《人民币国际化报告(2015):"一带一路"建设中的货币战略》,中国人民大学出版社 2015 年版。

【复习思考题】

一、基本概念

固定汇率制　　浮动汇率制　　外汇管制　　联系汇率制　　汇率目标区
钉住汇率制度　　弹性汇率制度　　"蜜月效应"　　"离婚效应"

二、问答题

1. 固定汇率制度和浮动汇率制度各有何优缺点?

2. 简要介绍香港的联系汇率制度。

3. 试述人民币汇率制度的改革历程。

4. 简要介绍 1994 年以来我国外汇管理体制改革的主要内容。

5. 试述外汇管制的内涵与方法。

6. 何为货币的可自由兑换?它对一国经济有何影响?

【主要参考文献和阅读书目】

1. Karl Habermeier, Annamaria Kokenyne, Romain Veyrune, Harald Anderson. Revised System for the Classification of Exchange Rate Arrangements. IMF Working Paper, 2009。

2. 克鲁格曼等著：《国际金融》（第 10 版），中国人民大学出版社 2016 年版。

3. 范从来等主编：《汇率制度选择：经济学文献贡献了什么》，商务印书馆 2013 年版。

4. 中国人民大学货币研究所主编：《人民币国际化报告（2012）》，中国人民大学出版社 2012 年版。

5. 吉恩等著：《资本账户：管制还是开放?》，中国发展出版社 2015 年版。

6. 陈元等主编：《资本账户开放：战略、时机与路线图》，社会科学文献出版社 2014 年版。

7. 陈三毛：《汇率制度分类理论述评》，《世界经济》2007 年第 1 期。

8. 张卫平等：《汇率制度的分类、国别分布及历史演进》，《国际金融研究》2007 年第 5 期。

9. 成思危主编：《人民币国际化之路》，中信出版社 2014 年版。

第六章 国际储备

国际储备是一国货币当局持有的应付各种需要的金融资产。一国持有国际储备的目的多种多样，如弥补国际收支逆差、干预外汇市场等。与国际储备既相联系又有区别的一个概念是国际清偿力，后者涵盖的范围要大于前者。国际储备体系经历了由单一储备向多元化储备转变的过程，在多元化的国际储备体系下，对国际储备进行科学的管理，是当前理论界和实践界面临的一个重要课题。

本章以国际储备的管理为核心，主要介绍了国际储备一般；多元化国际储备体系形成的原因以及该体系的利弊；国际储备的水平管理和结构管理。最后，联系我国的实际，对我国国际储备的重要组成部分——外汇储备的管理进行了探讨。

第一节 国际储备概述

一国的国际收支往往是不平衡的。这种不平衡如果表现为顺差，将会使该国的国际储备增加，如果表现为逆差，就必须动用外汇资金来弥补。如果这些外汇资金来自本国，则称之为自有储备，也就是狭义的国际储备，如果来自国外的负债，则称之为借入储备。本节对国际储备的内涵、构成、作用和来源作简要介绍。

一、国际储备的内涵

（一）国际储备与国际清偿力

国际储备又称官方储备，是指由一国货币当局持有的、用于弥补国际收支逆差、维持本国货币汇率的稳定和作为对外偿债保证的各种流动资产的总和。根据定义，一种资产能否成为国际储备，必须具备三个条件：一是可得性，即这些资产必须归政府所有，并且能随时支配使用，非官方金融机构、企业或私人持有的资产不能算作国际储备，正因为如此，国际储备有时被称为官方储备。二是具有较强的流动性，指作为国际储备的资产，具有迅速变现的能力，必须随时都能动用。只有这样，当一国国际收支失衡或汇率波动幅度过大时，该国就可以随时动用这些储备资产来平衡国际收支或干预外汇市场。三是普遍接受性，即这些资产在国际外汇市场上或在政府间进行清算时被普遍接受，如果一种金融资产仅在小范围或区域内被接受、使用，尽管也具备可得性和流动性，仍然不能称之为国际储备。只有同时满足以上三个条件，方能称之为国际储备。

与国际储备既相联系又有区别的一个概念是国际清偿力。所谓国际清偿力，是指一国平衡国际收支逆差和干预外汇市场的总体能力，更确切地说，它是一国官方所能动用的一切外汇资产的总和。我们知道，当一国需要进行国际支付时，该国政府既可动用该国的国际储备，又可临时向外借款，如向国际货币基金组织贷款、向外国政府或银行贷款等等，这两种融通外汇资金的能力就是国际清偿力。根据国际货币基金组织的口径，国际清偿力包括以下四个层次的内容：

（1）一国政府拥有的储备和无条件的提款权，具有高度的流动性。这实际上指的就是上述的国际储备，即狭义的国际清偿能力；

（2）一国政府能够比较便捷地筹到的资产和本国商业银行的短期外汇资产，这称为二线清偿力，它表明了一国短期内的清偿能力；

（3）一国政府拥有的中长期外汇资产和私人或其他非金融机构所持有的短期外汇资产，对政府而言，这些资产需要较长的时间；

（4）上述三个层次以外的其他外汇资产。

（二）国际储备与国际清偿力的联系与区别

从上面的定义可知，国际储备与国际清偿力两者有很大的共同点，同时也存在着区别。两者的联系表现在都是一国对外支付能力及金融实力的标志，具有共同的职能和作用。虽然如此，国际储备与国际清偿力还存在着如下几个方面的区别：

第一，从内容上看。国际储备是国际清偿力，但不是国际清偿力的全部，而只是其中的一部分，国际清偿力除了包括该国货币当局直接掌握的国际储备资产外，还包括国际金融机构向该国提供的国际信贷以及该国商业银行和个人所持有的外汇和借款能力，因此，国际清偿力包含国际储备。正因为如此，国际储备有时被称为无条件的或狭义的国际清偿力。

第二，从资产的使用条件来看。一国货币当局对本国国际储备的使用是无条件的、直接的，而对于国际储备以外的并非由本国货币当局持有的国际清偿力的构成部分的使用，通常是有条件的。

第三，由于国际清偿力包含的内容要广于国际储备，因此国际储备仅是一国具有的现实的对外清偿能力，而国际清偿力则是该国具有的现实的对外清偿能力和可能的对外清偿能力的总和，是一国综合国力及国际地位和对外资信的重要标志。因此，判断一国对外金融实力和短期对外支付能力，通常采用国际储备这一指标，而判断一国国际经济地位、金融资信和长期对外支付能力，则往往采用国际清偿力指标。

国际储备和国际清偿力的关系可以形象地用集合来表示，如图6-1所示。

二、国际储备的构成

国际储备在不同的历史时期有不同的构成。在第二次世界大战前的金本位制下，国际储备资产是黄金和能兑换黄金的外汇；在战后布雷顿森林体系下，规定了国际货币基金组织会员国的份额及其提款权，一个会员国在国际货币基金组织的净储备头寸等于它的黄金部分贷款（后改为可兑换货币）加上超黄金部分贷款。现在，各国将它们在国际货币基

图 6-1

金组织的净储备头寸也计入官方储备资产。1969 年，创设了特别提款权，也作为会员国的储备资产。因此，根据国际货币基金组织的统计口径，一国的国际储备包括货币性黄金、外汇、在国际货币基金组织的储备头寸和特别提款权四类资产。

（一）黄金储备

黄金储备指一国官方所持有的货币性黄金。在典型的金本位制度下，由于流通中的货币是黄金或能兑换黄金的银行券，黄金是价值的凝结体，因此，黄金是主要的国际储备形式。第二次世界大战之后的布雷顿森林体系下，黄金仍然是很重要的国际储备形式。1978 年国际货币基金组织宣布了黄金非货币化政策，要求将货币用途的黄金转为非货币用途的黄金，然而，由于黄金本身具有价值，长期以来一直被人们认为是最后的支付手段，世界各国仍将黄金作为本国国际储备的一个重要组成部分，基金组织在统计和公布各成员国的国际储备时，依然把黄金储备列入其中。目前，各国货币当局在动用黄金储备时，并不能用黄金实物对外支付，而只能在黄金市场上出售黄金，换成可兑换的货币。所以，可以这样认为：黄金实际上已不是真正的国际储备，而只能是潜在的国际储备。

以黄金作为一国的国际储备资产，其最大的优点就是黄金本身具有价值，且价值相对稳定，特别是在出现政治、经济动荡时，黄金储备的这一优势更加突出。不过，受多种因素的影响，黄金的价格也时常出现波动，为了估计黄金储备的价值，国际货币基金组织采用三种方法来计算：第一种方法是按数量计算，一般以盎司为度量单位；第二种方法是按每盎司 35 个特别提款权单位来计算；第三种方法是按市价计算。

以黄金作为国际储备也有缺点，主要表现在以下几个方面：

第一，若黄金的价格走低，持有黄金储备的机会成本则会上升。1990 年以来，黄金的价格整体上呈下跌态势（见表 6-1）。1990 年，国际黄金价格为每盎司 385 美元，1997 年跌破 300 美元，为 290 美元，到 2001 年，黄金价格仅为 271 美元。并且，保存黄金不能生息，还需支付大量的保管费用，使得持有黄金的机会成本较高，这对于外汇资金短缺的发展中国家来说，尤其不利。

表 6-1 **1990—2001 年国际黄金价格变化情况**

年 份	美元/盎司	年 份	美元/盎司
1990	385	1996	369.25
1991	356.6	1997	290.2
1992	333.25	1998	287.8
1993	390.65	1999	290.25
1994	383.25	2000	279.17
1995	386.75	2001	271

第二，黄金的流动性较低。根据国际货币基金组织的《牙买加协议》，自 1976 年起，黄金不准用作国际上的直接支付手段，一国需对外支付时，必须首先将黄金资产变现为外汇资产。尽管国际上有较为发达的黄金市场，各国货币当局可以方便地通过出售黄金换取其所需外汇，但是短期集中的抛售可能导致金价的下跌，降低其流动性。

正是由于以上两方面的原因，从 1990 年至 1999 年，世界黄金的总储量逐步下降（见表 6-2），2000 年起各国黄金总储量也开始下降，黄金储备在各国国际储备中所占的比重已大大降低了。在该阶段，不论是工业国家，还是发展中国家，大多采取了稳定的黄金储备政策。

表 6-2 **黄金储备数量分布** 单位：百万盎司（年底数）

年 份	基金组织所有成员国	工业国家	发展中国家
1990	939.01	795.81	143.20
1991	938.01	793.68	144.33
1992	928.81	785.24	143.38
1993	923.10	770.83	152.27
1994	919.04	768.05	150.99
1995	909.76	754.97	154.97
1996	907.55	748.16	159.40
1997	890.57	732.47	158.10
1998	966.00	808.98	157.28
1999	941.00	786.40	154.11

资料来源：姜波克. 国际金融新编. 复旦大学出版社，2001：177.

从 2000 年开始，由于黄金价格的攀升，世界各国黄金储备的价格总量在不断上升。世界黄金协会的数据表明，从 2000 年到 2010 年，黄金储备占官方储备的比例比较稳定，保持在 10% 左右的水平。可见，黄金储备虽然在缓慢减少，但在官方储备中仍然占有较重要的地位。

（二）外汇储备

外汇储备是一国货币当局持有的可兑换货币和用它们表示的支付手段和流动资产，主要形式是国外银行存款与外国政府债券。作为外汇储备的货币称为储备货币，储备货币一般必须具备两个条件：（1）在国际货币体系中居于主导地位，被各国普遍接受，能随时转换成其他国家的购买力，或偿付债务；（2）国际社会对这种货币具有信心，价值相对稳定。最早充当国际储备资产的货币是英镑。20世纪30年代后，随着美国经济实力的上升，美元和英镑同时成为国际储备货币。第二次世界大战后，英国的经济实力逐渐衰弱，而美国的经济实力空前膨胀，美元取代英镑成为各国外汇储备中最主要的储备货币。从20世纪60年代末开始，由于美元危机频频发生，美元的地位逐渐下降，马克、日元、瑞士法郎等货币的地位不断上升，从而形成了储备货币多元化的格局。目前，充当外汇储备的主要货币有美元、日元、英镑、欧元等。

外汇储备是当今世界各国国际储备中最主要的储备形式。首先，从数量上看，外汇储备超过所有其他类型的储备，在国际货币基金组织各成员国中，外汇储备占其国际储备总额的90%以上，并且从总体上看，外汇储备的绝对数额一直呈上升趋势。其次，各国在国际储备资产的使用中，使用外汇储备的频率最高，规模最大，而其他的储备资产由于其本身的性质和规模，极少使用。

由于外汇储备是国际储备的主体，外汇储备的供给状况对世界经济有着直接的影响。如果储备供应过多，则会增加货币供应量，引发或加剧世界性通货膨胀；而储备供应过少，则不利于国际经济交易活动的顺利开展。表6-3为2013年世界和各国（地区）黄金和外汇储备的情况。

表6-3 **2013年世界和国家或地区官方黄金储备一览**

排名	国家/地区/组织	数量（吨）	黄金占外汇储备比	排名	国家/地区/组织	数量（吨）	黄金占外汇储备比
1	美国	8133.5	75.40%	11	印度	557.7	9.90%
2	德国	3395.5	72.30%	12	欧洲央行	502.1	32.20%
3	IMF	2814		13	中国台湾	422.7	5.60%
4	意大利	2451.8	71.90%	14	葡萄牙	382.5	90.00%
5	法国	2435.4	71.20%	15	委内瑞拉	365.8	68.00%
6	中国内地	1054.1	1.70%	16	沙特阿拉伯	322.9	2.70%
7	瑞士	1040.1	12.10%	17	英国	310.3	15.80%
8	俄罗斯	936.6	9.60%	18	土耳其	288.9	15.10%
9	日本	765.2	3.10%	19	黎巴嫩	286.8	28.90%
10	荷兰	612.5	60.70%	20	西班牙	281.6	29.30%

续表

排名	国家/地区/组织	数量（吨）	黄金占外汇储备比	排名	国家/地区/组织	数量（吨）	黄金占外汇储备比
21	奥地利	280	55.70%	51	巴西	33.6	0.50%
22	比利时	227.5	39.60%	52	乌克兰	33	5.70%
23	菲律宾	193.4	12.70%	53	斯洛伐克	31.8	67.40%
24	阿尔及利亚	173.6	4.60%	54	厄瓜多尔	26.3	33.90%
25	泰国	152.4	4.50%	55	叙利亚	25.8	7.50%
26	新加坡	127.4	2.70%	56	摩洛哥	22	6.70%
27	瑞典	125.7	12.80%	57	阿富汗	21.9	17.70%
28	墨西哥	125.2	4.00%	58	尼日利亚	21.4	2.90%
29	南非	125	13.20%	59	塞尔维亚	14.8	6.00%
30	利比亚	116.6	5.50%	60	塞浦路斯	13.9	58.60%
31	国际清算银行	116		61	孟加拉国	13.5	6.70%
32	希腊	111.8	82.10%	62	约旦	13.4	7.40%
33	罗马尼亚	103.7	12.10%	63	柬埔寨	12.4	14.50%
34	哈萨克斯坦	103	18.50%	64	卡塔尔	12.4	2.50%
35	波兰	102.9	5.20%	65	捷克	12.3	1.60%
36	澳大利亚	79.9	8.40%	66	哥伦比亚	10.4	1.60%
37	科威特	79	12.70%	67	老挝	8.9	39.70%
38	埃及	75.6	23.70%	68	加纳	8.7	10.10%
39	印度尼西亚	73.1	3.60%	69	斯里兰卡	8.2	6.80%
40	韩国	70	1.10%	70	拉脱维亚	7.7	5.90%
41	丹麦	66.5	4.00%	71	缅甸	7.3	5.30%
42	巴基斯坦	64.4	22.90%	72	圣萨尔瓦多	7.3	14.90%
43	阿根廷	61.7	6.90%	73	危地马拉	6.9	5.30%
44	白俄罗斯	49.7	26.50%	74	马其顿	6.8	13.80%
45	芬兰	49.1	23.70%	75	突尼斯	6.7	4.40%
46	玻利维亚	42.3	17.30%	76	爱尔兰	6	18.70%
47	保加利亚	39.9	11.30%	77	伊拉克	5.9	0.50%
48	西非经济货币联盟	36.5	14.30%	78	立陶宛	5.8	4.10%
49	马来西亚	36.4	1.40%	79	塔吉克斯坦	4.9	58.10%
50	秘鲁	34.7	3.20%	80	巴林	4.7	4.60%

续表

排名	国家/地区/组织	数量（吨）	黄金占外汇储备比	排名	国家/地区/组织	数量（吨）	黄金占外汇储备比
81	毛里求斯	3.9	7.20%	91	中国香港	2.1	0.00%
82	蒙古	3.5	6.30%	92	波斯尼亚和黑塞哥维那	2	2.70%
83	加拿大	3.4	0.30%	93	冰岛	2	1.50%
84	莫桑比克	3.3	6.50%	94	文莱达鲁萨兰国	2	4.00%
85	斯洛文尼亚	3.2	16.80%	95	巴布亚新几内亚	2	2.40%
86	阿鲁巴	3.1	24.50%	96	特立尼达和多巴哥	1.9	1.00%
87	匈牙利	3.1	0.40%	97	阿尔巴尼亚	1.6	3.40%
88	吉尔吉斯斯坦	2.8	7.70%	98	也门	1.6	1.70%
89	苏里南	2.3	13.10%	99	洪都拉斯	0.7	1.30%
90	卢森堡	2.2	11.60%	100	巴拉圭	0.7	0.70%

（三）在国际货币基金组织的储备头寸

在国际货币基金组织的储备头寸又称普通提款权，它是会员国在国际货币基金组织的普通资金账户中可自由提取和使用的资产。具体包括：

（1）会员国向基金组织认缴份额的25%的黄金或可兑换货币。

（2）基金组织为满足会员国的借款而使用掉的本国货币。按照基金组织的规定，会员国认缴份额的75%可用本国货币缴纳，当基金组织向其他会员国提供本国货币的贷款时，该会员国会产生对基金组织的债权。因此，国际货币基金组织规定，一国对基金组织的债权，该国可无条件使用。

（3）基金组织从会员国的借款净额。

普通提款权在各会员国的储备资产中所占份额较小，为3%左右。

（四）特别提款权

特别提款权是国际货币基金组织为了解决国际储备不足以及美元危机等问题于1969年9月创设的一种无形货币，它是基金组织分配给参加特别提款权账户的成员国的一种使用资产的权利，作为国际储备的补充。特别提款权不是一种现实的货币，而是成员国在基金组织特别提款权账户上的一种账面资产。成员国有需要时，可动用特别提款权向基金组织指定的其他成员国换取外汇，弥补国际收支逆差，成员国也可直接用它归还基金组织的贷款和支付利息费用。自20世纪70年代美元贬值并与黄金脱钩后，特别提款权作为西方货币的定值标准和国际计价单位的作用增强了。目前，基金组织的所有金融和财务活动都以特别提款权为计价单位。

特别提款权的价值最初是以黄金表示的，每一特别提款权含金 0.888617 克，即与当时的美元等值，但它不能兑换黄金，因而也被称为"纸黄金"。从 1974 年到 1980 年底，特别提款权的价值改由"货币篮子"的逐日加权平均值来决定，以便保持特别提款权价值的稳定性。最初的"货币篮子"包括 1972 年以前 5 年中占世界商品和劳务出口总额 1% 以上的成员国的货币，1978 年 7 月 1 日国际货币基金组织对"货币篮子"作了修改，把 1972—1976 年 5 年间在世界商品和劳务出口中占比重最大的 16 个成员国的货币包括在内。1981 年初，为简化特别提款权的定值方法和增强特别提款权的吸引力，"货币篮子"缩小到只包括 5 个占世界商品和劳务出口比重最大的国家的货币。当然，"货币篮子"中的货币及每种货币所占的权重并不是固定不变的，国际货币基金组织从 1986 年 1 月 1 日起每 5 年修改一次。欧元诞生以前，"货币篮子"中的货币有 5 种，即德国马克、法国法郎、日元、英镑、美元，如今，随着欧元的问世，"货币篮子"中的货币也随之发生了变化，由欧元取代了马克和法郎，即定值货币为 4 种：美元、欧元、日元和英镑。基金组织对定值篮子方法每 5 年检查一次，2001 年，上述 4 种货币的权数分别为 45%、29%、15% 和 11%。2006 年 1 月 1 日，基金组织对定值篮子又进行了调整。

基金组织的记账单位是特别提款权，财年从 5 月 1 日至 4 月 30 日。特别提款权的价值随以上 4 种货币价值的变动而变动。如 2007 年 4 月 30 日的汇率是 1 美元 = 0.65609 特别提款权，1 特别提款权 = 1.52418 美元；2008 年 4 月 30 日，特别提款权/美元汇率是 1 美元 = 0.61585 特别提款权，美元/特别提款权汇率是 1 特别提款权 = 1.62378 美元。

特别提款权同上述三种储备资产相比，有四个特点：（1）特别提款权是一种没有任何物质基础的记账单位，创设时虽然也规定了含金量，但它并不具有内在价值，也不像其他信用货币有一国的政治和经济实力为后盾；（2）特别提款权是一种无需偿还的账面资产，这一点与普通提款权形成鲜明的对比；（3）特别提款权的使用受到一定程度的限制，即一般只被用于弥补国际收支逆差或偿还基金组织的贷款，不能用于贸易或其他非贸易支付；（4）由于特别提款权是几种主要货币的加权平均值，故其价值一般比较稳定。

根据国际货币基金组织的规定，成员国可自愿参加特别提款权分配，成为特别提款账户参加国。成员国也可不参加，参加后如要退出，只需事先以书面通知，就可随时退出。参加国分得特别提款权后，可将其作为本国储备资产，若发生国际收支逆差即可动用。

使用特别提款权时，需由国际货币基金组织指定另一个参加国接受特别提款权，并提供可自由使用的货币，主要是美元、欧元、日元和英镑；参加国还可直接用特别提款权，偿付国际货币基金组织的贷款和支付利息费用；只要参加国双方同意，也可直接使用特别提款权提供和偿还贷款、进行赠与，以及用于远期交易和借款担保等各项金融业务。

据国际货币基金组织的统计，特别提款权从创立以来到 2008 年，已向成员国分配总共 214 亿特别提款权，其中 1970—1972 年期间分配 93 亿特别提款权，1979—1981 年期间分配 121 亿特别提款权。目前，特别提款权作为储备资产的用途有限。其主要功能是作为基金组织和一些其他国际机构的记账单位，并作为结算欠基金组织债务的付款方式。

国际货币基金组织规定，每 5 年为一个分配特别提款权的基本期。2009 年 8 月 28

日，国际货币基金组织发布声明称，按照各成员国在国际货币基金组织的现有出资份额比例，用"总分配"方式向 186 个成员国发放特别提款权：中国凭 3.72% 的份额获得了 92.96 亿美元特别提款权；美国获得 427 亿美元，日本获得 153 亿美元，德国获得 149 亿美元，英国和法国各自获得 123 亿美元。

2009 年 9 月 9 日，国际货币基金组织又通过"特殊分配"方式，一次性发放约合 330 亿美元的特别提款权。这一分配不按份额比例发放，主要着眼于增加 1981 年后加入国际货币基金组织的 42 个国家持有的特别提款权，但其他成员国也将分别获得额外特别提款权。其中，中国获得约合 11.71 亿美元的"特殊分配"。

以上四种储备形式属于狭义的国际储备的范围，广义的国际储备还包括借入储备。借入储备资产主要包括备用信贷、互惠信贷和支付协议、本国商业银行的对外短期可兑换货币资产等内容。目前，国际货币基金组织将借入储备统计在国际清偿力范围之内。

备用信贷是国际货币基金组织成员国在国际收支已经发生困难或将要发生困难时，同基金组织签订的一种备用借款协议，协议的内容主要包括借款额度、使用期限、利率、分阶段使用的规定、币种等。协议签订后，成员国在需要时即可使用，对于未使用的款项，需缴纳 1% 的年管理费，未使用的部分，计入借入储备。备用信贷协议的签订，使政府干预外汇市场的能力得到了加强，在一定程度上可影响外汇市场上交易者和投机者的心理，因此，即使成员国不完全使用或根本不使用，协议签订本身也能起到调节国际收支和汇率的作用。

互惠信贷和支付协议是指两个国家签订的互相使用对方货币的协议。协议一经签订，如果其中一国发生国际收支等困难，便可按事先约定的条件自动地使用对方的货币。此种协议和备用信贷协议具有相同的性质，都属于借入储备，并且可以随时使用，但两者又存在着一定的区别：互惠信贷协议和支付协议是双边的，只能用来解决协议国之间的收支差额问题，而备用信贷协议是多边的，可以用作与第三国进行收支差额的清算。本国商业银行的对外短期可兑换货币资产。本国商业银行的对外短期可兑换货币资产，其所有权和使用权虽然不属于政府，但由于政府可通过道义劝告、政策宣传等各种手段来诱导其流动方向，因此可以间接地起到调节国际收支的作用。

国际储备与国际清偿力的关系如表 6-4 所示。

表 6-4　　　　　　　　**国际储备、借入储备与国际清偿力的关系图解**

国际清偿力的构成要素	
自有储备（国际储备）	借入储备
1. 黄金储备	1. 备用信贷
2. 外汇储备	2. 互惠信贷和支付协议
3. 在基金组织的储备头寸	3. 商业银行的对外短期可兑换货币资产
4. 基金组织分配的特别提款权	4. 其他类似的安排

三、国际储备的作用

国际储备的作用是一个不断发展的范畴。在金本位制下，各国通行的是固定汇率制，汇率波动有限，央行无需刻意干预外汇市场，这一时期国际储备的存在主要是为了满足或应付国际流通的需要。在布雷顿森林体系时期，国际储备的作用仍然比较单一，主要是作为维持货币稳定的"干预资产"。到了 20 世纪 70 年代以后，随着布雷顿森林体系的崩溃、固定汇率制的垮台以及国际经济和贸易的迅速发展，储备资产的形式日益多样化，国际储备的作用也日益扩大。时至今日，各国持有国际储备的目的多种多样，如弥补国际收支逆差，维持汇率稳定以及作为向外借款的信用保证等。

（一）弥补国际收支逆差

弥补国际收支逆差是国际储备的首要作用。当一国的国际收支出现了临时性的短期逆差时，该国政府可直接动用国际储备来平衡国际收支，而不必采取调整国际经济与进出口贸易的措施来纠正。而当一国出现了持续性的长期国际收支逆差时，虽然动用国际储备不能从根本上解决逆差问题，但国际储备仍能起到一种缓冲作用。例如，当一国的国际收支出现了结构性失衡而需要进行长期调整时，国际储备可以缓和调整过程的冲击，使逆差国政府能抓住时机采取必要的调整政策，从而避免突然的调节措施给国内供求失衡带来的负效应，维持国内经济的正常运行和稳定发展。当然，一国的国际储备毕竟是有限的，因而其调节国际收支逆差的力度也是有限的，对于短期性的国际收支赤字，理应动用国际储备来弥补，但对于长期性国际收支赤字，动用国际储备只能作为辅助调节措施。

（二）维持本国货币汇率的稳定，提高本国货币的信誉

一国国际储备（尤其是黄金、外汇储备）的多寡反映了该国干预外汇市场、维持本国货币汇率稳定能力的高低。当外汇市场上本币汇率发生较大波动时，该国可以动用黄金外汇储备来平抑汇率的波动。具体而言，若本国货币汇率下跌、外币汇率上升的幅度超过了该国货币当局所能容忍的限度时，则通过抛售黄金、外汇购入本币，增加对本币的需求和外币的供给，从而使本币汇率回升，外币汇率下跌，反之则反是。不仅如此，一国拥有足够的国际储备，不仅能为政府提供干预资金，而且还可以影响到外汇市场投资者的心理预期，增强他们对本国货币的信心，提高本国货币的信誉。例如，第二次世界大战后初期，美国的黄金储备多达 70000 万盎司，约占西方各国黄金储备总额的 3/4。在充裕的黄金储备支持下，美元的地位十分坚挺，美元成为当时货币体系下的中心货币。但随着美国国际收支不平衡的加剧，美国的黄金储备逐渐减少，1971 年美元发生贬值后，美国的黄金储备减少到 29142 万盎司，各国对美元的信心发生了动摇，美元信誉逐渐下降。不仅如此，充足的国际储备还可以在一定程度上抵御国际游资的冲击，维护本国的金融安全。如 1998 年 8 月 24 日，当美国的对冲基金对港币发动攻击时，港府动用其充足的外汇储备干预外汇市场，稳定了港币汇率，成为国际金融界干预汇市成功的典型案例。

（三）作为向外借款的信用保证

如前所述，国际储备是衡量一国对外金融实力的重要指标，一国在国际市场筹资时，债权人往往要考察该国的偿债能力，而一国偿债能力的高低除了与该国的资信状况、经常收支状况、外债还本付息额占同期出口收入的比例等密切相关外，还与一国的国际储备状况有关。一般来说，一国的国际储备越充足，表明该国越有能力按期偿还债务，越容易获得国际信贷，对外资的吸引力越大。

（四）维持一国内部平衡

所谓内部平衡是指一国实现了充分就业并保持物价稳定，一国拥有充足的国际储备，对维持和实现本国经济的内部平衡有着非常重要的作用。例如，当一国出现了通货膨胀时，该国可以动用国际储备，通过扩大进口和适当减少储备的办法，增加流通中的商品总量，回笼本国货币，缓解通货膨胀的压力，而不必采取紧缩性的财政货币政策。

（五）赢得国际竞争优势

一国持有较充足的国际储备，意味着该国政府有较强的干预外汇市场的能力，即有力量使其货币汇率升高或下降，从而获取国际竞争优势。如果本国货币是主要储备货币，则对于支持本币的国际地位也是至关重要的。

四、国际储备的来源

一国的国际储备一般来源于以下六个渠道：

（一）国际收支顺差

1. 经常账户顺差

一国国际收支经常账户的顺差尤其是贸易收支顺差是该国增加国际储备的最稳定、最直接、最重要的途径，一国经常账户的顺差表明该国在国际上有较强的经济实力和竞争能力。当一国的商品和劳务的收入大于支出，出口商将多余的外汇收入卖给中央银行时，就形成了该国的外汇储备。通过经常账户顺差所形成的国际储备的特点在于，此种国际储备的使用权和所有权完全为一国政府所掌握，在质量方面较为可靠和保险。

2. 资本与金融账户顺差

资本与金融账户的顺差也是一国国际储备的主要来源。在当今国际资本流动越来越频繁的情况下，由资本与金融账户顺差所形成的国际储备具有不稳定的特征。如短期资本，往往随着国际金融市场上利率、汇率的波动而迅速流动，长期投资虽然比短期资本相对稳定，但如果投资者抽回投资，或者投资者将投资收益汇回国内，也会使资本与金融账户顺差减少，从而使国际储备减少。

（二）中央银行的外汇干预活动

在实行浮动汇率制度的市场经济国家，央行没有义务、也没有必要维持本国货币的汇率，但是，如果本国货币汇率波动的幅度超过了一定范围时，央行往往要出面干预。如本国货币受到升值或上浮压力时，该国中央银行往往会动用外汇平准基金，在外汇市场上抛售本币，购进外汇，从而增加本国的国际储备。这样一来，由于本币投放的增加，该国在增加国际储备的同时，还会面临通货膨胀的压力。因此，此种情况只是在本币有升值压力的情况下才被迫采取的临时性措施，并不是该国政府的主观愿望。

（三）中央银行在国内收购黄金

一国增加黄金储备的途径有两条：一是在国内市场上收购黄金。如果一国用本币从国内市场上购买黄金并由央行保管，则会扩大本国的国际储备。二是在国际市场上收购黄金，如果一国用原有的外汇储备来购买黄金，则只会改变国际储备的结构，不会增加本国的国际储备总量。

（四）国际货币基金组织分配的特别提款权

前文已指出，特别提款权是由国际货币基金组织创设并按份额分配给其成员国的，因此，作为一种额外资金来源，特别提款权的分配便成为了各会员国增加国际储备来源的渠道之一。不过，自特别提款权创设以来，只分配了三次，第一次分配总额为93亿特别提款权，在1970—1972年期间按年拨付。第二次分配为121亿特别提款权，在1979—1981年期间按年拨付。这两次分配使累计特别提款权分配达到214亿特别提款权。为了减轻金融危机影响，2009年8月28日进行了1612亿特别提款权的第三次分配。

（五）货币金融当局的向外借款

一国货币金融当局在国际金融市场上取得的政府贷款、国际金融机构贷款、向国外商业银行的借款、发行国际债券，以及中央银行之间的互惠信贷等均可充当国际储备。一国货币金融当局向外借款后，在该国国际收支平衡表上既表现为国际储备的借方余额增加，又表现为对外负债的贷方余额增加，两相抵消后，储备净额并没有增加，但借入资金在偿还以前可作为储备资产周转使用，所以向外借款也是增加本国国际储备的一个渠道。

（六）储备资产的增值

储备资产的增值也是增加本国国际储备的渠道之一，如国际市场上黄金价格的上涨，会使得以货币计价的国际储备总量增加。又如某种储备货币的汇率上升，则以该种储备货币为主要储备资产的国家的储备总额也会相应增加。

第二节 国际储备多元化及其管理

一、多元化国际储备体系形成的原因

国际储备体系是指国际货币制度的中心货币的构成情况。作为国际货币体系的重要组成部分，其发展变化与历史上各时期的国际货币体系的演变密切相关。从历史上看，国际

储备体系的发展演变经历了由单一储备向多元化储备体系的演变过程,即由单一的黄金或某一种强势货币演变为目前的包括黄金、各种外汇资产以及普通提款权和特别提款权的多元化的国际储备。

(一) 国际储备体系的历史演进过程

国际储备体系的演变过程大致可分为四个阶段:

第一阶段:黄金—英镑储备体系(19世纪中叶到第一次世界大战前)。

这一时期是国际金币本位制时期。在金币本位制下,黄金是国际结算的主要手段,因此各国把黄金作为本国的主要储备资产。另外,由于英国当时在国际贸易中占统治地位,英镑被广泛用于计价、结算、支付和储备的手段,因此英镑成为国际上使用最为广泛的货币,从而与黄金一起共同充当国际储备体系的中心货币,即形成了所谓的黄金—英镑储备体系。

第二阶段:英镑—美元—黄金体系(第一次世界大战至第二次世界大战)。

第一次世界大战后,由于美国经济力量的不断上升,英国的经济实力相对下降,国际结算中美元的使用逐渐增多,英镑在国际储备体系中的地位开始下降,美元成为仅次于英镑的另一种国际流通手段和支付手段,从而形成英镑—美元—黄金体系。由于该体系不系统、不健全,因此严格说来只能算是一种过渡性质的储备体系。

第三阶段:美元—黄金储备体系(第二次世界大战后至20世纪70年代初)。

第二次世界大战后,英国的经济遭受了重创,其国际地位不断下降,而美国一跃成为世界上最大的债权国和黄金储备国,美国持有了黄金储备总量的75%以上,美元的国际地位不断上升,其作为国际储备货币的地位已远远超过英镑。1944年布雷顿森林体系的建立,美元取得了与黄金等同的地位,成为新的国际货币体系的中心货币和最主要的国际储备资产,形成了美元—黄金储备体系。

该体系与金本位制下的黄金—英镑储备体系不同。黄金—英镑储备体系建立在黄金基础之上,该体系的中心货币就是黄金,各国货币直接与黄金相联系,由于黄金本身具有内在价值且相对稳定,因此不存在信用危机问题。而在美元—黄金储备体系下,美元是中心货币,各国货币通过美元与黄金相联系。由于美元是信用货币,本身没有价值,美元之所以被各国广泛接受并流通,主要是依靠美国政府的信用保证,而这种信用保证是建立在美国强大的经济实力、大量的黄金储备和兑换黄金承诺的基础之上的。一旦美国经济衰退、国际收支恶化、黄金储备减少,美国政府的信用保证就会下降,美元所依赖的信用保证就会动摇,美元—黄金储备体系就会崩溃。因此,该体系是一种不稳定的储备体系。

第四阶段:多元化国际储备体系(20世纪70年代至今)。

在美元—黄金储备体系下,由于各国对国际支付手段和清偿手段的需求主要依赖于美元的供应,而且美元的供应又依赖于美国国际收支的逆差或对外负债的增加。因此,这种体系不可避免地导致两难局面:要增加国际储备货币的供应,美国的国际收支就得不断逆差或增加对外负债,这会动摇国际社会对美元的信心;而要保持美国的国际收支平衡并稳定美元,就会减少各国国际储备的来源,导致国际清偿力不足。这一矛盾是由美国经济学家罗伯特·特里芬提出来的,故称之为"特里芬难题",这一难题也是美元—黄金储备体系的根本缺陷。为了解决这一难题，国际货币基金组织于 1969 年创设和分配了特别提款权，但这也未能从根本上解决问题，美元危机频频爆发。1973 年布雷顿森林体系彻底崩溃，西方各主要发达国家相继实行了浮动汇率制度，美元的风险进一步加剧。与此同时，联邦德国、日本等国经济迅速发展，其货币的国际地位不断上升，一些国家为了避免其储备资产的损失，纷纷调整其储备货币币种，开始大量持有联邦德国马克、日元、法国法郎等货币，减少对美元的持有量，国际储备货币多元化的趋势开始形成。1976 年，国际货币基金组织决定将特别提款权作为各国的储备资产，结果形成了由黄金、外汇、在国际货币基金组织的储备头寸及特别提款权四种国际资产共同构成的、多元化的国际储备体系。

（二）多元化国际储备体系形成的原因

1. 西方各国政治、经济力量的变化

第二次世界大战后，美国在政治、经济等方面的地位不断上升，而 1944 年布雷顿森林体系的建立确立了美元的霸主地位，使美元成为世界各国的首选外汇储备。但到了 20 世纪五六十年代，美国的经济实力相对削弱。从 50 年代后期一直到整个 60 年代，美国的国际收支持续逆差，美国的黄金储备锐减，美元危机频频爆发，1971 年 8 月，美国总统尼克松被迫宣布停止承担美元兑换黄金的义务。同时，美国国内的通货膨胀也十分严重。1960 年，美国消费物价指数为 1.6%，到 1970 年上升为 5.9%，1974 年又上升为 11%，这给美元的汇率造成了巨大的冲击。由于以上几方面的原因，最终导致了布雷顿森林体系的崩溃。与此同时，联邦德国、日本等国的经济实力相对加强。从 50 年代末期开始，联邦德国和日本的经济迅速发展，国际收支由逆差转为顺差，国民生产总值迅速增加，使得美元相对于其他西方主要货币不断贬值。如从 1973 年到 1988 年的 15 年间，美元对日元的汇率下降了 56% 左右，对联邦德国马克的汇率下降了近 40%。为了防止美元汇率的下跌所带来的损失，各国纷纷调整其外汇储备的货币结构，减少对美元的持有量，更多地持有联邦德国马克、日元、法国法郎、瑞士法郎等强势货币。欧元问世并流通后，各国央行又纷纷开始持有币值稳定的欧元。

2. 浮动汇率制的推行

固定汇率制度崩溃后，取而代之的是浮动汇率制度。在浮动汇率制度下，汇率的波动更加频繁，增大了各国外汇储备资产的风险。如 1971 年 8 月和 1973 年 2 月，美元两次正式宣布贬值，贬值幅度分别达 7.89% 和 10%，使许多国家的外汇储备资产遭到了严重的损失。而分散风险的最有效方式就是进行资产组合，持有多种货币，使各储备货币价值的升降互相抵消，减少持有储备货币的风险。

3. "特里芬难题"的存在

在单一的储备体系下，储备货币具有双重职能：既是一国的法定货币，又是唯一的一种世界货币。作为一国国内流通的信用货币，其供应量必须与本国宏观经济政策目的的要求相适应，过多有可能引发通货膨胀，过少则会引发通货紧缩，阻碍本国经济的发展。而作为一种世界货币，其供应量必须满足国际经济贸易发展的需要。随着国际经济贸易的发展，各国对世界货币的储备需求越来越多，储备货币发行过多又势必会导致货币贬值，进而影响本国经济和世界经济贸易的发展。因此，无论从理论上还是从实践上来看，单一货币不可能长期独占国际储备货币的地位。

4. 国际货币基金组织创设并分配了"特别提款权"

为了增强各成员国的国际清偿力，缓和美元危机，国际货币基金组织于 1969 年达成了由该组织创立特别提款权的方案，即创立一种新的国际储备货币，支持美元的国际地位。特别提款权于 1970 年正式分配，该篮子货币的产生，使得国际储备资产的构成更加多样化。

二、多元化国际储备体系的优点与缺点

多元化的国际储备体系是一个客观的进程，该体系的运行克服了单一储备体系下的种种弊端，但其本身也存在着许多缺点。

（一）国际储备多元化的优点

（1）摆脱了对某一种货币的过分依赖，在一定程度上解决了单一储备体系下存在的"特里芬难题"。

在单一的国际储备体系下，各国储备资产的增加依赖于黄金或某种货币（如英镑或美元）的供应，这使得国际储备总额的增长面临着"特里芬难题"，使世界经济的增长受制于单一货币。储备货币多元化后，单一的储备货币被几种外汇储备所代替，各国储备总额的增长不再依赖于某一种货币，从而使国际储备总额得以顺利增长。此外，普通提款权和特别提款权的发行和运用，也在一定程度上增加了国际储备总额，增强了各成员国的清偿力。

（2）有利于防范汇率风险，保持国际储备价值的相对稳定。

在单一的国际储备体系下，当储备货币发行国的经济发生较大波动时，必然会影响到该国货币的对外价值，从而影响他国国际储备价值的稳定。而在多种储备货币并存的情况下，各种储备货币的波动方向往往并不一致，故其本身能在一定程度上分散风险。此外，各国可以根据外汇市场行情的变化，灵活地调整储备币种，以防范和减轻汇率风险。

（3）有利于促进各储备货币发行国在国际货币领域的协调与合作。

在单一的国际储备体系下，个别储备货币发行国有可能利用本国货币的特殊地位，任意享受储备货币发行国的种种利益，操纵国际金融事务，即所谓"无忧伤的逆差"。在国际储备多元化的情况下，由于多种储备货币共同执行国际货币的职能，国际货币体系不再过分依赖某种货币，各国经济也不再受制于某一个国家，某种货币作为储备货币是与其他货币互相竞争的结果。因此，为了维持多元化储备体系的正常运转，稳定国际货币金融秩序，各国在国际货币金融领域的重大问题上，必然会加强协调与合作，从而避免某一个国家对国际金融市场的操纵，使国际金融更具独立性。

（二）国际储备多元化的缺点

（1）加剧了外汇市场的动荡，增加了外汇储备管理的难度。实行浮动汇率制以来，各国货币汇率经常波动，外汇市场变得动荡不安。在多元化的储备体系下，各国根据储备货币的汇率变动情况和利息收益高低经常性地调整其储备货币结构，这将直接影响外汇市

场某些货币供求关系的变化，进一步加剧外汇市场的动荡不定，助长外汇投机，甚至引起外汇市场的混乱，给各国的外汇储备管理增加了难度。

（2）影响储备货币发行国货币政策的实施效果。多元化的国际储备使储备货币发行国不能顺利地实施本国的货币政策。例如：当储备货币发行国为抑制通货膨胀而采取紧缩性的货币政策（如提高利率）时，会使得本国货币的收益率提高，外国资本大量流入，本币投放被迫增加，从而部分抵消了该国货币政策的实施效果。

（3）引发或加剧世界性通货膨胀。在国际储备多元化、分散化的前提下，各国政府为了保持本国金融的稳定，增强本国的国际金融实力，往往盲目地增加本国的储备量，而国际储备若过度增加，超过了流通中的外汇必要量，则会引发或加剧世界性的通货膨胀。

（4）增加了国际货币体系的脆弱性。多元化的国际储备体系是建立在多个储备货币发行国的经济基础之上的，储备货币发行国经济发展的对比变化和国际收支状况的对比变化，会使得储备货币的汇率发生波动，从而影响储备货币发行国的经济稳定，进而影响世界经济的稳定。

（5）未能彻底解决"特里芬难题"。多元化国际储备体系的建立虽然暂时缓解了美元危机造成的困境，但未能从根本上解决国际储备货币的两难问题。这是因为，储备货币的分散化使国际储备的增长依赖于几个储备货币发行国的经济增长和国际收支的逆差，而任何国家的国际收支逆差，都会削弱其货币的信用基础；反过来，若某个储备货币发行国要保持国际收支顺差或平衡，又必然会给其他储备货币增加压力。可见，多元化的国际储备体系仍具有内在的不稳定性，随着储备货币发行量的不断增长，最终仍然会导致储备货币的信用危机。

（6）形成了国际游资大量盲目流动的机制。由于受多种因素的影响，任何一种储备货币都不可能长期保持坚挺和稳定，软硬货币往往经常易位。当一种货币坚挺时，国际资本就会竞相追逐，大量的其他储备货币被兑换成这种货币，而当一国货币变得疲软时，此种货币又会被大量抛售出来，形成一种国际资本盲目流动的机制，加剧了国际金融市场的风险。

三、当代国际储备的特点

随着世界经济的发展变化，国际储备无论是在总量还是在结构方面都发生了很大改变，呈现出如下特点：

（一）国际储备总量迅速增加

自布雷顿森林体系解体以来，浮动汇率制取代固定汇率制成为主导汇率制度。由于无需承担干预外汇市场以维护固定汇率的责任，因此，从理论上讲，各国应逐渐减少甚至不需要保留国际储备。然而，现实是全球国际储备总量不降反升。特别是20世纪90年代以来，世界国际储备规模增长较快，从1992年的6733亿特别提款权上升到1999年6月底的11860亿特别提款权。进入21世纪后，世界国际储备规模扩张的态势更为明显，国际货币基金组织的统计数据表明，2000—2008年，全球国际储备的年均增速达到16.7%，远高于同期世界GDP和全球贸易的年均增速。

发展中国家国际储备的增长尤为突出，且大多具有如下几个特点：第一，发展中国家所拥有的国际储备总量占世界总储备的较大份额，已接近超过工业化国家的一倍；第二，发展中国家国际储备的年增幅大大高于工业化国家。从发展中国家国际储备的来源渠道看，20世纪90年代以来发展中国家国际储备的增加并不是依靠经常账户顺差，而是主要来源于国际资本的流入。这意味着国际资本从收益降低的发达国家流向了发展中国家，不仅促进了发展中国家投资和消费的增长，而且也实现了资金在全球范围的优化配置，从而推动世界经济的增长；第三，国际储备的地区分布极不平衡，据统计，发展中国家的国际储备中有61%左右集中在亚洲。

发展中国家之所以要持有较多的国际储备，其主要原因是：现有的国际金融体系没有为发展中国家提供足够的手段，以应对世界经济的动荡。前已述及，由于发展中国家的储备主要来源于资本与金融账户的顺差，因此，在世界经济出现动荡的时候，外国资本就会迅速流出，结果会导致发展中国家的国际收支赤字。更为重要的是，当一国发生金融危机，国际金融组织往往不能给予及时的援助，有时还附加苛刻的政治、经济条件，使发展中国家不得不承受危机带来的恶果。如20世纪90年代以来爆发的墨西哥金融危机、东南亚金融危机、巴西金融危机、阿根廷金融危机等，使发展中国家认识到，持有较为充裕的国际储备非常重要。这也是发展中国家应对世界经济动荡的无奈之举。

（二）外汇储备占主导地位

随着世界经济贸易的迅速发展，对国际支付手段和流通手段的需求也迅速增加，使得外汇储备成为各国国际储备的最重要组成部分。以下三组数据可充分说明这一点：（1）从外汇储备占国际储备比重的变化趋势来看。1950年，国际货币基金组织成员国的外汇储备量占国际储备总量的27.5%，到了1980年，这一比重迅速上升，达82.5%，1988年又攀升到85.8%。2001年，全球外汇储备占国际储备的份额为85.25%。（2）从外汇储备的绝对增量来看。据1990—2000年国际货币基金组织年报，除1998年因亚洲金融危机基金组织成员国外汇储备总量略有下降外，此期间外汇储备的总量一直呈上升趋势。1990年，成员国的外汇储备总额为5936亿美元特别提款权，到1993年为9318亿美元，1999年高达12568亿美元。国际货币基金组织总裁多米尼克·施特劳斯-卡恩2009年指出，进入21世纪以来，全球官方外汇储备有了大幅度增加，主要是在新兴经济体，但发展中国家也有。总体而言，外汇储备持有量从20世纪90年代末期的2万亿美元增加至2009年的8万多亿美元。（3）从外汇储备的增量与国际储备的增量来看。从1993年到2002年10年间，除1993年和1995年两个年份外汇储备的增长数量略低于国际储备的增量外，其余年份外汇储备的增量都要高于或与国际储备的增量几乎相等。这说明国际储备总量增长主要是依靠外汇储备的增加。

（三）储备币种多元化

储备币种多元化是国际储备多元化的一个极为重要的方面，它标志着国际储备体系打破了由某种单一货币垄断的局面，有利于国际金融领域的合作与协调。储备币种多元化具有如下特点：

（1）美元在外汇储备中所占的比重逐步下降，但仍是当今世界最主要的储备货币之一。1973 年，美元占国际货币基金组织成员国外汇储备总量的 84.6%，1980 年这一比重下降为 66.8%，到 1991 年进一步下降为 55.6%，18 年平均每年递减 2.3%。相应地，美元在世界外汇储备中所占的比重也逐步递减（参见表 6-5）。1973 年，美元占世界外汇储备的 78.4%，到 1980 年，下降到 68.3%，1997 年，这一比重进一步下降，为 57.1%。虽然如此，美元仍是当今世界最主要的储备货币之一。原因在于：美国长期以来通过国际收支逆差，流出了大量美元；各国一直把美元作为主要的干预货币；在国际经济贸易中，美元是使用最为广泛的支付手段和流通手段。此外，美国的政治经济实力一直位居世界前列，因此，各国都倾向于持有较多的美元外汇资产。

表 6-5　　　　　**1973—1997 年各主要货币占世界外汇储备的比重**（%）

	1973	1977	1978	1979	1980	1981	1982	1983	1984	1985	1986
美元	78.4	79.4	76.9	73.8	68.3	70.6	70.5	71.2	69.4	64.2	66.0
英镑	6.5	1.6	1.5	1.9	2.9	2.3	2.4	2.6	3.0	3.1	2.8
德国马克	5.5	8.3	9.9	11.5	13.9	12.5	12.3	11.6	12.3	14.9	14.9
法国法郎	0.9	1.0	0.9	1.0	1.3	1.2	1.2	1.0	1.0	1.3	1.2
瑞士法郎	1.1	2.0	1.4	2.3	3.1	2.8	2.8	2.4	2.1	2.3	1.9
荷兰盾		0.4	0.5	0.7	0.9	1.0	1.1	0.9	0.8	0.9	1.1
日元	1.2	2.5	2.9	3.8	4.1	4.7	4.9	5.6	7.8	7.6	
其他	7.3	6.2	6.3	5.9	5.8	5.6	5.0	5.5	5.8	5.4	4.4
	1987	1988	1989	1990	1991	1992	1993	1994	1995	1996	1997
美元	63.3	54.6	51.4	49.4	50.0	54.2	55.6	55.7	56.4	59.6	57.1
英镑	2.7	2.3	2.3	2.8	3.2	3.0	2.9	3.3	3.2	3.4	34
德国马克	14.7	14.2	17.8	17.0	15.6	13.6	14.0	14.4	13.8	13.1	12.8
法国法郎	1.2	1.0	1.4	2.3	2.8	2.5	2.2	2.4	2.3	1.8	1.2
荷兰盾	1.2	1.0	1.1	1.0	1.0	0.6	0.6	0.5	0.4	0.3	0.4
日元	7.1	6.9	7.2	7.9	8.4	7.6	7.7	7.9	6.5	5.7	4.9
其他	4.7	6.6	6.6	8.2	7.0	7.4	7.3	6.9	9.6	9.1	14.6

（2）欧元、英镑、日元与美元一起形成国际储备货币的"四足鼎立"格局。

日元自 20 世纪 70 年代进入国际储备体系以来，其储备地位不断提高。1975 年，日元在官方外汇储备所占的比重仅为 0.5%，到了 1991 年，稳步提高到 10.4%。欧元问世以来，由于欧盟作为一个经济整体，拥有雄厚的贸易和金融实力，因此，欧元作为一种重要的储备货币，与英镑、日元、美元一起，形成国际储备货币"四足鼎立"的局面。国际货币基金组织 2010 年公布的数据显示，美元占全球外汇储备的比重为 61% 左右，欧元所占比重为 27% 左右，其次是英镑和日元，占比分别为 5% 和 3% 左右。

（四）发展中国家的外汇储备总量高于发达国家

1. 发达国家外汇储备规模变动趋势

自 1990 年以来，发达国家持有的国际储备占全球国际储备的份额总体上呈下降趋势。1990 年，发达国家持有的国际储备占全球总储备的 71%，2001 年下降到 45%。由于其他三项储备资产所占份额变化不大，因此，导致发达国家国际储备总额下降的主要是外汇储备的减少。此外，由于发达国家的进口份额相对稳定，使得发达国家的外汇储备与进口的比例也在不断下降，目前已低于国际公认的 30% 的警戒线水平。

2. 发展中国家外汇储备规模变动趋势

和发达国家相比，发展中国家的储备比较集中，绝大部分是外汇储备。从 1994 年起，发展中国家的外汇储备就占其全部储备的 90% 以上，其他三种储备形式微乎其微。不仅如此，发展中国家的外汇储备也占了全球外汇储备的大头，自 1993 年突破 50% 以后，其上升势头一直未减，截至 2001 年，该比例已高达 61.8%。此外，发展中国家外汇储备与进口的比例也较高，平均超过 40%，远远高于发达国家。

（五）黄金储备的地位不断下降

黄金作为价值实体和财富的象征，曾在国际储备中发挥过重要作用。在金币本位制下，黄金发挥着国际支付手段的作用，国际储备资产的 90% 以上是黄金。第一次世界大战后到 1933 年大危机前，各主要资本主义国家先后实行了金汇兑本位制，黄金作为国内流通货币的职能大大减弱，但仍发挥着储备货币的功能，仍然是国际储备的主要组成部分。第二次世界大战后，由于布雷顿森林体系的建立，规定美元与黄金挂钩，黄金是国际储备的基础，因此，黄金在国际储备体系中仍占有重要的地位。但到了 20 世纪 70 年代之后，由于美国停止按固定价格用美元向各中央银行兑换黄金，以及国际货币基金组织宣布黄金的非货币化等原因，使得黄金在国际储备中的地位迅速下降。统计资料表明：1950 年，黄金占国际储备资产总量的 69%，1970 年，为 39.7%，进入 80 年代后，该比重急剧下降，1980 年为 9.4%，1988 年为 5.8%，1992 年更降至 4.4%。多数国家采取了减少黄金储备或基本维持原储备量不变的做法，如英国、美国，1998 年这两个国家的黄金储备量比 70 年代分别下降了 38% 和 19%，我国从 80 年代以来一直实行较稳定的黄金储备政策。

（六）特别提款权和普通提款权的数量极其有限，在整个储备中所占比例极小

由于特别提款权和普通提款权的特殊性，因此，随着外汇储备的增加，这两者在国际储备中所占的份额越来越小。

四、国际储备的管理

作为一种特殊的金融资产，一国保有国际储备的主要目的，总的来说就是为了保证本国的金融安全，应对国际金融市场上的突发事件，协助世界各国共同维护世界金融安全。

因此，各国都把国际储备管理作为本国宏观经济管理的一个重要方面。一国进行国际储备管理，主要从两方面着手：一是国际储备的总量，即水平的管理；二是国际储备的构成，即结构的管理。

（一）国际储备的水平管理

所谓国际储备水平，是指一国在某一时点上持有的国际储备总量与该国某些经济指标的对比关系，如国际储备总量与 GDP 的比例，与该国国际收支差额之比，与该国外债总额之比等。对一国国际储备水平进行管理也就是要确定和维持一国适度的国际储备水平，使这些被限定在正常范围之内。

一国持有一定数量的国际储备可为该国带来一定的利益，如当一国国际收支出现逆差时，该国可以利用国际储备弥补赤字，以免被迫进行不合意的或过猛的经济调整，保持本国经济的健康稳定发展。同时，持有国际储备也要付出代价，即如果货币当局不持有储备资产，则该储备就可以被用于商品或劳务的进口，为国内经济增长和消费增加实际资源，进而提高就业率，增加本国的国民收入。因此，从这两方面来看，一国持有国际储备不能过少，也不能过多，而应该适度。保持适度的国际储备水平，对于外汇资金短缺的发展中国家而言，尤其重要。

1. 影响一国国际储备水平的主要因素

（1）一国对外融资能力和国际金融市场的发育程度。如果一国具有较高的资信水平和较强的融资能力，则该国能以优惠的条件从国际金融市场上融入资金，因此无需持有过多的国际储备。但一国的资信水平与本国国际储备量的大小又有着密切的关系，两者互相影响，即如果一国国际储备过低，则资信水平也不会太高，此时对外融资的成本会提高。此外，国际金融市场的发育程度也会影响一国对外筹资的效率与规模。发达的金融市场使得金融当局可通过市场操作获取所需储备，也可通过金融机构迅速地"借入储备"，也就是说，金融市场越发达，一国取得储备的成本越低、效率越高，因而不必持有过多的国际储备。

（2）一国国际收支状况及其稳定程度。如果一国国际收支经常逆差，或波动幅度较大，则应持有较多的国际储备，以弥补逆差。反之，如果一国国际收支经常保持顺差或基本平衡，则不必保有过多的国际储备。

（3）一国汇率制度和外汇管制程度。在浮动汇率制度下，汇率随外汇市场供求情况而上下波动，货币当局对外汇市场干预较少，因此，其储备的持有量可相对较低。而在实行固定汇率制度的国家，为了维持本国货币的汇率，尤其是为了防止本币下跌过快，往往要持有较充足的外汇储备，用以干预外汇市场。此外，一国外汇管制的强弱程度也是影响该国国际储备的一个重要因素，一般来说，在实行严格外汇管制的国家，国际储备保有量可相对较低；反之，则应保有较多的国际储备。

（4）一国经济规模和对外开放程度。经济活动规模较大的国家对世界经济的影响较大，因此，需要保留较多的国际储备以稳定世界市场。此外，一国对外开放程度越高，国际支付量越大，需要的储备量也就越多。反之，对外经济活动规模较小和开放度不高的国家，则可保留较少的国际储备。

（5）一国货币在国际货币体系中的地位。如果一国货币是主要国际储备货币，则该国在调节国际收支不平衡、进行国际支付、干预外汇市场时可直接动用本币，因此，对储备货币发行国来说，不须保留过多的储备。反之，则需要较多的储备。如美国是世界上最重要的储备货币发行国，美元是最重要的储备货币，是关键货币，因此，尽管美国的国民生产总值最高，开放度与市场化极高，但其外汇储备并非最多。

一国货币作为国际储备货币，会给储备货币发行国带来很多好处。第一，储备货币的发行会为该国带来铸币利差。所谓铸币利差，是指货币发行国通过发行货币所获得的实际资源与发行成本之间的差额。如美国发行美元纸币，其发行成本微乎其微，但当美国输出美元后，美国就可以获得与票面价值相等的实际资源，这就是美国获得的铸币利差。第二，可提高该国在国际货币金融领域的地位。储备货币发行国的货币是世界货币，因此，该国的国际收支状况、货币政策的变化等都会对国际金融产生巨大影响，使该国在国际金融领域的地位得到加强。

当然，储备货币发行国在享受好处的同时，还必须承担一定的义务。如必须对外开放金融市场，而这将会影响本国货币政策实施的效力。此外，任何一国的储备货币都会面临所谓的"国际流通手段进退维谷"的问题，从而使得该货币汇率的波动幅度变大。

（6）持有国际储备的机会成本。持有国际储备一方面使该国放弃或牺牲一部分国内投资和消费，另一方面，为了保持储备资产的流动性和安全性，各国对储备资产的运用都十分谨慎，其收益率一般要低于其他投资收益。所以，持有国际储备存在着一定的机会成本。很显然，机会成本越高国际储备的水平应该越低。

（7）国际资本流动对本国经济冲击的规模和频度。国际资本尤其是游资的频繁流动会导致汇率、利率、股价、期货价格等的波动，因此，在国际资本流动规模日益扩大、国际游资投机日益隐蔽的今天，一国必须持有足量的国际储备以随时应对外来的冲击。尽管国际储备与国际游资的较量既有成功的经验又有失败的案例，但充裕的国际储备不失为维护本国金融安全的第一道防火墙。

（8）一国在特定时期的经济发展目标与政策手段的偏好。一国在经济起飞时往往对资金的需求非常旺盛，此时应保持较少的国际储备，将一部分储备资产用于投资和消费；反之，当一国的经济目标取向为维持本国经济的稳定增长时，可适当地多持有一定的国际储备。此外，一国政府的政策选择偏好也会影响本国国际储备的持有量。如果一国政府倾向于动用国际储备以解决本国的国际收支逆差，则要求本国政府持有较多的国际储备，而如果选用其他政策来调节国际收支逆差，则该国不必持有较多的国际储备。

（9）其他偶发因素。一国确定国际储备水平除考虑以上几方面因素外，还应考虑一些偶发因素，如自然灾害、战争、疾病等，所以国际储备的确定要留有余地。

2. 确定适度国际储备水平的方法

由以上分析可知，影响一国国际储备规模的因素是多种多样的，这些因素往往交织在一起，共同作用于本国的国际储备，这给确定国际储备的适度水平带来了困难。到目前为止，在一国的国际储备究竟应保留多少的问题上，还没有一个能完全适用于世界各国的公式和标准。在确定适量国际储备的方法上，比较有影响的有 5 种方法：

（1）比例分析法。比例分析法包括三个指标：一是国际储备与国内生产总值的比例。

该指标反映了一国的经济规模对国际储备量的依赖程度，即国际储备应随着国内生产总值的增加而增加。二是国际储备与外债总额的比例。该指标反映了一国的对外清偿能力和债信情况，一般情况下，国际储备应随外债总额的增加而增加；三是国际储备与年平均进口总额的比例。该比例反映了一国日常必备的对外支付对于国际储备量的需求。在这三个指标中，对储备与进口总额比例的分析是国际社会较为流行的一种方法，这种方法称为储备进口比例法。由于该方法由美国经济学家特里芬提出，故又称为"特里芬法则"，下面对这一方法作详细介绍。

特里芬认为，虽然评价一国某一段时期储备水平的充足性要考虑的因素很多，但出于数据的可得性和计算简便性的考虑，他认为可以用储备对进口的比率来确定储备水平的充足性。特里芬通过对 60 多个国家的国际储备与进口比率的实证检验得出如下结论：主要贸易国家在正常年份的储备与进口的比率平均都在 33% 以上，极少数情况下低于 20%，因此，特里芬认为，如果这一比率达到 40%，则说明该国储备充足，若低于 20%，则说明该国储备不足。此外，特里芬还指出，由于各国的具体条件和政策方面的差异，各国的进口储备比率不可能完全一致，工业国家和重要贸易国的储备进口比率应高于其他国家，通常在 30% 以上，而实行严格的外贸与外汇管制的国家，储备进口比率可相对低些，比如 25% 左右。目前，根据这一法则，各国一般认为储备与进口的比率至少应为 25%，也就是说，一国持有的国际储备应能满足其 3 个月的进口需要。

此种判断方法最大的优点是简单易行，但该方法也存在着很大的缺陷：首先，该方法暗含的假定条件是国际储备用作进口支付，这显然与现实不符，各国持有国际储备的目的除用于国际贸易外，更多的是为了弥补国际收支逆差，稳定汇率、利率、应对突发事件等。其次，各国情况不同，保有国际储备的适量规模也应有所不同，如果用单一指标来衡量，则会得出错误的结论。如由于对外借款能力不同，发达国家与发展中国家的适度储备水平就存在着明显的差异，即发达国家可选择较低的国际储备水平，发展中国家则需选择较高的国际储备水平。

由此可见，储备进口比例分析法只能为国际储备水平的充足性提供一个比较粗略的指标，该指标只能作为我们评判国际储备水平充足与否的参考，在确定适度国际储备水平的方法上，还应结合其他因素进行综合考虑。

（2）成本收益分析法。成本收益分析法是从国际储备的机会成本和收益的角度研究适度国际储备的方法。前文已经提到，持有国际储备会产生机会成本，同时也会给持有国带来一定收益。持有国际储备机会成本的大小与储备的数量、生产资料在进口中所占的比重、进口生产资料增加该国产量的能力有关，而影响国际储备收益的主要因素有货币当局持有的储备数量、计划期内动用储备为国际收支融通资金的概率以及进口生产资料与总产量的比率。

为简化分析，我们事先假定国际储备的收益和机会成本都能够用产量的变化来表示，然后用一般边际分析的方法来说明适度国际储备量的决定（见图 6-2）。

在图 6-2 中，横轴代表国际储备量（Q），纵轴代表边际生产率（r）。C 曲线表示实际资源边际生产率，由于该比率不受储备数量的影响，故它是一条平行于横轴的水平线，这条水平线的上下位置取决于进口生产资料增加产量的能力。MP 曲线代表国际储备边际

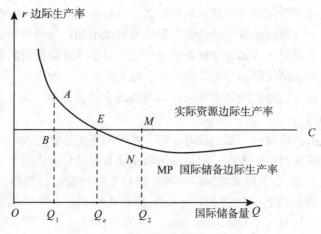

图 6-2 适度国际储备量的决定

生产率，由于国际储备的边际生产率随储备收支逆差调节中的紧缩措施的力度会相应下降，从而储备增量能够避免的产量下降程度越小，故它是一条向右下方倾斜的曲线。并且，国际储备的边际生产率也是呈递减趋势的，即国际储备数量越多，其增量给政府带来的满足程度越小。

由图 6-2 可以看到，C 曲线与 MP 曲线有一个交点 E，该点所对应的国际储备量 Qe 即为适度国际储备规模，MP 曲线上 E 点左上方的点（如 A 点）所对应的储备量（Q1）表示储备不足，原因在于国际储备边际生产率大于实际资源边际生产率，而 E 点右下方的点（如 N 点）所对应的国际储备量（Q_2）则表示储备过多。

成本收益分析法为一国确定合理的储备规模提供了一个理论上的标准，具有一定的合理成分，但该方法也具有一定的缺陷：①没有考虑国际储备具有多种形式，而不同的储备形式所带来的收益是不同的；②国际储备的收益有时是无法量化的，如货币当局运用国际储备干预金融市场，确保金融安全的收益就无法用数字描述。

（3）储备需求函数法。自 20 世纪 60 年代后半期以来，西方一些经济学家又广泛运用回归技术对影响一国适度国际储备量的诸多因素进行回归分析，建立了许多关于适度储备量的经济计量模型。以弗伦克尔（J. A. Frenkel）的双对数模型为例，其回归模型为：

$$\ln R = a_0 + a_1 \ln m + a_2 \ln \delta + a_3 \ln M + \mu$$

其中，R 代表国际储备量；m 为平均进口倾向；δ 为国际收支的变动率，M 为进口水平；a_1、a_2、a_3 为参数，分别代表 R 对 m、δ、M 的弹性。通过对该经济计量模型进行参数估计和检验较好地研究了一国国际收支变动、进口水平和平均进口倾向等因素对其储备水平的影响，并在此基础上，验证了发达国家与欠发达国家储备水平的差异性。

引进的解释变量和被解释变量各不相同，所以，经济学家建立的经济计量模型也各不相同，我们这里不可能对诸多模型逐一分析，而只是对这一方法进行总体评价。

回归分析法的优点表现在：第一，回归分析法把国际金融、数学、计算机三门学科有机结合在一起，针对储备的分析从单纯的规范分析转向实证分析，从粗略测算转向精确定量，使对适度储备水平的衡量更加数量化和精密化。第二，回归分析法克服了比例分析法的局限性，对适度储备量的分析不仅仅局限于进口额，而同时考虑了影响储备的诸多因素，引入了诸多独立的经济变量，从而使对适度储备水平的分析更加全面。第三，通过建立滞后调整模型，使对适度储备量的静态分析动态化。以埃尤哈（M . A. Iyoha）建立的模式为例，其函数形式为：

$$R_t = a_0 + a_1 x^e + a_2 \delta^2 + a_3 r + a_4 P + a_5 R_{t-1} + a_5 R_{t-2} + u$$

其中，x^e 为预期出口收入；δ^2 为进口收入的变动率；r 为持有外汇资产的利率；P 为一国经济开放度，R_t、R_{t-1}、R_{t-2} 分别为现期、前一期、前二期的储备水平。由于在这一模型中引入了前一期和前二期的储备量作为解释变量，这就使得对适度储备量的分析动态化。

回归分析法的局限性表现在：

第一，回归模型的建立主要依赖于过去的经验数据，即根据以前的国际储备变动趋势用外推法对未来的储备水平进行预测，这就隐含了以下两个假定：①过去时期的储备水平是适度储备水平；②历史的储备变动趋势也将适用于未来的情况。然而，这两个假定未必都能够完全成立。因此，我们认为，回归分析法更适用于对过去的实际储备水平进行数量描述，而要对未来的适度储备量进行预测，则必须与其他理论和方法结合起来进行综合分析。

第二，运用回归分析法研究适度储备水平时，可能会碰到多重共线性问题。由于影响适度储备量的因素很多，模型中包含的解释变量就会很多，而诸多解释变量之间并不是相互独立的，可能会存在某种相关关系。这就给模型的估计和检验带来了一定的困难，有时甚至难以把诸多相关变量对储备的影响分离开来。这也从一定程度上影响了回归分析法的使用。

（4）标志分析法。这是一种用事后指标来分析一国国际储备是否适度的方法。主张此种分析方法的西方经济学家认为，储备的充足与否，会直接影响某些关键的经济变量，或导致该国经济政策的改变。因此，通过考察一国某些关键性的经济变量（如利率、汇率、失业率等）和所实行的政策（如进出口关税、外汇差别、收入、汇率等），就可以得出该国储备是否适度的结论。一般认为，紧缩性需求管理、利率上升、汇率下降、进口限额和出口补贴等现象，是储备不充分的标志，反之，扩张性需求政策、汇率上升、利率下跌、进口自由化和控制资本内流的现象，是储备过剩的标志。

国际货币基金组织判断一国国际储备不足的客观标准是：一国持续实行高利率政策；加强对国际经济交易的限制；把增加储备作为首要经济目标；持续的汇率不稳定；新增储备主要来自信用安排。具体到发达国家与发展中国家，其储备不足时所采取的调节措施又有所不同，如发展中国家在国际储备不足时，通常会执行如下经济政策：通过出口退税、出口担保、外汇留成和复汇率制等手段鼓励出口；以各种贸易和非贸易壁垒限制进口；以外汇管制和延期支付等办法限制资本外流等。

（5）区间分析法。在对一国适度储备量的分析中，储备进口比例分析法、成本收益分析法和储备需求函数法都是抽象出影响一国储备的最主要因素，试图寻找一个确定的适度储备量。然而在实践中，由于种种原因，这些分析方法可能都会遇到诸多困难。首先，

177

影响一国适度储备量的因素很多，我们不可能把所有因素都考虑进去，当模型外的因素出现变化时一国适度储备量便会随之变化。即便是对已经引入模型中的因素，也并非一成不变，其变化也会对一国适度储备量产生影响。其次，在实际操作中，试图使一国储备持有量维持在一个确定的适度储备水平也很困难，易发生调整过度或调整不足的情况。最后，从供给角度看，在当今国际储备体系中，国际储备的多样化使得对国际储备的供给也会出现波动从而对适度储备量产生巨大影响。因此，无论是从理论上还是从实践上看，试图寻找一个适度国际储备量的目标区间便成为人们理想的选择。

所谓适度国际储备量的目标区间，是指以适度储量为中心，使一国储备持有额以较小幅度在适度储备水平左右波动。目标区间的上限是一国保险储备量，它既能满足经济增长的需要，而且又不会引起通货膨胀；目标区间的下限，是一国经常储备量，它以保证一国正常经济增长所必需的进口不因储备不足而受到影响为原则。只要一国储备持有额保持在这个目标区间范围内，就可以认为该国国际储备量是适度的。因此，区间分析法为各国金融当局更加灵活地管理国际储备提供了更多的可能性与现实性。

以上五种测算方法各有根据，但每种方法又都有其局限性，很难达到测算的准确性和科学性。因此，在确定一国最适国际储备水平的问题上，不能只选用一种方法，也不能只侧重于定量或定性分析方法，而是多种分析方法并用，只有这样，才能确定一个较为合理的储备水平。

（二）国际储备的结构管理

国际储备的结构管理，是指一国如何最佳地分布国际储备资产，使国际储备的四个组成部分以及每种资产内部的构成保持合理的比例关系。

20 世纪 70 年代以前，世界各国的外汇储备比较单一，主要以黄金和美元为主。因此，对国际储备的结构管理没有提出迫切的要求。但自 20 世纪 70 年代以来，国际货币制度发生了重大的变化：西方各国普遍实行了浮动汇率制，各种储备货币的汇率经常波动，汇率风险开始出现，储备货币从单一的美元转变为多种储备货币同时并存的局面。受储备货币发行国宏观经济状况及国际金融市场上借贷关系的影响，各储备货币的利率忽高忽低，储备货币发行国的物价也经常波动。此外，黄金的价格也开始频繁波动。以上这些因素的出现，对一国国际储备价值的稳定性与增值性造成了不利的影响。因此，一国必须根据各种储备资产的风险与收益情况，适时地调整本国国际储备资产的构成。

1. 国际储备结构管理的基本原则

国际储备资产的结构管理应遵循"三性"原则，即盈利性、安全性、流动性。所谓盈利性，指储备资产在保值的基础上尽可能地增值，或尽量降低持有储备的机会成本。根据这一原则，各国在确定储备资产的种类及投向时要全面研究不同投资方式的收益和风险，力求收益较大，风险较小的最佳储备资产组合。所谓安全性，指储备资产应存放可靠，避免因汇率、利率变动而造成损失。这就要求货币当局对储备货币存放国的有关情况进行全面了解。研究不同国家汇率、利率、物价的基本走势，适时进行资产的转换。所谓流动性，指储备资产能随时变现用于支付且不遭受损失的能力，如果一国储备资产的流动性较强，则该国能及时满足对外支付和清偿债务的需要，国际资信等级也会相应上升，因此，储备国应保有一份流动性很强的储备资产。

应该指出的是，储备资产结构管理的三原则之间往往是相互矛盾、相互制约的。一国要增强储备资产的安全性和流动性，就要影响其盈利水平，如活期存款的流动性较高，但其盈利性较小；中长期债券的安全性较高，但流动性较弱。而要增强收益，安全性和流动性就势必受到威胁，如硬通货安全性大，但盈利性却较小。

2. 合理国际储备结构的确定

在一国的国际储备中，普通提款权和特别提款权是由国际货币基金组织分配的，一国无权主动增减。这是因为，这两者与会员国在国际货币基金组织缴纳的份额有关，而会员国缴纳的份额又以该国的经济实力为基础，在该国经济实力无明显变化或国际货币基金组织未调整份额的情况下，该国持有的普通提款权和特别提款权就不会增减。而黄金储备和外汇储备则是一国货币当局能够自由掌握和支配的，在一国储备资产中所占的比重很高，达 90%以上。因此，国际储备的结构管理无非就是对黄金和外汇储备的管理，具体而言，包括对黄金储备与外汇储备的各自所占多大份额的管理、外汇储备的货币结构管理与外汇储备资产形式的结构管理三个方面。

(1) 黄金储备与外汇储备的份额管理。黄金作为一种价值实体，历来是各国储备资产中不可忽视的一部分。一方面，黄金的价值相对稳定，受物价变动的影响较小，且在通货膨胀的情况下有增值的可能性。另一方面，持有黄金也具有一定的安全性。世界局势越是动荡不安，持有黄金储备就越发安全。因此，持有适量的黄金储备是十分必要的。但是，1978 年国际货币基金组织宣布黄金非货币化后，由于黄金不能直接用于国际支付，其变现成本较高，流动性逐渐减弱，且持有黄金既不能获得利息收入，又需要支付较高的保管费。因此，许多国家对黄金储备的持有大多采取保守的态度，一般不再增加，倾向于维持原有储备水平。如我国的黄金储备从 1981 年到 2000 年 20 年间一直维持在 1267 万盎司的水平上。2001 年起我国的黄金储备有所增加，为 1608 万盎司，从 2002 年至 2008 年，我国的黄金储备一直维持在 1929 万盎司的水平，近几年黄金持有量有所增加。

与黄金储备相比，外汇储备的安全性较差。但是，由于外汇具有较高的流动性，可直接用于国际支付，各国还可根据本国的需要适时进行币种转换，干预外汇市场；此外，一国持有外汇储备资产还可为本国带来一定的收入。因此，外汇储备在国际储备中占据着最重要的地位，许多国家货币当局采取了增加外汇储备而减少或基本稳定黄金储备的政策。如 1990 年外汇储备在国际储备中所占的份额仅为 66.57%，2001 年已经上升到 85.25%。

(2) 外汇储备的货币结构管理。指选择何种货币作为本国的储备货币以及各种储备货币在外汇储备额中所占的比重。在储备货币的结构管理方面，一般应考虑如下几个因素：一是币值的稳定性，主要以该种货币的汇率及货币发行国的通货膨胀率来衡量，这就要求一国在确定储备货币的币种时，考察各储备货币发行国的经济、金融状况、国际收支状况，从而预测各储备货币汇率、利率的走势以及物价变动方向。二是该国对外贸易、债务币种等对外支付所需的货币种类，即如果一国的对外支付中大量地使用某一种货币，则该国必须经常性地、大量地保有这种储备货币。三是该国货币当局在干预外汇市场时所需的币种，一国在外汇储备的币种选择上应尽量持有较多的干预货币。四是各种储备货币的收益率。五是一国经济发展目标及经济政策的要求。

（3）外汇储备资产形式的结构管理。外汇储备资产结构是指各种形式的外汇在外汇储备中的比例。对外汇储备资产形式进行结构管理，实质是使各种储备资产的盈利性与流动性达到和谐统一。因此，要确定一个合理的外汇储备资产结构，必须权衡各种资产的流动性与盈利性，结合本国的实际情况加以确定。而由于国际储备的主要作用是应对突发事件以及弥补国际收支的逆差，因此，各国货币当局更重视外汇资产的流动性。按照流动性的强弱，一国外汇储备资产可分成三个档次进行管理。

一是一线储备，即流动性很高而盈利性较低的资产。包括现金、活期存款、外币商业票据，短期外国政府债券等。此种资产主要用于经常性或临时性的支付。尽管一级储备的盈利性较低，但为了保证一国的日常对外支付，各国必需安排一定数量的一级储备。

二是二线储备，指流动性低于一线储备，但盈利性高于一线储备的资产，如期限为 2~5 年的外国政府债券、定期存单、大额存单等。一国货币当局保有二线储备的目的是为了在必要时弥补一线储备不足，以增强该国的对外支付能力。

三是三线储备，指流动性低于二线储备，盈利性高于二线储备的资产，如各种长期有价证券。一国货币当局一般在一线储备和二线储备的规模确定后，才考虑将其余部分进行长期投资。

第三节　中国的国际储备

一、中国的国际储备：历史与现实

中华人民共和国从成立一直到 1979 年，对内实行高度集中的计划经济体制，奉行严格的外汇管制政策，所有外汇由中国人民银行集中管理，统一使用；与外部的经济交往十分有限，对外经贸关系发展缓慢，国际储备规模很小，因此，国际储备的管理并未受到重视。党的十一届三中全会以来，我国实行了对外开放政策，不断扩大了与外部世界的经济往来，我国对外贸易和利用外资的数额出现了前所未有的增长，国际储备在我国经济生活中的重要性日益凸显，国际储备管理也逐步成为我国宏观经济管理的一部分。1980 年，我国恢复了在国际货币基金组织和世界银行的合法席位，开始全面进入国际市场，同其他成员国一样，我国也享有在基金组织的普通提款权和特别提款权，因此，我国的国际储备也由黄金储备、外汇储备、普通提款权和和特别提款权四部分构成。

（1）从黄金储备来看。我国长期以来实行较稳定的黄金储备政策。从 1978 年到 1980 年三年间，我国的黄金储备均为 1280 万盎司。从 1981 年到 2000 年，黄金储备略有下降，一直维持在 1267 万盎司的水平上，到 2001 年和 2002 年，黄金储备又有所上升，分别为 1608 万盎司和 1929 万盎司，2009 年起，央行决定增持黄金，黄金储备有所增加。

从中华人民共和国成立后到 80 年代中期，由于我国实行的是高度的计划经济体制，因此，对黄金储备采取了"保管型"的管理方式，片面强调黄金实物的安全，忽视了黄金储备的营运。随着市场经济体制的建立，我国对黄金储备的管理逐步从保管型向经营型转变。目前，我国对黄金储备的运用主要有两种方式：一是在国际黄金市场上，通过现货、期货、期权等交易方式，获取一定储备营运收益；二是通过发行、经销各种金币，实现库存黄金的增值。今后，随着黄金管理体制的改革，黄金储备的管理水平还会得到逐步提高。

（2）从普通提款权和特别提款权来看。由于我国在国际货币基金组织的份额较低，普通提款权和特别提款权的数额十分有限，约为 10 亿美元（中国在 1998 年的特别提款权约为 4.80 亿）。同时，两者占我国国际储备的比重也很小，1995 年 6 月这一比重仅为 2.4%，随着我国外汇储备的逐年增加，这一比重还将会越来越小。

（3）从外汇储备来看。外汇储备是我国国际储备最重要的组成部分，中华人民共和国成立以来，外汇储备经历了从不规范到规范、增幅缓慢到迅速增长的过程。由于外汇储备在我国国际储备中的重要地位，本节接下来的内容将主要对我国的外汇储备进行分析。

二、中国的外汇储备

中华人民共和国成立以来一直到 1978 年，我国实行的是计划经济体制，对外经济交往很少，在外汇方面实行"量入为出，以收定支，收支平衡，略有结余"的方针，外汇储备量很少，年平均不到 5 亿美元。当时，也没有外债负担，相应地，外汇储备管理也显得不十分重要。

1979 年改革开放以来，随着对外交往的日益扩大，我国的外汇储备规模开始不断上升（见表 6-6），外汇储备由不规范逐步走向规范化。其中，从 1979 年到 1992 年，我国对外公布的外汇储备包括两个部分：一是国家外汇库存，即国家对外贸易和非贸易收支的历年差额的总和。二是中国银行外汇结存，即由中国银行的自有外汇资金，加上它在国外吸收的外汇存款与对外借款，减去它在国内外的外汇贷款与投资之后的余额。由此可知，国家外汇库存实际上是我国货币当局持有的对外债权，可以无条件地随时动用；而中国银行的外汇结存实际上是它的对外负债，国家不能无条件地动用，因此严格来讲，是不能算作国际储备的，如果将这部分资金作为外汇储备，将会夸大我国国际储备的真实规模。因此，为了与国际公认的外汇储备概念及统计方法相一致，从 1992 年 10 月起，我国正式决定将国家外汇库存作为外汇储备的唯一组成部分。至此，我国对外公布的外汇储备不再包括中国银行的外汇结存部分。

表 6-6　　　　　　　　　　　　**我国的黄金与外汇储备**

年份	黄金储备（万盎司）	国家外汇（亿美元）	年份	黄金储备（万盎司）	国家外汇（亿美元）
1980	1280	-12.96	1986	1267	20.72
1981	1267	27.08	1987	1267	29.23
1982	1267	69.86	1988	1267	33.72
1983	1267	89.01	1989	1267	55.50
1984	1267	82.20	1990	1267	110.93
1985	1267	26.44	1991	1267	217.12

续表

年份	黄金储备（万盎司）	国家外汇（亿美元）	年份	黄金储备（万盎司）	国家外汇（亿美元）
1992	1267	194.43	2004	1929	6099.32
1993	1267	211.99	2005	1929	8188.72
1994	1267	516.20	2006	1929	10663.44
1995	1267	735.97	2007	1929	15282.49
1996	1267	1050.29	2008	1929	19460.30
1997	1267	1398.90	2009	3389	23991.52
1998	1267	1449.60	2010	3718	28473.38
1999	1267	1546.75	2011	3718	31811.48
2000	1267	1655.74	2012	3718	33115.89
2001	1608	2121.65	2013	3718	38213.15
2002	1929	2864.07	2014	3389	38430.18
2003	1929	4032.51	2015	5666	33303.62

注：①中国人民银行2001年12月和2002年12月对黄金储备数据进行了调整；②1993年以后的数字均不包括中国银行的外汇营业结存部分。

资料来源：参见《中国金融年鉴》，中国人民银行网站：http://www.pbc.gov.cn。

外汇储备的快速增长对我国经济产生了巨大的影响。首先，我国庞大的外汇储备规模增强了我国的综合国力，提高了我国应对世界经济的适应能力，有利于防范外部金融风险和政治风险，1997年亚洲金融危机充分证明了这一点。其次，持有充足的外汇储备也是我国经济走向更发达阶段的一个重要推动力，对于我国经济结构的调整、深化改革、提升技术等有着重要意义。最后，有利于人民币最终实现完全可自由兑换，使中国经济全方位地融入世界经济。

三、中国外汇储备的管理

一国外汇储备并非越多越好，但也不能过少。储备过低，会降低本国在国际金融市场上的资信，弱化本国政府对外汇市场的干预能力，同时，也不能满足进口、偿还外债等方面的需要。而储备过多，也会带来一定的负面效应，如被迫增加本币的投放，影响本国物价稳定和经济发展；使本币面临升值的压力，影响本国商品的出口；失去国际货币基金组织的优惠贷款等。根据国际货币基金组织的有关规定，成员国发生外汇收支逆差时，可以从"信托基金"中提取相当于本国所缴纳份额的低息贷款，如果成员国在生产、贸易方面发生结构性问题需要调整时，还可以获取相当于本国份额的160%的中长期贷款，利率也较优惠。相反，外汇储备充足的国家不但不能享受这些优惠低息贷款，还必须在必要时对国际收支发生困难的国家提供帮助。因此，我国外汇储备水平应该维持在适度的水平上。

在确定我国外汇储备的适度规模上，一般认为应考虑如下几个因素：

1. 对外贸易状况

从出口来看，我国出口产品中劳动密集型产品所占比重偏高，应对国际市场价格波动能力较低；从进口来看，由于我国许多商品和劳务的价格水平都高于国际市场水平，加入WTO后，随着关税的逐渐降低，进口需求会不断扩大。我国进出口贸易的情况决定了经常账户差额的不稳定性增加，从这个角度看，我国应持有较多的外汇储备。

2. 融资能力

改革开放以来，我国的国际政治、经济地位不断提高。根据国际权威机构的评判标准，我国的资信等级较高，在国际金融市场上有较强的融资能力，利用外资规模逐年提高。而一国融资能力的大小又是与该国的外汇储备规模密切相关的，因此，要保证较强的融资能力，我国必须持有较为充足的外汇储备。

3. 汇率制度及调节手段

我国目前实行的是以市场供求为基础的、单一的、有管理的浮动汇率制度。在这种制度下，我国金融当局必须持有足够的外汇储备，在必要时对外汇市场进行干预，因此，现阶段我国的外汇储备水平不宜过低。当然，随着汇率制度和外汇管理体制的改革，人民币实现完全可自由兑换后，汇率对国际收支的调节作用将会更加突出，从长远来看，我国外汇储备水平将会降低。

4. 对外债务状况

一国的债务总量越大，要求该国持有的外汇储备越多，尤其是短期债务，由于其偿还期限较短，因此，更需要充足的外汇储备保证。从我国目前的情况来看，我国的外汇储备规模已相当于短期债务的15倍，从这个指标来看，我国的外汇储备十分充裕（我国的外债余额情况见表6-7）。

表6-7　　　　　　　　　　**1985—2015年中国外债情况**　　　　　　　单位：10亿美元

年度	1985	1986	1987	1988	1989	1990	1991	1992	1993
外债余额	15.83	21.48	30.20	40.00	41.30	52.55	60.56	69.32	83.57
年度	1994	1995	1996	1997	1998	1999	2000	2001	2002
外债余额	92.81	106.59	116.28	130.96	146.04	151.83	145.73	203.30	202.63
年度	2003	2004	2005	2006	2007	2008	2009	2010	2011
外债余额	219.36	262.99	296.54	338.59	389.22	390.16	428.65	548.94	695.00
年度	2012	2013	2014	2015					
外债余额	736.99	863.17	895.46	1416.2					

注：2015年中国按照国际货币基金组织的数据公布特殊标准（SDDS）调整了外债统计口径并对外公布全口径外债数据，将人民币外债也纳入统计数。

资料来源：国家外汇管理局网站，http://www.safe.gov.cn。

确定我国适度的外汇储备水平除考虑以上定性的因素外，还应借鉴国际上惯用的定量分析方法，如储备进口比例法等，只有这样，才能科学地确定我国的外汇储备水平，实现外汇资源的优化配置。

四、中国外汇储备水平与数量的讨论

2014 年 7 月，中国的外汇储备逼近 4 万亿美元，继续保持全球第一的领先地位，约占世界外汇总储备的 1/3，是排名第二的日本的 3 倍。按照传统的比例分析法，一国外汇储备规模应不低于 3~6 个月的出口、100%的短期外债或 10%的 GDP，中国外汇储备的适度规模不应超过 1.2 万亿美元。一些学者据此得出结论，中国外汇储备已经大幅过量了。但也有学者指出，传统指标只考虑进口支付和外债偿付等基本需求，忽略了货币和金融危机等非常时期可能发生的"黑天鹅"事件，往往趋向低估潜在的资本外逃风险。从历史上货币危机的样本看，危机国家外汇储备的流失规模与这些传统指标并不吻合，典型案例如 2008 年韩国的情况。

国际货币基金组织对中国外汇储备是否适度也进行了分析，认为中国的外汇储备只略高于适度水平。国际货币基金组织在 2011 年发布的实证性研究《衡量外汇储备适度性》中提出，对于实行汇率管理的国家，外汇储备的适度规模应为 10%的进口、30%的短期外债、15%的证券投资和 10%的广义货币（M2）总和的 100%~150%。这一指标的含义类似于银行资本充足率，IMF 根据历史上货币或金融危机国家的经验，对各种外汇流出渠道给出一定风险权重，计算风险加权后的外汇资金潜在流出规模。这一指标目前被运用于IMF 对成员国外部账户稳定性的分析框架中。按照 IMF 适度性指标，中国 2011 年外汇储备适度规模范围应为 2.2 万亿~3.3 万亿美元，3.5 万亿美元的规模只略高于适度规模上限。

事实上，对中国外汇储备数量多寡的讨论始于 20 世纪 90 年代末期。目前形成了三派观点：外汇储备过量论、外汇储备适度论和外汇储备不足论。其中多数学者认为中国的外汇储备过于富足，少数学者认为外汇储备不仅没有达到过量的程度，从汇率安全及国家安全的角度来看，我国的外汇储备在某些年份反而不足。为了防止局部战争对我国带来的冲击以及保证足够的国际清偿力，反而要适时增加国际储备。

在外汇储备的结构上，一般认为要考虑两个方面：一是储备币种的选择及其所占的比例；二是外汇储备资产形成的选择。一般而言，在储备货币的选择上，应考虑如下因素：

1. 贸易结构

我国是一个国际贸易大国，加入 WTO 后，国际贸易的比重还会逐步提高。因此，为了保证一定的对外支付能力，我国的外汇储备在币种的选择上应考虑进出口的来源、去向、数量及贸易双方的支付习惯等因素。根据这一原则，我国目前首选的储备币种应是美元、欧元、日元、英镑等主要储备货币。

2. 外债结构

为了确保外债的及时还本付息以及尽量降低因币种转换所带来的交易成本和风险，我国在外汇储备币种的组合上还必须考虑外债的币种结构。从实际情况来看，我国外债所涉及的币种主要是美元、日元、英镑、欧元等，其中美元和日元所占的比重最大，因此，在外汇储备中应尽量多持有这两种货币。

3. 汇率制度

前已指出，我国目前的汇率制度是钉住一揽子货币的汇率制度。中国人民银行制定人民币汇率所参照的一揽子货币中，美元占有极大的比重，这必然要求我国在外汇储备中持有较多的美元。

4. 储备货币的风险与收益

外汇储备的安全性、流动性、盈利性这一储备管理的国际通则，也是我国管理和运用外汇储备资产的主要依据。因此，应根据国际市场上汇率、利率以及储备货币发行国的物价变动情况，适时地调整外汇储备的币种结构，分散风险，兼顾收益性和流动性。

外汇储备按货币结构进行分布或调整后，还面临着外汇储备资产形式的选择问题，包括外汇储备中各种虚拟资产各占多少比重，以及如何将外汇储备服务于实体经济。关于这一问题，一般认为应将安全性放在第一位，适当兼顾流动性和盈利性。目前，我国外汇资产的形式主要以美国国债为主，我国持有美国国债的数量占外汇储备的35%，是继日本之后，持有美国国债的第二大国。之所以如此，是因为购买美国国债的安全性较高，并且由于美国国债市场规模庞大，国债品种齐全，使得债券的变现能力也极强，此外，还与我国经营外汇储备的水平较低有关，在保证安全性的同时，兼顾盈利性和流动性是我国外汇储备管理面临的一个重要课题。

【案例 6-1】

林毅夫：人民币或将跻身三大储备货币

北京大学国家发展研究院教授、名誉院长林毅夫在博鳌亚洲论坛2014年年会的博鳌对话中表示，到2020—2030年国际上可能有三个主要的储备货币，第一个是美元，继续维持国际储备货币地位，第二个是欧元，第三个可能是人民币。

在回答"有观点认为人民币已经取代了美元在东亚地区成为最主要的货币，您对此怎么评价"这一问题时，林毅夫表示，人民币作为国际储备货币或者贸易结算货币确实已经开始，中国是全世界最大贸易国，目前中国的外贸出口当中有大约25%以人民币计价，这反映了前面讲的情形，但是取代美元，这个差距还非常大。

林毅夫认为，美元还是国际上主要贸易结算货币，占60%~70%，中国从整个国际上来讲占比不到5%。他表示，相信中国还有维持7%~8%的增长10~20年的潜力，因此大家对人民币的信心是会提高的，也就是说现在已经有很多国家的中央银行开始以人民币作为它们的储备，这个趋势在加强。

但林毅夫也表达了他的担忧，"如果人民币变成储备货币，甚至有一天取代美元作为国际主要储备货币，这是不是对中国是最好的以及对世界是最好的结果？我认为不尽然"。

林毅夫分析了两个原因。第一，一个国家主权货币作为国际储备货币，其本国的利益跟全球利益之间的矛盾冲突是潜在的，而且作为一个主要储备货币，对这个国家货币政策基本上没有什么约束，任何没有约束的安排可能都不是最好的安排。这是长期潜在的问题。第二，就是即使 2030 年人民币变成国际主要储备货币之一，到时整个国际储备货币状况很可能比现在更不稳定。既然比现在更不稳定，那时候去做国际主要储备货币，资本账户要完全开放，资金可以完全自由流动，就会经常出现国际炒家炒作的问题，大量流动资金流进国内，就会造成房地产泡沫、股市泡沫，货币急剧升值，出口受到影响。

林毅夫指出，其实作为国际储备货币固然非常光荣，但是经济上要付出相当大的代价。所以不管从短期还是长期来看，要开始去思考更好的替代方案。

林毅夫表示，这样的体系比较稳定。"国际上有一个通行说法，如果有几个主要的储备货币同时存在，相互竞争会导致比较稳定。以国家货币作为储备货币最主要的问题就是国家利益和全球利益矛盾。如果几个储备货币之间有竞争性的话，任何货币要维持国际储备货币地位，自己就必须约束。如果不约束，比如说货币超发太多，大家预期它会贬值，就会逃离、抛售，也就失掉作为储备货币的地位。"

资料来源：袁蓉君，牛娟娟，林毅夫．人民币或将跻身三大储备货币［N］．金融时报，2014-04-10（005）．

【案例 6-2】

我国外汇储备再创历史新高　合理有效运用是关键

国家外汇管理局 6 月 19 日公布的 2014 年第一季度中国国际收支平衡表显示，中国一季度国际储备资产增加 1255 亿美元，外汇储备资产增加 1258 亿美元。截至一季度末，外汇储备总额增至 3.94 万亿美元，居世界第一，占全球外储总量的 1/3，创下历史新高。

对此，中国经济时报采访了上海财经大学现代金融研究中心的奚君羊和中国对外经贸大学金融学院的高洁两位专家。他们认为，一季度外汇储备创下新高，主要原因在于巨额的国际贸易顺差以及来自外国的直接投资净流入的大幅增加。同时，人民币升值导致的投机性"热钱"流入也可能起到"推波助澜"的作用。专家强调，当前重点在于根据实际状况来调整政策，保持统筹安排观念，合理、高效地使用我国所持有的外汇储备。

外汇储备创新高，巨额国际贸易顺差或为主因

高洁指出，一季度外汇储备创下新高，主要原因在于巨额的国际贸易顺差以及来自外国的直接投资净流入的大幅增加。她指出，国际收支平衡表可以反映国家宏观经济的状况，从目前数据来看，我国经常项目顺差 70 亿美元，其中贡献最大的仍然是货物贸易，顺差达到 404 亿美元。其次是收益顺差达 33 亿美元，而服务贸易和经常转移则出现逆差。资本与金融项目顺差 5749 亿元人民币，直接投资净流入 537 亿美元，证券投资净流入 223 亿美元，其他投资净流入 178 亿美元。

奚君羊认为，从数字来看，造成高外汇储备的原因，除以上提到的外汇收支存在较大的顺差，即巨额的出口成为外汇收入的主要来源，以及资本项目大顺差，即有大量的外商直接投资以外，还有一些未在我国较完整统计口径中流入的外汇也有所增

加，也就是说，从进出口、资本项目的投资流入以及统计外的外汇收入来看，都处于顺差的状态下。奚君羊还指出，人民币升值导致的投机性"热钱"流入也可能起到"推波助澜"的作用。"但从一季度的状况来看，虽然有'热钱'流入，也仍然存在一定的程度上的流出，这种流入和流出是可以相互抵消的，并不占据主导作用。"奚君羊表示，当前我国的外汇储备主要是被动增加的，主要原因在于央行为了避免人民币的不断升值，需要通过在外汇市场大量购入外汇的方式来影响汇率。他认为，保持大量外汇储备存在一定的必要性和积极影响。首先，大量的外汇储备为央行的货币宽松政策提供了条件，央行通过在外汇市场上购买外汇对应人民币的投放。目前来看，适度放宽货币政策对应的是中央目前提出的"微刺激"的政策导向，从这个角度来说，对于宏观经济能够起到一定的促进作用。其次，保持比较大规模的外汇储备可以起到防止汇率过快升值、抵御金融危机冲击等关键作用。

外汇储备过快增长应节制

从 2009 年 4 月首次突破 2 万亿美元关口，到 2011 年 3 月突破 3 万亿美元，再到如今接近 4 万亿美元大关。5 年内，中国外汇储备已翻了将近一番。然而，这个数字并非越多越好，国务院总理李克强今年 5 月在非洲访问时曾表示，"中国巨额的外汇储备实际上是国家的一个沉重负担"。

对此，高洁介绍，外汇储备过快增长一般来看最直接的影响就是引起外汇账款的增加。外汇账款作为货币供应与增长很重要的来源之一，自然造成基础货币的增加，也就是导致我国货币发行量增大，从而增大通货膨胀的危险。其次，将外汇作为储备持有，自然减少了将外汇用于其他方面的投资，机会成本会增加，"如果用于其他方面投资的话可能会得到更高的收益，但外汇储备需要在保证其安全性和流动性的基础上考虑回报的问题，投资理念和运作相对而言更为保守"。

奚君羊也强调，过高的外汇储备也会造成国际收支失衡，并带来较大的汇率风险。同时，外汇储备的大量增加造成资源的浪费，即由我国大量创造出的产品通过出口交换来的货币被闲置，不能投入实体经济，无法为我国经济的发展与财富的增加提供资金上的支持，"中国只有投资国债、政府机构债这一条路，保本但是利息很低，在人民币相对于其他货币出现整体升值的情形下，不仅存在决策风险，也无法消除人民币升值引起的外汇储备资产损失，在很大程度上也是我国某种经济利益的放弃"。

奚君羊认为，从我国情况来看，外汇储备达到了接近 4 万亿美元，粗略估算，其占我国 GDP 的比例已达到 41%，无疑是偏多的。他指出，当前我国应解决的主要问题在于防止外汇储备继续过快增长，而解决这一问题的关键在于解决外汇收支平衡的问题。

对此，奚君羊表示，首先，在一定程度上鼓励外汇的对外支付，使得现有的外汇有"出去"的途径和渠道，如适当扩大进口，对于一些国内需要的、对国内企业不产生严重竞争性不利影响的产品进行梳理，并适度放宽相应制度，从而使得一部分外汇收入通过进口得到抵消和平衡。其次，要逐步、有序放开资本流出，目前我国资本流出渠道较少，制度性限制相对严格，例如目前对于个人购买外汇还限制得很严格，每人额度仅有 5 万美元，可以适度继续放宽等，通过这些途径使得外汇收入得到消化。

合理利用外汇储备是关键

高洁指出，我国 2005 年以来在推动外汇管理体制改革方面的措施已有很多，如将个人可持有的外汇兑换额度提高到了 5 万美元；允许国内企业在进行对外投资时设立境外账户；扩大人民币汇率波幅，即今年 3 月 17 日起，中国银行间即期外汇市场人民币兑美元交易价浮动幅度由 1% 扩大至 2% 等举措，实际上都是在完善人民币汇率形成机制，实现投资便利化、价格市场化，防范游资及"热钱"套利所造成的风险。就目前汇率的波动幅度来看，这些措施产生了一定的影响，但成效并不显著。

高洁表示，从国际收支平衡表可以看出，直接投资流入仍然是最主要的影响因素，说明目前全球对中国经济相对来说普遍看好。她指出，中国目前的外汇储备增长主要是被动增长，受到外部客观环境的影响，单方面靠我国来改变很难。当前重点在于根据实际状况来调整政策，保持统筹安排观念，合理有效且高效率地使用我国所持有的外汇储备。

奚君羊认为，下一阶段，中国应提高外资的投资水平以及利用效率，充分发挥外汇促进中国实体经济发展的作用。他强调，外汇储备是全体公民的资产，在注重安全性和管理规范的基础之上，应实施还汇于民的举措，在战略上放开管制，把更多外汇储备资产配置在民间，投入市场，如投入部分外汇储备来弥补社保、医保、教育亏空和欠账等。

奚君羊建议，应当设立相对独立的、非政府部门的商业性运作机构来管理引入的外汇资金。他提出，应将现有外汇储备适当地分一部分用于收益性相对较高的境外投资，使得外汇的收益增加，但是这种操作不应该由人民银行外管局来执行。"外管局作为一个宏观管理机构，其主要职责在于宏观经济管理，稳定经济，在承担风险的条件下获得收益，商业性的追求盈利，与央行的职能相冲突和矛盾，应该由专门的商业性的机构负责外汇在境外的运作。"

同时，奚君羊还强调，外汇资金的运作要在货币机构下有完整的考虑，不应当过度集中。他表示，目前来看我国美元储备占绝大部分，应适当分散，逐步摆脱以美元为主的汇率形成机制，潜在地解决人民币汇率问题。他指出，当前美元主导的国际货币体系加剧了世界经济的不平衡性，给世界经济金融运行带来了一定风险，多元储备货币共存有助于稳定汇率，防止在金融危机期间出现外汇市场的混乱，更好地促进我国与全球的金融稳定。

资料来源：赵月若雪. 我国外汇储备再创历史新高　合理有效运用是关键 [N]. 中国经济时报，2014-06-23（002）.

【案例 6-3】

人民币成为国际货币基金组织特别提款权篮子货币

新加坡联合早报网 2015 年 12 月 2 日报道称，如市场预期，12 月 1 日凌晨举行的国际货币基金组织执行董事会议，一致投票通过人民币加入特别提款权货币篮子，并以 10.92% 的权重超越日元和英镑，连同美元、欧元，组成新篮子五种货币中的一员。

人民币"入篮"将于2016年10月1日起生效。不过这个令中国官民激动的利好消息，1日未能扭转在岸和离岸人民币的贬值走势，在岸人民币截至收盘贬值5个基点至6.3986，仍处于近3个月较低位；沪深两市仅微幅上扬0.32%和0.36%。

瑞银、澳新、汇丰、美银美联等分析报告一致强调，中国应视此次"入篮"为继续资本项目开放和深化金改的新起点，并预计短期内不会出现购买人民币的急需，但人民币资产的长期增持需求将加大，预计2016年人民币对美元会累计贬值5%。

特别提款权（简称SDR）是国际货币基金组织（IMF）在1969年创设的一种记账单位，是按照成员国份额分配给会员国的一种可提取货币篮子中货币的权利，而非实质性结算。

代表着188个成员的IMF执行董事会，每五年评估货币篮子的组成。中国在2010年因不符合相关条件而被挡在篮外，过去几年尤其是过去数月，中国央行对入篮所需符合的"自由使用"做了诸多努力，包括放开存贷款利率、对外国央行等机构开放国内债券市场、在银行间外汇市场开展包括人民币对新元等外币的直接交易、8月份汇改缩小在岸和离岸人民币汇率等。

IMF官网1日引述该机构总裁拉加德在会上的总结发言表示，执董会的决定对中国融入全球金融系统是"重要的里程碑"，中国持续深化金融改革不仅为国际金融体系注入了更多活力，也将支撑中国和全球经济稳健发展。

中国央行随即在官网上发表文告欢迎此项决定，认为此举肯定了中国经济发展和改革开放的成果。

中国人民银行副行长易纲稍后向媒体表示，人民币加入SDR不是一劳永逸，外界"大可不必担心"人民币会贬值，承诺中国将继续完善汇率机制、推进金融改革。

金管局：将在本区域打造蓬勃发展人民币生态系统

新加坡金融管理局认为，人民币纳入SDR货币篮子，是国际货币系统一个重大和积极的发展，反映了人民币作为贸易和投资结算货币的用途日益扩大。

金管局发言人回答媒体询问时说："金管局与中国人民银行已有密切合作，推广人民币在新加坡和东南亚地区的使用。接下来，我们希望进一步加强合作，在本区域打造一个既富弹性又蓬勃发展的人民币生态系统。"

瑞银首席经济学者汪涛1日接受媒体电话联访时说，IMF需要给成员国央行充裕的时间做好技术和实际操作的准备，决定如何进行人民币资产配置。

要达到日元全球储备位置人民币资产需求得大幅增加

汪涛引述IMF的调查说，现在有38个国家的央行在其储备中持有人民币资产，约占总储备的1%，如果未来5年要增加到5%，达到日元和英镑目前在全球储备中的位置，就相当于需增加约4500亿美元的人民币资产需求。但他国央行最终"胃口"有多大，还取决于中国人民币债券的流通性、人民币汇率和利率对冲工具选择性、资本外流等多重因素而定，也要视中国今后放宽境外央行和机构投资国债或准国债限制的力度等。

资料来源：人民币成为国际货币基金组织特别提款权货币［EB/OL］.［2015-12-02］，http：//news.xinhuanet.com.

【复习思考题】

一、基本概念

国际储备　　国际清偿力　　特别提款权　　国际储备管理　　黄金储备　　外汇储备　　储备头寸　　SDRs　　国际储备体系　　国际储备结构管理　　国际储备水平管理

二、问答题

1. 国际储备具有哪些特点？简述国际储备与国际清偿力的关系。

2. 简述国际储备的构成和作用。

3. 多元化国际储备体系具有哪些优点和缺点？

4. 当代国际储备呈现出什么特征？

5. 确定适度国际储备规模的方法有哪些？

6. 中国的国际储备具有哪些特点？

【主要参考文献和阅读书目】

1. 孙睦优等著：《国际金融》，清华大学出版社 2012 年版。

2. 徐立新等著：《国际金融》，北京大学出版社 2012 年版。

3. 刘园著：《国际金融学》，机械工业出版社 2012 年版。

4. 王晓光著：《国际金融》，清华大学出版社 2013 年版。

5. 克鲁格曼等著：《国际金融》（第 10 版），中国人民大学出版社 2016 年版。

6. 普利格等著：《各国如何管理储备资产》，中国金融出版社 2010 年版。

7. 甘道尔夫著：《国际金融与开放经济的宏观经济学》，上海财经大学出版社 2006 年版。

8. 麦金农著：《失宠的美元本位制：从布雷顿森林体系到中国崛起》，中国金融出版社 2013 年版。

第七章　国际金融市场

随着世界经济一体化和经济全球化发展，国际金融市场在第二次世界大战后得到快速发展，特别是 20 世纪 80 年代以来，一些新型的离岸金融中心在全球各地应运而生。第二次世界大战后的国际金融市场发展的一个重要成果是欧洲货币市场的发展。与国际金融市场的蓬勃发展与金融交易规模持续增长相伴随的国际金融创新，在 20 世纪 80 年代之后，成为推动这一市场进一步扩张的重要因素。

第一节　国际金融市场概述

一、国际金融市场的概念

国际金融市场是不同国家居民之间相互融通资金和进行金融交易的组织结构、交易设施和制度规则的总和。国际金融市场是相对于只限于本国居民参与的国内金融市场而言的。如果资金的借贷关系仅发生在一国居民之间，我们称之为国内金融市场；一旦这种借贷关系超越了国界，发生在居民与非居民之间，就形成了国际金融市场。因此，国际金融市场是国内金融市场的延伸和扩展，是居民和非居民之间，或者非居民与非居民之间进行资金借贷等活动的场所。

二、国际金融市场的形成与发展

（一）国际金融市场形成与发展的原因

随着国际贸易的发展、资本的输出和生产的国际化，国际金融市场逐渐形成和发展起来。国内纸币的国际化、通信技术手段的日益现代化以及有关国家的政策法令又对它的进一步发展起到了巨大的推动作用。

1. 国际金融市场发展的根本原因

从根本上说，国际金融市场是随着国际贸易的发展、世界市场的形成和国际借贷关系的扩大而逐渐产生的。资本主义进入垄断阶段后，生产的国际化趋势加强，商品输出扩大，资本输出也随之迅速增加。国际贸易的发展要求银行提供相应的国际贸易资金融通和有关的中介业务；资金输出和生产的国际化则要求银行和其他金融机构提供全面的金融服务，以银行为媒介的金融活动使得各国国内金融市场相互联系、相互渗透，从而使国际金融市场空前发展起来。

从历史的角度来看，第一次世界大战前，英国空前发展的国内经济与国际贸易、比较稳定的政治制度和发达的银行体系，使英镑成为当时世界主要的国际结算和储备货币，伦敦成为当时世界上重要的国际金融市场。由于战争的破坏和1929—1933年的世界经济大危机，国际金融业务曾经几乎陷于停顿，伦敦国际金融市场的地位也大大削弱。20世纪50年代初，西方主要国家经济逐渐恢复，国际贸易也相应扩大，特别是跨国公司和跨国银行的建立，推动了国际金融市场的恢复和发展。美国此时主导了世界工业生产和商品出口市场。第二次世界大战后，美国持有世界70%的黄金储备，成为西方世界最大的资金供应者，纽约国际金融市场应运而生。20世纪70年代以后，亚太地区的国际金融业有了很大的发展，特别是后发国日本，随着其经济的突飞猛进，国内资金十分充裕，20世纪80年代中期，日元国际化和日本金融自由化后，资金流动更加活跃，东京一跃成为继伦敦、纽约之后的世界第三大国际金融市场。

2. 国际金融市场发展的推动因素

国际金融活动直接源于国内贸易，是国内金融活动的延伸，但国际金融活动也有其相对独立性，国家纸币作用的国际化、通信技术的现代化也是国际金融市场发展的重要推动力量。

货币经营是国际金融业务的主要内容。借款、贷款、外币买卖、国际结算等活动无一不涉及货币。第二次世界大战后的布雷顿森林体系规定了美元的国际作用，美元等同于黄金，以致最后取代黄金发挥了世界货币的职能，促进了经营业务的国际金融市场的发展。第一，纸币提供了充足的世界货币的来源；第二，纸币流通加速了各国经济的货币化，从而为世界经济的货币化和国际金融市场的发展准备了前提；第三，纸币便利了资金的国际移动，使国际结算、国际借贷的成本下降；第四，纸币的使用为电子划拨、电子转账、电子取款等现代手段的采用提供了条件；第五，多种货币的使用活跃了外汇市场，从而促进了整个国际金融市场的发展。

通信技术的进步使得电讯成本剧减而覆盖范围迅速扩大，消除了国内金融市场与国外金融市场地理空间上的间隔限制，创造出一个真正全球性的金融市场。在全球性的金融市场上，资金供给者和需求者通过直接或间接的渠道，能够十分便捷地相互满足对方的需求，全球性市场上交易的广度和深度都大大增加，从而鼓励金融机构通过创新新的金融工具来进一步扩张市场。

3. 国际金融市场发展的政策性因素

一国政府的有关政策措施在国际金融市场的发展中也起到了重要作用。鼓励性的措施能推动国内金融市场的国际化，而限制性措施则具有外部效用性，金融市场参与者的规避活动可能创造出一类新型的市场。20世纪60年代，美国国际收支出现巨额逆差，黄金外流，美元的国际信用开始动摇，美国资金外逃严重。为此，美国政府被迫采取了一些限制性措施，导致大量美元为逃避管制而流向境外金融市场。与此同时，西欧、中东、加勒比地区的一些国家和地区、我国香港地区、新加坡等地又纷纷以优惠政策，吸引境外货币来本地进行交易，从而在这些国家和地区形成了从事境外货币交易的中心，这种境外的货币市场又称离岸金融市场。离岸金融市场的出现，突出表现为信贷交易的国际化，破除了金融中心必须是国内资本供应者的传统，走出了国际金融市场形成的传统的历史模式，为国际金融中心的分散创造了有利的前提条件。因此，20世纪70年代以后，国际金融市场不再局限于少数传统的国际金融中心，而迅速广泛地分散到世界其他地区，如巴林、巴哈马、开曼群岛等地都成为重要的离岸金融中心。

（二）国际金融市场的形成的基本条件

从国际金融市场尤其是新兴的国际金融市场的产生和发展来看，国际金融市场的产生和发展都需要一些基本条件：

（1）政局稳定。一国或地区的政局稳定，是国际金融市场得以在此落地的基本前提，这为保证外来资金的安全与交易的拓展提供了基本保证。

（2）发达的商品经济和完善的金融制度与金融机构。国际商品交易的发展推动着金融交易的发展，只有在一定规模的国际贸易得到大发展的前提下，才会产生对相关国际货币交易、融资与存贷业务的需求。因此，在伦敦等传统的国际金融中心形成过程中，正是由于以英国为中心的国际贸易基本格局的形成，伦敦才逐步发展成为国际金融中心，英镑也才能成为国际贸易的媒介货币与国际金融交易的中心货币。与此同时，国际金融交易的发展，需要这一地区具有相对完善与现代化的金融制度和发达的金融机构做支撑，现代化的金融基础设施与完善的金融制度，为从事国际金融交易的投资者提供了便捷的金融服务。

（3）实行自由外汇制度。更加宽松的外汇管理制度是保证国际资金自由进出与公平交易的前提，如果国际资金的流出入受到限制，在严格的外汇管制下，出于投资者对资金安全与交易规则透明度的风险考虑，国际资金就会选择其他实施更为宽松的外汇管制的金融中心，以规避风险。

（4）实行比较灵活的和有利于市场发育的财政税收措施。从某种意义上说，国际金融中心的形成也是各个金融市场所在地政府相关政策博弈的结果。实施对国际资金管理的优惠政策，并通过政府大力完善相关的金融制度与交易基础设施，无疑对吸引国际金融市场资金具有重要作用。20世纪70年代的亚洲美元市场的形成，正是新加坡政府积极的扶持政策与优惠措施实施的结果，新加坡政府大力鼓励国际资本在新加坡境内投资与交易，并成功促进了新加坡亚洲美元市场的最终形成。

（5）优越的地理位置、现代化的交通手段、通信手段以及其他相配套的服务设施。只有完善的现代化的通信设施才能保证准确、及时、迅速的国际信息流通，辅以现代化的交通设施和良好的地理位置，容易吸引更多的金融业务参与者并提高效率。

（6）具有一支既懂国际金融理论，又有国际金融实际经验的专业队伍，这是向市场参与者提供优质、高效服务的软件保障。

三、国际金融市场的分类

随着国际经济关系的不断发展，国际金融活动进一步扩大，国际金融市场也在不断演变，并出现了不同类型。这些不同类型的国际金融市场可以从各种角度加以划分。

根据性质的不同，国际金融市场可分为传统金融市场和离岸金融市场。传统的国际金融市场是指从事市场所在国货币的国际信贷和国际证券业务，并接受市场所在国政府管辖的金融市场。这种类型的国际金融市场一般是历史上逐渐形成的，经历了区域金融市场→全国金融市场→国际金融市场的发展阶段，如伦敦、纽约、巴黎、法兰克福、东京等。离岸金融市场（Offshore Financial Market），也称境外金融市场，即专门为非居民之间的资金融通提供各种便利的市场。离岸金融市场有三个特征：（1）业务活动很少受法规的管制，手续简便，低税或免税，效率较高；（2）离岸金融市场借贷货币是境外货币，借款人可以自由挑选货币种类，该市场上的借贷关系是外国放款人与外国借款人的关系，这种借贷关系几乎涉及世界上所有国家；（3）离岸金融市场利率一般来说，其存款利率略高于国内金融市场，利差很小，更富有吸引力和竞争性。

按资金融通期限的长短划分，可分为国际货币市场与国际资本市场。国际货币市场是指资金借贷期在 1 年以内（含 1 年）的交易市场，或称短期资金市场。国际资本市场是指资金借贷期在 1 年以上的中长期信贷或证券发行市场，或称长期资金市场。

按经营业务的种类划分，可分为国际资金市场、国际外汇市场、国际证券市场和国际黄金市场。国际资金市场是狭义上的国际金融市场，即国际资金借贷市场，按照借贷期限长短又可划分为短期信贷市场和长期信贷市场。国际外汇市场是指由各类外汇提供者和需求者组成的，进行外汇买卖、外汇资金调拨、外汇资金清算等活动的场所。主要业务包括外汇的即期交易、远期交易、期货交易和期权交易。伦敦是世界最大的外汇交易中心，世界上比较重要的外汇交易市场还包括纽约、苏黎世、法兰克福、东京和新加坡。国际证券市场是股票、公司债券和政府债券等有价证券发行和交易的市场，是长期资本投资人和需求者之间的有效中介，是金融市场的重要组成部分。国际黄金市场指专门从事黄金交易买卖的市场。

按金融资产交割的方式不同，可分为现货市场、期货市场和期权市场。现货市场是指现货交易活动及场所的总和。期货市场的主要交易类型有外国货币期货、利率期货、股指期货和贵金属期货等。期权市场是投资者进行期权交易的场所。

四、国际金融市场的功能与作用

国际金融市场大致有以下功能：一是大规模的国际资金的运用、调拨，合理、高效地进行配置调节，促进生产和资本的国际化。二是通过为某些国家政府提供融资，调节该国国际收支。三是畅通国际融资渠道，能使一些国家顺利地获得经济发展所需资金。四是银行业务国际化。跨国银行和各国商业银行通过这一市场的中介作用有机地联系在一起，在国际上建立起良好的信用关系。

国际金融市场的主要作用：国际金融市场是在生产国际化的基础上，随着国际贸易和国际借贷关系的发展而逐步形成和发展起来的，它既是经济国际化的重要组成部分，反过来又对世界经济的发展产生极其重要的作用。一方面，国际金融市场有利于保持国际融资渠道的畅通，为世界各国提供一个充分利用闲置资本和筹集发展经济所需资金的重要场所；另一方面，国际金融市场的存在和发展为国际投资的扩大和国际贸易的发展创造了条件，从而加速了生产和资本的国际化。

第二节 欧洲货币市场

一、欧洲货币与欧洲货币市场的含义

（一）欧洲货币

欧洲货币指在高度自由化和国际化的金融管理体系和优惠税收体制下，主要由非居民持有并参与交易的自由兑换货币。狭义的欧洲货币特指在欧洲一国国境以外流动的该国货币资金，即欧洲各国商业银行吸收的除本国货币以外的其他国家的货币存贷款。广义的欧洲货币泛指存放在货币发行国境外，既包括欧洲也包括其他国家银行中的各国货币。

（二）欧洲货币市场

传统意义上的欧洲货币市场是指非居民间以银行为中介在某种货币发行国国境之外从事该种货币借贷的市场，又可称为离岸金融市场。如存在伦敦银行的美元，从德国银行贷款美元等。最早的欧洲货币市场出现在 20 世纪 50 年代。1957 年，前苏联政府因为害怕美国冻结其在美国的美元储备而将它们调往欧洲，存入伦敦，由此导致了欧洲美元的产生。从事欧洲货币货币业务的银行相应地被称为欧洲银行。

二、欧洲货币市场的形成、特点和类型

（一）欧洲货币市场的形成

欧洲货币市场起源于 20 世纪 50 年代，市场上最初只有欧洲美元。当时，美国在朝鲜战争中冻结了中国存放在美国的资金，前苏联和东欧国家为了本国资金的安全，将原来存放在美国的美元转存到前苏联开设在巴黎的北欧商业银行和开设在伦敦的莫斯科国民银行，以及设在伦敦的其他欧洲国家的商业银行。美国和其他国家的一些资本家为避免其"账外资产"公开暴露，从而引起美国管制和税务当局追查，也把美元存在伦敦的银行，从而出现了欧洲美元。当时，欧洲美元总额不过 10 亿多美元，而且存放的目的在于保障资金安全。此外，在第二次世界大战结束以后，美国通过对饱受战争创伤的西欧各国的援助与投资，以及支付驻扎在西欧的美国军队的开支，使大量美元流入西欧。当时，英国政府为了刺激战争带来的经济萎缩，企图重建英镑的地位。1957 年英格兰银行采取措施，一方面对英镑区以外地区的英镑贷款实施严格的外汇管制，另一方面却准许伦敦的商业银行接受美元存款并发放美元贷款，从而在伦敦开放了以美元为主体的外币交易市场，这就是欧洲美元市场的起源。

进入 20 世纪 60 年代以后，欧洲货币市场逐渐发展起来。欧洲货币市场最早是欧洲美元市场，而这一市场发展的根本原因是美国国际收支发生逆差，以及一系列相关政策的实施。美国国际收支不断出现逆差，趋势日益恶化，因此，从 20 世纪 60 年代开始，美国政府采取了一系列限制美元外流的措施。美国政府从 1963 年起实施利息平衡税，对外国政

府与私人企业在美国发行的债券利息，一律征收平衡税，借以限制美国企事业对外直接投资，同时限制设立海外分支机构和银行对外信贷。1968 年美国政府的金融管制当局又正式停止美国企业汇出美元到国外投资。此外，根据在 30 年代美国联邦储备银行制定的 Q 项条款，美国商业银行对活期存款不付利息，并对定期与储蓄存款利率规定最高限额，而在国外的欧洲美元存款则不受此种限制；同时，根据联邦储备银行的 M 条款，美国银行对国外银行的负债，包括国外分支行在总行账面的存款，必须缴存累进的存款准备金，而国外的欧洲美元存款则可以不缴存任何存款准备金。上述一系列措施的实施，引起美国国内商业银行的不满，于是这些美国的商业银行与跨国公司，纷纷向国外寻求吸收存款的出路。所有这些因素都大大地促进了欧洲货币市场的发展。

从当时的欧洲来看，主要西欧国家从 1958 年 12 月开始，允许出口商和银行拥有外币资金，主要是美元资金。当时，美元是国家间主要的支付与储备货币，加上西欧各国此时开始逐步地解除对外汇的管制，这一措施意味着各国货币可以自由兑换美元。因此这些措施的实施，使得欧洲银行的美元存放业务迅速增长，同时也促进了美国银行的分支机构在西欧的大量增加。

进入 20 世纪 70 年代以后，欧洲货币市场进一步发展。无论是这一市场上的资金供应，还是资金需求，都在迅速增加。

从资金供应方面看，第一，美国巨额和持续的对外军事开支和资本输出，使大量美元流入外国工商企业、商业银行和中央银行手中，它们把这些美元存放于欧洲各国银行中套取利息。特别是 1971 年 8 月 15 日美国宣布停止美元与黄金兑换后，更多的美元进一步流入欧洲市场。第二，石油美元的出现与大量流入欧洲货币市场，为这一市场的资金规模的增长带来了新的资金来源。1973 年 10 月国际油价提高，石油生产国的石油美元收入急剧增加，这些美元收入通过存入欧洲货币市场，扩大了欧洲货币的美元资金规模。第三，经营欧洲货币市场业务的各国商业银行的分行，为适应业务的需要，常将其总行的资金调至欧洲市场，以便调拨使用。一些大的跨国公司，为促进其业务的发展，便于资金的使用，也增加在欧洲银行的投放。第四，派生存款的增加。欧洲银行在吸收一笔欧洲美元存款后，留存一定的备付金，将剩余资金贷出；接受贷款的借款人，又将所得贷款存入欧洲银行，这就像在国内银行体系中所发生的存款派生过程一样，在欧洲货币市场上，也会发生类似的存款派生过程。而且，由于没有法定存款准备金的规定，其派生存款的倍数往往要高于国内派生存款的倍数。

从资金需求方面来看，20 世纪 60 年代，欧洲货币市场以短期贷款为主，主要满足工商企业短期资金周转的需要，所贷款期限多在 1 年以下。但进入 70 年代后，发生了一些变化。一是自石油提价后，1974 年以来，西方工业国及第三世界非产油国出现国际收支巨额逆差，开始向欧洲货币市场举债；二是 1973 年资本主义国家开始实行浮动汇率制度后，一些商业银行与工商企业，为了减少汇率风险并投机牟利，增加了外汇买卖，从而也扩大了对欧洲货币市场的资金需求。

随着欧洲美元市场的形成，以及欧洲国家开始放松外汇管制，实行货币自由兑换，加上从 20 世纪 60 年代开始的美元危机爆发的影响，其他欧洲货币也在美元危机中得以出现，并使这一市场发展成为真正的欧洲货币市场。20 世纪 60 年代以来，美元的霸权地位日益衰落，抛售美元、抢购黄金或其他硬通货的风潮频繁发生，而各国的企业与投机商，以及西方各国中央银行所掌握的外汇储备，绝大部分是美元。因此，它们不得不按照在金融业务中要谨慎行事这一个最简单的原则，使它们的储备构成多样化。储备多样化的过程，必然导致美元在国际市场的价格下降，而美元价值下降，又会使大量持有美元的外国企业以及各国中央银行的储备头寸价值低落。由于在储备多元化的过程中，人们对美元的信心动摇，致使当时国际市场上的硬通货，如联邦德国马克、瑞士法郎、日元等，身价倍增，成为抢购的对象，再加上有些国家对非本国居民存户存入所在国货币施加种种限制，而对外国货币则不加限制或限制较少，就逐渐形成了"欧洲德国马克"、"欧洲瑞士法郎"等其他欧洲货币，随着这些欧洲货币的出现，最初的欧洲美元市场也逐渐发展成为完善的欧洲货币市场。

在欧洲货币不断扩张的同时，欧洲货币市场的范围也在不断扩大，其地区分布扩展至亚洲、北美和拉丁美洲，因此，所谓欧洲货币，不一定是存放在欧洲各国的生息资本，而是指在货币发行国境外存放、流通与借贷的货币。与此同时，欧洲货币市场的含义也在发生相应的变化，这个名词的词头"欧洲"是因为原先的市场在欧洲，但实际上由于欧洲货币市场的不断发展，它已不再限于欧洲地区，而是泛指境外。在欧洲货币的存贷方面，多集中于银行业务和金融市场比较发达的伦敦市场，1980 年伦敦市场占整个欧洲货币市场的份额的 1/3 左右。

（二）欧洲货币市场的特点

欧洲货币市场是一个有很大吸引力的市场，这个市场与西方国家的国内金融市场以及传统的国际金融市场有很大的不同，关键在于这是一个完全自由的国际金融市场，其特点是：

（1）经营自由。欧洲货币市场是一个不受任何国家政府管制和税收限制的市场，所以经营非常自由。例如，借款条件灵活，借款不限制用途等。因此这个市场不仅符合跨国公司和进出口商的需要，而且也符合许多西方国家和发展中国家的需要。

（2）资金庞大。欧洲货币市场的资金来自世界各地，数额极其庞大，各种主要可兑换货币应有尽有，因此能满足各种不同类型的国家及商业银行、企业对于不同期限与不同用途的资金需要。

（3）资金调拨灵活，手续简便。欧洲货币市场资金周转极快，调拨十分灵活，因为这些资金不受任何管辖。这个市场与西方国家的国内市场及传统的国际金融市场相比，有很强的竞争力。

（4）独特的利率体系。其存款利率相对较高，放款利率相对较低，存放款利率的差额很小，一般只在 0.5% 左右波动，这是因为它不受法定准备金和存款利率最高额限制。因此，欧洲货币市场对存款人和借款人都更具吸引力。

（5）经营以银行间交易为主。欧洲货币市场的经营以银行间交易为主，银行同业间的资金的拆借占欧洲货币市场业务总量的很大比重；它也是一个批发市场，大部分借款人是一些大客户，所以每笔交易数额很大，一般少则数万美元，多则可达到数亿甚至数十亿美元。

（三）欧洲货币市场的类型

根据是否从事实质性的融资活动，可分为功能中心和名义中心。

（1）功能中心（Functional Center）。指集中诸多的外资银行和金融机构，从事具体的存储、贷放、投资和融资业务。可分为一体化中心和分离性中心两种。一体化中心指内外融资业务混在一起，金融市场和非金融市场对非居民同时开放，在经营范围的管理上比较宽松，对经营离岸业务并没有严格的申请程序，境内资金和境外资金可以随时互相转换。分离性中心则限制外资银行和金融机构与居民往来，是一种内外分离的形式，只允许非居民参与离岸市场业务，管理上把境外欧洲货币与境内欧洲货币严格分账，目的是防止离岸金融交易冲击本国货币政策的实施。

（2）名义中心（Paper Center）。名义中心纯粹是记载金融交易的场所，这些中心不经营具体的金融业务，只从事借贷投资业务的转账和注册等事务与相关手续，因此也称为"记账中心"。其目的是逃避税收和金融管制。许多跨国金融机构，在免税或无监管的城市设立"空壳"分支机构，以将其全球税务负担和成本减至最低。目前最主要的名义中心有开曼、巴哈马、泽西岛、安的列斯群岛、巴林等。

按境外货币来源和贷放重点，可分为基金中心和收放中心。

（1）基金中心（Funding Center）。主要吸收境外资金，贷放给本地区借款人。

（2）收放中心（Collectional Center）。主要筹集本地区多余的境外货币，贷放给世界各地的借款人。

三、欧洲货币市场的业务

欧洲货币市场按其业务可分为欧洲货币短期信贷市场、欧洲货币中长期信贷市场和欧洲债券市场。

（一）欧洲货币短期信贷市场

欧洲货币短期信贷市场指接受短期外币存款并提供期限在 1 年以内的短期贷款的市场。欧洲货币存款分为两种：一种是通知存款，即隔夜至 7 天期存款，可随时发出通知提取；另一种是定期存款，分 7 天、1 个月、2 个月、3 个月，最长可达 5 个月。另外，它还通过发行可转让定期存单吸收资金。短期贷款多数为 1~7 天或 1~3 个月，少数为半年或 1 年。这个市场是欧洲货币市场的基础部分，它形成最早、规模最大，其中又以银行间同业拆放为主。欧洲货币中长期信贷市场和欧洲债券市场都是在这个市场的基础上发展起来的。其主要特点是：借贷期限短；借贷数额大；存贷利差较小；条件灵活、手续简便；市场规模大。

（二）欧洲货币中长期信贷市场

信贷期限在 1 年以上的信贷业务统称为中长期信贷。中长期信贷的资金来源绝大部分是短期存款，少许是长期存款。借款人有银行、公司、政府机构、国际机构等，其特点是：信贷期限长；信贷额度大；银团贷款居多；多采用浮动利率；须签订贷款协议。

银团贷款的组织方式有两种:一种是直接银团贷款,即参加银团的各成员银行直接向借款人提供贷款,贷款的具体工作由各贷款银行指定一家"代理银行"统一管理;更多的是间接银团贷款,即辛迪加贷款,由牵头银行、代理银行和参加银行三部分组成。牵头银行负责与贷款人谈判,项目确定后,由牵头银行向借款人贷款,然后将参加贷款份额转售给其他参加银行。牵头银行一般由资金雄厚、提供贷款份额较多的银行承担。代理银行是贷款银行的代理人,负责监督管理这笔款项的具体事项。参加银行是指参与贷款银团,并提供一部分贷款的银行。

(三) 欧洲债券市场 (Euro-Bond Market)

欧洲债券市场是欧洲债券发行和交易的市场,产生于 20 世纪 60 年代初期,1961 年 2 月 1 日在卢森堡发行了第一笔欧洲美元债券,1963 年 1 月欧洲债券市场正式形成,到 20 世纪 70 年代后半期才得以迅速发展。1974 年,欧洲债券仅发行了 21 亿美元,占国际债券发行比重的 30%左右。20 世纪 80 年代以来,欧洲债券占国际债券的比重一直在 80%以上,发行额远远超过外国债券。

欧洲债券是在欧洲货币市场上发行的以市场所在国以外的货币(境外货币)表示票面和利息的债券。如法国人在伦敦市场上发行的美元债券,美国人在法国市场上发行的英镑债券。它由各国银行和金融机构组成的国际承销辛迪加出售,并由有关国家对投资人提供担保。其特点是:(1)其发行人、发行地点和货币单位分属不同国家。(2)欧洲债券的发行不需向有关国家申请批准,不受任何政府法律管辖。(3)不记名、可自由转让,流动性高。(4)可以同时在几个国家发行,发行数量和期限没有限制,市场容量大。(5)对于发行人而言,不需发行前的注册和信息披露手续,不需缴纳注册费和发行费,发行成本低;对于投资者而言,债券持有人的信息收入不需缴纳利息税和所得税。

欧洲债券按发行期限长短可分为短期债券(一般为 2 年)、中期债券(2~5 年)和长期债券(8 年或 8 年以上)。按利率可分为:固定利率债券、浮动利率债券和混合利率债券(即把债券的还本期限分为两段,一般前一段按浮动利率计息,后一段按固定利率计息)。按销售方式可分为公募债券和私募债券,前者指公开发行,在证券交易所挂牌出售,并可上市自由买卖或转让的债券,后者则是不公开发行,不在市场上自由买卖或转让的债券。

四、欧洲货币市场对世界经济的影响

欧洲货币市场对世界经济发展的积极影响,主要表现在以下几个方面:

(1)欧洲货币市场强化了国际金融市场之间的联系,促进了国际金融的一体化发展。欧洲货币市场在很大程度上打破了各国间货币金融关系的相互隔绝状态,它将大西洋两岸的金融市场与外汇市场联系在一起,从而促进了国际资金流动。因为欧洲银行的套利套汇活动,使两种欧洲货币之间的利率差别等于其远期外汇的升水或贴水,超过这个限度的微小利率差别都会引起大量资金的流动,于是这个市场所形成的国际利率,使各国国内利率更加相互依赖。

（2）欧洲货币市场促进了一些国家的经济发展。欧洲货币市场在很大程度上帮助了西欧和日本恢复它们的经济并使其得到迅速发展。欧洲货币市场是日本 20 世纪 60 年代以来经济高速发展所需巨额资金的重要补充来源。发展中国家也从这个市场获得大量资金。据世界银行统计，从 1973 年到 1978 年 6 月底，两年半时间内发展中国家从国际货币市场上借进 621 亿美元，其中绝大部分是从欧洲货币市场上借来的。

（3）欧洲货币市场加速了国际贸易的发展。在不少国家，对外贸易是刺激经济增长的重要途径。20 世纪 60 年代中期以来，如果没有欧洲货币市场，西方国家对外贸易的迅速增长是不可能的。

（4）欧洲货币市场帮助一些国家解决了国际收支逆差问题。欧洲货币市场方便了短期资金的国际流动，特别是促进了石油美元的回流。据国际货币基金组织估计，1974—1981 年，世界各国的国际收支经常项目逆差总额高达 8100 亿美元，但各国通过国际金融市场筹集的资金总额即达 7530 亿美元，这在很大程度上缓和了世界性的国际收支失调问题。在这期间，欧洲货币市场所吸收的石油出口国的存款就达 1330 亿美元，从而发挥了重要的媒介作用。

当然，欧洲货币市场也给世界经济带来了负面影响，主要表现在以下几方面：

（1）经营欧洲货币业务的银行风险增大。欧洲美元等货币的拆放都具有以下几个特点：一是借款人除了本国客户外，尚有外国客户，或虽系本国客户，但又转手再放给外国客户，因此，它具有国家间极其复杂的连锁关系；二是借款金额巨大，而又缺乏抵押保证；三是通过众多借款人对资金的循环借贷，使资金的转存和借贷关系更为复杂。

（2）影响各国金融政策的实施。对参与欧洲货币市场的国家来说，如果对欧洲美元等资金运用过多，依赖过深，或这种资金流入流出过于频繁，数额过大，在一定程度上会影响到该国国内货币流通的状况。

（3）加剧外汇证券市场的动荡。欧洲货币市场上的资金具有很大的流动性，每当某一主要国家货币汇率出现动荡，将贬值下浮时，它的流动性将进一步加剧。

第三节　亚洲货币市场

一、亚洲货币市场的概念

亚洲货币市场（Asian Currency Market），又称为亚洲美元市场，是指亚太地区的银行经营境外货币的借贷业务所形成的市场。亚洲货币市场是由亚太地区的美元存、放款活动而形成的金融市场。"亚洲货币"指亚洲货币市场经营中所用的有关货币，其交易额 90% 以上是美元，故其又称亚洲美元市场。

亚洲货币市场是为满足亚太地区的经济发展的需要而产生的，其出现和发展对亚太地区的资金融通以及全球性国际金融市场的业务扩展都起到了积极的作用。亚洲货币市场起初是作为欧洲美元市场的补充而建立的，与各金融中心密切联系，相互影响，成为当今国际金融活动不可缺少的一个重要环节。

二、亚洲货币市场的形成与发展

(一) 亚洲货币市场形成的原因

第一，亚洲货币市场是生产和资本国际化的必然产物。从 20 世纪 60 年代后半期起，跨国公司的战略重点向第三世界转移，而越南战争又加速了西方跨国公司在东南亚的投资。随着外国直接投资的迅速增长，亚洲各国生产国际化的程度也大大提高，亚太地区的经济获得了巨大的发展。亚太地区一些国家的中央银行和私人公司拥有了闲置资金，私人手中也有了大量游资，这些资金要到欧洲货币市场上去存储很不方便，所以希望在亚太地区有一个比较安全的存款场所。另外，亚太地区国家经济发展速度很快，对资金的需求也大大增加，国际借贷活动日趋扩大。所以亚洲国家迫切需要建立一个本地区的国际金融市场，以便在全球范围内筹措、调拨和运用资金。而恰在此时，美国银行策划建立一个境外美元借贷中心，亚洲货币市场因而产生。

第二，亚洲金融中心具有良好的客观条件。以新加坡为例，1965 年独立后的新加坡便开始规划岛国的经济发展，一直到 70 年代中期，都保持着两位数的增长率，物价和汇率也相当稳定。此外，新加坡政治经济稳定，战略位置重要。新加坡一直是亚太地区的主要贸易中心；时区差非常优越，正好联系亚洲、欧洲和美洲，能在全球范围内进行 24 小时的金融服务；拥有完整健全的金融体系，完备的交通通信设施和优良的港口，能够提供各种高效率、专业化的服务，加之新加坡政府希望把自己发展成为国际金融中心。所有这一切都有利于新加坡国际金融中心地位的形成。1968 年美洲银行向新加坡当局申请设立亚洲美元市场，并得到新加坡政府的批准，这标志着新加坡亚洲美元市场的正式建立。

第三，政府当局的积极措施起了很大的诱导和推动作用。仍以新加坡为例。作为发展中国家，新加坡不像伦敦与纽约国际金融中心那样具有悠久的历史和强大的经济实力。独立伊始，新加坡就结合传统贸易中心的特点，选择了建立国际金融中心，以发展金融业务促进经济发展的战略，政府为此颁行了一系列积极的鼓励措施，其中包括：(1) 1969 年取消非居民外币存款利息税；(2) 1971 年，新加坡离岸市场开始经营亚洲美元债券业务，并免除非居民存款的利息预扣税和非居民持有亚洲美元债券的所得税，实行利率自由化；(3) 1972 年取消亚洲货币经营单位外币存款 20%存款准备的要求；(4) 1973 年允许新加坡居民和公司投资于亚洲货币市场；(5) 1977 年将亚洲货币单位经营境外业务的利润所得税从 40%降到 10%，直至最后完全取消；(6) 1978 年取消外汇管制。所有这些措施促进了资金的进一步涌流，推动了亚洲货币市场的发展。新加坡亚元市场的快速发展迫使我国香港地区采取了一系列的措施，以提高其金融中心的地位。比如，香港地区政府在 1973 年取消外汇管制；1974 年开放黄金市场；1978 年取消禁止外国银行进入香港的限制；1982 年免征原来 15%的外汇存款利息收入预扣税，并于同年筹措金融期货市场。由此可以看出，与传统的国际金融市场不同，亚洲货币市场是在政府利用有利条件，实行积极政策鼓励的基础上逐渐形成和发展起来的。

（二）主要亚洲货币市场的形成与发展

1968 年，美国银行新加坡分行获准在银行内部设立一个亚洲货币经营单位，标志着亚洲货币市场的产生。亚洲货币经营单位的主要业务是吸收非居民外币存款，为非居民提供外汇交易、从事资金借贷、开立信用证、经营票据贴现等各种境外金融业务。新加坡政府规定，亚洲货币经营单位不能参加国内交易，需另立单独的账户，以防止离岸交易给国内金融活动带来冲击。由于政策灵活，制度严密，手续简便，新加坡亚元市场按年均30%的增长率迅速发展，已确立了自己在亚太地区乃至世界上的重要地位。

香港国际金融市场和伦敦一样是随着经济的不断发展，采取传统的自由放任政策而自然形成与发展起来的。香港很早就存在免税的境外货币借贷市场，但由于担心离岸市场冲击香港金融业和政府财政收入，实行外汇管制。迫于新加坡亚元市场快速发展的压力，香港采取了一系列积极措施，同新加坡展开了亚洲美元的争夺战。香港亚洲货币市场主要从事非居民间的外币借贷，调节地区间的资金流向，是仅次于伦敦、纽约和巴黎的世界第四大银团贷款中心。

马尼拉离岸金融业务到 1977 年 7 月才正式开放。菲律宾政府放宽了外汇管制，对外币存款免征所得税；只对离岸金融业务征收 15% 的所得税，1981 年 4 月降为 5%，比新加坡还要低 5 个百分点。这些优惠的政策，促使马尼拉亚洲货币市场迅速发展。

日本作为境外货币市场起步较晚，随着日本 20 世纪 60 年代至 70 年代的经济起飞，其经济实力和经济地位大大提高，日元也成为重要的世界货币。日本在 1984 年逐步放松了金融管制，并推行日元国际化政策，其国际金融中心的地位迅速上升，1986 年 12 月 1日，东京离岸金融市场设立，并随之得到迅速扩展，从而一跃成为亚洲最重要的境外货币市场。东京离岸金融市场并无实体，经营离岸金融业务的银行需得到大藏省批准，离岸金融业务需另立账户来处理，从而与国内金融业务完全分离。由于日本经济实力位居世界前列，同时又是资本主义世界最大的债权国，加之日本政府放松对金融市场的管制，鼓励中小银行参与离岸金融业务，所以东京离岸市场的发展较为迅速。

亚洲货币市场虽然只有四十多年的时间，但是其发展速度却非常快。从地区分布看，它从新加坡扩展到我国香港，再到东京、巴林、马尼拉和曼谷等地方。从市场规模看，虽然它在离岸金融市场中所占份额不大，但是呈逐年上升之势。实践表明，亚洲货币市场的发展对推动亚太地区的经济一体化以及对国际金融业的发展都产生了重要影响。

三、亚洲货币市场的业务

亚洲货币市场的资金主要来源于以下方面：各国中央银行和政府机构的存款，跨国公司调拨资金和闲置资金，各国进出口商、外国侨民的存款及银行同业存款，东南亚或中东国家因战争、政治动乱或经济不稳而外逃的资本。亚洲货币市场基本上是一个短期资金市场。近年来随着国际金融工具创新和国际金融市场一体化的发展，亚洲美元市场出现了很多筹资方式，其中美元存单是发行得最多的一种筹集中短期资金的工具。美元存单不记名，随时可在市场上转让，利率高于银行存款利率，在新加坡等市场上享受免税优惠。美元存单有固定利率和浮动利率之分，但大多是浮动利率，利率通常比新加坡同业 6 个月期拆放利率高 0.125%到 0.1875%，期限为 1~5 年。

亚洲货币市场的资金主要运用在：

（1）贷给银行同业。在 1975 年以后，贷给银行同业的款项一直占贷款总额的 72%左右。

（2）贷给非银行客户。对非银行客户的贷款主要是贷给亚洲各国的政府、企业以及金融机构，很少贷给个人。许多亚洲国家的政府为了发展经济或弥补国际收支逆差，经常从亚洲货币市场借款，跨国公司也常常来这个市场为它们在亚洲地区的经营活动筹措资金，其他金融机构也利用这个市场应付国内外货币的大量需求。

亚洲货币市场的存款分为（1~6 月、9 个月和 1 年）存款和通知（隔日、7 天）存款两种，存款的起点仅为 5000 美元。亚洲货币市场的贷款分为短期和中期两种，它的短期信贷利率通常是以伦敦市场利率作为基准，根据欧洲货币市场的利率加以变动，中期信贷利率按浮动利率计算，每 3 个月或 6 个月调整一次。

发展中国家在亚洲货币市场上筹集的数额日益增多。亚洲美元市场上贷款的申请手续简便，贷款费用比较低。贷款机构还可以根据借款的需要提供不同的还款期限、还款计划表、还款优待、取消贷款及抵押条件等各种便利。亚洲美元市场上筹措长期信贷的主要形式是亚洲美元债券的发行。亚洲美元债券是一种由一个联合银团包销的国际性债券。债券必须在新加坡证券市场上挂牌，包销团中至少有一家金融机构在新加坡注册，债券的支付代理人必须有新加坡的金融机构，债券主要在亚大地区销售。亚洲美元债券市场是一种长期资本借贷市场，它形成于 20 世纪 70 年代，此后有较大的发展。在 1983 年以后，亚洲美元债券已经取代银行贷款而成为亚洲货币市场的主要筹资途径。

四、亚洲货币市场的作用

（一）亚洲货币市场对亚太地区的影响

（1）亚洲货币市场的发展有力地推动了亚太地区的经济发展。对于政府而言，可以利用它平衡国际收支；对于企业而言，可以到亚洲货币市场上去融资，从而扩大生产规模、更新设备、进行技术改造等；对于银行和金融机构而言，通过开展离岸金融业务，不断完善金融体系，可以与国际金融市场融为一体。离岸金融业务的开展，还大大提高了亚太地区银行界的专门知识和业务技能，培养和造就了一大批专门人才。

亚洲美元市场自从建立时起，就对世界经济，特别是对亚洲地区的国家与地区经济发展发挥了重要的促进作用。历史表明，东亚经济的迅速发展与国际资本的大量流入有直接关系，正是大规模的国际资本流入，支撑了东亚经济的高速增长，实现了"东亚奇迹"。在东南亚金融危机爆发前，东亚经济经历了 30 多年的高速增长，这种持续高速增长在全球范围内是空前的。东亚经济之所以能够产生"东亚奇迹"，原因是多方面的，但国际资本对东亚经济的发展起到了巨大的推动作用。实践证明，亚洲美元市场国际资金的供应，便利了这一地区的经济发展。1974—1983 年，亚洲和太平洋地区国家向国外政府和机构的借款增加 3.8 倍，向金融市场的借款暴涨 15 倍，比亚洲全部发展中国家和地区借款总额高 9 倍多。在我国香港地区外来投资中，亚太地区的借款占香港地区向外国贷款总数的

61%。另据世界银行报告，1983年底，印度尼西亚、韩国、马来西亚、菲律宾、泰国五国共借款334亿美元，其中来自香港地区金融机构的贷款占21%，来自新加坡金融机构的贷款所占的比重超过30%，两者提供给亚洲国家的贷款占亚洲地区贷款总额的50%以上。

（2）亚洲货币市场对亚太地区的消极影响，主要有如下三点：①亚洲货币市场的迅速发展进一步促进了本地区各发展中国家国内生产和资本的国际化，因此，这些国家对于世界市场特别是西方国家市场的依赖日益增加。②亚洲货币市场在某种程度上方便了国际资金的投机性流动。这个市场的资金是以银行间交易为主，所以它对各国利率和汇率的变动反应灵敏，从而加剧了国际金融的动荡。③亚洲货币市场的资金冲击了所在国的金融稳定，不利于货币政策的执行。

（二）亚洲货币市场对国际金融的影响

（1）亚洲货币市场缓和了国际游资的冲击。第二次世界大战后，由于美国国际收支长期逆差，在美国境外形成大量过剩美元；另外，石油输出国也拥有巨额的"石油美元"。巨额游资的存在加剧了世界经济和国际金融的不稳定性，而亚洲货币市场在吸收和利用国际游资方面起到了一定的积极作用，减弱了冲击的力度。

（2）亚洲货币市场在回流石油美元方面发挥着重要的作用。阿拉伯国家拥有巨额石油美元，资金雄厚的阿拉伯银行进入亚洲货币市场，使得亚洲货币市场更具有国际性，扩大了亚洲货币市场对国际资金流动的影响。

（3）亚洲货币市场改变了国际金融的格局。伦敦、纽约等传统国际金融市场是随着经济和金融业的发展自然形成的，有较大的国内市场，对金融业务有较大的本地需求。但是亚洲货币市场是政府利用有利的条件进行政策诱导或鼓励的结果。亚洲货币市场的形成和发展，打破了传统的金融格局，使国际金融中心的分布发生了巨大的变化，从而有利于世界经济的均衡发展。

第四节　国际金融创新

自20世纪70年代特别是80年代以来，国际金融市场出现了巨大变化，人们称之为"金融革命"，这种变化主要源于金融创新（Financial Innovation）。金融创新是一个集合名词，既是指国际金融市场范围的拓展和市场形态的创新，也指资金融通和金融中介技术的创新，此外还包括金融交易工具和金融服务品种的创新。

一、金融创新的含义

创新概念是由熊彼特提出的，指新的产品的生产、新技术或新的生产方法的应用、新的市场开辟、原材料新供应来源的发现和掌握、新的生产组织方式的实行等。金融创新正是循着这一思路提出的。熊彼特于1912年在其《经济发展理论》一书中对创新所下的定义是：创新是指新的生产函数的建立，也就是企业家对企业要素实行新的组合。

金融创新背后的根本经济力量是竞争，它通常导致执行金融功能的方式的改进。金融创新的定义虽然大多源于熊彼特经济创新的概念，但各个定义的内涵差异较大，总括起来对于金融创新的理解无外乎有三个层面。

(一)宏观层面

宏观层面的金融创新将金融创新与金融史上的重大历史变革等同起来,认为整个金融业的发展史就是一部不断创新的历史,金融业的每项重大发展都离不开金融创新。

从这个层面上理解,金融创新有如下特点:金融创新的时间跨度长,将整个货币信用的发展史视为金融创新史,金融发展史上的每一次重大突破都被视为金融创新;金融创新涉及的范围相当广泛,不仅包括金融技术的创新、金融市场的创新、金融服务与产品的创新、金融企业组织和管理方式的创新,以及金融服务业结构上的创新,而且还包括现代银行业产生以来有关银行业务、银行支付和清算体系、银行的资产负债管理乃至金融机构、金融市场、金融体系、国际货币制度等方面的历次变革。

(二)中观层面

中观层面的金融创新是指 20 世纪 50 年代末 60 年代初以后,金融机构特别是银行中介功能的变化,它可以分为技术创新、产品创新以及制度创新。技术创新是指制造新产品时,采用新的生产要素或重新组合要素,运用新的生产方法,建立新的管理系统的过程。产品创新是指产品的供给方生产比传统产品性能更好、质量更优的新产品的过程。制度创新则是指一个系统的形成和功能发生了变化,从而使系统效率有所提高的过程。从这个层面上,可将金融创新定义为:政府或金融当局和金融机构,为适应经济环境的变化和在金融过程中的内部矛盾运动,防止或转移经营风险和降低成本,为更好地实现流动性、安全性和盈利性目标而逐步改变金融中介功能,创造和组合一个新的高效率的资金营运方式或营运体系的过程。中观层次的金融创新概念不仅把研究的时间限制在 60 年代以后,而且研究对象也有明确的内涵,因此,大多数关于金融创新理论的研究均采用此概念。

(三)微观层面

微观层面的金融创新仅指金融工具的创新。大致可分为四种类型:信用创新型,如用短期信用来实现中期信用,以及分散投资者独家承担贷款风险的票据发行便利等;风险转移创新型,包括能在各经济机构之间相互转移金融工具内在风险的各种新工具,如货币互换、利率互换等;增加流动创新型,包括能使原有的金融工具提高变现能力和可转换性的新金融工具,如长期贷款的证券化等;股权创造创新型,它包括使债权变为股权的各种新金融工具,如附有股权认购书的债券等。

二、国际金融创新的原因

当代金融创新起源于 20 世纪 50 年代末和 60 年代初,到 80 年代形成高潮,到了 90 年代,金融创新理论基本形成了体系,并成为金融研究的一个重要领域。各国经济学家对金融创新的成因解说纷纭,主要有技术发展说、需求推动说、财富增长说、货币因素说、制度因素说、回避管制说、结构变化说等,但多是侧重某一因素的作用。当代金融创新应该是在特定的经济背景下多种因素共同作用的产物，其中最主要的因素有：追逐利润、需求刺激和供给推动、对金融管制的回避及新科技革命的推动等。

（一）根本动因：追逐利润

如果金融机构没有逐利的动机，那么金融机构就不可能进行金融创新。例如：我国在计划经济体制时期，银行设立的目的是为经济发展筹集和分配资金，所有的资金运用都是按照行政命令的方式制定和执行，充其量就是政府的出纳，丝毫没有按照市场的需求来合理配置资金。在计划经济向市场经济转轨时期，由于其还不是真正意义上独立的经济实体，还带有部分计划经济的色彩，金融创新的欲望自然不足。但是，随着经济体制改革和金融体制改革的深化，特别是中国加入世界贸易组织后，金融机构的活动空间越来越大，追逐利润的经营模式也逐步成为金融业发展决策的重要目标。

（二）规避金融管制

无论在哪个国家，金融业一般要较其他行业受到更为严格的管理，当政府的金融管制妨碍了金融业务活动和金融业的进一步发展，造成金融机构利润下降和经营困难时，金融机构为了自身的生存和发展，就会千方百计地通过金融创新，绕过金融管理当局的法规限制，努力把约束以及由此造成的损失减少到最低限度，以便赢得竞争优势。比如：具代表性的金融创新产品有欧洲美元（1958 年，国际银行机构）、欧洲债券（1959 年，国际银行机构）、平行贷款（1959 年，国际银行机构）、自动转账（1961 年，英国）和混合账户（20 世纪 60 年代末，英国）。这些金融创新都能够较好地解释该时期商业银行与市场拓展相关联的金融产品创新和商业银行的"逆境创新"、快速增长的财富对金融资产创新需求所引致的金融创新，以及金融市场管制措施越多的国家往往更容易成为金融创新的集中地等现象。

（三）转嫁风险和高科技的应用

具有代表性的是 20 世纪 70 年代布雷顿森林体系完全崩溃，以及两次石油危机所促成的为防范和转嫁风险的金融创新。其中电子计算机技术进步以及在金融行业迅速推广也构成该时期金融创新背景的一部分。这个时期金融创新的主要目的是转嫁市场风险，具有代表性的金融产品创新有浮动利率票据（1970 年，国际银行机构）、联邦住宅抵押贷款（1970 年，美国）、外汇期货（1972 年，美国）、外汇远期（1973 年，国际银行机构）、浮动利率债券（1974 年，美国）和利率期货（1975 年，美国）等。20 世纪 70 年代的通货膨胀和汇率、利率反复无常的波动，使投资回报率具有很大的不确定性，从而激励各商业银行不断创造出能够降低利率风险的新的金融工具。

另外一个重要的动因就是高科技的应用，尤其是现代通信技术和计算机技术在金融业中得到广泛的应用，并引发金融领域内一场改变历史的"技术革命"，使得以往无法实现的金融服务得以实现，并大幅度降低了成本费用，使得金融机构提高了扩张区域性业务的功能。

（四）金融自由化

20 世纪 80 年代，由于世界性的债务危机的爆发，西欧各国普遍放松金融管制，金融自由化显著增强。此阶段金融创新产品大多以银行表外业务的形式出现，具有代表性的金融创新产品有货币互换（1980 年，美国）、利率互换（1981 年，美国）、票据发行便利（1981 年，美国）、期权交易（1982 年，美国）、期货交易（1982 年，美国）、可变期限债券（1985 年，美国）、汽车贷款证券化（1985 年，美国）等。金融管制部门对商业银行存贷款利率的限制，迫使商业银行在资产负债业务以外寻找新的利润增长点，使得这一时期的银行表外业务得到空前创新和发展。同时各国对商业银行的准备金提出了相应要求，使得银行采用诸如贷款出售（证券化）、备用信用证、互换交易等表外业务形式将资产转移至表外，以减轻资本充足性的压力并获得较高收入。

三、国际金融创新的主要内容

国内相关学者对此的定义为：金融创新是指金融内部通过各种要素的重新组合和创造性变革所创造或引进的新事物。并认为金融创新大致可归为七类：金融制度创新、金融市场创新、金融产品创新、金融机构创新、金融资源创新、金融科技创新、金融管理创新。

1. 金融制度创新

一国的金融制度总是随着金融环境的变化，如政治、经济、信用制度、金融政策等的变化而逐渐演变的，这种演变不仅是结构性的变化，从某种意义上说，也是一种本质上的变化。金融制度创新包括金融组织体系、调控体系、市场体系的变革及发展，它影响和决定着金融产权、信用制度、各金融主体的行为及金融市场机制等方面的状况和运作质量。

2. 金融市场创新

金融市场创新主要是指银行经营者根据一定时期的经营环境所造成的机会开发出新的市场。现代金融市场大致包括：（1）差异性市场，如按不同的内容划分的货币市场、外汇市场、资本市场、黄金市场、证券市场、抵押市场、保险市场等。（2）时间性市场，按期限长短划分，短期的有资金拆借市场、票据贴现市场、短期借贷市场、短期债券市场等；长期的有资本市场，如长期债券市场、股票市场等。（3）地区性市场，如国内金融市场、国际金融市场等。金融市场创新主要指的是微观经济主体开辟新的金融市场或宏观经济主体建立新型的金融市场。由于金融市场向更高级金融市场过渡和转化，封闭型金融市场向开放金融市场进入和拓展。

3. 金融产品创新

金融产品的核心是满足需求的功能，它包括金融工具和银行服务。金融产品的形式是客户所要求的产品种类、特色、方式、质量和信誉，使客户方便、安全、盈利。在国际金融市场上，金融创新的大部分属于金融产品的创新。对于创新的金融产品，分两个时期加以介绍：

（1）20 世纪 80 年代中期以前的创新产品。这一时期，金融创新的内容主要有大额可转让存单（CDs）、货币市场共同基金（MMMF）、可转让支付命令账户（NOWs）、超级可转让支付命令账户（Super-NOWs）、自动转账账户（ATS）、货币市场存款账户（MM-

DAS）和货币市场存单（MMCS）以及垃圾债券、新型抵押债券等。

大额可转让存单（CDs）是 1962 年由美国花旗银行创造的存款产品，它使客户既能按定期存款利率获得利息，又可在市场上随时转让取得本金。

货币市场共同基金（MMMF）最早出现于 1971 年，金融机构以受托人身份吸收客户的小额资金，转而投资于货币市场中一大额金融工具和资本市场，以帮助小额储蓄者获得较高的市场利率。MMMF 可被看成是能够分配货币市场和资本市场投资利益的支票账户，受到普遍欢迎，其开户额在 500~1000 美元之间。

可转让支付命令账户（NOWs），是在 1972 年由马萨诸塞州储贷协会创办的。该账户既可用于转账结算，又可支付利息，年利率略低于储蓄存款，提款使用的支付命令和支票一样，可自由转让流通。该账户的对象限于个人和非营利机构。

超级可转让支付命令账户（Super-NOWs），是在 NOWs 基础上发展起来的，又称"优惠支票存款"。存户要保持 2500 美元最低余额。其利率高于普通 NOWs，低于 MM-DAS，每月调整，每天得利，月底收列存款账户。该账户银行需缴纳 12% 的准备金，所以其吸收的资金成本要高于 NOWs 和 MMDAS，客户可以无限制地签发支付命令，任何个人和机构都可申请开设。

自动转账账户（ATS），是 1978 年在电话转户服务基础上开办的，客户可在同一家银行同时开立储蓄与活期存款账户。这种账户既可以使客户获得签发支票的便利，在平时又按储蓄存款计息。

货币市场存单（MMCS），是 1978 年 6 月由商业银行和储蓄银行开办的，这种存单可在市场上转让出售，但是金融管理当局为防止小额存款账户过度转入"货币市场存单"，规定其起点额为 1 万美元。不过，存款机构在实际上只要求客户存入 5000 美元，其余 5000 美元由金融机构融通补足。

货币市场存款账户（MMDAS）是 20 世纪 80 年代初由美国货币市场基金会首创，1982 年 12 月获准。该账户开户最低额为 2500 美元，存款利率和储蓄存款相同，无利率限制，每周调整，每天复利，于月底收列存款账户。该账户无最短存款期限，但提款需提前七天通知银行，每月不超过六次，其中支票付款不超过三次，任何个人、机构都可申请。

垃圾债券（Junk Bond），是一种 20 世纪 80 年代盛行一时的高风险、高收益债券，其目的是为那些公司信用评级低（一般低于 BAA 级）、投资风险高、债券难以正常上市，但存在发展希望的小公司提供融资便利，使其可以举债收购大公司，实现发展目标。

新型抵押债券，这是有关债券的总和称谓，充当抵押物的有各种证券、住房、信用卡、汽车贷款、企业贷款、消费贷款等。它的出现反映了银行资产证券化的趋向，表明银行可以通过这类债券的发行提高资金流动性，实现资产多样化，并增加表外业务收入。

（2）20 世纪 80 年代中期以后的创新产品。20 世纪 80 年代国际金融市场上出现了蓬勃的金融创新，出现了不少新的金融工具。最主要的新金融工具有四种：票据发行便利、互换、期权和远期利率协议。

票据发行便利（Note Issuance Facilities，NIFs）。这是一种提供中期周转性便利、具有法律约束力的约定。签订这种协定后，借款人（即短期票据发行人）可以在一个中期时期内（5~7年）用自身名义发行一连串短期票据（进行周转性借款）；承包银行（即安排票据发行便利人，指单个银行或银行集团）则依约承购借款人卖不出去的全部票据或提供信用支持。这种约定的借款人如果是银行，它发行的票据通常为短期存款证；非银行机构则为本票。NIFs的优越性在于它把传统的辛迪加信用中本该由单个机构承担的职能分解为由不同机构分别承担，其中安排票据发行便利的人并不贷出货币，而只是在借款人需要资金时提供信用，把他们发行的票据卖给其他投资者，并且按承包约定保证借款人在中期内不断获得短期资金，从而使风险得以分散。

互换（Swaps）。互换是当事双方同意在预先约定的时间内交换一连串付款的一种金融交易。

期权（Options）。期权是指在未来某一日期或在这一日期以前按议定价格买卖某具体金融工具的权利而非其义务的合同。

远期利率协议（Forward Rate Agreements，FRAs）。远期利率协议是双方同意按在某一未来时间（指清算时间）对某一具体期限的名义上的存款支付利率的合同，合同期通常为几个月后开始的几个月期。双方对本金只认定一个数量，但不交换，到期用现金清算双方原先协议的利率和到期时的现行利率的差额。远期利率协议主要以美元标值。远期利率协议是银行和某些非银行机构用来专为利率风险保值的工具，主要是为了保值而不是逃离，它是四种新的金融工具中风险性最小的工具。

4. 金融机构创新

金融机构创新，是从金融创新经营的内容和特征出发，以创造出新型的经营机构为目的，建立完整的机构体系。

5. 金融资源创新

金融资源是指人才、资金、财务、信息等，它是保证银行正常经营的必要前提，金融资源创新主要包括以下几个方面的内容：一是金融资源的来源创新。首先，金融业经营的正常进行必须有专门的人才，人才来源包括自己培养、吸收其他机构高级人才和引进国外高级专业人才；其次，必须有资金来源的充分保证，它要求金融机构经营者随时掌握资金供应市场的动态，挖掘和寻求新的资金供应渠道，开辟新的负债业务。二是金融资源的结构创新。金融资源结构包括及时、准确地掌握各种信息，高级专业人才比重大，负债结构合理，财务管理先进。它能创造出比同行领先的经营效率和方法。三是金融资源聚集方式创新。对不同的金融资源有不同的吸引和聚集方式，银行经营者要不断创造新的手段，用最经济、最有效的方法去聚集自己所需的金融经营资源，合理地配置这些资源，以求得经营上的最大效益。

6. 金融科技创新

20世纪70年代以来的金融技术革新和金融自由化，主要体现在银行和非银行金融机构的金融服务讲究速度和效率，以及科学技术在金融领域的应用，对金融业务产生了划时代的影响。它一方面使金融市场在时间和空间上的距离缩小，另一方面又使金融服务多元化、国际化。

7. 金融管理创新

金融业管理创新机制包括两个方面：一方面，国家通过立法间接对金融业进行管理，目标是稳定通货和发展经济；另一方面，金融机构内部的管理，建立完善的内控机制，包括机构管理、信贷资金管理、投资风险管理、财务管理、劳动人事管理等方面。目前，金融机构管理，其着眼点都是通过资金来源制约资金运用，实现银行资产和负债双方总量和结构的动态平衡，不断创造新的管理方法。

四、国际金融创新的发展趋势

（一）国际金融市场的一体化趋势

由于电子计算机技术与卫星通信的应用，分散在世界各地的金融市场已紧密地联系在一起，全球性资金调拨和资金融通可在几秒钟之内迅速完成。另外，随着跨国银行的空前发展，国际金融中心已不限于少数发达国家金融市场，而是向全世界扩展。这样，各个金融市场和金融机构便形成了一个全时区、全方位的一体化国际金融市场。这是国际金融市场一体化的重要表现。国际金融市场一体化的另一个表现是金融资产交易的国际化。金融资产交易的国际化，是指交易的参加者不受国籍的限制，表明金融资产面值的货币也不受任何限制。

（二）国际金融市场的证券化趋势

在第二次世界大战后，国际银行贷款一直是国际融资的主要渠道，并于 1980 年达到顶峰，占国际信贷总额的比重高达 85%。但从 1981 年开始，国际银行贷款地位逐渐下降，到 80 年代中期，国际证券已取代了国际银行贷款的国际融资主渠道地位。1985 年，国际银行贷款占国际信贷总额为 41%，国际债券发行额则占 59%。1986 年前者仅为 29%，后者高达 71%。进入 90 年代以后，这种趋势也未发生逆转。金融市场的结构性变化，除了从银行贷款逐渐转向证券之外，还包括在以前不进行交易的资产（如公司应收款项）也可成为交易的资产。形成金融市场证券化（Securitization）趋势的主要原因是：①在债务危机的影响下，国际银行贷款收缩了，促使筹资者纷纷转向证券市场；②发达国家从 70 年代末以来实行金融自由化政策，开放证券市场并鼓励其发展；③金融市场广泛采用电子计算机和通信技术，使市场能处理更大量的交易，更迅速、广泛地传送信息，对新情况迅速作出反应，设计新的交易程序，并把不同时区的市场连续起来，这为证券市场的繁荣提供了技术基础；④一系列新金融工具的出现，也促进了证券市场的繁荣。

目前，证券化趋势主要表现在两个方面：

（1）国际证券市场的扩展。20 世纪 80 年代上半期，国际信贷的构成从主要是银行辛迪加贷款转向主要是证券化资产。1981 年在全部 1405 亿美元的国际信贷中，辛迪加贷款为 965 亿美元，国际债券与票据只占 440 亿美元；而到 1985 年，反过来，在全部 2328 亿美元的国际信贷中，辛迪加贷款降为只有 216 亿美元，而国际债券与票据增加为 1628 亿美元，此外还有 4074 亿美元的票据发行便利。到了 20 世纪 90 年代，各种可交易的债务工具已稳定地占据了主流。

（2）商业银行业务的证券化。由于证券化的压力，商业银行等金融机构一改固守银行贷款的立场，成为各种证券发行和买卖的积极参与者。它们直接参与国际证券市场，既作为代理人又作为投资者，增加证券持有。银行主要以买进 NIFs（票据发行便利）和 RUFs（Revolving Underwriting Facilities，周期性承包便利）的形式发行的短期票据和长期浮动利率票据。至 1998 年第二季度止，在发行的票据总额中，通过金融机构发行的共有 1175 亿美元，占最大份额。同时，商业银行的资产业务和负债业务也越来越多地集中在可流通证券上。在全球前 50 家银行中，那些非传统的"其他营业收入"对传统存贷款利差收入的比例，从 1991 年的 49.18% 提高到了 1996 年的 67.06%，增加了 17.88 个百分点。

（三）表外业务的重要性日益增加的趋势

表外业务又称"线下银行业务"（Banking Below the Bottom line）、无资产业务（Assetless Banking），指的是能为银行带来收入的或然承诺或契约。根据银行传统的记账规则，这些业务通常不表现为记账资产或负债，而是作为资产负债表的备注记录在线下，有时根本不作记录。表外业务通常都是收费性质的业务，如银行承兑、金融远期、票据发行便利、远期利率协议都是表外业务。这些业务近年发展很快，在银行业务中的重要性大增。1991—1996 年，全球前 50 名银行的表外业务对总资产的比例从 14.58% 上升为 20.23%，而且这一比例还在上升。

【案例 7-1】

中国国际金融中心：形成与发展

《新华·道琼斯国际金融中心发展指数报告（2014）》称，全球综合竞争力最强的十大国际金融中心新座次出炉：老牌国际金融中心纽约和伦敦牢牢占据两强席位，上海比 2013 年上升一位，与我国香港并列第五，而北京成长发展速度加快，五年来首次进入前十队列，位居第九位。特别值得一提的是，香港排名此次大幅下滑，从 2013 年的第三名滑落至第五名。

从现实来看，目前位于中国金融中心城市第一梯队的，只有香港。由于中国内地的资本账户尚未完全开放，特别是资本账户下的证券投资尚未全面开放，因此，无论是上海还是北京，目前都不可能成为动员全球资金，为全球经济增长服务的"世界金融平台"。位于中国金融中心城市第二梯队的，无疑是上海与北京。这两个城市目前的定位是，动员国内外资金，为全中国经济增长服务的全国金融中心。上海的核心优势在于拥有国内最重要的一批交易所，交易范围涵盖股票、债权、期货、外汇与银行间贷款，北京的核心优势在于拥有"一行三会"以及一大批金融机构和央企总部。上海的优势在交易与市场，而北京的优势在政策与方向。中国究竟需要几个国际金融中心，至今仍是个尚未达成共识的问题。然而作为一个幅员辽阔、国民储蓄率居高不下、投资渠道相对匮乏的国家，构建若干个区域金融中心城市，以更好地打通曾经被阻塞的储蓄投资转化机制，更加充分地利用国内富余资金，更加有效地利用外国资本，这对于中国经济的持续增长和消除地区差距，具有非常重要的意义。

上海国际金融中心

早在 20 世纪 30 年代，上海曾是西太平行地区金融机构最密集的地方，形成了举世闻名的国际金融中心，在远东首屈一指。上海之所以能成为中国内地建设国际金融中心的首选的"种子选手"，不仅仅是因为上海在历史上曾经是著名的国际金融中心，而主要是由它自身具有的基本条件所决定的。从金融中心形成所需要的地理位置、经济实力和金融发展等最基本的要素看，上海在国内诸多大城市中最有条件、最有资格建设成为国际金融中心。

第一，上海拥有地理区位优越的良好条件。上海位于太平洋的西岸，与东京、香港、新加坡相邻或处于同一时区，也能与国际金融中心伦敦、纽约构建连续 24 小时的接力营业交易。上海又位于远东的中心点，邻近的是全球经济最具活力的东亚地区。与国内诸多大城市相比，上海构建国际金融中心享有得天独厚的地理区位和交通便利的条件。

第二，上海拥有雄厚的经济实力优势。作为全国最大的城市，上海仍不失为全国的经济中心，具备了汇聚国内商贸并辐射全国乃至海外的作用。国内主要城市横向比较，上海在 GDP 排名、国内生产总值、固定资产投资总额、社会消费品零售总额、外贸出口总额等方面处于领先地位。上海经济的蓬勃发展积蓄了深厚的经济实力，这本身就为其发展成为国际金融中心奠定了坚实的根基。

第三，从金融业来看，经过多年的努力，上海在金融设施、交易规模、机构数量、金融产品创新和金融人才培养等方面均取得了令人瞩目的发展成就。

早在 1992 年，上海有关部门就确定了将该市建成国际经济、金融、航运和贸易中心的战略目标。20 多年来，上海重点围绕国际金融中心的战略目标，着力建设全方位、多层次的金融体系。如今上海作为国际金融中心的框架雏形已基本形成。具体表现在以下几个方面：(1) 金融业已成为上海六大支柱产业之一，且形成了多元化的国际金融机构体系，是中国内地内外资金融机构集聚程度最高的城市；(2) 全国的货币、证券、黄金、期货、外汇五大金融交易市场都已落户在上海；(3) 上海已成为中国内地金融产品最为丰富、最为集中的地方；(4) 金融监管和风险防范能力逐步加强，金融发展环境不断改善；(5) 在服务于全国经济特别是长三角及长江流域的经济发展中发挥着日益显著的积极促进作用。从国外主要的国际金融中心的形成过程看，它们有一个共同的特点，即大多先是该国的国内金融中心然后再进一步发展成为国际金融中心。上海现已是境内最大的金融城市，是内地当之无愧的金融中心。上海尽管在建设国际金融中心的过程中取得了阶段性的进步，但与一些已建成的全球性甚至地区性的国际金融中心相比，仍存在很大的差距。国际金融中心的主体是市场，而上海目前的主要缺陷是金融的市场化程度还较低，产品比较单一，创新能力还不足，服务功能也较弱。上海要实现建立国际金融中心的目标，还要走很长的路程。

香港国际金融中心

香港由于受地少人多等自身条件的限制，只能将服务业作为经济发展的主体，而金融业作为高端的服务业就成了发展目标的必然选择。金融业如今已是香港当之无愧的首要支柱产业。香港具有先进的金融基础设施和完善的法律、会计体系以及货币可自由兑换和低税率的简单税制，更拥有优秀的法律、会计、审计人才。香港的金融市场成熟，拥有完整的金融体系、兴旺的证券市场、活跃的外汇交易市场以及国际化的银行业，无论用哪项有关国际金融中心的指标来衡量，都已是名副其实的国际金融中心。

香港金融最早是以银行业闻名天下，早在 20 世纪初，香港便位列全球"十大国际银行中心"之一。而香港作为亚太金融中心的崛起，始于 20 世纪 70 年代末，香港解冻银行牌照，使得外资银行大量涌入。90 年代后，随着香港银行业管制的大幅放松，放宽外资银行进入设立分支机构或扩展分支网络的限制，使香港成了国际银行网点最集中的地区。

1997 年香港回归祖国后，大量内地企业选择到香港上市，促使香港资本市场实现了突破性的发展，并成为促使香港金融中心地位晋级的重要原因。在 1997 年 6 月底，港交所上市的内地公司（包括 H、红筹及非 H 股民营企业）仅 83 家，而到 2007 年 5 月 25 日，这一数字达到 373 家，占香港上市公司的 30% 左右。这些企业的市值约占港股市值的五成，成交则约占六成。2006 年，内地企业在港集资达历史高峰，香港新股集资规模升至 3332 亿港元，首次跃居全球第二，超过了纽约，逼近伦敦。大量优质新股的上市，吸引了海外资金持续流入香港，港股成交空前畅旺。据中银香港一位金融专家的分析，从长远看，香港股市集资功能的提升，将推动香港金融中心的发展由银行主导转向由股市与资产管理为主导。该专家认为，香港的这种转型正是金融中心地位提升的重要体现。

香港回归十多年来，经历了风雨，走过了艰难。尽管香港经济遭受了亚洲金融危机的冲击，但在内地和香港的共同协作努力下，依托中国内地经济实力的迅速增长，香港经济依然保持了健康发展的势头。2006 年，香港 GDP 为 1887.6 亿美元，人均生产总值达到创纪录的 27466 美元，列世界第 7 位。十多年来，香港经济发展最引人注目的成就，莫过于国际金融中心地位的崛起。据伦敦市法团于 2007 年 3 月公布的有关全球金融中心指数的评价报告，香港以 684 分排名全球第三，仅次于伦敦及纽约，居亚洲金融中心龙头之位。该报告指出，香港在所有主要领域均表现卓越，特别是监管方面，而监管则是衡量市场竞争力的主要因素之一。该报告在结论中指出，香港是争夺成为"名副其实"的顶尖全球金融中心的竞赛中不容忽视的竞争对手。日本经济委员会联同多个经济研究机构于 2007 年发表的报告称，香港回归十年发展势头强劲，潜在竞争力 2006 年在世界 50 个主要经济体中名列第一，在具体指标中，金融和国际化两项拔得头筹。

香港具有开放条件下成熟的市场经济体制，是当今世界经济中最为活跃、最具竞争力的自由经济体之一。香港在人力、法律、会计等方面都已全面实现了与国际接轨，便于为来自全球的投资者提供全方位的服务。香港发展包括金融业在内的高端服务业有自己的较强的比较优势。因此，打造更具规模、更高层次的金融中心，才是香港发展的硬道理。港交所主席夏佳理谈及香港金融业的发展目标时曾经说道："香港有条件成为与纽约、伦敦比肩的全球金融中心，但这需要争取。"这位港交所负责人的上述讲话，在一定程度上反映了金融界争取将香港打造成为"亚洲华尔街"的目标追求。

北京国际金融中心

2008 年 5 月，北京市委、市政府发布的《关于促进首都金融业发展的意见》，第一次明确提出将北京建设成为具有国际影响力的金融中心城市，将北京定位为国家金融决策中心、金融监管中心、金融信息中心和金融服务中心。根据目前北京建设"世界城市"的战略构想，北京要构建具有国际影响力的金融中心城市，不仅要满足国际经济合作的需要，还要考虑与国内其他金融中心城市之间的分工及错位发展问题，特别应该注意与现有的金融中心定位是否重叠的问题，同时还要处理好自身发展与周边经济发展之间的协调关系。

北京作为中国政治、文化交往中心，"一行三会"等国家金融管理机构所在地及银行、证券、保险大型金融机构总部聚集地，建设金融中心城市具有国内其他城市无法比拟的政治优势、总部优势。但我们也应清醒地看到，北京金融产业起步比较晚，交易所也已建在上海、深圳等其他城市，监管和相应法规体系尚需完善，与目前国际金融中心比较还是有一定差距。因此北京应该利用自身丰沛的金融资源，形成集中于特定业务领域的金融中心，如信贷资本和金融结算中心、金融产品场外交易中心、金融创新中心等。

目前北京市金融资源主要集中于金融街与商务中心区，金融街聚集了央行、银监会、证监会、保监会等国家级金融监管和决策机构，以及 500 多家金融机构，控制着全国约 90% 的信贷资金和 65% 的保费资金；商务中心区是北京国际化程度最高的地方，国际资源相当丰富，已成为国际金融机构进入北京的首选地，正是这两种金融资源的合理配置，使北京市作为金融中心的内涵更加丰富。因此在把北京建设成为世界城市的过程中，应该注重这两个具备不同金融资源的城市功能区间的配合问题，充分发挥各自优势形成集合效应，以加快北京市建设具有世界影响力的金融中心的步伐。

【案例 7-2】

香港人民币离岸中心建设与人民币流出入机制安排的协调

香港人民币离岸金融中心建设

人民币离岸金融中心建设对人民币国际化具有重要支撑作用，随着中国整体经济实力的增强以及人民币国际地位与影响的逐步扩大，越来越多的投资者都在关注人民币离岸金融中心的建设问题。基于中国市场的开放格局、人民币离岸市场已有的发展基础及内地人民币离岸市场建设的总体目标要求，香港地区是中国人民币离岸中心的首选。

第一，香港独特的经济地理位置与规范的市场运行机制是香港发展人民币离岸业务的重要基础条件。香港的市场经济发达，市场经济体制与机制完善，与世界各国的投资贸易关系紧密，特别是香港与中国内地特殊的政治联系，使香港成为内地境外人民币最理想的离岸业务市场。人民币离岸业务作为香港国际金融中心交易的重要内容，自然也就成为国际金融市场业务的重要组成部分，隶属于广义上的欧洲货币市场，即欧洲人民币市场，这一市场的建立，不仅扩充了传统欧洲货币市场的业务范围与规模，而且使人民币离岸业务通过香港这一境外市场为世界各国投资者提供了新的交易货币与交易品种，并与内地的国内金融市场有一定程度上的隔离，从而使人民币在参与国际交易的同时，有效阻隔境外人民币的大量流动可能对国内金融市场与国内宏观经济造成的某种冲击。

第二，香港与中国内地紧密的经贸联系与经济文化交流活动的频繁，使香港成为境外人民币的重要集散地，为香港人民币离岸业务的开展提供了资金来源。中国内地是香港第一大贸易伙伴，香港则是内地排在前五的贸易地区之一，香港也是中国内地境外投资的主要来源地，加上内地通过香港进行的转口贸易，多年来，香港与内地之间的贸易往来有力地促进了两地经济的共同发展与经贸关系的进一步深化。与此同时，内地还是香港旅游市场的最大客源地，大量的内地旅客进入香港市场消费，为香港经济与市场的繁荣提供了支持。

第三，香港国际金融中心经过多年的发展，已在金融人才储备、金融基础设施建设与相关制度设立方面有成功的经验，为人民币离岸业务的顺利开展提供了有利条件。在金融人才方面，注重培育和吸纳人才是香港持续保持国际金融中心地位的关键。在金融基础设施方面，香港拥有世界上最发达的电信系统，可以与50多个国家进行直接通信联系和网上金融交易；香港金融中心聚焦了实力雄厚的银行业，外资银行数量位居世界第三，几乎所有的跨国银行都有分支机构在港；香港支付结算体系发达，现代化的结算系统与支付结算体系为各国投资者提供结算服务，同时为世界主要货币之间的兑换与金融交易提供同步交收服务。在金融市场制度建设方面，香港拥有发达的市场经济体制，市场法律制度完备，法制体系透明度高，拥有低税率及简明的税制结构，没有资本管制，市场运行效率高，这一切为投资者的金融交易提供了安全的制度保障。

第四，香港国际金融中心人民币业务已有一定发展。同台湾地区与澳门地区相比，香港地区的人民币业务是发展最好也是发展最为迅速的地区。多年来，香港市场的人民币沉淀量大，人民币金融产品与业务开展较早，香港市场的人民币存款、贷款、"点心债"、衍生品交易、贸易人民币结算等业务吸引着内地和海内外多样的投资者。

人民币流出入机制安排

如果说香港人民币离岸中心建设旨在解决人民币流出及投资问题的话，那么，从货币流出入平衡角度讲，必须通过国内金融市场（在岸金融）的发展解决部分人民币合理回流问题。2009年人民币跨境贸易计价结算政策的推出，不仅意味着存在通过贸易项目（或者经常项目）下的人民币流出，也存在着需要通过这一渠道的人民币回流。随着中国与世界各国（地区）经贸关系的发展，跨境资金的流动已成为中国经济发展中的一个重要现象，大量资金（包括人民币资金）的回流已成为中国经济发展中一个无法回避的现实问题。

鉴于人民币回流规模的不断扩大及人民币国际化尚处于初发阶段的现实，尽快建立正常与顺畅的流出入机制对人民币的跨境贸易结算以及人民币国际化进程的稳步推进都有实质性的好处。在回流机制建设方面可考虑采取以下措施：

第一，借助香港离岸人民币市场业务发展的契机，进一步推出和创新以人民币计价的金融产品。一方面，继续扩大香港市场上人民币的规模，使香港发挥作为人民币国际化初期的货币池的功能，另一方面，不断推出香港市场人民币业务，创新香港市场人民币债券品种，以此既依托海外企业与机构在港的债券发行，促进香港市场上沉淀人民币的就地消化与境外使用，又通过内地企业与机构在香港市场的债券发行，促进香港离岸人民币正常与适度的回流。

第二，拓展 RQFII 业务，促进境外人民币通过正规渠道和正常方式的回流与投资，由此也可为内地证券市场发展提供资金。在所有回流渠道中，RQFII 是最直接的一种人民币回流方式。自 2011 年 12 月正式推出以来，规模不断扩大，2011 年底，首批 200 亿元额度 RQFII 由 21 家机构分享，2012 年 4 月第二批 RQFII 新增 500 亿元人民币投资额度，截至 2013 年 6 月，已审批的投资额度达 1049 亿元人民币。实践证明，RQFII 业务的推出在为香港人民币投资境内资本市场提供正规渠道的同时，也使机构投资者和个人投资者能够通过金融产品参与境内金融市场的投资。再者，通过 RQFII 渠道投资内地的人民币资金所具有的以中长期投资为主的特征，也在一定程度上舒缓了由于大量热钱向内地流入所造成的市场冲击。

第三，扩大人民币跨境贸易结算规模。贸易进出口的人民币结算是人民币流出入的另一个重要渠道。在跨境贸易人民币政策推出初期，人民币通过内地商品的进口流出的比例远远大于出口流入的比例，从 2011 年开始这一状况有所改善，人民币通过贸易结算的流出入比例基本达到均衡。

第四，依托上海经济与金融发展优势，建设好上海国际金融中心，促进香港与上海市场之间的优势互补与人民币业务的对接。2009 年国务院发布《关于推进上海加快发展现代服务业和先进制造业　建设国际金融中心和国际航运中心的意见》，上海国际金融中心建设正式踏上征程；2011 年底《上海市加快国际航运中心建设"十二五"规划》以及《"十二五"时期上海国际金融中心建设规划》出台，上海国际金融中心进入实质性的建设与培育阶段。上海国际金融中心的建设，一方面将为以香港市场为主体的人民币回流提供交易场所，同时也可借助上海这一金融中心的中介作用，将部分回流的人民币向内地发散，实现人民币在境外与内地之间良性循环机制的建设，以便使境外人民币及其投资者由此分享内地经济改革与经济发展的成果，促进两地经济与金融的共同繁荣。

资料来源：梅德平. 跨境贸易人民币计价结算问题研究：人民币国际化视角. 武汉大学出版社，2014.

【复习思考题】

一、基本概念

国际金融市场　　欧洲货币市场　　亚洲货币市场　　离岸市场

国际金融创新　　金融管制　　金融工具　　国际金融中心

二、问答题

1. 简述国际金融市场的概念与功能，并总结其特点。

2. 欧洲货币市场的业务是什么？它对世界经济有何影响？

3. 简述亚洲货币市场的业务与特点。

4. 分析与比较欧洲货币市场和亚洲货币市场并简述它们之间的关系。

5. 金融创新的原因和趋势是什么？

6. 简述金融工具创新的主要内容。

7. 简述国际金融市场的分类。

【主要参考文献和阅读书目】

1. 朱孟楠著：《国际金融学》，厦门大学出版社 2006 年版。

2. 陈雨露主编：《国际金融》，中国人民大学出版社 2008 年版。

3. 王曼怡等主编：《国际金融新论》，中国金融出版社 2009 年版。

4. 裴桂芬著：《国际金融动荡研究》，人民出版社 2006 年版。

5. 刘思跃等著：《国际金融》（第 2 版），武汉大学出版社 1998 年版。

6. 王灵华等著：《国际金融学》，清华大学出版社，北京交通大学出版社 2010 年版。

7. 潘英丽著：《国际金融中心：历史经验与未来中国》（上、中、下三册），格致出版社 2010 年版。

8. 裴平等著：《国际金融学》，南京大学出版社 2013 年版。

9. 何东等：《本国货币的离岸市场：货币和金融稳定》，载《比较》2010 年第 46 卷。

10. 布克斯塔伯著：《我们自己制造的魔鬼：市场、对冲基金以及金融创新的危险性》，中信出版社 2008 年版。

11. 凯西斯著：《资本之都：国际金融中心变迁史（1780—2009）》，中国人民大学出版社，中国金融出版社 2011 年版。

第八章 国际资本流动与国际金融危机

在经济全球化背景下，随着经济的发展和金融市场的发达，国际资本流动的规模越来越大，到 20 世纪 90 年代，国际资本流动急剧增加，资本流动的规模及参与的国家数量达到了前所未有的程度。国际资本流动一方面可以提高资本的配置效率，促使国际金融市场日趋成熟，并加快全球一体化的进程，但另一方面，各国在享受国际资本流动所带来的效益的同时，也面临着资本流动所带来的各种风险。短期内大规模、无序的资本流动为各国的经济和金融市场带来了巨大冲击，无论是 20 世纪 80 年代的债务危机，还是 90 年代的亚洲金融危机，都与国际资本流动密切相关。于是，如何有效地对国际资本流动进行监督和控制也就成了各国防范金融危机的重要课题。

第一节 国际资本流动

一、国际资本流动的概念和类型

(一) 国际资本流动的概念

国际资本流动是指资本在国家间转移，或者说，资本在不同国家或地区之间作单向、双向或多向流动，具体包括：贷款、援助、输出、输入、投资、债务的增加、债权的取得、利息收支、买方信贷、卖方信贷、外汇买卖、证券发行与流通等。

国际资本流动以盈利或平衡国际收支为目的，以使用权转让为特征。国际资本流动、国际资金流动和国际资本输出入是相互关联又相互区别的概念。国际资本流动与资金流动的区别在于：资本流动是可逆的双向性资本转移，如投资或借贷资本的流出将引起投资本金和收益、贷款本金和利息的返还；资金流动则是不可逆转的单向资金转移，如投资收益的支付。国际资本流动与国际资本输出入的区别在于：后者仅包含于投资和借贷活动相关的资本转移，资本流动包含的内容不仅如此，还包括以黄金、外汇等弥补国际收支逆差的资本流动。

国际资本流动从流向上可以分为资本流入和资本流出。资本流入是指资本从国外流向国内，资本流入通常表现为本国对外国的资产增加或负债减少。资本流出是指资本从国内流向国外，表现为本国对外国的资产减少或负债增加。

国际资本流动与国际收支也存在一定的关系，国际收支平衡表中的资本与金融账户反映一国在一定时期内同其他国家或地区间的资本流动的综合情况，包括：①资本流动的规模，即资本流出额、资本流入额、资本流动总额和资本流动净额；②资本流动的方式，即直接投资、证券投资等；③资本流动的类型，即长期资本流动和短期资本流动；④资本流动的性质，即官方资本流动和私人资本流动。

（二）国际资本流动的类型

国际资本流动按照资本流动的期限，可分为短期资本流动和长期资本流动。短期资本流动是指期限为一年或一年以下资金的流出入。短期资本流动一般借助于各种信用工具进行，如商业票据、短期政府债券、银行承兑汇票、可转让银行定期存单等；长期资本流动是指期限在1年以上的资本流动，它包括货币资本、实物资本、财务资本和对外资产与负债等。

1. 短期资本流动

（1）贸易性资本流动。贸易性资本流动是指在进出口贸易过程中所涉及的资金融通以及国际贸易结算所涉及的资金支付，这种资本流动通常是短期性质的。为结清国际贸易往来导致的债权和债务，货币资本就必然从一个国家或地区流向另一个国家或地区，这种资本流动具有不可逆转性。贸易性资本流动是由进出口贸易引起的结算性资本流动，是最传统的国际资金流动方式，早期的国际资本流动多以这种方式出现。随着经济开放程度的提高和国际经济活动的多样化，贸易资金在国际资本流动中的比重已大为降低。

（2）国际银行资本流动。国际银行资本流动是各国外汇专业银行之间由于调拨资金而引起的资本国际转移。各国外汇专业银行在经营外汇业务过程中，由于外汇业务或谋取利润的需要，经常不断地进行套汇、套利、外汇头寸的抛补和调拨、短期外汇资金的拆进拆出、国际银行同业往来的收付和结算等，这些都会产生频繁的国际短期资本流动。

（3）保值性资本流动。保值性资本流动又称作避险性资金流动或资本外逃，它是指金融资产的持有者为了资金安全或保值不断进行资金调拨所形成的短期资金流动。某个国家或地区政治局势不稳定，可能引起其国内资本或国内资金外逃；一国经济萧条或低迷，国际收支状况恶化，其货币必定趋于贬值，容易引发国内资金外逃，向币值稳定的国家流动；另外，政府如果实行外汇管制，限制资金外逃或对资本收益增加税收，也可能引起大量资本外逃，形成突发性的大规模短期资本流动。

（4）投机性资本流动。投机性资本流动是指各种投机者利用国际金融市场上行情涨落的差异以及对行情变动趋势的预测，进行投机活动以牟取预期利润而引起的短期资本流动。由于国际金融一体化、国际金融创新等原因，投机资金的力量越来越大，在国际金融市场上活动十分猖獗，已成为短期资本流动中最主要的部分。

2. 长期资本流动

长期资本流动是指期限在一年以上或没规定期限的资本流动，按照流动方式的不同可分为两部分：国际投资和国际信贷，其中国际投资又可分为国际直接投资和证券投资。

（1）国际直接投资。国际直接投资是指一国的投资者采用各种形式对别国的工矿、商业、金融服务等领域进行投资及利润再投资，并取得对所投资企业的部分或全部管理控制权。直接投资的方式主要有下列几种：

①在国外开办独资企业。即投资者以资金、技术、实物等资本在国外进行投资，创立全新企业，并对企业拥有所有权和经营权。

②直接收购原有的外国企业。即投资者购买外国企业的资产并取得对企业的经营控制权。这种形式投资具有利用企业原有设备、人员和销售网络尽快从事生产经营活动的好处。

③与当地企业合作开办合资企业或合作企业。即和当地企业共同出资、共同经营、共负盈亏、公担风险的合作方式。

④收购国外企业的股权达到拥有实际控股权的比例。即投资者在股票市场上买入国外企业一定数量的股票，通过股权获得全部或部分的经营权，从而达到收购该企业的目的。

（2）证券投资。证券投资也称间接投资，是指投资者在国际证券市场上购买外国政府和企业发行的中长期债券或购买外国公司股票的投资方式。证券投资与直接投资的区别在于，证券投资的目的是在国际投资市场上获利，而不是企业的经营利润，证券投资者并不追求拥有企业的控制权。证券投资是国际资本流动的一个重要渠道，也是一种新趋势。近年来，一些发达国家的国际证券投资规模已经超过直接投资，成为国际资本流动的主要方式。根据国际货币基金组织统计，2005 年美国、加拿大和日本用于对外证券投资的资本分别达到 1801 亿美元、427 亿美元和 1964 亿美元，均大于其国际直接投资规模。发展中国家的国际证券投资也呈快速增长之势，2005 年达到 2058 亿美元，比 2000 年增长 123%，占流入发展中国家资本总额的 31%。

（3）国际信贷。即国家间以多种方式互相提供的信贷，通常是指一个或几个国家政府、国际金融机构，以及公司企业向其他国家的政府、金融机构、公司企业以及国际机构提供的贷款。国际信贷的主要特点是：它是单纯的借贷货币资本在国际上的转移，不像直接投资那样，涉及在他国设立企业实体或收购企业股权，也不像证券投资那样，涉及证券的发行与买卖。国际信贷反映了国家之间借贷资本的活动，是国际经济活动的一个重要方面。国际信贷的发展和变化是世界经济的客观状况和发展的必然趋势，在国际经济发展的过程中，一方面是发达国家出现了大量的过剩资本，当这些资本在本国找不到有利的投资环境时，就要突破国界，向资金短缺、生产要素组成费用少，而市场又较为广阔的经济不发达国家或地区输出。另一方面，发展中国家为了加速本国经济发展需要大量资本，在自己资金缺乏的情况下，就需要引进外资以弥补不足。也有一些国家，通过国家资本的输入输出来平衡和调节本国的国际收支。国际信贷促进了国际经济、贸易的发展，缓解了资金短缺的问题，推动了生产国际化和经济全球化。

二、国际资本流动的原因

导致国际资本流动的因素是诸多方面的，既有投资国方面的，也有引资国方面的，既有来自国际资本的内在因素驱使，也有来自世界经济的外部环境推动。具体可概括为以下几个方面：

（1）资本的供求关系。国际资本市场供求的变动是影响国际资本流动的根本原因，一旦供求失衡，就会导致资本流动，直至达到新的平衡。资本作为特殊的商品也不例外，也受这个规律的制约。

从资本供给方面来看，随着世界生产力的迅速发展，那些首先发达起来的西方工业国的国民收入和资本积累日益增多，而与此同时，这些发达国家的投资需求和消费需求却出现了相对萎缩，造成了资本的相对过剩。为了寻找更有利的投资场所和领域，这些相对过剩的资本便流向那些原材料丰富、工资低廉、成本低、利润大的经济较为落后的国家。从资本需求方面来看，大多数发展中国家经济落后、资金短缺，不能满足国内市场经济发展的需要，为了解决这个问题，它们不得不积极地从国外引进资本。大量的资本过剩和资本需求，导致资本在发达国家和发展中国家之间的快速转移，形成了巨额的国际资本流动。

（2）利润的驱动。增值是资本运动的内在动力，利润驱动是各种资本输出的共有动机。当投资者预期一国的资本收益率高于他国，资本就会从他国流向这一国；反之，资本就会从这一国流向他国。此外，当投资者在一国所获得的实际利润高于本国或他国时，该投资者就会增加对这一国的投资，以获取更多的国际超额利润或国际垄断利润，这些也会导致或加剧国际资本流动。在利润机制的驱动下，资本从利率低的国家或地区流往利率高的国家或地区。这是国际资本流动的又一重要原因。

（3）利率和汇率的影响。利率和汇率是市场经济运行中的两大经济杠杆，对国际资本流动的方向和规模有十分重要的影响。利率的高低在很大程度上决定了金融资产的收益水平，进而作用于国际资本流动。出于对利润的渴望，资本总是从利率较低的国家流向利率较高的国家，直至国际利率大体相同时才会停止。当前，国际利率差异主要表现为各国国内金融市场利率与欧洲货币市场利率的差异。当国内金融市场利率高于欧洲货币市场利率时，欧洲货币市场上的资本就会流向国内；反之，国内金融市场上的资本就会流向国外。当然，由国际利率差异引起的资本流动并不是无条件的，它还受到货币的可兑换性、金融管制和经济政策目标等因素的制约。

汇率的变化也会引起国际资本流动，尤其是 20 世纪 70 年代以来，随着浮动汇率制度的普遍建立，主要国家货币汇率经常波动，且幅度很大。如果一个国家货币汇率持续上升，则会产生兑换需求，从而导致国际资本流入；如果一个国家货币汇率不稳定或下降，资本持有者可能预期到所持的资本实际价值将会降低，则会把手中的资本或货币资产转换成他国资产，从而导致资本向汇率稳定或汇率升高的国家或地区流动。

（4）风险防范因素。政治、经济及战争风险的存在，也是影响一个国家资本流动的重要因素。政治风险是指由于一国的投资气候恶化而可能使资本持有者所持有的资本遭受损失，如政局不稳，法律不健全，东道国的法令、法律、法规对外资采取不平等待遇或歧视性政策，都有能使资本拥有者发生意外的损失。经济风险是指由于一国投资条件发生变化而可能给资本持有者带来的损失，如通货膨胀。为规避风险，大量资本从高风险的国家和地区转向低风险的国家和地区。战争风险是指可能爆发或已经爆发的战争对资本流动造成的影响。如海湾战争就使国际资本流向发生重大变化，在战争期间许多资金流往以美国为主的几个发达国家（大多为军费），战后又使大量资本涌入中东，尤其是科威特等国。

（5）国际炒家的恶性投机。所谓恶性投机，包含两种含义：第一，投机者基于对市场走势的判断，纯粹以追逐利润为目的，打压某种货币而抢购另一种货币的行为。这种行为的普遍发生，毫无疑问会导致有关国家货币汇率的大起大落，进而加剧投机，汇率进一步动荡，形成恶性循环，投机者则在"乱"中牟利。第二，投机者不是以追求盈利为目的，而是基于某种政治理念或对某种社会制度的偏见，动用大规模资金对某国货币进行打压，由此阻碍、破坏该国经济的正常发展。但无论哪种投机，都会导致资本的大规模外逃，并导致该国经济的衰退，如 1997 年 7 月爆发的东南亚金融危机。

三、当代国际资本流动的主要特征

1990 年以后国际资本流动进入一个全新的全球化发展阶段。其发展呈现出许多新的特征。

1. 发展中国家之间的资本流动不断增加

随着发展中国家经济的快速发展、各国经济联系和合作的增强及各国资本市场的逐步开放，发达国家投资发展中国家，发展中国家相互投资的力度都大幅增加。地理位置的毗邻和文化的接近，使得发展中国家的相互投资障碍更小。例如中国由于工资和土地成本的上升，将产业转移至西部地区或者印度尼西亚等成本更低的发展中国家。

2. 资本流动方向发生改变

国际游资多由私人资本和国家主权资本构成，游资的流向多反映了各地的经济发展和投资回报。亚洲和中东及太平洋地区的发展中国家由于发展迅速，成为跨国公司对外直接投资的首要选择，而资本市场的逐步发育和管制不完善又吸引了大量的国际游资。国际游资在为这些国家的民族企业提供资金、补充血液的同时也埋下了大大小小的隐患。1997年亚洲金融危机的爆发就是由外资的流动、经济结构的畸形和资本市场的泡沫造成的。

3. 机构投资者比例逐渐增加

在许多发达国家，家庭、公司、学校、基金会以及其他机构越来越习惯于通过共同基金或者基金管理公司来管理自己的金融资产，寻求资本的保值增值。基金管理公司在有效管理资本的过程中发挥着积极作用，促使资本在全球配置，寻找高额回报，但有的基金公司趋利性过强，为了赚取高额的基金管理费而将资本投入高风险、高回报领域，埋下了风险的隐患。这与学校、养老保险等机构的资本保值初衷背道而驰。美国次贷危机的爆发也有这方面原因。

4. 国际资本流动结构发生改变

发展中国家由于多为出口拉动型增长模式，其外汇储备多是购买美国国债，也就是官方资本由发展中国家流向发达国家。1997 年亚洲金融危机后，国际资本流入发展中国家的金额大幅减少，但近些年由于发展中国家经济飞速发展及资本市场的逐渐开放，资本流入较 1997 年之前有加大之势，也即私人资本由发达国家流向发展中国家。发展中国家的劳工输出每年也将数以万计的外汇汇回国内。

5. 发达国家主导国际资本市场流动

欧美等发达国家由于经济实力较其他经济体强大，其在资本市场上扮演着主导的角色，但其重要性有所下降。中国、俄罗斯、中东等新兴资本充裕国家和地区的影响也越来越大。美国是全球最大的对外直接投资输出国，也是资本流入的最大输入国。然而，美国经济实力的下降和美元不负责任的滥发导致美元的吸引力大幅下降，越来越多的国家考虑将美国债券卖掉。欧洲由于经济一体化、贸易投资壁垒较少及资本市场的成熟和发达，其资本流入和流出都很大。由于日本是贸易顺差国和零息国，其贸易市场是流入国而资本市场很多时候又是流出国。

6. 资本市场泡沫向全球传递

国际资本流动的全球化使不同经济体在国际金融市场的融资条件趋于一致，不同国家的利率差距缩小。20世纪90年代后，美国、德国和日本的央行基准利率一度收敛于6%的水平。随着欧元的出台，欧洲主要国家利率水平率先趋同。从利率水平的调整看，西方主要国家央行的决策具有显著的相关性，主要国家利率的每一次调整几乎都会引起其他国家的快速响应，波动具有联动性。在主要国家利率水平趋近的同时，世界各国仍保持一定的利率差距，其主要原因在于各国处于不同的经济发展阶段，不同的经济增长率支持不同的投资收益率，同时，各国金融风险程度的差异导致风险溢价处于不同水平，这是构成利率差距的主要部分。

7. 对制造业的投资转向对服务业和资本技术密集型产业的投资

20世纪50—80年代，外国直接投资多是流向初级产品加工业和原材料工业，以利用发展中国家的丰富自然资源和廉价劳动力；90年代以后，外国直接投资开始转向加工工业、高附加值工业、新兴工业、服务业，其中第三产业中的金融、保险、旅游和咨询等服务业和资本技术密集型产业，则是当前国际直接投资的重点领域。从1995年起，世界经济出现了第五次国际购并浪潮。在此次国际购并浪潮中，平行型购并行为增加。传统的垂直型投资是以利用有关国家和地区的自然资源和廉价劳动力为出发点，而水平型直接投资中，子公司或附属公司从事着与总公司基本一样的经营活动，这种资本流动是以扩大产品的销售市场进而获取高收益为宗旨的。

四、国际资本流动的经济影响

（一）长期国际资本流动的影响

1. 对世界经济的一般影响

（1）形成全球利润最大化。长期资本流动可以增加世界经济的总产值与总利润，并使其趋于最大化。因为，资本在国家间进行转移的一个重要原因，就是资本输出的盈利大于资本留守在国内投资的盈利，这意味着输出国因资本输出，在资本输入国创造的产值，会大于资本输出国因资本流出而减少的总产值。这样，资本流动必然增加世界的总产值和总利润，而且资本流动一般是遵循哪里利润率高就往哪里流动的原则，最终会促使全球利润最大化。

（2）加速世界经济的国际化。生产国际化、市场国际化和资本国际化，是世界经济国际化的主要标志。这三个国际化之间互相依存，互相促进，推动了整体经济的发展。第二次世界大战后，资本流动国际化已形成一种趋势，20世纪80年代以来更有增无减，尤其是资本流动国际化的外部环境与内部条件不断充实，如全球金融市场的建立与完善，高科技的发明与运用，新金融主体的诞生与金融业务的创新，以及知识的累积、思维的变化等，这些都使资本流动规模大增，流速加快，影响更广，而其所创造的雄厚的物质基础，又反过来推动生产国际化与市场国际化，使世界经济在更广的空间、更高的水平上获得发展。

（3）加深了货币信用国际化。首先，加深了金融业的国际化。资本在国家间的转移，促使了金融业尤其是银行业在世界范围内广泛建立，银行网络遍布全球，同时也促进了跨国银行的发展与国际金融中心的建立，这些都为国际金融市场增添了丰富的内容。目前，不少国家的金融业已成为离岸金融业或境外金融业而完全国际化。其次，促使以货币形式出现的资本遍布全球，如国际资本流动使以借贷形式和证券形式体现的国际资本大为发展，渗入世界经济发展的各个角落。最后，国际资本流动主体的多元化，使多种货币共同构成国际支付手段。目前，几个长期资本比较充裕的国家，其货币都比较坚挺，持有这些货币，意味着更广泛地在世界范围内实现购买力在国家间的转移或可更有选择余地地拥有清偿国家间债权债务的手段。可见，这些都在不同程度上加深了货币信用的国际化。

2. 对资本输出国的影响

在一般情形下，长期资本流动对资本输出国的影响有积极与消极两个方面。

积极影响：（1）可以提高资本的边际效益。长期资本输出国一般是资本较充裕或某些生产技术具有优势的国家。这些国家由于总投资额或在某项生产技术领域的投资额增多，其资本的边际效益就会递减，由此使新增加的投资的预期利润率降低。如果将这些预期利润率较低的投资额，转投入资本较少或某项技术较落后的国家，便可提高资本使用的边际效益，增加投资的总收益，进而为资本输出国带来更可观的利润。（2）可以带动商品出口。长期资本输出会对输出国的商品出口起推动作用，从而增加出口贸易的利润收入，刺激国内的经济增长。如某些国家采用出口信贷方式，使对外贷款（即资本输出）与购买本国的成套设备或某些产品相联系，从而达到带动出口的目的。（3）可以迅速地进入或扩大海外商品销售市场。（4）可以为剩余资本寻求出路，生息获利。（5）有利于资金输出国提高国际地位。资本输出一般来说意味着该国的物质基础较为雄厚，更有能力加强同其他国家的政治与经济联系，从而有利于提高自己的国际声誉或地位。

消极的影响：（1）必须承担资本输出的经济和政治风险。当今世界经济和世界市场错综复杂，资本输出一不小心，如投资方向错误，就会产生经济业务的风险。在政治风险方面，假如资本输入国发生政变并可能由此演变成政治变革，就可能会实施不利于外国资本输出的法令，如没收投资资本，甚至拒绝偿还外债等。在国际债务历史上，曾经发生过有的国家因陷入债务危机而停止还债的现象。（2）会对输出国经济发展造成压力。在货币资本总额一定的条件下，资本输出会使本国的投资下降，从而减少国内的就业机会，降低国内的财政收入，加剧国内市场竞争，进而影响国内的政治稳定与经济发展。

3. 对资本输入国的影响

积极影响：（1）可以弥补输入国资本不足。一个国家获得的间接投资，通过市场机制或其他手段会流向资金缺乏的部门和地区；一个国家获得直接投资，则在一定程度上会弥补国内某些产业的空心化现象。其结果是，既解决了资金不足问题，也促进了经济的发展。（2）可以引进先进技术与设备，获得先进的管理经验。长期资本流动的很大一部分是直接投资，该投资的特点是能给输入国直接带来技术、设备，甚至是销售市场。因此，只要输入得当、政策科学，资本输入无疑会提高本国的劳动生产率，增加经济效益，加速经济发展进程。（3）可以增加就业机会，增加国家财政收入。资本输入的目的在很大程度上是用来创建新企业或改造老企业，这对发达国家或发展中国家都是如此。这样，就有利于增加就业机会，有利于增加国民生产总值，进而有利于增加国家财政收入，提高国民的生活水平。（4）可以改善国际收支。一方面，输入资本，建立外向型企业，实现进口替代与出口导向，就有利于扩大出口，增加外汇收入，进而起到改善国际收支的作用；另一方面，资本以存款形式进入，也可能形成一国国际收支的来源。

消极影响：（1）可能会引发债务危机。输入国若输入资本过多，超过本国承受能力，则可能会出现无法偿还债务的情况，导致债务危机的爆发。（2）可能使本国经济陷入被动境地。输入资本过多又管理不善并使本国经济不能获得长远发展的话，输入国就会对外产生很强的依赖性。这样，一旦外国资本停止输出或抽走资本，本国经济发展就会陷入被动的境地，甚至使本国的政治主权受到侵犯。（3）加剧国内市场竞争。大量外国企业如果把产品就地销售，必然会使国内市场竞争加剧，从而使国内企业的发展受到影响。

（二）短期国际资本流动的影响

1. 对国际贸易的影响

在国际贸易中，买卖双方（或银行）提供的短期资金融通，如预付货款、延期付款及票据贴现等，都有利于国际贸易双方获得资金便利，从而有利于国际贸易的顺利进行。

2. 对各国国际收支的影响

（1）当一国出现暂时性的国际收支失衡时，短期资本流动有利于调节失衡。当一国的国际收支出现暂时性逆差时，该国的货币汇率就会下跌，如果投机者意识到这种汇率下跌仅是暂时的，预期不久就会上升，于是就按较低汇率买进该国货币，等待汇率上升后再以较高的汇率卖出，这样就形成了该国的短期资本流入之势，这种趋势显然有利于调节该国的国际收支逆差。反之，一国的国际收支出现暂时性顺差时，该国汇率会上升，如果投机者意识到该汇率上升只是暂时的，预期不久会回落，于是就按较高的汇率卖出该国货币，等待汇率回落后再以较低的汇率买进该国货币。这种投机行为形成该国的短期资本流出，这也显然有利于减少该国出现的暂时性顺差。（2）当一国出现持续性国际收支不平衡时，则投机性和保值性短期资本流动会加剧该国的国际收支失衡状态。当一个国家出现持续性逆差时，该国的货币汇率就会持续下跌，如果投机者预期到该国货币汇率还会进一步下跌时，他就会卖出该国货币，买进其他货币，以期在该国货币贬值，其他货币升值后获利。这种投机行为，会使该国的资本流出，从而会扩大逆差，加剧国际收支失衡。反之，当一个国家出现持续性顺差时，这个国家的货币汇率就会持续上升，如果投机者预期到这种汇率还会上升，他就会卖出其他货币，买进该国货币，以期该国货币升值后获利。这种投机行为，会使该国顺差扩大，从而也加剧了国际收支失衡。

3. 对国际金融市场的影响

短期资本流动会加剧国际金融市场动荡，表现在它会造成汇率大起大落，投机更加盛行。如上所述，一国发生短期性国际收支不平衡时，汇率将发生波动。因为投机者这时是在外汇供不应求、本币汇率偏低时，卖出外汇、买进本币，或在外汇供大于求、本币汇率偏高时，买进外汇、卖出本币。这种投机性资本流动，既有利于国际收支平衡的调节，又有利于保持市场汇率的稳定。与此相反，一旦一国发生持续性国际收支失衡，这时，投机者是在外汇供不应求时买进外汇，而在外汇供大于求时卖出外汇，这种行为显然不利于国际收支平衡，也不利于汇率的稳定。因此，这种投机行为会使国际金融市场更加动荡不安。

第二节　国际金融危机

一、国际金融危机概述

国际金融危机首先是金融危机。当一个经济体发生金融危机了，由于这个经济体本身在世界经济中的重要地位及其与外部世界的关联，这一金融危机就可能演变成国际金融危机。或者，在国家间金融活动中出现了问题，也就直接引发国际性金融危机。

（一）金融危机的含义

对金融危机并没有一个标准的定义，不同的学者有不同的定义。比如，美国哥伦比亚大学教授米什金（F. S. Mishkin）这样定义：当金融体系所受的某些冲击已经明显干扰了信息传递，进而导致金融体系不再能有效地将资金传输给生产性投资机会时，金融不稳定就发生了。事实上，如果金融不稳定的程度达到十分严重的地步，它就会导致整个金融市场功能的丧失，即引起人们通常所说的金融危机。经济学家拉维（Laeven）和沃兰西（Valencia）则这样定义金融危机：金融危机意味着一些或所有的金融指标（如利率、汇率、股票指数、房地产价格、商业破产数等）在一个较短时期里快速恶化。

总的来讲，金融危机就是金融体系在一些或某些方面出了较严重的问题，以至于正常的资源配置功能无法继续，进而对整个经济带来负面冲击。当代各国经济与金融的密切交叉融合已达到国际经济与金融一体化的程度，所以，在当代世界上任何一个国家和地区发生金融危机，就其破坏作用和影响而言，都带有明显的国际性和全球性的特点。

20世纪30年代以来，世界上爆发过多次金融危机。主要有，1929年10月28日由纽约证券交易所爆发的股市危机，并迅速波及全球，形成了持续到1933年的世界性的金融危机和经济危机；1960—1973年先后爆发6次美元危机；1973—1975年因美国圣地亚哥国民银行破产引发并蔓延到许多西方国家的银行破产风潮；1982年8月爆发的并迅速波及全球50多个发展中国家的危机；1987年10月19日，因纽约证券交易所道·琼斯股价平均指数直线下降，华尔街的混乱瞬间传遍了西方各主要证券交易所，从而爆发世界性的股市危机；1992年爆发的英镑危机；1994年爆发的墨西哥金融危机和1997年爆发的东南亚金融危机等。在这些金融危机中，影响面最广的是1929—1933年的世界金融危机，1960—1973年的6次美元危机，1973—1975年的银行破产风潮，1982年爆发的拉美国家的债务危机，1997年的东南亚金融危机以及2008年爆发的美国金融危机。

（二）金融危机的分类

一般来讲，理论界根据金融危机在现实中的演化与表现，将其分为银行危机、货币危机、债务危机和混合（系统性）危机。

（1）银行危机。银行危机是指商业银行等金融机构不能如期偿付债务，政府被迫提供大量援助以避免其违约甚至破产而产生的危机。一家银行发生危机并积累到一定程度，必然波及其他银行，进而给整个银行系统带来危机。这里所说的银行是指商业银行，即除中央银行、各种保险公司、各种类型的基金以外的金融机构。在金融危机发展史上，距今最近的银行危机发生在 20 世纪 80 年代，那场银行危机给世界经济特别是西方经济带来沉重打击，从那时起，在国际货币基金组织成员国中，大约有 130 个国家曾产生过不同程度的银行危机，其中，3/4 的银行危机发生在发展中国家。

（2）货币危机。货币危机有狭义、广义之分。狭义的货币危机是指实行固定汇率制的国家被迫实施汇率调整，或被迫实行浮动汇率制而引发的危机。这里，被迫调整是指在经济基本面恶化，或者在遭遇强大的投机攻击的情况下进行的调整。由于被迫由固定汇率制调整为浮动汇率制，以市场供求决定的汇率水平远远高于原来所刻意维护的汇率水平（即官方汇率），这种汇率变动的影响一旦难以控制甚至难以容忍，就可能爆发货币危机。可见，狭义的货币危机与固定的汇率制度相联系。广义的货币危机泛指汇率的变动幅度超出了一国可承受的范围的现象。在经济全球化时代，汇率是国与国之间密切联系的纽带，也是金融危机在国与国之间快速传播的因素。因此，各国决策者必须慎重选择适合本国国情的汇率制度，实施相配套的经济政策。随着市场经济和经济全球化的发展，经济低迷已不再是导致货币危机的主要原因。引发货币危机的主要的国内原因有：国内经济基础薄弱、汇率政策不当、外汇储备不足、金融系统脆弱、金融市场过度开放、外债负担重、财政赤字严重、基金组织政策不当、政府失信等。

（3）债务危机。债务危机是指在一个或几个国家（地区）由于过度负债，导致债务到期无力还债或必须延期还债的现象。发展中国家的债务危机起源于 20 世纪 70 年代，特别是进入 80 年代后，在拉美国家最先爆发了大规模的债务危机。衡量一个国家外债清偿能力最主要的是外债清偿率，即一个国家在一年中外债的还本付息额占当年或上一年出口收汇额的比率。通常情况下，这一指标应保持在 20% 以下，超过 20% 就表明外债负担过高。债务危机对债务国和债权国都会造成严重影响，甚至影响世界经济。债务危机破坏了国际经济关系发展的正常秩序，是国际金融体系的一大隐患，尤其对债务国即危机爆发国的影响更大，会给经济和社会发展带来严重后果，如国内投资规模大量减少、通货膨胀恶化、经济增长缓慢甚至衰退、社会动荡不安等，进而影响到整个国际金融体系的稳定。

二、国际金融危机理论

国际金融危机时有发生，并给各国经济带来重创。那么，到底是什么原因造成了危机？有什么办法预防或预警危机？危机一旦发生应该用什么应对？等等。这些围绕着国际金融危机的问题自然会产生，对它们的回答就不断构建着国际金融危机理论。

早期，海曼·明斯基提出了"金融不稳定假说"，认为金融体系的内在脆弱性决定了金融体系自身的不稳定性；脆弱性的根源则在于金融体系中无法避免的道德风险和逆向选择。另外，还有很多其他的文献和理论。当然，这些理论有的主要是针对银行，有的是针对货币危机或债务危机的。接下来，我们就对其中比较有代表性的理论进行介绍。

（一）"债务—通货紧缩"理论

1929—1933 年大危机的成因分析曾经为许多著名经济学家所关注。美国经济学家欧文·费雪在凡勃伦、霍曲莱等学者研究的基础上提出"债务—通货紧缩"理论，这一理论针对市场经济国家商业周期的景气循环，分析金融风险形成的原因、累积和爆发的形式。

"债务—通货紧缩"理论认为：当某种外部因素（如政府实施扩张性的财政政策或货币政策）推动经济扩张和投资增加，将增加产出和促使物价上涨，企业生产增加和利润增加，在景气预期下，企业会通过扩大信贷以增加投资，促使银行信贷进一步扩张，企业的债务也随之进一步增加，导致"过度负债"，这时开始进入"债务—通货紧缩"阶段。

欧文·费雪的"债务—通货紧缩"理论的核心思想是：企业在经济上升时期为追逐利润"过度负债"，当经济陷入衰退时，企业赢利能力减弱，逐渐丧失清偿能力，引起连锁反应，导致货币紧缩，形成恶性循环，金融危机就此爆发。其传导机制是：企业为清偿债务廉价销售商品——企业存款减少、货币流通速度降低——总体物价水平下降——企业净值减少、债务负担加重、赢利能力下降——企业破产、工人失业——人们丧失信心、悲观情绪弥漫——人们追求更多的货币储藏、积蓄——名义利率下降、实际利率上升——资金盈余者不愿贷出、资金短缺者不愿借入——通货紧缩。

（二）金融不稳定假说

明斯基对金融内在脆弱性进行了系统分析，提出了"金融不稳定假说"。他将市场上的借款者分为三类：第一类是"套期保值"型借款者。这类借款者的预期收入不仅在总量上超过债务额，而且在每一时期内，其现金流入都大于到期债务本息。第二类是"投机型"借款者。这类借款者的预期收入在总量上超过债务额，但在借款后的前一段时期内，其现金流入小于到期债务本息，而在这段时期后的每一时期内，其现金流入大于到期债务本息。第三类是"蓬齐"型借款者。这类借款者在每一时期内，其现金流入都小于到期债务本息，只在最后一期，其收入才足以偿还所有债务本息，因而他们不断地借新债还旧债，把"后加入者的入伙费充作先来者的投资收益"，以致债务累计越来越多，潜伏的危机越来越大。在一个经济周期开始时，大多数借款者属于"套期保值"型借款者，当经济从扩张转向收缩时，借款者的赢利能力缩小，逐渐转变成"投机型"借款者和"蓬齐"型借款者，金融风险增大。由于这种金融体系本身所具有的不稳定性，经济发展周期和经济危机不是由外来冲击或是失败性宏观经济政策导致的，而是由经济自身发展所引致。

（三）货币主义的金融危机理论

货币主义者弗里德曼和施瓦兹、卡甘认为，金融危机就是产生或加剧紧缩效应的银行业恐慌。根据他们的论述，一些突发事件，比如重要金融机构的破产可能使公众对银行将存款兑换为通货的能力丧失信心，从而引起银行业恐慌。公众增加持有通货的行为不仅降低了存款/通货比率，而且使银行必须持有更多准备金，从而降低了存款/准备金比率。这会通过货币乘数导致存款货币倍数紧缩。此时，如果货币当局对银行业恐慌不加以干预，使之得以缓解，则会导致大批稳健经营的银行破产。

货币主义理论认为金融危机的成因是突发事件引起的银行业恐慌，而不是像费雪或明斯基认为其是由商业周期的景气循环引致的。而且在金融危机影响经济的途径上，货币主义的理论认为，金融危机是通过银行体系的负债、货币量的减少影响经济活动的。而"债务—通货紧缩"理论认为金融危机是通过银行体系的资产——非金融部门债务量的减少，以及由此引起的通货紧缩等一系列环节影响经济活动的。另外，货币主义的理论认为中央银行承担最后贷款人的责任及存款保险制度建立后，真实金融危机——银行业危机已不会发生，主要债务人的财务困境、资产价格下降等都是虚假金融危机，中央银行不需要进行拯救。"债务—通货紧缩"理论认为，金融危机具有周期性，因而是无法避免的；金融危机发生时，最后贷款人机制能防止银行业恐慌的发生，能缓解债务—通货紧缩过程。但由于金融危机使经济、金融扩张中积累的风险增大并显露出来，银行不愿贷款或减少贷款，对此中央银行无能为力，债务—通货紧缩过程便不可避免。

(四)"金融恐慌"理论

戴尔蒙德和荻伯威格认为，银行体系的脆弱性主要源于存款者对流动性要求的不确定性以及银行的资产较之负债缺乏流动性之间的矛盾。他们在 1983 年提出了银行挤兑理论（又称 D—D 模型）。其基本思想是：银行的重要功能是将存款人的不具流动性的资产转化为流动性的资产，以短贷长，实现资产增值。在正常情况下，依据大数定理，所有存款者不会在同一时间取款，但当经济中发生某些突发事件（如银行破产或经济丑闻），就会发生银行挤兑。一些原本不打算取款的人一旦发现取款队伍变长，也会加入挤兑的队伍，进而引发金融恐慌。

(五)银行体系关键论

詹姆斯·托宾在 1981 年提出银行体系关键论，其核心思想是：银行体系在金融危机中起着关键作用。在企业过度负债的经济状态下，经济、金融扩张中积累起来的风险增大并显露出来，银行可能遭受损失，所以银行为了控制风险，必然提高利率，减少贷款。银行的这种行为会使企业投资减少，或引起企业破产，从而直接影响经济发展，或者使企业被迫出售资产以清偿债务，造成资产价格急剧下降。这种状况会引起极大的连锁反应，震动也极强烈，使本来已经脆弱的金融体系崩溃更快。托宾认为，在债务—通货紧缩的条件下，"债务人财富的边际支出倾向往往高于负债人"，因为在通货紧缩—货币升值的状况下，债务人不仅出售的资产贬值，而且拥有的资产也贬值。在债务人预期物价继续走低的情况下，变卖资产还债的倾向必然提前。

(六)货币危机理论

1. 第一代货币危机理论

20 世纪 70 年代末期，保罗·克鲁格曼提出了对货币危机的解释，后来由罗伯特·弗拉德等人完善，形成了第一代危机理论。这一代理论主要从国内宏观经济的情况出发，认为当国内信贷不断增长时，为了维持固定汇率，外汇储备就会不断流失。当外汇储备流失到一定程度时，投机性攻击就会发生；而一旦投机性攻击发生，就会加速该国外汇储备的枯竭，最后迫使货币当局放弃固定汇率制度，货币危机由此发生。因此，一国要想避免危机的发生，就要努力维持可持续的宏观经济政策，而不是落入无限扩张国内信贷的境地。

这一危机模型也被称为投机性攻击模型，因为它将投机行为变成了用基本面因素解释和预测的理性行为。这一理论能够较好地解释 20 世纪 80 年代初前后发生在阿根廷（1978—1981 年）、墨西哥（1973—1982 年）等发展中国家的货币危机。

2. 第二代货币危机理论

1992 年欧洲货币体系发生危机，第一代货币危机理论遇到了困难，因为危急中牵涉的很多国家之前并没有实行过度的货币扩张。为了寻求新的解释，第二代危机理论应运而生，其代表人物是美国加州大学伯克利分校的奥伯斯菲尔德。

在第二代模型中，政府对于私人部门预期所做的反应是危机爆发的关键因素。这里有了"多重均衡"的概念，即经济体或金融体系中存在超过一个的均衡状态，其中有好的均衡，也有坏的均衡。如果某些因素激发经济向坏的均衡调整，就可能爆发危机，使危机有一个"自我实现"。因此，政府如果能够通过一些做法增强人们的信心，保证好的均衡能够维持，就会避免金融危机的发生。第二代危机模型可以较好地解释 1992 年的欧洲货币危机，以及之后发生的土耳其货币危机。

3. 第三代货币危机理论

20 世纪末发生了东南亚金融危机，促成了第三代危机理论的形成，其代表人物仍然是保罗·克鲁格曼，还有麦金农等人。这一代理论包括两种观点：一种是"道德风险"分析，认为发展中国家的企业或金融机构普遍有过度借债和过度投资的倾向，即道德风险开始时带来过度冒险。这些风险因素可能带来人们对赤字货币化的预期，也给金融体系埋下了隐患，最终可能导致货币危机的发生。另一种是"金融恐慌"分析，将金融危机的原因归于市场上恐慌性的投机冲击，而冲击的产生则是由于金融体系的脆弱性，尤其是银行的流动性不足等。另外，这一代模型还具体模拟了危机可能发生的临界点。

在当代，有关货币危机的理论还在不断发展之中，比如从政治因素、市场结构因素等角度解释危机。另外，在危机理论中，还有一些比较重要的"效应"被提出来，例如"传染效应"，就是指危机通过贸易、竞争、金融关系等渠道向经济基本面正常的经济体传播，扩大危机的范围；"羊群效应"指经济体的从众跟风反应等。

三、2008 年美国次贷危机及其对中国经济的影响

（一）美国次贷危机概述

次贷危机又称次级房贷危机或次级贷款危机，是次级房屋抵押贷款危机或次级按揭贷款危机的简称。次贷危机是发生于美国的一场由于众多次级抵押贷款机构破产而引起投资基金被迫关闭、股市剧烈震荡并连锁反应波及全球经济的金融风暴。次级贷款危机以2007 年 4 月美国新世纪房屋贷款公司申请破产保护为开端，风险迅速扩散至以次级贷款为支持的各类证券化产品，到 2007 年 7 月，美国第五大投资银行贝尔斯登旗下的对冲基金因投资次贷造成的损失而面临破产，这一消息引发了美国、欧盟和日本等世界主要金融市场的动荡，一度导致美日欧股市连锁性下挫，其负面影响以惊人速度进一步扩大，进而演化为全球信贷紧缩，酿成了一场影响全球经济的金融危机。

（二）次贷危机发生的背景

从 20 世纪 80 年代开始，美国经历了自第二次世界大战以来最深刻的经济结构调整。在这一时期，以信息产业为核心的高科技产业得到了长足发展，加上政策的有效实施，美国经济迎来了空前的繁荣。20 世纪 90 年代克林顿政府采取双管齐下的财政政策，即通过减税以刺激供给和通过节支以控制需求。这一政策的实施最终使得美国在 1998 年实现了 30 年以来的首次财政平衡。美联储主席格林斯潘摒弃相机抉择的传统做法，谨慎地推行以控制通货膨胀为首要任务的稳定货币政策，使利率保持中性，即对经济既非刺激也不抑制，从而使经济能以其自身的潜在增长率，在低通胀率和低失业率并存的情况下保持稳定增长。科技创新产业的快速发展和强劲的消费大大推动了经济增长，从 1991 年 4 月到 2001 年 12 月，美国经济出现了连续 117 个月的稳定增长，美国经济迎来一个长达 10 年的繁荣期。

进入 90 年代中后期，由于新经济的蓬勃发展，美国股票指数大幅攀升，从 1999 年 1 月至 2000 年 3 月，技术股集中的纳斯达克股票指数涨了一倍多。然而，随着纳斯达克指数从 3 月 10 日的历史性高位 5132 点不断下滑跌至年底的 2471 点，新经济的泡沫破灭了。泡沫的破灭结束了长达 10 年的经济繁荣，美国人突然发现他们的资产严重缩水，大量储蓄被蒸发，许多大公司纷纷开始裁员，失业率上升，国内投资不振，贸易赤字不断攀升。整个美国经济陷入衰退之中。

为了刺激经济增长，摆脱衰退，当时的布什政府采取了一系列扩张性的宏观经济政策。2001 年 5 月美国国会通过了 10 年减税 1.35 亿美元的减税法案。经济衰退和税收减免本身就使得美国政府财政收入减少，而 "9·11" 事件发生后，美国财政用于反恐的战争支出急剧增加。美国财政收入迅速从克林顿政府任期的最后一年的 1250 亿美元财政盈余，转变为 2005 年的 4270 亿美元财政赤字。与此同时，财政赤字的迅速扩大也带动了经常账户赤字的进一步增加。

在上述背景下，以格林斯潘为首的美国联邦储备委员会在新经济泡沫破灭后，迅速调降利率以刺激贷款和消费。从 2001 年 1 月到 2003 年 6 月经过 13 次降息，联邦基金利率从 6.5% 降至 1%，创 45 年来最低水平。在低利率政策的刺激下，美国经济保持了较高的增长速度，房地产市场也得以快速发展，住房投资对 GDP 增长的贡献率一度高达 2/3，这又反过来推动了房价的上涨。新经济泡沫破灭导致股票市场的崩溃使得投资者转向房地产市场，房屋抵押贷款的税收优惠也促进了房地产的蓬勃发展。在低利率政策的刺激下，银行发放了大量各种形式的住房抵押贷款。这些贷款的条件非常宽松，从而使得更多的人能购买到住房。

由于政府采取的一系列措施，在新经济泡沫破灭后，美国经济仍然经历了长达 5 年（2000—2005 年）的经济扩张，并连续保持 3% 左右的强劲增长。这一时期房价的持续上扬成为美国经济增长的主要引擎。在这期间，美国很多城市的房价上涨幅度超过 100%，房价与租金的比率以及房价与中等收入的比率都达到了历史最高水平。在这种背景下，高房价掩盖了次级贷款的风险，基于房地产金融市场的次贷支持证券受到热烈追捧，金融市场风险随之增大，从而为次贷危机的爆发埋下了伏笔。

（三）美国次贷危机对中国经济的影响

从美国次贷危机爆发至今，已过去近 10 年，然而危机对整个世界经济的影响并未随着时间的推移而消失。总结历史的经验教训，努力防范危机的发生，从未来世界经济来看，仍然具有重要意义。美国次贷危机对当时及以后一段时间的中国经济发展，产生了重要影响。

（1）中资银行在美国次贷危机中遭受了一定的直接损失。根据美国财政部的研究，中国内地金融机构截至 2006 年 6 月的一个年度内，投资美国次级债高达 1075 亿美元，较2005 年同期增长近 1 倍。据估计，当时中国银行等 6 家中资银行在次贷危机中损失约 49亿元（见表 8-1）。

表 8-1　　　　美国金融机构香港公司对 **6** 家中资银行次级债投资损失的估计值

单位：百万元人民币

银行	投资美国证券规模	按揭抵押债券占比（%）	按揭抵押债券规模估计值	次级债估计值	次级债占比（%）	次级债亏损估计值	与 2007 年税前利润预测值之比（%）
中国银行	590766	37.40	221202	29641	0.51	3853	4.50
建设银行	306685	10.80	33080	4433	0.07	576	0.70
工商银行	199870	3.50	6940	930	0.01	120	0.10
交通银行	27583	52.50	14488	1941	0.10	252	1.20
招商银行	34272	17.30	5924	794	0.07	103	0.70
中信银行	24052	4.80	1146	154	0.02	19	0.20

资料来源：6 家中资银行 2007 年次级债投资损失估计值［EB/OL］.　［2007-07-14］. http：//bank. jrj. com. cn.

（2）在世界金融市场不稳定的背景下，国内金融市场动荡加剧。2008 年年初，部分国际知名大型金融机构不断暴露的次贷巨亏引发了当时一轮全球性的股灾。1 月份，全球股市有 5.2 万亿美元市值被蒸发。其中，发达国家市场跌幅为 7.83%，新兴市场平均跌幅为 12.44%，中国 A 股以 21.4%的跌幅位居当时全球跌幅的前列。持续动荡所导致的不确定性进一步影响到市场的资金流向，对国内整个金融体系产生某种压力。

（3）中国的出口增长放缓，国际收支不平衡的压力进一步加大。在拉动中国经济增长的"三驾马车"中，出口一直占据着重要位置。从经济总量上看，出口在 GDP 中的比重不断升高，2006 年超过 1/3。在美国次贷危机爆发的前后几年中，中国的经常账户虽然在 2008 年仍然意外地顺差 4206 亿美元，比 2007 年 3532 亿美元增长 19%，但 2009 年后的几年则出现明显的回落。2009—2011 年 3 年间，中国的经常账户总体上保持顺差，但却出现持续性的下降，这 3 年经常账户差额分别为 2433 亿美元、2378 亿美元和 1361 亿美元，与 2007 年相比，下降幅度分别达 31%、33%和 61%。美国次贷危机对中国出口的负面影响明显。与此同时，在发达国家经济因美国资贷危机导致增长速度放缓、美元持续贬值和人民币升值预期持续明显的情况下，资本净流入规模加大。2007—2011 年 5 年间，中国的资本与金融账户顺差额分别为 942 亿美元、401 亿美元、1985 亿美元、2869 亿美元和 2655 亿美元。中国资本与金融账户顺差的扩大，显然与美元因危机发生的贬值预期，投资者进行货币替代有关。

（4）货币政策面临两难抉择。受美国次贷危机的影响，全球经济复杂多变，严峻挑战着我国的货币政策。一方面美欧等主要经济体开始出现信贷萎缩、企业获利下降等现象，经济增长放缓，甚至出现某种衰退；另一方面，全球的房地产、股票等价格在危机影响下震荡加剧，以美元计价的国际市场粮食、黄金、石油等大宗商品价格持续上涨，全球通货膨胀由此产生压力。因此，我国不但要面对美国降息的压力，而且要应对国内通货膨胀的压力，这些都使危机后的中国货币政策面临两难的抉择。

（5）境外投资风险加大。从企业"走出去"的角度看，美国次贷危机对中国企业"走出去"的影响可以分为有利和不利两个方面。有利的是，次贷危机有助于我国金融机构绕过市场准入门槛和并购壁垒，以相对合理的成本，扩大在美国等西方经济体的金融投资，通过收购、参股和注资等手段加快实现国际化布局，在努力提升自身发展水平的同时，为"走出去"企业提供高效便捷的金融支持。不利的是，国际金融市场的动荡和货币紧缩，无疑加大了我国企业走出去的融资风险和投资经营风险。而且，随着次贷危机的不断深入，投资者的风险厌恶和离场情绪，会进一步引发更高等级的抵押支持证券的定价重估，从而危及我国境内金融机构海外投资的安全性和收益性。

第三节　国际债务危机

一、外债和债务危机

（一）外债和债务危机的概念

一国的国际债务也称该国的外债。关于外债概念的解释至今尚无完全统一的定义，不同国家与不同机构在管理与讨论外债问题时，往往使用不同口径的外债概念。有的将外债视为一个国家的所有对外负债，有的将外债理解为一个国家的对外净债务，还有的认为外债就是以外币计值的境外货币。国际货币基金组织、世界银行、经济合作与发展组织（OECD）及国际清算银行等国际组织对外债下的定义是：外债是在任何特定的时间内，一国居民对非居民承担的已拨付、尚未清偿的具有契约性偿还义务的全部债务，包括需要偿还的本金及需支付的利息。国际金融组织对外债定义的界定具有广泛的应用性和实际意义，世界银行每年第三季度公布的《世界债务表》就是依此定义编制的。外债的这一含义表明：（1）必须是居民与非居民之间的债务；（2）必须是具有契约性偿还义务的债务；（3）必须是某一时点上的存量；（4）"全部债务"既包括外币表示的债务，又包括本币表示的债务，还可以是以实物形态构成的债务，如补偿贸易下以实物来清偿的债务。我国 1987 年公布的《外债统计监督暂行规定》对外债作了明确界定：外债是指中国国内的机关、团体、企事业单位、金融机构或其他机构对中国境外的国际金融组织、外国政府、企业或其他机构用外国货币承担的具有契约性偿还义务的全部债务，包括各类国际贷款、买方信贷、发行外币债券、国际金融租赁、延期付款、补偿贸易中以现汇偿还的债券等。

对于外债，一般用以下几个指标来衡量：（1）外债的总量指标。这是对外债承受能力的估计，反映外债余额和国民经济实力的关系。主要指标又有外债余额与国内生产总值的比率，也称负债率，一般不得超过10%；外债余额与出口商品和劳务的外汇收入额的比率，也称债务率，一般不得超过1。（2）外债负担的指标。它是对外偿债能力的估计，反映当年还本付息额与经济实力的关系。主要指标有外债还本付息额/出口商品、劳务的外汇收入额，亦称偿债率，一般参照系数是20%；当年外债还本付息额与当年财政支出的比率，一般不得高于10%。（3）外债结构指标。它是在既定的外债规模条件下，衡量外债本身内部品质的指标。主要通过债务内部各种对比关系反映举债成本，并预示偿还时间和偿还能力，旨在降低借款成本，调整债务结构，分散债务风险。主要指标有种类结构、利率结构、期限结构和币种结构。如果一国外债负担超过了上述警戒线或安全线，就表明该国发生了债务危机。

（二）国际债务危机爆发的原因

1. 外债规模膨胀

如果把外债视为建设资金的一种来源，就需要确定一个适当的借入规模。资金积累主要靠本国的储蓄来实现，外资只能起辅助作用；而且，过多地借债如果缺乏相应的国内资金及其他条件的配合，宏观经济效益就得不到应有的提高，进而可能因沉重的债务负担而导致债务危机。现在国际上一般把偿债率作为控制债务的标准。因为外债的偿还归根结底取决于一国的出口创汇能力，所以举借外债的规模要受制于今后的偿还能力，即扩大出口创汇能力。如果债务增长率持续高于出口增长率，就说明国际资本运动在使用及偿还环节上存在着严重问题。理论上讲，一国应把当年还本付息额对出口收入的比率控制在20%以下，超过此界限，借款国应予以高度重视。

2. 外债结构不合理

在其他条件相同的情况下，外债结构对债务的变化起着重要作用。外债结构不合理主要表现有：（1）商业贷款比重过大。商业贷款的期限一般较短，在经济较好或各方一致看好经济发展时，国际银行就愿意不断地贷款，因此这些国家就可以不断地通过借新债还旧债来"滚动"发展。但在经济发展中一旦出现某些不稳定因素，如政府的财政赤字、巨额贸易逆差或政局不稳等使市场参与者失去信心，外汇储备不足以偿付到期外债时，汇率就必然大幅度下跌。这时，银行到期再也不愿贷新款了。为偿还到期外债，本来短缺的外汇资金这时反而大规模流出，使危机爆发。（2）外债币种过于集中。如果一国外债集中于一两种币种，汇率风险就会变大，一旦该外币升值，则外债就会增加，增加偿还困难。（3）期限结构不合理。如果短期外债比重过大，超过国际警戒线，或未合理安排偿债期限，都会造成偿债时间集中，若流动性不足以支付到期外债，就会爆发危机。

3. 外债使用不当

借债规模与结构确定后，如何将其投入适当的部门并最大地发挥其使用效益，是偿还债务的最终保证。从长期看，偿债能力取决于一国的经济增长率，短期内则取决于它的出口率，所以人们真正担心的不是债务的规模，而是债务的生产能力和创汇能力。许多债务国在大量举债后，没有根据投资额、偿债期限、项目创汇率以及宏观经济发展速度和目标等因素综合考虑，制定出外债使用走向和偿债战略，不顾国家的财力、物力和人力等因素的限制，盲目从事大工程建设。由于这类项目耗资金、工期长，短期内很难形成生产能力，创造出足够的外汇，造成债务积累加速。同时，不仅外债用到项目上的资金效率低，而且还有相当一部分外债根本没有流入生产领域或用在资本货物的进口方面，而是盲目过量地进口耐用消费品和奢侈品；这必然导致投资率的降低和偿债能力的减弱。而不合理的消费需求又是储蓄率降低的原因，使得内部积累能力跟不上资金的增长，进而促使外债进一步增加。有些国家则是大量借入短期贷款，在国内作长期投资，而投资的方向又主要是房地产和股票市场，从而形成泡沫经济，一旦泡沫破灭，危机也就来临了。

4. 对外债缺乏宏观上的统一管理和控制

外债管理需要国家对外部债务和资产实行技术和体制方面的管理，提高国际借款的收益，减少外债的风险，使风险和收益达到最圆满的结合。这种有效的管理是避免债务危机的关键所在。其管理的范围相当广泛，涉及外债的借、用、还各个环节，需要政府各部门进行政策协调。如果对借用外债管理混乱，多头举债，无节制地引进外资，往往会使债务规模处于失控状态和债务结构趋于非合理化，它妨碍了政府根据实际已经变化了的债务状况对政策进行及时调整，而政府一旦发现政策偏离计划目标过大时，偿债困难往往已经形成。

5. 外贸形势恶化，出口收入锐减

由于出口创汇能力决定了一国的偿债能力，一旦一国未适应国际市场的变化，未及时调整出口产品结构，其出口收入就会大幅减少，经常项目逆差就会扩大，从而严重影响其还本付息能力。同时，巨额的经常项目逆差进一步造成了对外资的依赖，一旦国际投资者对债务国经济前景的信心大减，对其停止贷款或拒绝延期，债务危机就会爆发。

二、典型债务危机简介

（一）20 世纪 80 年代初发展中国家的债务危机

20 世纪 70 年代，广大发展中国家为了发展民族经济，弥补建设资金的不足，大量举借外债，使得国际债务剧增。在 1973—1982 年，发展中国家的外债年平均增长率高达 21.4%。据国际货币基金组织统计，从 1973 年到 1980 年，非产油发展中国家的债务从 1301 亿美元增加到 6124 亿美元。在外债总额不断增长的同时，还本付息额也随之不断攀升。从 1973 年到 1983 年，还本付息额从 179 亿美元猛增到 932 亿美元。同时，在发展中国家外债的地区分布中，有 45% 左右集中在拉美国家，而拉美国家 70% 的外债又集中在巴西、墨西哥和阿根廷三国。由于债务负担沉重，到了 80 年代初，许多发展中国家无力偿还到期的债务。1982 年 8 月，墨西哥首先宣布无力偿付 1982—1983 年到期的、欠 1400 家商业银行债务的本息 195 亿美元，触发了第二次世界大战以来最严重的债务危机。到 1983 年年底，共有 32 个发展中国家无力按期偿还外债本息。

20 世纪 80 年代国际债务危机形成的原因，应从债务国国内的政策失误和世界经济外部环境的冲击等方面加以分析。具体而言表现在如下几个方面：

（1）发展中国家短期内对外国资本的需求急剧膨胀，造成了外债总额的急剧扩大。70 年代许多发展中国家为加速本国工业化进程，大量借用外国资本，以弥补因引进外国先进技术设备而引起的国际收支逆差。把本来用于弥补国内储蓄不足的外资，放在不恰当的位置，就使得在 1970—1984 年间发展中国家的外债总额急剧增加了 10 倍，达 6800 亿美元之巨。

（2）发展中国家对外债管理失当，宏观经济政策失误，加重了债务负担。表现在没有把外资有效地加以利用，生产效率不高，甚至把外资用于提高消费水平项目；商业贷款增长过快，大大超过了外国直接投资；官方提供资金份额下降，缩短了发展中国家债务偿还期。

（3）石油危机造成的发达国家经济衰退，使许多发展中国家贸易条件恶化。据统计，非石油发展中国家按美元计算的初级产品价格指数 1980 年为 100，1981—1982 年分别跌至 85 和 74。出口收入大幅度减少，使债务国的外债清偿能力急剧下跌。

（4）按浮动利率计息的债务比例显著上升，大幅度提高了债务国的外资成本。欧洲货币市场贷款利率 1979 年为 12%，1981 年则上升到 16.6%，由于发展中国家债务中浮动利率债务所占比重大，利率上升便意味着利息开支增加，按 80 年代初的外债规模，市场利率每提高 5 个百分点，发展中国家的偿息额约增加 60 亿美元；而美元汇率在 80 年代上半期持续上升，使债务 80% 以美元计值的发展中国家，增加了清偿的困难。有关发生债务危机的部分国家所借外债的利率情况可参见表 8-2。

表 8-2　　　　部分拉美债务危机国家 1980—1981 年的浮动利率负债所占比重情况

国家	浮动利率负债比率（%）	国家	浮动利率负债比率（%）
阿根廷	58.3	墨西哥	73.0
巴西	64.3	秘鲁	28.0
哥伦比亚	39.2	委内瑞拉	81.4
智利	58.2	整个拉美国家	64.5

资料来源：萨克斯，等. 全球视角的宏观经济学［M］. 费方域，等，译. 上海三联书店，2004：605.

发展中国家这一债务结构表明，浮动利率占有较大比重的债务，极易受到世界市场利率变动的影响而增加债务负担，并引发债务危机。

（二）21 世纪之初的欧洲主权债务危机

欧洲主权债务危机最初爆发于希腊。2009 年 11 月，希腊新政府宣布，上届政府掩盖了政府债务与政府赤字的真实水平，2009 年底政府债务余额占 GDP 的比例超过 110%，修正后的财政赤字是 GDP 的 12.7%，而非此前公布的 6%，于是市场开始出现恐慌。同年

12月8日,惠誉国际信用评级公司率先把希腊主权信用评级由"A-"降为"BBB+",使希腊成为主权信用评级最低的欧元区国家,随后全球另外两大评级公司标普和穆迪也相继下调了希腊的主权信用评级。受此影响,希腊国债收益率攀升,创历史新高。由于担心希腊政府对国债违约,投资者开始大规模抛售希腊国债,希腊主权债务危机由此爆发。

希腊的 GDP 仅占欧盟 GDP 量的 2.6%左右,因此金融界普遍认为,其债务危机尚不足以掀起大浪。然而,进入2010年后,事态急剧恶化。希腊政府宣布2010年最终财政赤字达到 GDP 的13.6%,年底政府债务未清偿余额与 GDP 之比达到115.1%,在2011年底公共债务可能突破120%。此时,希腊政府几乎面临绝境,一方面难以从市场融资,另一方面也难以通过发行新债偿还旧债。为此,标普率先将希腊主权信用评级下调至垃圾级,希腊债务危机全面爆发。

由于希腊主权债务危机的传染效应,葡萄牙、爱尔兰、西班牙、意大利主权债务也均不同程度地遭受了信用危机。事实表明,投资者对主权债务的担忧可以从一个欧元区国家传导至另一个欧元区国家。2010年1月11日,穆迪警告说,由于葡萄牙提高了用于偿还债务的财富比重,且投资者持有两国国债所要求获得的收益率差距也有所上升,葡萄牙经济很可能会和希腊一样"慢性死亡"。葡萄牙若不采取有效措施控制赤字,将调降该国债务信用评级。同年4月27日,标普迅速下调了葡萄牙的主权债务评级,这导致投资者担心葡萄牙会很快步希腊之后尘。在爱尔兰,金融形势一片低迷,2010年爱尔兰财政赤字占 GDP 的12%,在欧元区国家中仅次于希腊。在希腊债务危机爆发之前,爱尔兰就已经遭遇了债务危机。由于政府出台了一系列措施,爱尔兰似乎挺过了最艰难的时刻,但事实却并非如此。2010年8月,标普调低了爱尔兰的债务信用评级。在这一过程中,爱尔兰的经济及政府财政又面临着新的威胁。

严酷的现实使得欧盟决策层担忧危机会向更大经济体扩散,特别是西班牙。西班牙财政部表示,西班牙2010年公共预算赤字可能占 GDP 的9.8%,成为2010年欧元区财政赤字第三高的国家,仅次于希腊和爱尔兰。由于市场担忧情绪蔓延,西班牙股市暴跌,创近五年以来最大跌幅。2011年西班牙中央政府未能达成削减赤字至6%的目标,实际值达8.9%;2012年的情况也不乐观,削减计划也未能完成。欧元区于2012年7月20日同意对西班牙银行提供1000亿欧元的救助,但房地产泡沫破灭造成的西班牙银行不良资产可能远超1500亿欧元,经济衰退、房价下跌、银行资本不足在西班牙形成了恶性循环。2012年西班牙的失业率高达20%,财政收入持续减少。西班牙与希腊和葡萄牙等小国不同,是欧元区的第四大经济体,因此一旦卷入债务危机,欧盟必然遭受沉重一击。

作为欧元区第三大经济体的意大利,同样深处政府债务压力的困境之中。2012年债务总量达1.9万亿欧元。一时间,处于债务危机阴影下国家的 GDP 占到欧元区 GDP 的37%左右,希腊已不再是危机的主角,希腊债务危机演变成欧洲债务危机。

即便是欧元区的领头羊德国、法国,也感受到了危机的压力。2012年欧盟统计局的数字显示,2011年德国的政府公共债务达到2.084万亿欧元,占 GDP 比重的81.2%,比年初的预计有所减少,但仍大大超出了《稳定与增长公约》中规定的60%的红线;法国政府公共债务达到1.692万亿欧元,占 GDP 比重的85.8%。德、法核心国的公共债务水平都远超约束红线,边缘国家的债务压力便可想而知了,《稳定与增长公约》中的经济约束红线充其量也就是理论上的摆设，在实际运行中欧元区成员国符合要求者寥寥无几。

在上述背景下，欧元对美元大幅度贬值，欧洲股市暴跌，失业率升高，整个欧元区面临着成立十多年以来最严峻的考验。尽管此后的 2011 年、2012 年欧盟、欧洲中央银行和 IMF "三驾马车" 先后紧急出台了一系援救措施，使欧元区主权债务市场已基本恢复平静，但就此认为欧债危机即将结束，尚为时过早。

21 世纪初的欧洲主权债务危机，其原因是多方面的，可以把这些原因大致归结为以下几个方面：

原因之一是财政政策与货币政策的二元性。众所周知，财政政策与货币政策的二元性是欧元区固有的制度缺陷，欧元区各国央行丧失了独立制定货币政策的权力，而财政政策的决策权仍掌握在各国手中。不可否认，统一的货币制度在经济良性发展阶段有很好的带动作用，但在经济环境较差的情况下，统一的货币政策便无法满足欧元区所有国家的要求。希腊经济基础薄弱，其支柱产业旅游业和航运业都过度依赖外部需求，在遭受外来冲击时，由于无法调整统一的货币政策，只能更加依赖财政政策的作用，从而造成巨额财政赤字和债务负担。

原因之二是欧洲国家普遍的高福利政策和高标准社保体系。第二次世界大战后，欧洲福利主义盛行，欧洲各国基本建立了以高福利为特色的社会保障制度，甚至很多福利制度已远远超过其财政的负担能力。可以说，这种普遍推行的高福利、高社保政策对长期财政赤字和欧债危机的爆发负有重要责任。尤其是希腊、葡萄牙等国在加入欧元区后，盲目提高本国福利和社保水平，在工资、失业救济方面更是向强国德国看齐。另外，欧洲各国所面临的人口老龄化问题日渐突出，这加剧了福利支出刚性，降低了经济活力。从 2008 年到 2010 年，爱尔兰、西班牙和希腊的 GDP 都出现了负增长，但社会福利支出依然维持原来的水平，导致财政赤字猛增，即使是债务缠身，迫于政治压力和社会压力，这些福利性契约在短时间内不会有大的调整，这进一步加剧了欧债危机的破坏性。

原因之三是金融危机中政府加杠杆化使得债务负担加重。为遏制经济下滑势头，各国政府纷纷推出刺激经济增长的宽松政策，进而导致财政赤字的扩张。以西班牙为例，2005 年到 2007 年房地产价格年均增长约 10%。危机爆发后，资产价格泡沫破裂，房地产价格从 2008 年开始明显下跌，经济活动萎缩，投资主体信心萎靡，失业率超过 20%。一方面政府通过杠杆效应推动其经济加速增长，另一方面企业通过去杠杆化导致投资活动减少，劳动力市场恶化。最终，公共财政现金流呈现出趋于枯竭的恶性循环，债务负担成为不能承受之重。

原因之四是交叉持债和缺乏退出机制使危机迅速扩散。欧洲内部的债务所有权错综复杂，一国破产就使其他国家面临风险，系统性风险使债务危机迅速蔓延。法国银行拥有 750 亿欧元希腊债务，德国银行拥有 450 亿欧元希腊债务，发达国家存在较大的债务风险敞口。最脆弱的五个债务危机国互相持有的债务进一步加大了系统性违约的风险。缺乏退出机制使欧元区各国都被卷入主权债务危机之中。经济发展水平不均衡，财政稳健程度不同，欧盟各成员国都出于各自政治利益的需要，救助方案难以及时出台。

三、债务危机对世界经济的影响

债务危机严重干扰了国际经济关系发展的正常秩序，是国际金融体系紊乱的一大隐患，尤其对危机爆发国的影响更是巨大，均会给经济和社会发展造成严重的后果。

（1）国内投资规模会大幅缩减。首先，为了还本付息的需要，债务国必须大幅度压缩进口以获得相当数量额的外贸盈余。因此，为经济发展和结构调整所需的原材料、技术和设备等的进口必然受到严重抑制，从而造成生产企业投资的萎缩，甚至正常的生产活动都难以维持。其次，债务危机的爆发使债务国的国际资信大大降低，进入国际资本市场筹资的渠道受阻，不仅难以借到条件优惠的借款，甚至连条件苛刻的贷款也不易借到。同时，国际投资者也会视危机爆发国为高风险地，减少对该国的直接投资。外部资金流入的减少，使债务国无法筹措到充足的建设资金。最后，危机爆发后国内资金的持有者对国内经济前景持悲观态度，也会纷纷抽回国内投资，这不仅加重了国家的债务负担，也使国内投资资金减少，无法维持促进经济发展应有的投资规模。

（2）通货膨胀会加剧。债务危机爆发后，流入债务国的资金大量减少，而为偿债流出的资金却越来越多。资金的流出，实际上就是货物的流出，因为债务国的偿债资金主要是依靠扩大出口和压缩进口来实现的。由于投资的缩减，企业的生产能力也受到影响，产品难以同时满足国内需求与出口的需要。一方面，为还本付息，国家将出口置于国内需求之上。另一方面，进口商品中的一些基本消费品也大幅减少。当国内市场的货物供应量减少到不能满足基本要求，以至发生供应危机时，通货膨胀就不可避免。此外，在资金巨额净流出、头寸短缺的情况下，债务国政府往往还会采取扩大国内公债发行规模和提高银行储蓄利率等办法来筹措资金。但筹措到的资金相当大一部分是被政府用于从民间购买外币偿还外债，必然造成国内市场货币流通量增多。这部分资金较少用于投资，不具有保值更无增值的效应。这样，在公债到期偿还或储户提款时，国家银行实际并无能力偿还，于是不得不更多地发行利率更高、期限更短的新债券，并扩大货币发行量，在这种情况下，通货膨胀不可避免。

（3）经济增长会减慢或停滞。为制止资金外流，控制通货膨胀，政府会大幅提高利率，使银根进一步收紧，而为偿债需兑换大量的外汇，又使得本币大幅贬值，企业的进口成本急剧升高。资金的缺乏及生产成本的上升，使企业的正常生产活动受到严重影响，甚至破产、倒闭。投资下降，进口减少，虽然有助于消除经济缺口，但生产的下降势必影响出口的增长。出口若不能加速增长，就无法创造足够的外汇偿还外债，国家的债务负担也就难以减轻。这些都使国家经济增长放慢，甚至会出现较大幅度的倒退。例如，20 世纪 80 年代拉丁美洲爆发债务危机后，其经济基本上在原地踏步。整个 80 年代，拉丁美洲国内生产总值累积增长 12.4%，而人均增长 -9.6%。亚洲金融危机中深受外债危机困扰的泰国、印度尼西亚与韩国的 1998 年国内生产总值分别为 -5.5%、-14% 与 -2%。

（4）社会后果严重。一方面，随着经济衰退的发生，大批工厂、企业倒闭或停工停产，致使失业人口剧增。在高通货膨胀情况下，职工的生活也受到严重影响，工资购买力不断下降，对低收入劳动者来说，更是入不敷出。失业率的上升和实际工资的下降使债务国人民日益贫困化，穷人队伍越来越庞大。另一方面，因偿债实行紧缩政策，债务国在公共社会事业发展上的投资经费会越来越少，人民的生活水平也会日趋恶化。因此，人民的不满情绪日增，他们反对政府降低人民的生活水平，反对解雇工人，要求提高工资。而政府在债权银行和国际金融机构的压力下，又不得不实行紧缩政策。在此情况下，会导致民众用游行示威甚至暴力的方式表示对现状的极度不满，从而导致政局不稳和社会动乱。

（5）对国际金融体系的影响。债务危机的产生对国际金融体系运作的影响也是十分明显的。首先，债权国与债务国同处于一个金融体系之中，一方遭难，势必会牵连另一方。债权人若不及时向债务国提供援助，就会引起国际金融体系的进一步混乱，从而影响世界经济的发展。其次，对于那些将巨额贷款集中在少数债务国身上的债权银行来说，一旦债务国倒账，必然使其遭受严重损失，甚至破产。最后债务危机使债务国国内局势急剧动荡，也会从经济上甚至政治上对债权国产生不利影响。在这种情况下，债权人不得不参与债务危机的解决。

【案例 8-1】

中国宏观审慎的外债管理模式

2015 年 2 月，国家外汇管理局分别在北京中关村、深圳前海等地区开展外债宏观审慎管理改革试点。从外债管理国际经验看，宏观审慎管理的主要目的在于防范和化解外债清偿能力风险、外债流动性风险以及国际经济金融环境不稳定风险等，主要侧重于通过宏观审慎管理实现政策目标。

基本思路

坚持风险可控，稳妥推进外债宏观审慎管理改革，突出主体管理理念，设计不同的宏观审慎外债管理指标体系和差别化的管理措施，通过逆周期的微观管理指标来调控微观主体的外债行为，由微观影响宏观，以确保宏观经济及国际收支波动在可控范围之内。

基本原则

（1）宏观审慎原则。根据国内宏观经济金融形势以及国际收支形势，通过设定、调控宏观审慎指标系数，并制定逆周期调控措施与应急预案，切实防范外债风险。

（2）主体管理原则。综合考量主体行为，针对企业、金融机构和非银行金融机构，设计差别化的外债主体管理模式，充分体现"分类管理、奖优限劣"的正向激励管理目标。

（3）更加注重事中事后监管原则。通过资源共享、数据互通、综合分析、部门联动，重点监测分析研判主体经济行为，设定指标预警值和管理措施，有效预警系统性风险。

构建宏观审慎外债监管模式的措施与建议

（1）注重宏观总量管理，实行短期外债规模灵活控制。

①坚持总量调控。根据国内外经济、金融形势，参考国际通用的外债风险衡量标准，将负债率和债务率作为核心管理目标，确保外债总量可控。

②统一实施比例自律外债管理。在总量可控目标下，改变过去银行外债指标核

定、外资企业外债"投注差"管理、中资企业外债指标审批的多元管理模式,逐步统一实施本外币全口径外债比例自律管理。

③设定宏观审慎管理指标体系。主要包括外债杠杆率、风险转换因子和宏观调节参数。外债杠杆率通常情况下与某一基数(比如企业净资产、银行核心资本等)直接挂钩。风险转换因子主要与币种、期限、行为属性、境内外融资比例等挂钩,赋予不同的变量因子以不同的风险权数,风险越高赋予的风险权数越大。宏观调节参数通常与经济周期或跨境资金流动形势挂钩。

(2)突出主体管理理念,增强短期外债管理的有效性。外债管理应强化主体分类指导,要针对外汇主体自身特点,采取不同的管理方式,着力增强管理的针对性和有效性。并根据宏观经济形势变化,结合各类主体自身特点,有针对性地开展比例系数微调,增强管理的灵活性,满足宏观审慎管理要求。

①稳妥推进银行外债管理改革。一是探索对银行短期外债实行比例自律管理。改革对银行短债的管理和调控方式,将本外币外债余额纳入统一管理,根据汇兑影响程度分别确定不同的权重,按照"本外币短期外债余额×逆周期审慎系数/核心一级资本"的公式核定控制比例;外汇局根据历史核定指标情况和银行资本额测算基础比例,逆周期审慎系数根据跨境资本流动形势相机抉择,通过控制比例的调整减轻银行借债的顺周期性。二是探索实施银行分类管理。在完善比例自律管理的基础上,充分运用银行年度考核评价结果,对考核结果为A、B、C类的银行机构执行不同的分类管理系数,如A类银行外债额为其控制比例的100%、B类银行为90%、C类为80%,以充分发挥银行执行外汇管理政策的导向作用。三是稳步推进改革。鉴于银行债务风险具有放大效应,权衡银行总体实力,可按照先国有商业银行、其次股份制商业银行、再次城市商业银行、最后农村商业银行及其他的顺序推进改革试点,切实防范外债管理风险。

②探索实施企业主体分类管理。在继续完善比例自律管理的基础上,针对企业债务主体,更加注重企业货物贸易分类结果或企业主体监管分类结果的充分运用,对分类结果为A类的企业主体,执行比B类主体高的比例系数的优惠政策,充分发挥正向激励功能。同时根据国际收支形势变化等宏观经济管理目标以及主体外债政策执行合规情况等,将频繁、大额、异常借用外债的市场主体,列入关注名单,通过降低比例系数或者取消比例自律管理,实施差别比例系数动态调整,灵活运用政策,达到管理目标。

(3)强化事中事后管理,有效识别、防范外债风险。

①全面监测预警分析,及时识别风险。一是建立全面的外债管理信息数据库,加强对各类债务人资信情况的分析和信息披露。外债管理信息数据库应采集借款企业基本情况、财务信息、境内外融资情况、生产经营情况、已有信用记录、既往涉诉情况等,便于主管部门知悉借款企业经济活动全貌。数据库中还应嵌入地区、行业经济金融数据等信息,以便对外债宏观风险进行识别和控制。二是设定外债非现场监测指标体系,识别外债宏观风险。宏观监测指标用于对债务人外债总量的评估分析,主要由外债清偿能力指标、外债流动性指标、外债结构指标、外债增长指标构成。微观监测

指标用于对单一债务人的分析和评估，主要包括：资产负债率、流动比率、速动比率、应收账款周转率、应付账款周转率、短期外债资金需求缺口等。三是外债风险识别和预警。需关注的外债风险主要包括：偿付风险、汇率风险、套利风险、流动性风险以及结构性风险。针对外债宏观风险类别，具体可分为Ⅰ级（轻度风险）、Ⅱ级（中度风险）以及Ⅲ级（重度风险），在外债管理信息数据库中，对风险等级设定相应阈值范围，通过对数据库中各类数据及信息的统计，运用一定的技术手段，进行风险识别、预警与处置。

②延伸核查可疑交易，准确认定风险。延伸核查主要从常规核查和风险核查两个角度开展。常规核查是对债务人举借和使用外债合规性进行的常规检查，重点核查债务人市场准入阶段提供资料真实性以及所借外债资金实际使用情况。对核查确认借用外债存在实质性违规行为的，采取经济处罚及市场准入限制等处理措施。风险核查包括两种类型，一是针对借用外债金额较大、频率较高的借款人，现场核查其生产经营情况、财务状况、控制人等情况，了解其生产经营状态及财务状况，判断其借债合理性、评估外债偿付能力。对债务杠杆较高，存在潜在偿付风险的债务人，适时进行窗口指导。二是对非现场监测中已暴露的宏观风险隐患，选择一定量债务人样本进行实地走访，分析其经济行为合理性，查找风险产生原因。对于确认的宏观风险点，动用相应工具进行调节。

③建立一揽子调控工具与应急预案，有效防范、化解风险。在调控外债的工具箱中，既要有货币政策工具，还要有应对短期资金流出入的工具，既要有数量型的调控工具，还要有价格型的调控工具，既要有传统的调控工具，也要有宏观审慎性政策工具，形势需要时，有合适的工具可以用上。并且，还应根据调控实践不断地加以丰富和完善，做到"宁可存而不用，切勿用时无备"。目前，可供的调控工具有：弹性财务指标、特别存款准备金、无息准备金、托宾税、偿付准备金、黑名单、舆论引导、道义劝告等。可在国内流动性泛滥时，实行差别化无息准备金政策，对流动性较强的短期外债征收更高比例的特别存款准备金；在贸易融资规模异常时，针对超过合理规模的贸易融资流入征收额外准备金等。在异常外债资金流动压力加大时，可以采取行政手段和经济手段并重的临时性管制措施；同时加强外债资金的核查力度，形成政策威慑力，确保外债风险可控。

资料来源：吴志家．中国宏观审慎的外债管理模式［EB/OL］．［2016-01-04］．http://www.financialnews.com.cn.

【复习思考题】

一、基本概念

国际资本流动　　国际直接投资　　证券投资　　国际信贷　　国际金融危机
银行危机外债　　货币危机　　债务危机　　次贷危机　　第一代货币危机理论
第二代货币危机理论　　第三代货币危机理论

二、问答题

1. 国际资本流动有哪些特点？形成的原因是什么？

2. 查询有关资料，分析近年来国际资本流动出现了哪些新的态势。

3. 发展中国家债务危机的形成原因是什么？

4. 中国在东南亚危机中的经验和教训有哪些？

5. 试述金融危机理论模型的变迁。通过对几代货币危机模型的比较，你从中得到了什么启示？

【主要参考文献和阅读书目】

1. 朱孟楠著：《国际金融学》，厦门大学出版社 2006 年版。

2. 陈雨露主编：《国际金融》，中国人民大学出版社 2008 年版。

3. 王曼怡等主编：《国际金融新论》，中国金融出版社 2009 年版。

4. 刘思跃等主编：《国际金融》（第 2 版），武汉大学出版社 1998 年版。

5. 布卢斯坦著：《惩戒：金融危机与国际货币基金组织》，中信出版社 2003 年版。

6. 甘道尔夫著：《国际金融与开放经济的宏观经济学》，上海财经大学出版社 2006 年版。

7. 波斯纳著：《资本主义的失败：〇八危机与经济萧条的降临》，北京大学出版社 2009 年版。

8. 艾伦等著：《理解金融危机》，中国人民大学出版社 2010 年版。

9. 哈格德著：《亚洲金融危机的政治经济学》，吉林出版集团有限责任公司 2009 年版。

10. 梯若尔著：《金融危机、流动性与国际货币体制》，中国人民大学出版社 2003 年版。

11. 金德尔伯格著：《疯狂、惊恐和崩溃：金融危机史》，中国金融出版社 2011 年版。

第九章　国际货币体系

国际货币体系（International Monetary System）是为适应国际贸易与国际支付的需要，各国政府对货币在国际范围内发挥世界货币职能所确定的原则、采取的措施和建立的组织形式，其目的是为了保障国际贸易及世界经济的稳定和有序发展，协调各国的经济政策。这种货币体系既可以是自然缓慢发展的结果，也可以是在短时期内通过国际会议确定的体系。

第一节　国际货币体系概述

一、国际货币体系的内涵

关于国际货币体系的定义，国内外学者有着不同的阐释。向松祚（2010）将国际货币体系简要概括为：由一套货币制度规则所构成的某种"秩序"。国外学术界通常以国际货币体系发挥的作用对其进行定义，认为其是由一系列国际条约、协定和国际支持性组织构成，以便利于国际贸易、跨境投资和双边资本配置的系统。当谈论国际货币体系时，我们关心的是制约各国相互贸易和活动的机制或规则，交易的机制或规则的实施乃是通过各国政策的相互协调来完成的。

国际货币体系主要包括以下内容：

（1）汇率机制，即各国货币间汇率的规定与调整机制。根据国际交往的需要，各国政府往往需要对本国货币与外国货币之间的比价、比价波动的界限、比价调整的原则以及是否实行多元化比价等做出规定。国际货币体系的核心是汇率机制。主权国家在对外经济活动中的首要问题是汇率安排问题，汇率的高低不仅体现了本国与外国货币购买力的强弱，而且涉及资源的分配问题。国际货币体系按照汇率机制可以划分为固定汇率制、可调整的钉住汇率制、爬行钉住汇率制、管理浮动汇率制、自由浮动汇率制。

（2）国际收支调节机制，即各国国际收支不平衡的解决方式。只要存在国际货币往来，就会产生国际收支，国际收支不平衡必然会导致汇率的波动，进而影响国际货币体系的稳定，所以国际货币体系必然包括解决国际收支不平衡的原则、规章及途径。理想的国际货币体系能够极大地降低国际交易成本，促进国际贸易和国际资本流动的发展。

（3）国际储备资产的安排。为应付国际支付的需要，保障各国正常的对外经济活动，一国需要有一定数量的为世界各国普遍接受的国际储备资产，所以储备资产的形式、数量和构成是国际货币体系的一项重要内容。国际储备资产是国际货币体系的基础，根据国际储备的不同，可以把国际货币体系划分为金本位制、黄金—美元本位制、信用本位制。

（4）国际结算制度的选择。国际结算是选择多边的还是双边的，是资产结算还是负债结算，是自由外汇支付还是协定记账支付，这些国际结算方式的选择直接受国际储备货币和国际清偿手段等因素的制约。

（5）国际金融事务的协调与管理。各国实行的金融货币政策，会对相互交往的国家乃至整个世界经济产生影响，因此如何协调各国的货币金融政策，通过国际金融机构制定若干为各成员国所认同与遵守的规则、制度，也构成了国际货币体系的重要内容。

作为国际货币关系的集中反映，国际货币体系构成了国际金融活动的基本框架。在这一框架下，各国之间的货币金融往来都要受到相应的国际货币体系的制约。国际货币体系在促进各国之间的经济与金融联系、协调各国之间的经济活动，以及促进世界贸易与世界投资的发展等诸多方面都具有重要作用。

第一，为世界贸易支付清算和国际金融活动提供统一的运行规则。统一的国际货币体系不仅为世界经济的运行确定必要的国际货币和储备资产，为国际经济的发展提供足够的清偿力，借此抵御区域性或全球性金融危机，还对国际货币发行依据、数量、兑换方式、标准等问题做出明确规定，同时也为各国的国民经济核算提供统一的计价标准，这就为世界各国的经济交往提供了更为规范的国际规则，从而促进了世界经济的健康发展。比如，当确定特别提款权为世界清算和支付手段的来源时，国际货币体系一方面要对特别提款权的定价方式、使用范围做出具体的规定，另一方面还要对特别提款权与其他各国货币以及各国货币之间的比价关系和兑换方式做出规定。

第二，稳定汇率。国际货币体系的首要任务之一，就是维护汇率的稳定。国际货币体系为各国汇率的稳定提供统一的计价标准，为各国汇率制度的安排提供意见，从而使各国在汇率安排上受制于国际规则和惯例，不能随心所欲，以防止不必要的竞争性贬值，起到了维持世界汇率稳定的作用。统一的国际货币体系也为世界各国免受国际金融投机活动的冲击，稳定各国的币值提供了良好的外部条件，为国际汇率的稳定奠定了基础。

第三，确定国际收支调节机制，为国际收支不平衡的调节提供有效手段。国际收支不平衡是由国内、国际因素共同造成的，所以有时仅靠本国进行调整无济于事，这时就要依靠国际收支调节机制来消除各国的国际收支不平衡。通常国际收支调节机制包括以下两个方面的内容：一是确定汇率机制。在国际金本位体系下黄金的输出入能够自动调节国际收支平衡，在浮动汇率制下，汇率波动本身就具有调节国际收支的功能，国际货币体系的任务之一就是根据世界经济形势和各国的经济状况，确定相应的汇率制度。二是确定资金融通机制。资金融通可以在一定程度上对国际收支逆差进行缓冲、替代国际收支调节。国际货币体系的另一任务就是要确定恰当的资金融通机制，以便在某国发生国际收支逆差时提供资金支持，避免不必要的国际收支调节或延缓国际收支政策调节。

第四，协调各国货币金融事务和经济政策。在统一的国际货币体系框架内，各国都要遵守共同的规则，任何损人利己的行为都会遭到国际谴责，从而促使各国更多地在国内外经济政策上相互谅解和协调。在早期，有关国际货币金融的事务大部分通过双边协商来解决。第二次世界大战后，各国间经济联系进一步加强，参与国际货币金融业务的国家日益增多，形式日益复杂，程度日益加深，范围日益广阔，双边磋商已不能解决所有的问题。因此有必要建立多边的带有一定权威性的国际货币金融机构，以提供磋商的场所，协调各国的国内外经济政策，制定各国必须遵守的共同规则，并在必要时提供帮助和支持。

二、国际货币体系的变迁

国际货币体系在其发展过程中经历了三个重要的历史时期：第一个时期为 1870 年到 1914 年的金本位时期；第二个时期为 1945 年到 1973 年的布雷顿森林体系下的固定汇率制时期；第三个时期是 1976 年牙买加协议以来的国际货币多元化和浮动汇率制时期。

近代以来，英国是西方国家中率先崛起的资本主义大国，最先完成了资产阶级革命和第一次科技革命。以蒸汽机的发明及其广泛使用为标志的第一次科技革命，是历史无代价地馈赠给资产阶级的一份"厚礼"。在 1760 年之后的不到一百年的历史中，英国实现了以机器大工业为主体的工厂制度取代以手工技术为基础的工厂手工业的革命，并且随着殖民扩张政策的推行，英国很快成为世界上最大的殖民帝国。19 世纪三四十年代，英国基本完成工业革命，成为"世界工厂"和世界经济的中心，处于世界工业、贸易、金融和海运的中心地位。在此背景下，英国建立起了以英镑为中心的国际金本位制货币体系。世界上首次出现的国际货币制度是金本位制度，大约形成于 19 世纪 80 年代末，结束于 1914 年（第一次世界大战之前）。

第二次世界大战即将结束时，一些国家深知，国际经济的动荡乃至战争的爆发与国际经济秩序的混乱存在着某种直接或间接的联系。因此，重建国际经济秩序，成为保持战后经济恢复和发展的重要因素。在国际金融领域中重建经济秩序，就是建立能够保证国际经济正常运行的国际货币制度。为此，1944 年 7 月在美国新罕布什尔州的布雷顿森林由 44 个国家参加会议（联合国货币金融会议），并商定了建立以美元为中心的国际货币制度。会议通过了《国际货币基金组织协定》和《国际复兴开发银行协定》，确立了新的国际货币制度的基本内容。由于美国的黄金储备当时已经占到资本主义世界的 3/4，因此，如果建立的货币体系仍然与黄金有密切联系的话，实际上就是要建立以美国为中心的国际货币制度。因此，以美元为中心的布雷顿森林体系正是在这种背景下产生的。

布雷顿森林体系本身存在着不稳定性。事实上，自布雷顿森林体系建立之日起，"特里芬难题"就一直伴随国际经济的发展。1960 年以前，布雷顿森林体系的主要问题是"美元荒"；1960 年以后，主要问题是"美元灾"（1960 年 10 月出现第一次美元危机，1968 年 3 月第二次美元危机，1970 年后美元危机加剧）。1971 年 8 月，美国宣布停止美元兑换黄金，这一行动意味着布雷顿森林体系的基础发生动摇。1973 年西方主要国家纷纷实行浮动汇率制度，布雷顿森林体系瓦解（体系的两个基础：各国货币与美元挂钩、美元与黄金挂钩均告崩溃）。布雷顿森林体系瓦解以后，重新建立至少是改革原有货币体系的工作，成了国际金融领域的中心问题。1976 年 1 月，各成员国在牙买加首都金斯敦举行会议，讨论修改国际货币基金协定的条款，会议结束时达成了《牙买加协定》。同年 4 月，国际货币基金组织理事会又通过了以修改《牙买加协定》为基础的《国际货币基金协定第二次修正案》，并于 1978 年 4 月 1 日起生效，从而形成了以《牙买加协定》为基础的新的国际货币制度。

三、国际金本位体系

国际金本位制是以黄金作为国际储备货币或国际本位货币的国际货币制度。世界上首次出现的国际货币制度是国际金本位制，它大约形成于1880年末，到1914年第一次世界大战爆发时结束。在金本位制度下，黄金具有货币的全部职能，即价值尺度、流通手段、贮藏手段、支付手段和世界货币。

（一）国际金本位制度的运行机制

金本位制的运行机制就是休谟提出的"物价与现金流动机制"。金本位制度下的国际贸易往来以及各国间国际收支的平衡，是根据"物价与现金流动机制"加以调节的。如果工资和物价对货币数量变化的反应完全具有弹性，且货币流通速度不变，则经济将处在充分就业状态（有关国际金本位制下的国际收支调节问题，参见第二章相关内容）。

金本位制的运行机制说明，在金本位制度下，国际经济的秩序是以黄金产生的自然约束力，调节世界各国价格水平这一机制来加以维持的，国际收支的失衡是以世界各国价格水平充分具有弹性与黄金生产的自然约束二者的合力来加以调整的。在金本位制度下，由于各国国际收支逆差的调节是以本国的货币紧缩、物价下跌和失业增加为代价的，因此，金本位制使各国经济的自主性自觉地服从于国际经济的稳定性，国内经济目标从属于外部经济目标。很明显，这是一种用牺牲国内经济的方法来维持国际货币制度运行的机制。

（二）金本位的分类

1. 金币本位制（Gold Specie Standard）

这是金本位货币制的最早形式，也称为古典的或纯粹的金本位制，盛行于1880—1914年间。自由铸造、自由兑换及黄金自由输出入是该货币制度的三大特点。在该制度下，各国政府以法律形式规定货币的含金量，两国货币含金量的对比即为决定汇率基础的铸币平价。黄金可以自由输出或输入国境，并在输出入过程中，形成铸币—物价流动机制，对汇率起到自动调节作用，且因汇率受铸币平价和黄金输送点的约束，波动幅度一般不大。

2. 金块本位制（Gold Bullion Standard）

这是一种以金块办理国际结算的变相金本位制，也称虚金本位制。在该制度下，由国家储存金块，作为储备；流通中的各种货币与黄金的兑换关系受到限制，不再实行自由兑换，但在需要时，可按规定的限制数量以纸币向本国中央银行无限制兑换金块。可见，这种货币制度实际上是一种附有限制条件的金本位制。

3. 金汇兑本位制（Gold Exchange Standard）

这是一种在金块本位制或金币本位制国家保持外汇，准许本国货币无限制地兑换外汇的金本位制。在该制度下，国内只流通银行券，银行券不能兑换黄金，只能兑换实行金块或金本位制国家的货币，国际储备除黄金外，还有一定比重的外汇，外汇在国外才可兑换黄金，黄金是最后的支付手段。实行金汇兑本位制的国家，要使其货币与另一实行金块或金币本位制国家的货币保持固定比率，通过无限制地买卖外汇来维持本国货币币值的稳定。

（三）国际金本位制的特点

从 19 世纪初到第一次世界大战前，资本主义国家相继实行国际金本位制（金币本位制），但金本位制并非国际金本位体系，而是国际金本位体系的基础，当世界各国普遍在国内实行金本位制时，国际金本位体系就建立了。英国在 1816 年最早实行金本位制；德国于 1871 年发行金马克作为本位货币；瑞典、挪威、丹麦于 1873 年实行金本位制；法国、比利时、瑞士、意大利、希腊于 1874 年实行金本位制；美国于 1879 年开始确立金本位制。到 1880 年，世界上主要资本主义国家普遍实行了金本位制，这标志着黄金的国际货币地位自动确立，也标志着国际金本位体系的形成。

国际金本位制有三个显著的特征：（1）黄金是最后的国际支付手段，是价值的最后标准，充当国际货币，所以中央银行以黄金形式持有较大部分的国际储备。英格兰银行持有的资产几乎都是黄金；其他国家中央银行资产的较大部分也是黄金。（2）汇率水平由铸币平价决定，所以价格水平保持长期稳定，汇率体系呈现为严格的固定汇率制。在国际金本位体系盛行的 35 年间（从 1880 年到 1914 年），英国、美国、法国、德国等主要资本主义国家间汇率十分稳定，从未发生过大幅度的波动。（3）这是一个松散、无组织的体系。国际金本位制并不是由各国货币会议宣告成立的，也没有一个统一的章程，更没有一个常设机构来领导、监督、协调各国的行为，但是各国通行金本位制，遵守金本位的原则和惯例，因而构成一个体系。

从当时的历史发展来看，要使金本位制度的运行机制充分发挥作用，一般必须做到以下几点。第一，以黄金作为货币或者货币的发行基础，即货币发行必须有充足的黄金储备；第二，各国货币当局应维持本国货币的法定含金量，因此各国货币当局必须以固定的价格无限制地买卖黄金；第三，货币自由兑换黄金，任何个人或机构都可以将其持有的纸币按照固定的价格购买黄金，或者以黄金兑换货币；第四，各国发行银行券应受黄金储备量的限制，并可以随时兑换黄金；第五，任何个人或机构都能自由地将黄金输出和输入，对黄金和外汇的买卖没有任何限制。

金本位体系的缺陷主要表现在：（1）黄金的增长速度远远落后于世界经济发展的速度，由此造成的清偿手段不足严重制约了各国经济的发展。由于已开采或未开采的黄金存量有限，所以货币基础无法增长，一方面是国民收入的不断增长，另一方面又要维持货币黄金的固定比价，这势必造成国内的通货紧缩，制约经济发展。（2）贸易的不平衡难以通过双方货币供应量和价格的相对变动来得到纠正。当一国发生贸易赤字时，不一定总要输出黄金，它可以利用国外的贷款来弥补赤字；贸易盈余时，则可以输出资本。（3）在金本位制下，国际收支的自动调节是通过物价和成本这一中介变量实现的，然而事实上，在金本位制时期，主要资本主义国家的物价变动趋势相当一致。（4）国际金本位体系的正常运行是建立在各国政府都遵守金本位制的基本要求，对黄金流动不加干预的基础上的。一旦政府介入，那么金本位体系的自动调节功能就无从实现。

(四) 金本位制的崩溃

第一次世界大战爆发后,各主要资本主义国家出于战争需要,实行黄金禁运,停止纸币兑换黄金,并脱离黄金储备大量发行纸币,从而使金本位体系陷入瘫痪。第一次世界大战后,这些纸币严重贬值,发生了严重的通货膨胀,各国汇率波动频繁,从而给国际经济关系带来了极大的负面影响。

为恢复经济,各国试图努力重建金本位体系。1922 年,世界货币金融会议在意大利热那亚召开,会议吸取了战前国际金本位制的教训,确定了一种节约黄金的国际货币制度——国际金汇兑本位制。此次会议后,美国、英国、法国的货币直接与黄金挂钩,同时其他主要资本主义国家也相继实行金汇兑本位制,间接地与黄金挂钩。美国因未受战争破坏,而且一跃成为世界主要金融大国,所以战后不久就恢复了战前的金币本位制,实现了黄金的自由兑换。英国于 1925 年、法国于 1928 年恢复了金本位制度,实行金块本位制,规定纸币必须达到一定金额才能兑换黄金,即货币当局仅兑换大块黄金。到 1928 年底,战前实行金本位制的国家基本上恢复了金本位制,黄金在各国之间重新实现了自由流通,但此时的国际金本位制度与过去却大相径庭。与此同时,第一次世界大战后各国勉强恢复的金本位体制也导致了世界范围内的通货紧缩,给各国经济造成了巨大灾难,在 1929 年爆发的世界性大危机和 30 年代的大萧条中最终走向瓦解和崩溃。1931 年初,阿根廷、澳大利亚、乌拉圭、委内瑞拉等国家放弃金本位制。该年 7 月德国放弃了金汇兑本位制。英国由于在 1925 年恢复金本位制时是根据 1914 年以前的金平价恢复金本位制,使英镑至少被高估 10%,导致贸易逆差,黄金大量外流,国际收支陷入困境。1931 年英国发生了大量挤兑黄金的事件,英国黄金面临枯竭。在强大的市场压力下,英国被迫于 1931 年 9 月放弃金本位制,宣布英镑为不可兑换货币。于是,与英镑联系密切的一大批国家纷纷仿效,紧跟着放弃了金本位制。在美国,1931 年美国黄金挤兑风潮使美国黄金持有量下降了 15%,1933 年美元危机再次爆发,黄金大量流失,美国遂于 1933 年 4 月放弃金本位制。而由法国、比利时、荷兰、意大利、波兰、瑞士六国组成的“黄金集团”,最终也坚守不住,于 1936 年放弃了金本位制。当世界各国普遍放弃金本位制时,金本位体系就彻底崩溃了。

金本位体系之所以崩溃,有以下几个方面的原因:(1) 自由流通遭到破坏,大量的黄金集中在少数几个国家手中,其他国家货币流通的黄金基础不复存在,这不但影响了黄金的国际结算职能,也削弱了其他国家实施金本位制度的基础。(2) 自由兑换的条件不再具备,黄金被剥夺作为流通手段的职能,无法发挥其自动调节货币流通和稳定汇率的作用,不能防止通货膨胀和货币贬值。(3) 黄金的增长速度远远落后于各国经济贸易增长的速度,由此造成的支付手段不足严重制约了各国经济的发展。(4) 黄金自由输出入的条件不复存在。国际收支逆差国黄金外流严重,为了防止黄金外流,各国纷纷采取限制黄金输出的措施。(5) 各国越来越不愿意接受金本位的基本规则。许多国家明确将内部目标置于外部目标之上,不愿意牺牲充分就业和经济增长以维持国际收支平衡。他们利用国际信贷、利率和公开市场业务来调节国际收支,而不愿意黄金频繁流动,并切断了黄金流出入与国内货币供应和物价波动的联系。

国际金本位体系崩溃后，国际货币关系极其混乱，实际上已不存在任何国际货币制度。世界三大主要货币英镑、美元和法郎，各自组成相互对立的货币集团——英镑集团、美元集团和法郎集团，各货币集团之间普遍存在着严格的外汇管制，货币不能自由兑换。各国货币之间的汇率再次变为浮动汇率，为了刺激本国的出口和抑制进口，各国之间出现了"汇率战"，即各国不惜采取所有手段，促使本币贬值。同时，各种贸易保护主义措施非常盛行。显然，这种互相对立甚至相互攻击的做法不仅严重阻碍了国际贸易的发展，而且加剧了各国的经济萧条。

四、布雷顿森林货币体系

20 世纪 30 年代国际货币关系的混乱所带来的巨大灾难给人们留下了深刻的教训，为了稳定金融局势，在金本位制度崩溃不久，主要资本主义国家就开始尝试在国际金融领域合作。在第二次世界大战即将结束时，西方盟国即着手拟定战后经济重建计划，希望能够重新建立统一的、稳定的国际货币体系，以加速战后经济贸易的恢复与发展。战后，美国的工业生产总值占资本主义世界的 60%，海外贸易占世界总额的 1/3 强，黄金储备达200.8 亿美元，约占资本主义世界黄金储备的 75%，其海外投资超过了英国，成为世界上最大的债权国，这一切都为美元的霸主地位创造了条件，依赖其雄厚的经济实力，美国试图充当世界霸主。虽然英国饱受战乱之苦，经济实力大幅下降，但英国在世界经济中的实力仍相当强大，英镑区和帝国特惠制仍然存在，国际贸易的 40% 还用英镑结算，英镑仍然是主要的国际储备货币，伦敦依旧是最大的国际金融中心。因此，重建战后国际金融新秩序的重任必然由美英两国共同承担，两国分别提出了有关战后国际金融货币体系的基本方案。

美国的方案由财政部长助理哈里·D. 怀特提出，故称之为"怀特计划"，该方案建议设立一个"联合与联盟国家稳定基金"。其主要内容有：（1）以基金制为基础。基金由各成员国以黄金、本国货币和政府债券缴纳，总额不少于 50 亿美元，由会员国按规定的份额缴纳，各会员国在基金组织里的发言权与投票权同其缴纳的基金份额成正比。（2）基金货币与美元和黄金挂钩，各会员国货币与基金货币挂钩。基金组织发行一种名叫"尤尼它"的货币单位，每一"尤尼它"等于 10 美元或纯金 137.142 格令。各会员国规定其货币与"尤尼它"的平价，并保持固定比例不变，未经 3/4 的会员国投票通过，会员国货币不得贬值。（3）调节国际收支。当会员国发生国际收支不平衡时，基金对会员国提供短期信贷支持，以解决国际收支逆差，维持汇率平价。（4）取消外汇管制、双边结算和复汇率等歧视性措施。怀特计划表明美国企图凭借黄金和经济实力，操纵和控制"联合与联盟国家稳定基金"，使会员国货币钉住美元，从而谋求金融霸主地位。

英国的方案由财政部顾问约翰·M. 凯恩斯提出，故称之为"凯恩斯计划"。该方案建议设立一个"国际清算同盟"，其主要内容有：（1）建立"国际清算同盟"（以下称"同盟"），会员国中央银行在"同盟"开立往来账户，各国官方对外债权债务通过该账户用转账办法进行清算，顺差国将盈余存入账户，逆差国可以在规定的份额内向"同盟"申请透支或提存。（2）"同盟"发行一种名叫"班科"的国际货币单位，其价值由"同盟"适时调整。各成员国规定本国货币与班科的汇率平价，非经"同盟"理事会批准不得变更。成员国可以用黄金换取班科，但不可以用班科换取黄金。（3）会员国无需向"同盟"缴纳黄金、本国货币或政府债券，各国在"同盟"的份额以第二次世界大战前3年进出口贸易平均额的75%来计算。（4）"同盟"总部设在伦敦和纽约，理事会会议在英、美两国轮流举行。凯恩斯计划基于英国当时的困境，主张恢复多边清算，意在创造新的国际清偿手段，降低黄金的作用，当然也包含英国想同美国分享国际金融领导权的企图。

怀特计划和凯恩斯计划都主张稳定汇率、扩大国际贸易和促进世界经济的发展，但二者在黄金的地位、汇率制度和国际收支调节机制等许多方面存在差异。于是围绕两个方案发生了激烈的争执。由于美国实力大大强于英国，最终怀特计划占了上风，于1944年4月正式发表了《关于建立国际货币基金组织的专家联合声明》，为建立新的国际金融体系奠定了理论基础。当然，为了适当照顾英国的利益，以美国方案为基础建立的国际货币体系也吸收了凯恩斯计划的一些内容。1944年7月，44个国家代表在美国新罕布什尔州的一个名叫布雷顿森林的地方召开"联合与联盟国家国际金融会议"，并最终通过了《国际货币基金协定》（以下称《协定》）和《国际复兴开发银行协定》，由于该会是在布雷顿森林召开的，故总称布雷顿森林协定。其中前一个协定确定了以美元为中心的国际货币体系框架，我们称之为布雷顿森林货币体系。

（一）布雷顿森林货币体系的核心内容

布雷顿森林货币体系建立了国际货币基金组织和世界银行两大国际金融机构。前者负责向成员国提供短期资金借贷，目的为保障国际货币体系的稳定；后者提供中长期信贷来促进成员国经济复苏。

布雷顿森林货币体系的主要内容包括以下几点：

第一，实行"双挂钩"制度。一是美元与黄金挂钩。各国确认1944年1月美国规定的35美元一盎司的黄金官价，每一美元的含金量为0.888671克黄金。各国政府或中央银行可按官价用美元向美国兑换黄金。为使黄金官价不受自由市场金价冲击，各国政府需协同美国政府在国际金融市场上维持这一黄金官价。二是其他国家货币与美元挂钩。其他国家政府规定各自货币的含金量，通过含金量的比例确定同美元的汇率。美元与黄金挂钩，其他国家与美元挂钩的制度又被称为"双挂钩"制度。

第二，实行可调整的钉住汇率制。《协定》规定，各国货币对美元的汇率，只能在法定汇率上下各1%的幅度内波动。若市场汇率超过法定汇率1%的波动幅度，各国政府有义务在外汇市场上进行干预，以维持汇率的稳定。若会员国法定汇率的变动超过10%，就必须得到国际货币基金组织的批准。1971年12月，这种即期汇率变动的幅度扩大为上下2.25%的范围，决定"平价"的标准由黄金改为特别提款权。布雷顿森林体系的这种汇率制度被称为"可调整的钉住汇率制度"。"双挂钩"制度与可调整的钉住汇率制度，被称为布雷顿森林货币体系的两大支柱。

第三，各国货币兑换性与国际支付结算原则。《协定》规定了各国货币自由兑换的原则：任何会员国对其他会员国在经常项目往来中积存的本国货币，若对方为支付经常项货币换回本国货币，考虑到各国的实际情况，《协定》作了"过渡期"的规定。《协定》规定了国际支付结算的原则：会员国未经基金组织同意，不得对国际收支经常项目的支付或清算加以限制。

第四，确定国际储备资产。《协定》中关于货币平价的规定，使美元处于等同黄金的地位，成为各国外汇储备中最主要的国际储备货币。

第五，国际收支的调节。国际货币基金组织会员国份额的 25% 以黄金或可兑换成黄金的货币缴纳，其余则以本国货币缴纳。会员国发生国际收支逆差时，可用本国货币向基金组织按规定程序购买（即借贷）一定数额的外汇，并在规定时间内以购回本国货币的方式偿还借款。会员所认缴的份额越大，得到的贷款也越多。贷款只限于会员国用于弥补国际收支赤字，即用于经常项目的支付。

（二）布雷顿森林货币体系的运行及崩溃过程

布雷顿森林货币体系是在美国持有大量顺差、黄金储备充足的基础上建立起来的。然而，在 20 世纪 50 年代中期以后，由于西欧经济的恢复和日本经济的起飞，美国对外贸易面临严峻的挑战，加之美国忙于军备竞赛，财政开支过大，在 50 年代末就开始出现对外收支的逆差并且不断扩大。到 1960 年底，美国对外流动负债达 210 亿美元，而当年仅有黄金储备 178 亿美元，已不可能实现无限制兑换黄金的承诺，于是美元的国际信用开始动摇，终于在 1960 年 10 月爆发了第一次美元危机，紧接着又爆发了数次美元危机，并最终导致布雷顿森林货币体系的崩溃。这一体系的崩溃大体经过了如下三个阶段：

（1）美元停止兑换黄金。由于美国的国际收支进一步恶化，美元大量外流以及不断加剧的通货膨胀，使得美元汇率不断出现下浮的波动，1970 年美元贬值的形势越来越明显。1971 年 5 月，西欧各主要金融市场上又一次掀起了抛售美元、抢购黄金与其他硬通货的风潮。各国中央银行大规模进行干预，但是却无法遏制美元持续外流的趋势。1971 年 7 月第七次美元危机爆发，面对巨额的国际收支逆差和各国中央银行挤兑黄金的压力，尼克松政府于 8 月 15 日宣布实行"新经济政策"，停止履行外国政府或中央银行可以用美元向美国兑换黄金的义务，不再以每盎司黄金等于 35 美元的官价兑换黄金。这意味着美元与黄金脱钩，支撑国际货币体系的两大支柱有一根已倒塌。

（2）"史密森协议"阶段。美元与黄金官价兑换的终止，使国际金融市场处于混乱状态。1971 年 12 月，十国集团在华盛顿特区的史密森研究所召开会议，达成一项妥协方案，故称之为"史密森协议"。协议的主要内容包括：美元对黄金贬值 7.89%，从 35 美元兑 1 盎司黄金贬值到 38 美元兑 1 盎司黄金，以人为提高美国的黄金储备额，恢复人们对美元的信心；日元升值 7.66%，德国马克、瑞士法郎各升值 4.61%，比利时法郎、荷兰盾各升值 2.76%，意大利里拉、瑞典克朗各贬值 1%，英镑和法国法郎维持不变。这次汇率调整的意义不在于汇率调整本身，而在于它适应了战后各国经济发展不平衡的客观情况，反映出美元地位的下降。扩大汇率波动的幅度，将汇率波动的允许幅度由原来的平价上下 1% 扩大到 2.25%，其意图是增加货币制度的灵活性和弹性。同时，美国取消 10% 的进口附加税。

（3）取消固定汇率制度。美元的小幅度贬值未能阻止美元危机与美国国际收支逆差的持续发展，1973 年 2 月，在国际外汇市场上又一次掀起了抛售美元、抢购联邦德国马克和日元，并进而抢购黄金的浪潮，美元再度贬值。1973 年 3 月，西欧又出现抛售美元，抢购黄金和马克的风潮。3 月 16 日，欧洲共同市场 9 国在巴黎举行会议并达成协议，联邦德国、法国等国家对美元实行"联合浮动"，彼此之间实行固定汇率。英国、意大利、爱尔兰实行单独浮动，暂不参加共同浮动。此外，其他主要西方货币也都实行了对美元的浮动汇率。至此，战后支撑国际货币体系的另一支柱，即固定汇率制度完全垮台，同时也就宣告了布雷顿森林货币体系的最终解体。

（三）布雷顿森林体系崩溃的原因

布雷顿森林货币体系之所以崩溃，是由于该体系存在许多缺陷，随着资本主义经济的进一步发展，这一货币体系本身所固有的缺陷逐渐暴露出来。概括而言，布雷顿森林货币体系崩溃的原因有如下几点：

（1）汇率机制缺乏弹性。事实上布雷顿森林货币体系对各国汇率平价的管理比较宽松，《国际货币基金协定》规定，1% 以内的平价变动可以由成员国自由决定，当成员国因基本经济情况发生变化而出现国际收支所谓根本性不平衡时，成员国可以申请改变汇率平价。但是在布雷顿森林货币体系的实际运转过程中，各国改变汇率的次数极少，1950—1971 年，主要资本主义国家间的汇率非常稳定，日元一直没有丝毫变动，英镑在 1967 年贬值一次，法郎在 1958 年和 1969 年贬值两次，联邦德国马克在 1961 年、1969 年升值两次，美元也始终力求稳定。所以成员国很少进行汇率平价调整，即使调整往往也是滞后的。造成这种状况的原因有两点。首先，根本性不平衡缺乏一个客观的判断标准，各成员国很难准确判断自己的国际收支不平衡是否为"根本性的"。其次，出于政治和经济上的考虑，各国政府往往试图表明本国的国际收支不平衡是暂时性的，而不愿意变更其货币的汇率平价。它们既不愿意接受本国货币的贬值，也不愿意接受本国货币的升值，这是因为若是货币发生贬值，选民总倾向于认为是政策失败和经济低迷；若是货币发生升值，则会影响本国产品的国际竞争力，从而影响外贸出口。而国际货币基金组织又无权主动做出变更成员国汇率平价的决定，仅能在成员国申请后被动地调整该成员国的汇率平价。滞后的汇率平价调整不仅难以消除国际收支不平衡，而且会助长投机，投机的盛行最终使汇率平价难以维持，并导致布雷顿森林货币体系的崩溃。

（2）美元—黄金机制的缺陷。由于美元直接与黄金挂钩，作为世界主要的储备货币，美元享有特殊的地位，这就极大地加强了美国对世界经济的影响。一方面，美国可以通过发行纸币而不动用黄金进行对外支付和资本输出，故可以用对外输出美元的方式来保持其国际收支逆差，只要其他国家愿意持有美元，美国就不会像其他国家那样面临巨大的国际收支不平衡的压力，从而有利于美国的对外扩张和掠夺。但另一方面，美国不能主动变更其对其他国家货币的汇率，从而背上了维持金汇兑平价的包袱。因为各国货币与美元挂钩，所以只能由各国变更它们的货币与美元的汇率平价，而美国却不能主动变更其对其他国家货币的汇率（因为这将破坏布雷顿森林体系的稳定）。于是，美国丧失了调节国际收支的一个重要的政策工具。当人们对美元充分信任、美元相当短缺时，这种金汇兑平价尚可以维持；但当人们对美元产生信任危机时，它们就会要求把大量持有的美元兑换成黄金，这时若没有足够的黄金储备，就很难维持美元与黄金之间的固定平价，所以维持金汇兑平价是一个沉重的包袱。

（3）储备制度不稳定。布雷顿森林货币体系以美元作为主要储备资产，而这种做法具有内在缺陷，因为它无法提供一种既数量充足，又币值坚挺，还可以为各国普遍接受的储备货币。在黄金生产增长缓慢的情况下，为满足国际经济与贸易对国际储备资产日益增长的需要，必须逐步增加美国境外的美元数量，而这只有通过维持美国国际收支逆差才能办到。然而一旦美国国际收支出现持续逆差，普遍的"美元灾"就会引发美元危机，于是人们对美元的信心就会减弱或丧失，纷纷用美元兑换黄金，美元就必须贬值而不能按官价兑换黄金。这就出现了所谓的"特里芬难题"：即当美国国际收支处于长期顺差时，人们会愿意持有美元，但却得不到它，于是各国将因缺乏必要的国际清偿手段而降低生产和贸易的发展速度；而当美国国际收支出现持续逆差时，美元的信用无法维持，虽然人们对美元的需求能够得到满足，但此时人们却因对美元丧失信心而不愿再持有它了。之所以出现"特里芬难题"，是因为美元同时承担了相互矛盾的双重职能：为世界经济和贸易发展提供清偿手段和清偿能力；保持美元的信用，维持美元按官价兑换黄金。

（4）缺乏协调机制。首先，国际货币基金组织缺乏协调国际收支不平衡的能力。国际货币基金组组成立时筹集了88亿美元的资金，1959年增加到149亿美元，1956年增加到210亿美元。当成员国发生国际收支逆差时，国际货币基金组织为之提供贷款支持。但是各国国际收支逆差日益严重，对国际货币基金组织的贷款要求大大超过了国际货币基金组织的财力，国际货币基金组织无法满足各成员国为维持汇率稳定而需要的贷款支持，所以其协调国际收支不平衡的能力大打折扣。其次，各国经济政策之间缺乏有效的协调。《国际货币基金协定》要求各成员国对可能影响国际货币体系稳定的国内经济政策进行相互协调，但并未明确授予国际货币基金组织广泛且具有约束力的协调职能。而在战后，各发达资本主义国家政府对经济的干预十分盛行，政府政策对经济的影响很大。各国在经济政策方面又喜欢追求独立性，因而相互之间的政策差异很大，这必然导致各国在收入水平、经济增长率、失业率、通货膨胀率等方面的差异，进而引起各国国际收支的不平衡。最后，内外平衡难以协调。在固定汇率制度下，各国不能利用汇率杠杆来调节国际收支，而只能采取有损于国内经济目标实现的经济政策或采取管制措施，以牺牲内部平衡来换取外部平衡。当美国国际收支逆差、美元汇率下跌时，根据固定汇率原则，其他国家应干预外汇市场，但这往往会导致和加剧这些国家的通货膨胀；若这些国家不干预，则美元贬值就会加剧，就会遭受美元储备资产贬值的损失。总之，当实际经济情况发生变化、各国货币的固定汇率平价难以维持时，国际货币基金组织协调乏力，而各国又多不愿意牺牲本国国内经济目标以扭转这一趋势，因此，国际货币体系就难以稳定和维持。

（5）国际短期资本流动的冲击。20世纪60年代以后，西方各国放松了对外汇的管制，离岸金融市场纷纷出现，随着金融与通信技术的进步，国际短期资本规模急剧扩大，其在国与国之间的流动也变得越来越便利、迅速、频繁，从而为大规模的外汇投机活动提供了可能。而布雷顿森林货币体系下形成的各国汇率平价日趋不合理，又使得该体系下的投机活动几乎不存在任何风险，收益却很高，故具有很大的诱惑力。因而在布雷顿森林货币体系下，外汇投机活动十分猖獗。与日趋频繁且规模巨大的国际短期资本相比，各国的国际储备水平逐渐显得微不足道，这就使得各国在干预外汇市场、捍卫本国货币方面越来越感到力不从心。所以，一浪高过一浪的外汇投机浪潮最终使布雷顿森林货币体系的崩溃由可能变成现实。

（6）美国经济地位的衰落。布雷顿森林货币体系实际上是以美元为中心的货币体系，这种独特的货币体系之所以能够建立，在很大程度上是因为战后初期美国在世界经济和政治中处于绝对支配地位，因此布雷顿森林货币体系的稳定在很大程度上取决于美国维持其经济优势的能力和决心。然而，20世纪50年代以后，欧洲和日本经济得到迅速恢复和发展，从而使这些国家的货币作为国际储备资产的地位大大提高，相反，由于一系列的原因，美国国际收支日趋恶化，美元地位日益削弱，从而使布雷顿森林货币体系难以维持。具体表现为，首先，朝鲜战争和越南战争使美国的黄金储备大大减少。朝鲜战争爆发后，美国的军费激增，国际收支持续逆差，黄金储备大量外流，并引发了第一次美元危机。越南战争爆发后，国际收支进一步恶化，黄金储备不断减少，并引发了第二次美元危机。1971年，美国的黄金储备仅是它对外流动负债的15.05%，完全丧失了承担美元对外兑换黄金的能力。其次，巨额的财政支出和赤字加剧了通货膨胀。两次石油危机和越南战争使得美国的财政支出急剧增加，面对巨额的财政赤字，美国不得不增加货币的发行，因此造成了通货膨胀的加剧。最后，美国国际收支持续逆差。战后，西欧各国经济持续增长，出口贸易不断扩大，国际收支由逆差转为顺差，美元和黄金储备增加，相反，由于发动对外战争，美国的国际收支由顺差转为逆差，美元大量外流，使得美元汇率承受巨大的冲击和压力，不断出现下浮的波动。

从上述分析可以看出，第二次世界大战之后的布雷顿森林货币体系崩溃与这个体系本身所存在的固有缺陷密切相关，同时也受其他因素的影响。当然，从布雷顿森林货币体系的产生来说，这一体系的建立，在促进战后资本主义经济的发展和国际金融的稳定等方面都发挥了重要作用。

（四）布雷顿森林货币体系的作用

第一，布雷顿森林货币体系的形成，暂时结束了战前国际货币金融领域里的混乱局面，维持了战后世界货币体系的正常运转。固定汇率制是布雷顿森林货币体系的支柱之一，不同于金本位下汇率的相对稳定。在典型的金本位下，金币本身具有一定的含金量，黄金可以自由输出输入，汇价的波动界限狭隘。1929年至1933年的资本主义世界经济危机，引起了货币制度危机，导致金本位制崩溃，国际货币金融关系呈现出一片混乱局面。以美元为中心的布雷顿森林货币体系的建立，使国际货币金融关系有了统一的标准和基础，混乱局面暂时得以稳定。

第二，促进各国国内经济的发展。在金本位制下，各国注重外部平衡，国内经济往往带有紧缩倾向。在布雷顿森林货币体系下，各国偏重内部平衡，危机和失业情形较战前有所缓和。著名经济学蒙代尔的分析表明，虽然布雷顿森林货币体系下的美元本位制有诸多缺陷，但国际经济在当时的固定汇率制度下的表现，却比这一体系崩溃之后的浮动汇率制度时的表现要好得多。表9-1为布雷顿森林货币体系崩溃前后两个时期主要发达国家通货膨胀与经济增长两项指标的对比情况。在第二次世界大战后的几十年中，由于七大工业国家基本主导了国际经济运转的步伐，因此，七大工业国家的经济表现，基本上反映了布雷顿森林货币体系崩溃和浮动汇率时代到来之后的世界经济的总体表现。从表 9-1 中可以看出，七大工业国家在布雷顿森林货币体系崩溃后的 1973—1982 年，通货膨胀率普遍高于这一体系尚处在运转中的 1963—1972 年这一时段，但其经济增长率却普遍低于布雷顿森林货币体系存在时期，每个国家都是如此，没有例外。这一状况表明，虽然影响两个时期经济增长的因素或许存在差异，但布雷顿森林货币体系之下的固定汇率制度安排，显然对当时的国际贸易与投资的稳定增长起到了重要作用，从而推动着七大工业国家国内的经济增长。

表 9-1　　　　　　　　　　两个时期的通货膨胀与经济增长的对比（平均值）

国家	通货膨胀率（%）1963—1972 年	通货膨胀率（%）1973—1982 年	经济增长率（%）1963—1972 年	经济增长率（%）1973—1982 年
美国	3.5	9.0	3.8	1.6
日本	5.4	8.3	9.7	3.5
德国	3.1	5.2	3.6	1.9
法国	4.4	11.4	5.3	2.5
英国	5.3	14.7	2.9	0.8
意大利	3.8	17.4	4.6	3.0
加拿大	3.6	9.3	5.3	3.0

资料来源：蒙代尔. 蒙代尔经济学文集卷五：汇率与最优货币区. 向松祚，译. 中国金融出版社，2009：16-17.

第三，布雷顿森林货币体系的形成，在相对稳定的情况下扩大了世界贸易。美国通过赠与、信贷、购买外国商品和劳务等形式，向世界散发了大量美元，客观上起到了扩大世界购买力的作用；固定汇率制在很大程度上消除了由于汇率波动而引起的动荡，在一定程度上稳定了主要国家的货币汇率，有利于国际贸易的发展。

第四，布雷顿森林货币体系形成后，国际货币基金组织和世界银行的活动对世界经济的恢复和发展起到了一定的积极作用。其一，国际货币基金组织提供的短期贷款暂时缓和了战后许多国家的国际收支危机，促进了支付办法上的稳步自由化。基金组织的贷款业务迅速增加，重点由欧洲转至亚、非、拉第三世界。其二，世界银行提供和组织的长期贷款和投资，不同程度地解决了会员国战后恢复和发展经济的资金问题。

第五，布雷顿森林货币体系的形成有助于生产和资本的国际化。汇率的相对稳定，避免了国际资本流动引发的汇率风险，有利于国际资本的输入与输出，为国际融资创造了良好环境；有助于金融业和国际金融市场发展，也为跨国公司的生产国际化创造了良好的条件。

第二节　牙买加货币体系

一、牙买加货币体系形成的历史背景

1973 年 2 月，布雷顿森林货币体系彻底崩溃，国际金融局势更加动荡不安，世界各国都在不断探寻国际货币制度改革的新方案，渴望建立起新的国际货币体系，从而结束这种混乱局面。IMF 早在 1972 年 7 月就成立了一个名为"国际货币制度改革和有关问题委员会"的咨询机构，专门研究国际货币制度的改革问题，该委员会由 20 个国家组成（其中 11 个国家为主要工业国家，9 个国家为发展中国家），因而又称为"二十国委员会"，主要负责拟订国际货币制度的方案，以供 IMF 参考。1974 年 6 月，该委员会召开第六次会议，拟定了一个"国际货币制度改革大纲"，对有关汇率、黄金、储备资产、国际收支等问题提出了一些原则性建议，从而为以后的改革奠定了基础。同时，还建议 IMF 另设新机构，取代"二十国委员会"，继续研究、处理今后的国际货币制度改革问题。在 1974 年 10 月 IMF 举行的年会上，IMF 决定设立"国际货币制度临时委员会"，简称"临时委员会"。"临时委员会"成立后，对国际货币体系的改革方案进行了激烈的争论和反复的磋商。尽管国际货币体系改革中矛盾重重，各方最终对国际货币体系的一些基本问题，即汇率制度、黄金处理、扩大信贷额度等达成共识。1976 年 1 月，"临时委员会"在牙买加首都金斯敦（Kingston）召开了第五次会议，并对上述问题达成协议，称为《牙买加协议》（*Jamaica Agreement*）。同年 4 月，IMF 理事会通过《国际货币基金协定第二次修正案》，1978 年 4 月 1 日，该修正案正式生效，从此国际货币体系进入了一个新的阶段——牙买加货币体系阶段。

二、牙买加货币体系的内容与特点

（一）牙买加货币体系的主要内容

《牙买加协议》涉及黄金、汇率制度、扩大基金组织对发展中国家的资金融通，以及增加会员国在基金组织的份额等问题。它不仅对第二次修正国际货币基金协定有指导意义，而且对形成目前国际货币金融关系的格局有一定的作用。其主要内容包括：

（1）浮动汇率合法化。基金组织同意固定汇率制和浮动汇率制暂时并存，会员国可以自由作出汇率方面的安排，但会员国的汇率政策需受基金组织监督，以防各国采取损人利己的货币贬值政策。协定还要求各国在物价稳定的条件下，寻求持续的经济增长，稳定国内经济以促进国际金融的稳定，并尽力缩小汇率的波动幅度。基金组织还有权要求会员国解释它们的汇率政策，协定还规定实行浮动汇率制的会员国根据经济条件，应逐步恢复固定汇率制度，在将来世界经济出现稳定局面以后，经 IMF 总投票权的 85% 多数通过，可以恢复稳定的但可调整的汇率制度。

（2）黄金非货币化。废除黄金条款，实行黄金非货币化，目的是使黄金与货币完全脱离关系，让黄金成为一种单纯的商品。基金组织还允许各会员国的中央银行可按市价自由进行黄金的交易活动，取消会员国之间，或会员国与基金组织之间以黄金清偿债务债权的义务。以后逐步处理基金组织所持有的黄金，按市价出售基金组织黄金总额的1/6（约2500万盎司），另外1/6按官价归还各会员国，剩余部分（约1亿盎司）根据总投票权85%的多数作出处理决定。

（3）增加基金组织会员国缴纳的基金份额，由原来的292亿特别提款权单位增加到390亿特别提款权，增加了33.6%。各会员国应缴份额所占的比重也有所改变，主要是欧佩克国家的比重提高一倍，由5%增加到10%，其他发展中国家维持不变，主要西方国家除联邦德国和日本略增以外，都有所降低。

（4）扩大对发展中国家的资金融通。用出售黄金所得的收益建立信托基金，以优惠条件向最穷困的发展中国家提供贷款，将基金组织的信贷部分贷款额度由会员国份额的100%提高到145%，并提高基金组织"出口波动补偿贷款"在份额中的比重，由占份额的50%提高到75%。

（5）提高特别提款权的国际地位。修订特别提款权的有关条款，以使特别提款权逐步取代黄金和美元而成为国际货币制度的主要储备资产。《牙买加协议》规定各会员国之间可以自由进行特别提款权交易，而不必征得国际货币基金组织的同意。国际货币基金组织与会员国之间的交易以特别提款权代替黄金，国际货币基金组织一般账户中所持有的资产一律以特别提款权表示。在国际货币基金组织一般业务中扩大了特别提款权的使用范围，并且尽量扩大特别提款权的其他业务使用范围。另外，国际货币基金应随时对特别提款权制度进行监督，适时修改或增减有关规定。

从上面来看，《牙买加协议》以及《国际货币基金协定第二次修正案》对有关黄金、特别提款权和汇率的条款都进行了修改，推动了国际货币制度的改革。它通过建立一个合法机构促进货币体系的改进，如各国广泛的汇率安排；它为会员国确定一些目标，有助于决定将来变化的方向，如把物价稳定与经济增长作为稳定汇率的手段；它提供了一个机构对付国际货币体系中的种种问题，如监督临时委员会新批准的外汇政策，等等。但它并没有进行新的重大改革，许多根本性的问题，如对汇率的监督、国际储备的创造和管理等，仍有待进一步研究和解决，而且发展中国家的重大要求没有得到满足。

（二）牙买加货币体系的特点

牙买加货币体系实际上是以美元为中心的多国化国际储备和浮动汇率的体系。在这个体系中，黄金的国际货币地位趋于消失，美元虽能在储备货币中居首位，但美元的国际货币地位正在削弱。联邦德国马克与日元以及特别提款权和欧洲货币单位等储备货币的地位不断增强。各国采取的汇率制度可以自由安排：主要发达国家货币的汇率实行单独浮动或联合浮动，多数发展中国家采取钉住浮动制度，还有的国家采取其他形式的管理浮动。各国国际收支不平衡是通过汇率机制、利率机制等多元化的调节机制进行调节的。

1. 国际储备多元化

由于特别提款权本位难以建立，美元本位又难以维持，国际储备出现了分散化的趋势，形成了目前多元化的局面。美元仍是最主要的储备货币，但美元的地位正在下降。具体表现在美元仍是主要的国际计价单位、支付手段和国际价值的储藏手段。首先从国际计价单位来说，美元仍是许多发展中国家货币钉住的关键货币，1974 年有 61 个国家的货币钉住美元，到 1990 年底，世界上还有 25 个国家的货币钉住美元。目前，世界贸易的一些重要商品，例如石油、某些初级产品和原料，甚至于黄金都是以美元计价的。各国在计算国民生产总值、工农业总产值、进出口总额、外汇储备以及人均收入时，都折合美元来计算。不过这种情况在改变，目前国际金融机构和其他一些主要世界组织在计算和比较各国经济指标时，已不再使用美元而改用特别提款权或欧洲货币单位。其次，从国际支付手段来说，美元仍是世界上最主要的货币。目前，在国际贸易结算中，世界进出口贸易大约 2/3 以上是用美元结算的。这种格局是在布雷顿森林货币体系时期形成的，而在此以前，英镑与法国法郎在这方面的作用早已退化，而美元支付在长期使用中已形成了惯例，人们习惯并熟悉使用美元。虽然联邦德国马克、日元等在这方面的作用也在加强，但使用美元的格局在短期内不容易改变。最后，从国际价值储藏手段来说，美元仍是各国外汇储备中最主要的储备货币。虽然美元的储备地位在各方面正在不断削弱，各国外汇储备中美元的比重逐年下降，所占的比重从 1973 年的 76.1% 下降到 1990 年的 56.4%，虽然日元等货币在外汇储备中所占的比重逐年提高，但美元在各国外汇储备中所占的比重是最大的，而且美元在西方各国银行存款和欧洲债券发行额中所占比重也远远超过其他各国货币。

黄金的国际储备地位继续下降。《牙买加协议》以及《国际货币基金协定第二次修正案》继续推进黄金非货币化的政策。从 1973 年美元脱离黄金以后，黄金非货币化在逐渐进行，然而这个过程是相当缓慢的。但事实证明，即使在今天，黄金的货币功能也并没有完全消失，黄金还是最终的国际清偿手段与保值手段。

2. 以浮动汇率为主的混合汇率制度安排得到发展

由于《牙买加协议》认可各国可以自由作出汇率方面的安排，同意固定汇率制与浮动汇率制暂时并存，《国际货币基金协定第二次修正案》又规定，会员国应在"协定第二次修改日之后 30 天内……把打算采取的外汇安排通知基金组织"，于是，浮动汇率为主的混合汇率体制便在这个基础上形成并发展起来。

3. 多种国际收支调节机制相互补充

在牙买加货币体系下，各国主要通过汇率机制、利率机制、国际金融市场、国际储备资产的运用和国际金融机构的协调来调节国际收支的不平衡，国际收支调节机制多样化了。

(1) 汇率机制调节。这是牙买加货币体系下国际收支调节的主要方式。这一机制的运转原理是：当一国经常账户收支发生赤字时，该国货币的汇率便趋于疲软下跌，于是有利于增加出口，减少进口，从而使贸易收支和经常账户收支得到改善。反之，当一国经常账户盈余时，该国货币汇率坚挺上浮，这会使该国进口增加，出口减少，国际收支恢复均衡。但在实际中，汇率机制的调节作用没有预期的那么大，且会受到其他条件的限制。

(2) 利率机制调节，即通过利率变动，通过一国实际利率与其他国家实际利率的差异引导资金流入流出，从而调节国际收支。利用利率机制实际上就是通过国际收支资本账户的盈余和赤字，来平衡经常账户的赤字和盈余，或者说，是利用债务和投资来调节国际收支。不过，利用利率机制调节国际收支也会产生副作用。

(3) 国际金融市场的调节。这种调节主要是通过国际金融市场的媒介作用、国际商业银行的活动来进行的。

（4）国际金融机构的协调。这主要是通过国际货币基金组织的贷款、监督和指导的活动来调节的。

以上调节机制的作用都有局限性，因此，针对规模相对较小的国际收支不平衡，政府还可以通过外汇储备的变动来进行调节。总的来说，与布雷顿森林货币体系相比，牙买加货币体系下的国际收支调节机制相对更多。

（三）牙买加货币体系的争议

从 1976 年 7 月牙买加货币体系开始形成至今已近半个世纪，目前仍然看不出这个体系将在近几年内发生重大变革的迹象，这说明牙买加货币体系运转基本正常。因此，在评价这一体系的功过是非时，首先应该肯定它的积极作用。当然，虽说牙买加货币体系在某种程度上也促进了世界经济的发展，但以美元为中心的多种储备和浮动汇率制为特征的牙买加货币体系的弊端，随着国际经济的发展变化，日益明显地暴露出来。

1. 牙买加体系的积极作用

（1）该体系基本上摆脱了布雷顿森林货币体系时期基准通货国家与附属国家相互牵连的弊端，并在一定程度上解决了"特里芬难题"。布雷顿森林货币体系的弊端之一就是各国货币与美元挂钩，从而使基准通货国家与依附国家相互牵连。而牙买加货币体系由于实现了国际储备多元化和浮动汇率制，即使出现美元贬值，也不一定会影响各国货币的稳定性，由于美元早已与黄金脱钩，即使出现美元贬值的预兆，各国也不可能用自己的美元储备向美国联邦储备银行挤兑黄金。所以，可以说牙买加货币体系已基本上脱离了基准通货国家与附属国家相互牵连的弊端，也在一定程度上解决了"特里芬难题"。

（2）这种比较灵活的混合汇率体制，能够灵敏地反映不断变化的经济情况，有利于国际经济运转和世界经济的发展。具体表现在：第一，各个主要国家货币的汇率可以根据市场供求状况自发调整，可以灵活地反映瞬息万变的宏观经济状况，这便使各国货币的币值得到充分体现与保证，有利于国际贸易与金融及其他经济交往的进行。第二，这种灵活的混合汇率体制可以使一国的宏观经济政策更具有独立性与有效性。当国际收支出现严重逆差时，不一定必须采取紧缩的宏观经济政策来维持本国货币汇率的稳定；同时，一国的宏观经济政策往往易于取得较好的效果。第三，在以浮动汇率为主的混合汇率体制下，各国还可以减少为了维持汇率稳定所必须保留的应急外汇储备，可以减少由于这部分资财脱离生产而造成的损失。

（3）该体系采取多种调节机制相互补充的办法来调节国际收支，因而在一定程度上缓和了布雷顿森林货币体系调节机制失灵的困难。牙买加体系的国际收支调节机制，除了依靠基金组织和本国货币汇率变动外，还通过利率机制及国际金融市场的媒介作用、国际商业银行的活动、有关国家外汇储备的变动以及债权债务、投资等因素来调节国际收支。多种调节机制结合起来相互补充，在一定程度上缓和了布雷顿森林货币体系调节机制失灵的困难，从而对世界经济的运转和发展起到一定的积极作用。

2. 牙买加货币体系的消极影响

（1）牙买加货币体系所呈现的国际货币多元化趋势日益加强，而多元国际货币体系缺乏统一的、稳定的货币标准，这本身便是一种不稳定的因素。这种国际货币体系的错综复杂，往往造成外汇市场的动荡混乱，无论是对国际贸易与信用的正常运行，还是对世界经济的健康发展，都会带来非常不利的影响。

（2）在牙买加货币体系下，主要工业国家全部采用浮动汇率制，汇率波动频繁而剧烈。这会产生以下弊端：第一，汇率波动频繁、剧烈，使进出口商很难核算成本与利润，难免蒙受外汇风险损失，因而往往影响贸易成交额和世界贸易的发展。第二，汇率变动不定，在国际借贷关系上不是债权方蒙受损失，就是债务方负担加重，甚至引发债务危机，因而势必影响国际信用的发展。而国际信用关系的缩小又会影响期货贸易，从而影响国际贸易与世界生产的发展。第三，牙买加货币体系以浮动汇率为主，汇率可以比较自由地下浮，因而较容易导致通货膨胀。第四，汇率频繁波动，加剧了国际金融市场的动荡与混乱。

（3）国际收支调节机制不健全。各种调节机制都有局限性，而国际货币基金组织的贷款能力又有限，同时也无力指导与监督赤字国双方对称地调节国际收支，所以自1973年以来，国际收支失衡的局面一直没有改善，而且还日趋严重，致使逆差国储备锐减，债台高筑，顺差国储备猛增，有的成为重要储备输出国，甚至于最大债权国。

近年来由于牙买加货币体系的弊端明显暴露，给世界经济带来不利影响，在西方七国首脑会议上，在国际货币基金组织历届年会及其他会议上，都曾讨论过国际货币制度改革问题。显然，进一步改革国际货币制度，建立合理而稳定的国际货币新秩序，早已应当提到议事日程上来。

第三节 欧洲货币一体化

一、区域性货币同盟与"最适度货币区"理论

（一）区域性货币同盟

近几十年来，世界经济一体化的趋势不断加强。伴随着经济一体化的发展，国际性的货币合作尤其是区域性的货币一体化十分引人注目，区域性货币同盟正是某一区域内国家进行货币合作的产物。区域性货币同盟是指有关国家或地区通过法律文件或共同遵守的国际协议，就货币金融的某些重大问题进行合作的组织形式。实质上，它是一些国家或者国家集团为了货币金融合作而组成的货币联盟。

区域性货币同盟具有三个基本特征：一是汇率的统一，二是货币的统一，三是货币管理机构和货币政策的统一。当然，三大特点合而为一，则是区域性货币同盟的最高形式。区域性货币同盟就其发展程度来讲，可分为两种：一种是松散的联盟，即货币一体化还处在较低级的阶段。其特点是，各成员国保持独立的本国货币，但成员国货币之间的比价是固定的，对成员国以外的国家则实行自由浮动；各成员国的国际储备部分集中管理，但各自保持独立的国际收支等。另一种是紧密的联盟，即货币一体化已经达到很高的程度。其特点是，实行统一的货币政策，发行一种共同的货币，设立一个共同的中央银行，实行资

本市场的统一等。

区域性货币同盟是第二次世界大战以后国际金融领域中的新现象，它对国际收支、国际储备、汇率体系与国际货币管理等都产生了重大的影响，从而在国际货币关系中发挥着重要的作用。与区域性货币同盟有关的理论，即最适度货币区理论。

（二）最适度货币区理论

最适度货币区理论又可叫作最适度通货区理论，或最优货币区理论①，由蒙代尔于1961 年最先提出。蒙代尔主张以生产要素的高度流动性作为区域性货币同盟的基本标准，且在货币区内的汇率必须被固定。这里的所谓"最优"，是指有能力稳定区内就业和价格水平，即在这一区域内，同时实现了低通货膨胀和低失业的内部均衡和国际收支平衡的外部均衡。最优货币区不是按国家边界划定的，而是由地理区域限定的。蒙代尔认为，生产要素流动性与汇率的弹性具有相互替代的作用，这是因为，需求从一国转移到另一国所造成的国际收支调整要求，既可以通过两国汇率调整，也可以通过生产要素在两国间的移动来解决。在他看来，生产要素流动性越高的国家之间，越适宜于组成货币区；而与国外生产要素市场隔绝越大的国家，则越适宜于组成单独的货币区，实行浮动汇率制。

继蒙代尔之后，一些重要的经济学家都对这一问题进行了研究。麦金农（1963）强调以一国的经济开放程度作为最优货币区的确定标准，并以贸易品部门相对于非贸易品部门的生产比重作为衡量开放程度的指标，认为，如果一国的开放程度越高，越应实行固定汇率制，反之则实行浮动汇率制。在开放程度高的情况下，如果实行浮动汇率制，国际收支赤字所造成的本币汇率下浮将会带来较大幅度的物价上升，抵消本币汇率下浮对贸易收支的作用。另外，詹姆斯·英格拉姆（1973）强调国内外金融市场一体化准则，彼得·凯南（1980）则主张采用出口商品多样化为准则，等等。

最适度货币区理论作为一种关于汇率机制和货币一体化的理论，旨在说明什么样的情况下，某一区域（若干国家或地区）实行固定汇率制和货币同盟或者是货币一体化是最优的。最适度货币区理论，既是对区域性货币一体化实践在理论上的反映，同时又对区域性货币一体化的具体实践，特别是对欧洲货币体系的建立具有很大的启发性。这一理论的重大意义在于：

（1）有利于促进本区域内经济一体化，并极大地提高区内总的经济福利。区域货币一体化的前提之一，就是实现人力、资本及商品等要素在区内的自由流动与统一共享。区内要素的自由流动，不仅有利于促进区内贸易自由化，从而极大地提高区内贸易效率，而

---

① 根据《新帕尔格雷夫经济学大辞典》的定义，最优货币区是指一种"最优"的地理区域，在这个区域内，一般的支付手段或是一种单一的共同货币，或是几种货币，这几种货币之间具有无限的可兑换性，其汇率在进行经常交易和资本交易时互相钉住，保持不变；但是区域内的国家与区域以外的国家之间的汇率保持浮动。"最优"是根据维持内部和外部平衡的宏观经济目标来定义的。在通货膨胀和失业之间的最优权衡点（如果这种权衡点实际存在的话），就算达到了内部平衡。外部平衡既包括区域内部的国际收支均衡，也包括与区域外的国际收支均衡。另外，《新帕尔格雷夫经济学大辞典》也对最优货币区的性质、参加货币区的收益和成本等方面做了说明。参见新帕尔格雷夫经济学大辞典（卷3）经济科学出版社，2000：792-795.

且它还有利于充分利用区内人力、物力及财力，实现资源整合与优化配置，进而在宏观经济政策制定上易于达成一致，并直接推进本区经济一体化进程的发展。

（2）有利于降低货币汇兑成本，规避区内货币之间的汇率风险。区域货币一体化的初级形式是：区内成员间货币实现可自由兑换，且比价固定。这一规则无疑将会锁定区内成员间的汇率风险，并大大便利区内成员国之间的贸易结算。当区域货币一体化走向其最高形式的单一货币时，则区内各成员国货币退出，取而代之的是"大一统"的单一货币，这样，区内成员国之间的国际贸易就变成了"内贸"，也就没有了所谓的成员国之间的货币"兑换成本"。

（3）有利于整合区内金融资源，降低投融资成本与风险。国际投融资不但成本高，而且风险大。区域货币一体化则有利于区内金融资源共享，而且在固定汇率下锁定汇率风险，在共同货币政策下，还可以锁定利率风险。在此条件下，各成员国也无需保留太多的国际储备，从而减少总的资源闲置成本。

（4）有利于加强区内一体化协作，并一致对外抵御竞争风险。区域经济一体化是一股强大的国际力量，它不仅有利于经济上的联盟，而且还有利于区内成员国之间结成政治上和军事上的强大联盟，它们一致对外，采用"一个声音说话"，往往能获得一种"放大"的效果。

二、欧洲货币体系

（一）从欧洲支付同盟到欧洲货币体系

西欧各国货币的一体化，最早是从欧洲经济合作组织于 1950 年成立的"欧洲支付同盟"开始的。1958 年 1 月 1 日，法国、意大利、荷兰、比利时、卢森堡和联邦德国六国根据 1957 年签订的《罗马条约》正式成立了"共同市场"（Common Market），又称作"欧洲经济共同体"（European Economic Community）。1973 年 1 月，英国、丹麦、爱尔兰加入，成员国由 6 国扩大到 9 国，1981 年希腊加入，1985 年西班牙、葡萄牙加入，1995年芬兰、瑞典、奥地利也加入，成员国遂扩大至 15 国。欧洲经济共同体是一个国际联合组织，其共同目标是：逐步统一经济政策，建立工农业产品的统一市场，在共同体内实现资本和劳动力的自由流动，协调各成员国财政、金融、货币等方面的政策和立法，当时机成熟时，再从经济联盟发展成政治联盟。欧共体成立后，采取了一系列促进一体化的措施，成员国的经济一体化不断取得进展：首先于 1968 年实现了关税同盟，对内取消工业品关税，对外实行统一的进口关税；1969 年又实行了共同农业政策，基本取消内部农产品关税，在成员国之间实现农产品自由流通。这两大政策的实施为欧共体实行货币一体化打下了基础；当然，关税同盟和共同农业政策的实施也迫切需要货币一体化的支持。

为了巩固和发展经济一体化，摆脱对美元的严重依赖和美元危机的不利影响，欧共体深感有必要进一步加强合作。1969 年 12 月，欧共体 6 国首脑在荷兰海牙举行会议，提出建立欧洲货币同盟的建议。1971 年 2 月 9 日，经欧共体 6 国部长会议通过，宣告成立"欧洲经济和货币同盟"。根据该会精神，以卢森堡首相兼财政大臣魏尔纳为首的一个委员会于次年提出了"魏尔纳计划"。该计划决定用 10 年（1971—1980 年）时间，分三个阶段实现欧洲货币一体化：1971—1973 年，缩小成员国间汇率的波动幅度，协调各国的货币经济政策；1974—1976 年，集中成员国部分外汇，建立欧洲货币储备基金；1977—1980 年欧共体内部商品、资本、劳务流动不再受到限制，汇率完全稳定，向统一货币过渡，欧洲货币储备基金向中央银行发展。

但是欧洲经济和货币同盟计划刚开始实施不久，国际金融市场就发生急剧动荡，布雷顿森林货币体系瓦解，成员国在认识上开始出现严重分歧，当时的联邦德国和荷兰坚持"经济先行论"，认为欧洲货币一体化必须具备一定的前提条件，即成员国的通货膨胀和经济增长速度应该大体一致，不能过于悬殊；而法国、比利时、卢森堡则坚持"货币先行论"，认为货币一体化规定了各国汇率的波动幅度，如果各国能遵守这一规则，就必须协调国内政策，从而使通货膨胀、经济增长趋于一致，所以该计划不得不暂时搁置。

1977 年美元危机再次爆发，欧共体各国的汇率受到猛烈冲击，并威胁到关税同盟、对外贸易政策和共同农业政策的巩固和发展。为抗衡美元，保持汇率的相对稳定和继续货币一体化进程，1978 年 7 月，由当时联邦德国总理施密特和法国总统密特朗联合在共同体不来梅会议上提出了建立"欧洲货币体系"的建议，得到与会各国积极反应，并就此建议发表了"不来梅宣言"。同年 12 月共同体首脑在布鲁塞尔就欧洲货币体系问题达成一项协议，1979 年 3 月 31 日协议正式生效，欧洲货币体系宣告成立，成员国包括法国、联邦德国、意大利、荷兰、比利时、卢森堡、丹麦、爱尔兰，英国未参加欧洲货币体系，但英格兰银行按规定认缴黄金和外汇储备，参加了共同基金。希腊、西班牙和葡萄牙加入共同体后于 1985 年、1989 年、1992 年正式参加欧洲货币体系，英国也于 1990 年加入。瑞典、芬兰、奥地利三国在 1995 年加入欧洲共同体后也加入了欧洲货币体系。这样，欧共体的成员国全部都被纳入了欧洲货币体系的机制之内。欧洲货币体系的建立，标志着欧洲货币一体化进入了一个稳定发展的新阶段。

(二) 欧洲货币体系的主要内容

欧洲货币体系与布雷顿森林货币体系极为相似，它实际上是布雷顿森林货币体系在小范围内的重建，不过更具有灵活性。其主要内容有：

1. 建立欧洲货币单位

欧洲货币单位（European Currency Unit，ECU，中文译为"埃居"）是欧洲货币体系的中心，它是一个"货币篮子"（Currency Basket），由欧共体各成员国的货币组成（见表 9-2）。每一种货币在欧洲货币单位中所占的比重，是根据各国在共同体内部贸易总额以及 GNP 中所占份额加权平均计算的。在欧洲货币体系成立之初，各成员国向欧洲货币合作基金提供国内 20% 的黄金储备和其他外汇储备，然后欧洲货币合作基金以互换形式向各成员国提供相应数量的欧洲货币单位。在创设之初，欧洲货币体系共向成员国提供了 230 亿欧洲货币单位。在欧共体内部，欧洲货币单位具有计价单位和支付手段的职能。它的作用主要表现在：用于计算各成员国的篮子中心汇率和相互之间的双边汇率，作为计算汇率波动幅度指示器的基础；作为成员国之间的结算工具；作为发放贷款、清偿债务以及编制共同体统一预算的计值标准；逐步成为各成员国货币当局的储备货币，成为比重仅次于美元和联邦德国马克的储备资产。由于价值稳定，欧洲货币单位在国际金融领域中的地位日益增强，其债券发行额逐年增加，1990 年法国政府所需借款的 20%是 ECU 筹措的，英国和意大利政府也有同样的举债。由于 ECU 是复合货币，具有较强的内在稳定性，私人部门使用 ECU 的范围也在日益扩展，银行间欧洲货币单位的买卖、各国进出口业务中以欧洲货币单位计价结算的份额也日益增多，ECU 日益成为一种国际性货币。

表 9-2　　　　　　　　　　　　**ECU 权重的原始构成**

货币名称	ECU 构成的加权数	各国货币的单位值
联邦德国马克	33.0	0.828
法国法郎	19.8	1.15
英国英镑	13.3	0.0885
荷兰盾	10.5	2.86
意大利里拉	9.5	1.09
比利时法郎	9.2	3.66
卢森堡法郎	0.4	0.140
丹麦克朗	3.1	0.217
爱尔兰镑	1.1	0.00759

资料来源：《欧洲文件》1979 年第 7 期。

2. 实行稳定汇率的机制

欧洲货币体系的目标是实现西欧各国的货币一体化，其重点落在稳定汇率的机制上。欧洲货币体系的汇率制度与 1973 年 3 月实行的联合浮动大体相同，也是在成员国之间实行固定汇率，而对非成员国货币实行联合浮动。各成员国货币之间规定有中心汇率，成员国汇率可容许波动的幅度规定为中心汇率的 ±1.125%（由于这一汇率水平及其波动幅度在布雷顿森林体系后期的 ±2.25% 内，因此，由这种波动幅度所形成的汇率轨迹，又被称为"洞中之蛇"）。英国、西班牙、葡萄牙由于遵守这一规定有一定困难，被允许放宽至 ±6%。围绕中心汇率，当市场汇率波动达到"最大偏离幅度"（Maximun Divergence Spread）时，有关两国货币当局就应当进行市场干预。弱币国若感到力量不足，可以向欧洲货币合作基金借入强势货币。可见，某一货币在 ECU 中的比重越大，其波动的最大偏离幅度就越小，对稳定欧洲货币单位承担的责任也就越大。

3. 建立欧洲货币基金

1973 年，共同体为稳定汇率建立了欧洲货币合作基金，以向成员国提供信贷、干预市场、稳定汇率，但总额只有 28 亿欧洲货币单位，运用起来捉襟见肘。欧洲货币体系成立后，其重要任务之一就是建立欧洲货币基金。为了增强欧洲货币体系干预市场的力量，为共同货币 ECU 提供物质准备，以及给予国际收支困难的成员国更多的信贷支持，欧洲共同体理事会曾决定以两年为期建成欧洲货币基金。首先是集中各个参加国黄金储备的 20%、美元和其他外汇储备的 20%作为共同基金，再加上等值的本国货币，总计约 540 亿欧洲货币单位。这些集中起来的黄金外汇被换算成欧洲货币单位的存款额并计息。英国也参加了这项安排，并提交了黄金及外汇储备的份额。基金的信贷能力较以前有所壮大，在维持和干预外汇市场汇率方面有更强的力量，而且还准备进一步扩充基金规模。1979 年 4 月至 6 月，欧洲货币基金就曾动用 500 亿美元进行大规模的外汇市场干预，有效地维护了汇率机制的稳定。与此同时，还规定了信贷体制：各成员国中央银行可以相互提供本国货币的短期信贷，作为干预市场能力的补充。

（三）欧洲货币体系危机

20 世纪 80 年代以后，欧洲的政治经济环境发生巨大变化。金融自由化导致欧洲各国纷纷放宽金融管制，银行信贷规模骤然膨胀，同时欧洲政治局势也发生剧变，如前苏联的解体以及德国的统一。这一系列因素对欧洲各国的宏观经济产生了不同的影响，但是在 1987—1992 年间，欧洲汇率机制没有根据情况的变化适时调整汇率，使得各国货币汇率与经济基本面出现极大偏离。

1992 年 7 月德国为了抑制通货膨胀，把贴现率提高为 8.75%，但是此时欧洲其他各国的经济状况不佳，有些国家已经陷入经济衰退。于是，德国的高利率引发外汇市场出现抛售英镑、里拉而抢购马克的风潮，致使里拉和英镑汇率大跌，意大利和英国因无力按欧洲汇率机制规定的幅度维持汇率，最终宣布里拉和英镑退出联合浮动汇率机制。挪威于 1993 年 1 月 10 日放弃钉住 ECU，紧接着丹麦和比利时法郎在 1993 年遭受冲击，西班牙比塞塔和葡萄牙埃斯库多相继大幅度贬值。

1993 年 7 月，欧洲中央银行行长和财长召开会议扩大 ERM 的波幅至 15%，这时外汇市场的抛售风波才开始平息。此后 ERM 进入了平稳时期。1995 年 1 月奥地利先令加入 ERM，1996 年意大利里拉重新加入 ERM，1996 年芬兰马克、1998 年希腊德拉克马分别加入 ERM。

（四）欧洲货币体系的作用

（1）欧洲货币单位的地位得到提高，用途不断扩大。欧洲货币单位自创建以来，国际地位不断提高。在国际金融市场上，它的地位仅次于美元、日元、马克和英镑，列居第五位，在国际债券市场上居第六位，成为一种公认的、成功的一篮子货币。欧洲货币单位的官方用途不断扩大：编制共同体统一预算；作为成员国货币汇率波动幅度的标准；规定共同体各国农产品的统一价格；作为向成员国提供信贷的计值单位；作为对外提供经济援助和信贷的计值标准；官方各种经济往来的计账单位和清偿手段；充当欧洲货币体系储备资产的主要形式。另外，在私人用途方面也发展迅速。显然，从某种意义上讲，正是欧洲货币单位在存在时期的成功运行，为后来的统一货币欧元的成功引入，提供了重要基础。

（2）促进了共同体经济的发展。1979 年以来，欧洲货币体系经受住了严峻的考验，促进了汇率的稳定和经济的协调发展。成员国货币间的汇率变化自 1979 年以来大大下降，成员国的通货膨胀率从 1979 年以来显著下降。共同体成员国在国内生产总值、工业生产、出口贸易、消费物价等方面的差距逐渐缩小。汇率的稳定促进了外贸的发展，使欧共体成为世界上最大的贸易集团。

（3）为国际货币制度改革提供了重要经验。欧洲货币体系是国际货币体系改革中一个重要的里程碑，并为国际货币制度改革创造了一套比较完整的经验，提供了一个比较完善的模式。欧洲货币体系的主要经验是：一是协调与自律相统一。欧洲货币体系令人瞩目的成果，是由各成员国货币当局经常磋商、集体决策和联合行动共同创造的，充分反映了各成员国在执行共同规则和重视自行管理方面的和谐与统一。二是有效的汇率调节机制。欧洲货币体系以欧洲货币单位为核心，以欧洲基金为稳定器，确保联合浮动汇率制度，对内增强了成员国货币的地位，对外则增强了对国际市场动荡的抗衡能力。

三、欧洲货币体系的进一步发展和欧元的产生

受欧洲货币体系所获成就的鼓励，欧共体各国决定将欧洲货币一体化推进到一个新的阶段。1985年6月，欧共体执行委员会通过了《欧洲一体化文件》和《完成内部市场》的决议，决定在1992年年底之前建立欧洲统一大市场，实现商品、劳务、资本、人员四大自由流动，其中《欧洲一体化文件》正式将货币联盟作为其发展目标之一。1986年欧共体12国外长签署了《单一欧洲法案》，修改并补充了《罗马条约》，为建立欧洲统一大市场确立了法律基础，从此，欧洲经济一体化进入了新的阶段。1989年4月，欧共体执委会主席雅克·德洛尔提出了《关于实行经济与货币联盟的报告》，就进一步实现欧洲货币一体化的具体内容及实施步骤作了详细阐述，明确指出，货币联盟的最终目标之一就是建立单一欧洲货币，并决定自1990年7月1日实行该计划。

为了推动欧洲货币一体化的发展，1991年12月，欧共体12国领导人在荷兰小镇马斯特里赫特共同签署了《马斯特里赫特条约》（简称《马约》），就建立内部统一大市场后进一步建立政治联盟和经济与货币联盟达成协议。《马约》的签订，标志着货币一体化建设的最高目标——货币联盟的启动，相对于欧洲货币体系的建立，它的产生具有更深刻、更广泛的政治经济意义，标志着欧共体从初级的经济一体化向高级的经济与货币联盟迈进。

《马约》为经济与货币联盟的发展提出了具体的时间表。《马约》规定经济与货币联盟分三个阶段实施：第一阶段，从1990年7月到1993年底，完成德洛尔计划第一阶段的任务，实现资本的自由流动，使所有欧共体成员国都以同一条件加入欧洲货币汇率机制，扩大欧洲货币单位的应用范围。第二阶段，从1994年开始，成员国要调整经济政策，使一些主要经济指标达到欧共体规定的标准，缩小成员国在经济发展上的差距。建立未来欧洲中央银行的雏形——欧洲货币局，最早于1997年但不晚于1999年1月1日前发行欧洲单一货币——欧元。第三阶段，从1999年初至2002年6月底，建立欧洲中央银行体系，成员国之间实行不可逆转的固定汇率制，引进欧元，各国货币退出流通。1993年1月1日，欧共体建成统一大市场，基本上实现了没有国界限制的商品、劳务、资本、人员四大自由流动。1993年11月，《马约》生效，欧洲经济与货币联盟（简称欧盟）正式取代了欧洲共同体，欧盟的中心问题是统一欧洲货币。

《马约》还规定了参加欧洲货币同盟的趋同标准，成员国经济趋同的过程就是欧盟逐渐达到发行统一货币标准的过程，成员国要正式进入欧洲经济货币同盟的第三阶段，就必须达到如下标准：政府预算趋同标准，它要求成员国具有稳健的政府财政，成员国的政府

预算赤字不得超过当年 GDP 的 3%，国债余额不得超过当年 GDP 的 60%；物价稳定趋同标准，它要求成员国的平均通货膨胀率不得高于欧盟内物价最平稳的三个成员国的平均通货膨胀率再加上 1.5% 后的水平；债券收益率标准，成员国的长期利率不能超过欧盟内三个价格最稳定的成员国的平均利率再加上 2% 的水平；汇率趋同标准，它要求所有的成员国都要加入汇率机制，成员国要加入经济与货币联盟，其在申请加入前的两年之内不能有自主贬值货币的行为，而且汇率波动要限制在规定的幅度内。

1995 年 12 月 15 日，欧盟马德里首脑会议决定未来的欧洲单一货币名称为"欧元"（Euro），由欧元取代欧洲货币单位（ECU）。1996 年 10 月，欧盟委员会正式提出了实行单一货币"欧元"的文件，其核心内容是确立欧元的法律地位、制定货币稳定公约等。1996 年 12 月 13 日，设在德国法兰克福的欧洲货币局宣布了欧元纸币的设计图案，并定于 1998 年开始正式印刷。

根据《马约》和欧盟的有关规定，欧元从发行到完全取代欧盟成员国的货币，分三个阶段进行：第一阶段从 1999 年 1 月 1 日起，欧元以 1∶1 的比价取代欧洲货币单位，欧元各参加国货币与欧元之间确立永久性固定汇率，成员国货币之间的汇率也完全固定；欧洲中央银行正式成立，采用单一的货币政策与汇率政策，为了保证欧元与成员国货币固定汇率的顺利执行，对成员国货币发行进行一定的监控。第二阶段从 2002 年 1 月 1 日开始，在这一阶段欧元纸币和硬币开始进入流通领域，各成员国的货币与欧元的兑换工作开始进行，欧元纸币和硬币逐渐取代各成员国的货币。第三阶段从 2002 年 7 月 1 日开始，各成员国货币退出历史舞台，完成欧元完全取代原成员国货币的进程，欧元作为欧盟内唯一的法定货币流通。

然而，从实际来看，在欧洲各国内部，欧元取代各国原来货币的速度非常之快。1999 年 1 月 1 日，欧元作为记账货币正式启动，各国货币对欧元的汇率不得再做任何调整。2002 年 1 月 1 日，欧元纸币和硬币正式流通，同年 7 月 1 日欧洲各国货币退出历史舞台，欧元成为欧元区唯一的货币。实际上，在 2002 年 1 月宣布欧元纸币与硬币正式进入流通时，该年前三个月就已有多数国家完成了欧元对各国原纸币和硬币的替代过程。

欧元区成立之初共有 11 个成员国，随后不断有成员加入。希腊于 2000 年达到趋同标准并于 2001 年 1 月 1 日加入欧元区；斯洛文尼亚于 2006 年达到标准并于 2007 年 1 月 1 日加入欧元区；2008 年 1 月 1 日塞浦路斯和马耳他加入欧元区；2009 年 1 月 1 日斯洛伐克加入欧元区；2011 年 1 月 1 日爱沙尼亚加入欧元区；2014 年 1 月 1 日拉脱维亚加入欧元区。2014 年 7 月 23 日欧盟理事会财长会议通过决议，同意立陶宛从 2015 年 1 月 1 日加入欧元区和使用欧元作为本国货币，立陶宛因此成为欧元区的第 19 个成员。

从总体上看，欧元的产生，无论是对增强欧元区自身的经济总体实力，还是对世界经济与国际金融格局都产生了重要影响，这种影响，也将会随着美国、日本等发达国家经济的相对衰弱与欧元影响的扩大而得到进一步强化。

一方面，欧元区的产生及其扩大，使原来各自独立的民族国家经济体，在欧元区出现之后，其总体经济实力得到持续性的扩张，这对未来发展中的美国经济与日本经济来说，都会进一步增强欧元区与之相抗衡的能力。以最初欧元区产生为例，随着欧洲统一货币的产生，一个强大的区域经济体，已然出现在美国、日本等经济体大国的面前。1999 年被认为是欧元产生的元年。以 1999 年为例，在欧元出现后，欧元区的一系列经济指标，就已经超过或接近美日两大经济体。表 9-3 显示，在人口方面，欧元区的人口总量超过了美国和日本；在 GDP 占世界的比重方面，虽然比美国略低，但超过日本 1 倍；用商品和服务的进出口平均额与 GDP 的比率度量经济体的开放程度，欧元区的开放程度约为 16%，美国的开放程度是 12%，日本是 10%。在开放程度这一指标上，虽然欧元区内的贸易有较大部分是发生在成员国之间，但仍可显示在这一指标上的欧元区所具有的某种优势。

表 9-3　　　　　　　　　　欧元区与美国和日本的关键经济指标对比

（1999 年，除注明外，均为占 GDP 的百分比）

	欧元区	美国	日本
人口（百万）	292.2	272.9	126.7
GDP（占世界的比重,%）	15.8	21.9	7.6
人均 GDP（千欧元）	21.0	31.9	32.2
生产部门			
农业、渔业和林业	2.6	1.6	1.8
工业（包括建筑业）	28.6	27.3	36.4
服务业	68.7	71.1	61.9
商品和服务出口	17.2	10.3	10.7
商品和服务进口	16.1	13.2	9.1
国内信贷	131.4	83.3	143.9
银行资产	253.5	98.8	155.1
向公司部门的贷款	45.2	12.6	83.5
国内债券	98.8	178.4	156.2
公司部门发行的债券	7.4	31.2	18.4
股票市场市值	90.1	192.9	111.5
政府收支			
收入	47.8	32.5	31.0
支出	49.1	31.9	39.9

注：（1）表中"生产部门"的美国和日本的数据为 1997 年。（2）表中的"银行资产"统计，欧元区的金融机构部门包括成员国的中央银行；美国数据包括商业银行、储蓄机构、信用社和货币市场基金。

资料来源：伊辛，等．欧元区的货币政策：欧洲中央银行的策略和决策方法．中国金融出版社，2010.

另一方面，从国际货币体系中的货币权力的变化来看，欧元的产生及未来发展的最大影响，将是欧元的全球使用对现有国际货币格局的某种冲击与利益分享。在一种货币的全球使用方面，外汇储备的占比、国际市场上以该种货币计值的债券发行，以及外汇市场上该种货币的交易规模，是三大主要指标。表 9-4 以 1999 年、2005 年和 2011 年三年为例，分别列举以欧元与美元计值的国际债券与外汇储备量统计。

表9-4 **1999 年、2005 年和 2011 年欧元与美元在国际债券与外汇储备货币中的数量统计**

	欧元与美元在国际债券市场使用情况 余量（10 亿美元，按期末现汇计算）			欧元与美元作为外汇储备使用情况 余量（10 亿美元，按期末现汇计算）		
	欧元	美元	全部	欧元	美元	全部
1999 年	974	2083	4309	247	980	1782
2005 年	3850	4253	10486	684	1903	4320
2011 年	7321	6901	18671	1394	3518	10202

资料来源：根据潘英丽等著《国际货币体系未来变革与人民币国际化（上册）》（格致出版社 2014 年版）第 171-173 页中的相关表格整理所得。

从表 9-4 可以看到，自从产生以来，欧元无论是在国际债券计值，还是各国外汇储备的币种选择方面，都占有重要地位。虽然在外汇储备方面，欧元的比例与美元还有较大差距，但在国际债券的计值方面，2011 年以欧元计值的国际债券已超过美元的计值数量。1999 年欧元启动之初，以欧元计值的国际债券数量占全部数量的比例为 22.6%，美元的这一比例为 48.3%；到 2011 年这一比例分别为 39.2% 和 36.96%。这表示，欧元出现后，已经开始在国际金融格局中，对美元的主导地位提出了挑战，成为与美元、日元抗衡的重要货币。

当然，在现行国际货币格局中，美元无疑仍然处于中心地位。世界上约 2/3 的进出口贸易、1/2 以上的国际商品交易、83% 的国际金融交易用美元来结算和支付；美元仍是世界各国干预外汇、金融市场的重要手段。然而，随着美国经济在世界经济中所占比重的相对变化，美元在国际金融格局中的地位与美国的综合实力之间发生了极大的偏离，欧元产生后，成为欧元区唯一法定的货币，行使区域国际货币的职能，大大提高了欧元的国际支付能力，成为国际外汇市场上仅次于美元的第二大支付货币。因此，随着欧元区经济的逐步恢复与发展，欧元的地位仍然有可能进一步上升，在这一背景下，全球金融市场与货币格局中的货币竞争必将进一步加剧。

【案例 9-1】

关于改革国际货币体系的思考

美国金融危机的爆发与蔓延使我们再次面对一个古老而悬而未决的问题，那就是什么样的国际储备货币才能保持全球金融稳定、促进世界经济发展。历史上的银本位、金本位、金汇兑本位、布雷顿森林体系都是解决该问题的不同制度安排，这也是国际货币基金组织（IMF）成立的宗旨之一。但此次金融危机表明，这一问题不仅远未解决，由于现行国际货币体系的内在缺陷反而愈演愈烈。

理论上讲，国际储备货币的币值首先应有一个稳定的基准和明确的发行规则以保证供给的有序；其次，其供给总量还可及时、灵活地根据需求的变化进行增减调节；第三，这种调节必须是超脱于任何一国的经济状况和利益。当前以主权信用货币作为主要国际储备货币是历史上少有的特例。此次危机再次警示我们，必须创造性地改革和完善现行国际货币体系，推动国际储备货币向着币值稳定、供应有序、总量可调的方向完善，才能从根本上维护全球经济金融稳定。

一、美国金融危机的爆发并在全球范围内迅速蔓延，反映出当前国际货币体系的内在缺陷和系统性风险

对于储备货币发行国而言，国内货币政策目标与各国对储备货币的要求经常产生矛盾。货币当局既不能忽视本国货币的国际职能而单纯考虑国内目标，又无法同时兼顾国内外的不同目标。既可能因抑制本国通胀的需要而无法充分满足全球经济不断增长的需求，也可能因过分刺激国内需求而导致全球流动性泛滥。理论上特里芬难题仍然存在，即储备货币发行国无法在为世界提供流动性的同时确保币值的稳定。

当一国货币成为全世界初级产品定价货币、贸易结算货币和储备货币后，该国对经济失衡的汇率调整是无效的，因为多数国家货币都以该国货币为参照。经济全球化既受益于一种被普遍接受的储备货币，又为发行这种货币的制度缺陷所害。从布雷顿森林体系解体后金融危机屡屡发生且愈演愈烈来看，全世界为现行货币体系付出的代价可能会超出从中的收益。不仅储备货币的使用国要付出沉重的代价，发行国也在付出日益增大的代价。危机未必是储备货币发行当局的故意，但却是制度性缺陷的必然。

二、创造一种与主权国家脱钩、并能保持币值长期稳定的国际储备货币，从而避免主权信用货币作为储备货币的内在缺陷，是国际货币体系改革的理想目标

（1）超主权储备货币的主张虽然由来已久，但至今没有实质性进展。20世纪40年代凯恩斯就曾提出采用30种有代表性的商品作为定值基础建立国际货币单位"Bancor"的设想，遗憾的是未能实施，而其后以怀特方案为基础的布雷顿森林体系的崩溃显示凯恩斯的方案可能更有远见。早在布雷顿森林体系的缺陷暴露之初，基金组织就于1969年创设了特别提款权（下称SDR），以缓解主权货币作为储备货币的内在风险。遗憾的是由于分配机制和使用范围上的限制，SDR的作用至今没有能够得到充分发挥。但SDR的存在为国际货币体系改革提供了一线希望。

（2）超主权储备货币不仅克服了主权信用货币的内在风险，也为调节全球流动性提供了可能。由一个全球性机构管理的国际储备货币将使全球流动性的创造和调控成为可能，当一国主权货币不再作为全球贸易的尺度和参照基准时，该国汇率政策对失衡的调节效果会大大增强。这些能极大地降低未来危机发生的风险、增强危机处理的能力。

三、改革应从大处着眼，小处着手，循序渐进，寻求共赢

重建具有稳定的定值基准并为各国所接受的新储备货币可能是个长期内才能实现的目标。建立凯恩斯设想的国际货币单位更是人类的大胆设想，并需要各国政治家拿出超凡的远见和勇气。而在短期内，国际社会特别是基金组织至少应当承认并正视现行体制所造成的风险，对其不断监测、评估并及时预警。

同时还应特别考虑充分发挥 SDR 的作用。SDR 具有超主权储备货币的特征和潜力，同时它的扩大发行有利于基金组织克服在经费、话语权和代表权改革方面所面临的困难。因此，应当着力推动 SDR 的分配。这需要各成员国政治上的积极配合，特别是应尽快通过 1997 年第四次章程修订及相应的 SDR 分配决议，以使 1981 年后加入的成员国也能享受到 SDR 的好处。在此基础上考虑进一步扩大 SDR 的发行。

SDR 的使用范围需要拓宽，从而能真正满足各国对储备货币的要求。

- 建立起 SDR 与其他货币之间的清算关系。改变当前 SDR 只能用于政府或国际组织之间国际结算的现状，使其能成为国际贸易和金融交易公认的支付手段。
- 积极推动在国际贸易、大宗商品定价、投资和企业记账中使用 SDR 计价。不仅有利于加强 SDR 的作用，也能有效减少因使用主权储备货币计价而造成的资产价格波动和相关风险。
- 积极推动创立 SDR 计值的资产，增强其吸引力。基金组织正在研究 SDR 计值的有价证券，如果推行将是一个好的开端。
- 进一步完善 SDR 的定值和发行方式。SDR 定值的篮子货币范围应扩大到世界主要经济大国，也可将 GDP 作为权重考虑因素之一。此外，为进一步提升市场对其币值的信心，SDR 的发行也可从人为计算币值向有以实际资产支持的方式转变，可以考虑吸收各国现有的储备货币以作为其发行准备。

四、由基金组织集中管理成员国的部分储备，不仅有利于增强国际社会应对危机、维护国际货币金融体系稳定的能力，更是加强 SDR 作用的有力手段

（1）由一个值得信任的国际机构将全球储备资金的一部分集中起来管理，并提供合理的回报率吸引各国参与，将比各国的分散使用、各自为政更能有效地发挥储备资金的作用，对投机和市场恐慌起到更强的威慑与稳定效果。对于参与各国而言，也有利于减少所需的储备，节省资金用于发展和增长。基金组织成员众多，同时也是全球唯一以维护货币和金融稳定为职责，并能对成员国宏观经济政策实施监督的国际机构，具备相应的专业特长，由其管理成员国储备具有天然的优势。

（2）基金组织集中管理成员国储备，也将是推动 SDR 作为储备货币发挥更大作用的有力手段。基金组织可考虑按市场化模式形成开放式基金，将成员国以现有储备货币积累的储备集中管理，设定以 SDR 计值的基金单位，允许各投资者使用现有储备货币自由认购，需要时再赎回所需的储备货币，既推动了 SDR 计值资产的发展，也部分实现了对现有储备货币全球流动性的调控，甚至可以作为增加 SDR 发行、逐步替换现有储备货币的基础。

资料来源：http://www.pbc.gov.cn。

【案例 9-2】

全球化背景下国际货币体系的难题及其破解

自美元与黄金脱钩的近 40 年来，经济和金融全球化得到了迅速的发展，但是国际货币金融的治理仍相对缺失。美国金融危机虽然存在金融市场微观层面和货币政策宏观层面的众多原因，但国际货币体系对美元的过度依赖则是全球层面最重要的不稳定因素。危机的发生是国际货币体系内在缺陷的一次总的暴露。如何改革国际货币体系，构建国际金融新秩序已是国际社会面临的重大议题之一。

一、现行国际货币体系面临的难题

Mundell（1971）认为，对国际储备货币的信心问题、国际收支调节机制问题和流动性问题是任何一个国际货币体系实现有效运转都需要考虑和解决的问题。相对这些一般问题而言，源自国际货币发行国政策变化的国际汇率波动，以及一定程度上由汇率波动驱动的短期资本流动的不稳定影响则是布雷顿森林体系崩溃后经济金融全球化不断加深过程中的新问题。这些问题交织在一起给现行国际货币体系的运行带来了巨大的不稳定性。

首先，对关键国际储备货币的信心问题正在加深，现行国际货币体系隐含着巨大的不稳定性和崩溃的可能性。

特里芬（1960）最早指出布雷顿森林体系存在的内在矛盾及其崩溃的必然性。他认为，如果关键货币国家维持国际收支平衡，那么其他国家就无法拥有足够的储备，从而无法支持贸易和交易的扩张，进而导致经济停滞；世界储备适度增长，只能通过关键货币国家债务的不断增加来实现，这会加重对该国清偿债务能力的怀疑，特别是当债务超出其不断减少的黄金储备时。这就是"特里芬难题"。今天"特里芬难题"仍然存在，问题的核心变成海外积累的美元债务正在超出美国不断衰减的财政能力。

就美国未来经济和财政能力来看，过度依赖美元的现行国际货币体系存在巨大的不稳定风险。一是美国财政预算面临高成本的医疗保险支出、人口老龄化、经济低速增长和失业增加等巨大压力。二是美国经济相对实力将持续下降，但美国承担的国际安全责任尚无法脱身。美国的国际安全责任对美元地位是一把双刃剑：海外驻军使驻地国家采取钉住美元的汇率制度，扩张并维持着美元区版图；但是美国对地区战争的深度介入则易引发美元危机。根据渣打银行（2010）的预测，2030 年美国 GDP 占全球的比重将从现阶段的 24% 下降到 12%。随着相对经济实力的下降，未来美国如果开展重大海外军事行动的话，其引发财政和美元危机的概率将显著增加。三是美国制造业外移引起产业空心化，一方面造成就业困难和贫富分化，给联邦财政带来更大压力，另一方面使美国的居民消费更多依赖制成品进口，带来对外贸易难以扭转的结构性逆差。四是两党政治的对立与民粹主义倾向也使财政失控成为一种内生性趋势。共和党致力于给大财团减税，民主党致力于增进中低收入阶层的福利。两党在控制债务负担上的无所作为和政治分裂尚无转机可寻。最后，选举政治决定了美国政府决策的基本准则仍是将本国利益置于全球利益之上，并将应对内部挑战的成本转嫁给外部世界。Mundell（2001）指出，就像任何单一纸币本位一样，美元本位制只有在以下两种情况下才能延续：或者是美国在决定其自身的货币政策时优先考虑世界其他各国的利益，避免输出通货膨胀或通货紧缩，或者是世界各国忍受美国的货币苛政，这两个条件没有一个能够成立。

其次，国际收支调节机制缺失，国际浮动汇率制度无助于国际收支调节，反而加深了国际收支的不平衡和全球流动性的供求矛盾。

20 世纪 60 年代经济学家们面对美国与欧洲、日本之间的国际收支不平衡以及由此引发的"特里芬难题",提出了放弃固定汇率制度转向国际浮动汇率制度的改革意见。学者们大都认为,浮动汇率制度能够提供一种有效的解决办法,即通过加快国际收支调节过程来减少对流动性的需要,并且还能给政府追求充分就业目标提供一种新的工具。1976 年牙买加协议承认了浮动汇率制度的合法性。与布雷顿森林体系上下1% 的法定波幅相比,浮动汇率制度下的国际货币双边汇率出现了高达 40%~100% 的大幅度波动。汇率的不稳定严重伤害国际贸易和投资等实体经济活动,发展中国家承担了国际汇率波动的大部分成本。由于国际贸易和金融交易大都以国际货币计价,国际货币发行国的企业和金融机构承担的汇率风险相对有限,高杠杆的金融投机活动或短期资本流动则从国际汇率波动中获得巨大利益。东南亚金融危机一定程度上与美元日元汇率的大幅度波动以及由利率和汇率的变动引发的短期资本大规模流动有关。事实上,国际货币之间汇率的变动没有起到调节国际收支不平衡的有效作用,它们与短期资本跨境流动的不稳定引发了发展中国家对外汇储备资产更大的"自我保险"需求,进而助长了本世纪以来的世界经济不平衡。

此外,由 IMF 推动的国际收支调节过程存在明显的不对称性。通常发展中国家出现贸易赤字并向 IMF 借款的时候,IMF 就通过贷款的条件要求发展中国家实施财政、货币紧缩和货币贬值等一揽子调整政策,这类政策通常以该国的经济衰退为代价来恢复外部平衡。相比较,当美国通过美元的特殊地位维持日益扩大的贸易逆差时,IMF 则无法要求美国做出任何调整。当发展中国家成为债权国,而国际货币发行国通过发行货币支付商品和债务时,传统的国际收支调整机制陷于瘫痪,IMF 尚未找到新的调节手段。

最后,传统意义上的流动性供给问题已经转变为结构性的储备资产供给问题。

传统意义的流动性问题主要是如何解决发展中国家(包括 20 世纪 60 年代美元受到黄金束缚的美国)国际清偿能力或国际支付手段不足的问题。解决方案是创设并分配 SDR。但是 SDR 不是特别有用,而且发行 SDR 需要成员国 85% 以上的投票权通过。美元摆脱黄金束缚后美国已不缺支付手段,1978 年末各国考虑在 IMF 设立替换账户以便把正在贬值的美元储备有序替换为 SDR,这个方案招致美国的反对。为了阐述结构性储备资产供给问题,笔者对"特里芬难题"有一点质疑。"特里芬难题"的一个隐性假设是储备货币需求的增长与全球贸易和投资的增长正相关,而储备货币的供给依赖美国提供,因此必定会导致信任危机和国际货币体系的崩溃。实际上国际储备货币的主要需求并非来自交易需求。如果仅仅是交易需求,国际社会可以通过建立地区和全球的结算和清算体系,创设双边与多边货币互换网来减少对国际货币的需求。从理论上讲,商品可以用商品来购买,只要各国贸易是平衡的,用于支付和结算的国际货币无须与贸易的增长成正比。储备资产的积累和使用主要源自国际收支的不平衡。这种不平衡如果仅仅反映中短期经济周期的差异,那么国际社会无须担心,因为对外不平衡有助于减弱经济波动对国民福利的不利影响;这种不平衡如果反映的是新兴市场与发展中国家对不稳定的国际金融环境做出的审慎反应,那么提供一个稳定的国际金融环境将成为改革的核心。但是对国际社会最为棘手的是，国际收支或世界经济不平衡反映的可能是国家和地区间财富创造能力的差异。经济全球化背景下流动的资本和技术与不流动的劳动力和技术相结合的国际分工，已经造成了可贸易的实用产品生产能力全球布局的结构性失衡。拥有更高实用产品生产能力的国家正在将他们的剩余产品借给现期和未来的实用产品生产能力都在下降的国家，其中大部分合约（外汇储备资产）会面临系统性的违约风险。这是当前和未来国际货币体系不稳定性的结构性根源，也是国际社会亟待破解的难题。

二、国际货币体系现有改革方案存在的不足

国际社会基本认同，当前国际货币体系的主要缺陷在于对美元储备资产的过度依赖。因此除了 Mckinnon（2010）以外，改革现行国际货币体系的大部分思路都是如何减少或尽可能摆脱对美元的依赖。

Mckinnon 在 20 世纪 60 年代国际货币体系改革的大讨论中就曾主张实行世界美元本位制，本世纪以来也多次发表文章建议美国实施强势美元政策。他认为美元本位制不讨人喜欢，但其主导地位却无可替代，要求美联储的货币金融政策更具"国际化"视野，从而符合美国和全球经济稳定发展的内在要求。这一改善美元本位制方案的不足在于：寄希望于美联储自我约束，未能给出改善美元本位制的有效途径；未能认识到美国相对经济地位持续下降将无法对美元的霸权地位提供支撑。

如何减少或尽可能摆脱过度依赖美元的方案又可归纳为以下几种：

一是以 Mundell（2001）、斯蒂格利茨（2006）、周小川（2009）、联合国专家委员会（2009）等为代表的从 SDR 走向单一世界货币的方案。其中大部分只是粗线条的构想。

这些方案的短期举措主要有三项内容：（1）给发展中国家分配更多 SDR 以消除其积攒外汇储备的动机。（2）建立替换账户，即各国央行如需出售美元国债，可以通过替换账户向 IMF 交换 SDR，而无须在市场上出售。（3）在国际收支调节机制方面主张惩罚盈余国，以促进消费需求从赤字国向盈余国的转移，实现全球经济再平衡。这一短期方案的不足之处在于：（1）其国际收支调节机制具有内在不对称性：只惩罚盈余方，不惩罚赤字方；只对付通货紧缩，不对付通货膨胀。方案借鉴了凯恩斯 1940s 方案，但是目前全球资源环境已与 70 年前不同。相对快速扩张的产能，一边是消费不足，一边是资源环境压力增大。资本主义生产和分配方式面临双重挑战。因此如何抗通胀在设计机制时显然也需要加以考虑。（2）给发展中国家更多 SDR 只是治标而不是治本。亚洲国家以积攒外汇储备的方式防范和应对可能发生的金融危机。方案只是换一种方式满足发展中国家积攒外汇储备的需求，而没有探讨如何消除导致发展中国家金融危机的外部环境不稳定因素。引起亚洲金融危机的两个外部环境因素是：美元对日元急剧升值，伤害了采取钉住美元汇率制度的国家的出口竞争力；美国利率和美元汇率的变动引发国际短期资本大规模流入和撤离，导致亚洲国家资产泡沫的膨胀和破灭。因此需要从消除不稳定的国际货币环境因素着手改革现行国际货币体系，即通过建立国际货币协调机制，避免国际汇率的过度波动；同时加强对短期资本流动的管理，而不应该局限于给易受现体系不稳定性伤害的国家分配更多 SDR。

这些方案的长期举措是更多发挥 SDR 的作用，并鼓励创设地区储备货币，最后走向全球单一储备货币体系。不足之处在于：（1）没有探讨与世界中央银行相配套的世界财政部及国际公共产品的供给问题。目前欧元区有统一的货币而无统一的财政体系已成为欧元的脆弱性根源。虽然全球财政问题探讨的是国际公共产品供给，与欧洲统一财政体系侧重约束各国财政预算问题的性质十分不同，但如果不探讨国际公共产品的供给问题，而是将之与 SDR 等国际储备货币的发行挂钩，那么在单一货币的全球储备体系下，仍将无法克服内生性的通货膨胀趋势与结构恶化的财富再分配。（2）没有探讨美元如何从国际货币流通领域退出的问题。全球范围流通的美元显然无法让美国用其所生产的商品赎买回去。美国曾经并且仍然在提供国际安全这种公共产品，因此其征收国际铸币税也在一定程度上拥有事实上的合法性。由此可见，单一世界货币方案是理想的，却是不太现实的。它只有在一种场合可能被采纳，那就是现行国际货币体系全面崩溃时作为应急方案被联合国大会或被国际货币体系成员国投票通过。

二是 Emmanuel Farhi、Pierre-Olivier Gourinchas 和 Hélène Rey（2011）以欧洲经济政策研究中心（CEPR）名义发表的研究报告，提出了以 IMF 为核心提供更多流动性并组建星状全球货币互换网的建议。

他们认为，国际货币改革应该集中在流动性供给方面，这将有助于限制个别或系统性危机的不利影响并减少其发生的频率。具体措施可以是：（1）发展美国国债的替代品，比如加快发展欧洲共同担保债券，促进人民币债券市场的发展和人民币国际化。（2）实行中央银行间临时货币互换协议永久化，构建以 IMF 为核心的星状全球货币互换网。（3）加强与扩大 IMF 各项信贷设施的作用，并允许 IMF 直接从国际金融市场融资。（4）由 IMF 建立外汇储备池机制，为特定国家提供更多流动性，允许储备在生产性投融资过程中进行周转。

笔者认为以 IMF 为核心提供更多流动性的方案首先需要解决 IMF 的治理结构问题，即 IMF 的合法性问题，包括 IMF 份额分配和决策机制都必须做出重大变革。目前 IMF 成员仅美国和用一个声音说话的欧盟拥有否决权，新兴市场和发展中国家没有话语权，这种状况必须改变。另外关于全球货币互换网的方案也只能解决国际贸易平衡状态下的国际结算与清算问题，不能解决由于财富创造能力的结构性失衡所带来的全球经济的持续不平衡。

三是构建多极化的国际储备货币体系。这是最具现实意义的改革方向，也为大多数国际学者和国际经济智库所认可。多元储备货币体系的优点是给各国提供了分散化的选择，国际货币之间具有竞争性，从而也有助于发行国遵守相应的货币纪律。但是有竞争就有内在的不稳定性。特别是在国际汇率自由浮动、国际资本自由流动的背景下，地区经济周期的差异和国家之间的兴衰将引起各国央行储备资产组合的调整和国际金融市场的无序波动，给国际货币体系的稳定带来巨大压力。这一方案存在两个重大问题：一个是人民币国际化能否有序推进并取得成功，从而成为国际储备货币体系中具有稳定作用的重要一极；另一个是多极储备体系能否构建起内在的稳定机制。

三、中国如何推进国际货币体系改革

中国在推进国际货币体系改革方面需要从两方面着手：第一，以新兴市场经济体和发展中国家的立场提出自己的改革倡议，供国际社会讨论，推动亚洲地区、新兴市场和发展中国家形成更多共识；第二，加强与各类国家集团的磋商，积极推动国际货币和金融治理机制的重构。

中国政府应该倡导构建具有内在稳定机制的多极储备货币体系。这个体系与之前讨论的多极储备货币体系的实质性区别在于具有内在的稳定机制。它有三个规定性：一是储备货币将由多个大经济体的货币构成，使国际货币体系能拥有坚实的经济基础。二是鼓励高成长经济体的货币加入其中，加强多极储备货币体系的稳定基础。三是限制国际汇率波动和短期国际资本流动以促进多极储备货币体系内部结构调整的平稳实现，避免不稳定因素引发系统性危机。

具体而言，未来10—20年国际货币体系改革的主要任务体现在两个方面：

一是加快推进人民币国际化，使人民币成为美元、欧元之外的另一种国际储备货币。人民币加入多元储备货币体系将实质性地改变目前国际货币体系过度依赖美元的不稳定状态，为全球货币体系的稳定做出贡献。但是，体现国家利益和全球利益一致性的人民币国际化推进路线是一个需要深入研究的课题。因为在经济和金融转型未能完成之前，资本账户的全面开放只会导致中国本土资产泡沫的快速膨胀和金融危机的发生。中国经济的可持续发展在某种意义上是全球货币和金融体系稳定的重要力量。

二是通过引入三方面的制度安排构建具有内在稳定效应的约束机制。

（1）构建对主要国际货币发行国的财政与货币政策实施监控和协调的机制。金融危机发生后，IMF引入了对美国、欧盟、日本、中国和英国的政策外溢效应的评估，在这个改革方向走出了重要的一步，接着还需要构建更为科学的评估系统，并且与各大经济体形成常设的政策协调机制。这里笔者对部分国家官员和学者对人民币汇率问题的批评做一点回应。首先，中国实施完全市场化的自由浮动汇率制度的条件尚不成熟。当前全球外汇市场高达800万~1000万亿美元交易额中出于贸易等真实经济背景的交易仅30余万亿，这个市场本质上是一个由投机和套利资本支配的市场，完全市场化意味着人民币汇率交给国际投机资本去支配，这将极大地伤害中国和亚洲地区的实体经济发展。其次，与布雷顿森林体系和凯恩斯国际清算联盟允许的正负1%、正负5%的汇率波动区间相比，现行国际浮动汇率制度下双边汇率高达40%~100%波动已经丧失了事实上的合法性。国际社会应该重点关注国际货币之间汇率波动的管理，而不是压发展中大国在国内与国际条件都不成熟的背景下实施市场化浮动汇率制度。笔者的观点是，中国需要实行与美元脱钩的、可调整的钉住一揽子货币的汇率制度，调低篮子中美元与欧元的权重，增加亚洲的日本、韩国、印度等大国以及大宗商品出口国的货币权重。即使人民币成为国际货币后，国际货币的汇率安排也不必是日前的自由浮动制度。凯恩斯80年前的思路仍然值得我们参考。他指出："我认为最好的办法是：大致选定60种具有世界意义的标准食物和原料，把它们综合成一个加权指数，……我主张黄金价值的长期趋势应当加以管理，使之和略带粗糙的国

际物价指数本位制（也有称为法定指数本位制）相符合。"

（2）引入国际浮动汇率目标区管理制度。这方面已有两个方案可供参考：一是东南亚金融危机后美国对外关系委员会独立专家课题组（1999）提出的 CFR 报告，可称为宽目标区浮动汇率管理方案。报告建议 G-3 货币（美元、日元和欧元）实行宽目标区浮动，即允许市场汇率围绕中心汇率上下各浮动 10%～15%。G-3 政府可通过国际协调，以促进全球经济增长和发展目标的方式进行干预。另一个是麦金农的贸易协调加货币协调的窄目标区方案。

（3）建议国际社会在全球范围内开征 0.5%～1% 的短期资本交易税，税收可用来建立全球的维稳、维和和发展基金。维稳基金可由 IMF 用于国际金融救助以稳定国际金融体系；维和基金由联合国用于提供国际安全；发展基金由联合国用于应对国际社会面临的各类共同挑战。笔者认为，以托宾税的方式约束短期资本流动也许会给美国这样的金融业大国带来短期不利影响，却是符合美国长远利益的。因为通过短期资本交易税的征收提供国际公共产品，将大幅度减轻美国承担的国际责任。而且，以此引导国际资本以增进全球福利的方式流动和投资，也具有重大意义。

资料来源：《战略与管理》2012 年第 11/12 期合编本。

【复习思考题】

一、基本概念

国际货币体系　　国际金本位制　　金币本位制　　金块本位制　　金汇兑本位制
布雷顿森林体系　　双挂钩　　特里芬难题　　牙买加体系　　特别提款权
欧洲货币单位　　区域货币同盟　　最适度货币区理论　　欧洲货币一体化

二、问答题

1. 国际货币制度有哪几种形式？其内容如何？
2. 国际金本位制度的主要特点有什么？
3. 布雷顿森林货币体系的实质是什么？
4. 试析布雷顿森林货币体系崩溃的原因。
5. 牙买加货币体系是如何实现内外均衡问题的？
6. 牙买加货币体系的基本特点是什么？分析该体系的利弊。
7. 什么是最优通货区理论？

【主要参考文献和阅读书目】

1. 韩民春等主编：《国际金融》，中国人民大学出版社 2005 年版。
2. 刘思跃等主编：《国际金融》，武汉大学出版社 2013 年版。
3. 侯高岚主编：《国际金融》，清华大学出版社 2005 年版。
4. 克鲁格曼等著：《国际金融》，中国人民大学出版社 2016 年版。
5. 蒙代尔著：《蒙代尔经济学文集卷五：汇率与最优货币区》，中国金融出版社 2009 年版。
6. 艾肯格林著：《资本全球化：国际货币体系史》，上海人民出版社 2009 年版。

7. 李扬等著：《失衡与再平衡：塑造全球治理新框架》，中国社会科学出版社 2013 年版。

8. 特里芬著：《黄金与美元危机：自由兑换的未来》，商务印书馆 1997 年版。

9. 贝克著：《德国的欧洲》，同济大学出版社 2014 年版。

10. 伊辛著：《欧元的诞生》，中国金融出版社 2011 年版。

11. 伊辛著：《欧元区的货币政策》，中国金融出版社 2010 年版。

12. 乔伊斯著：《IMF 与国际金融危机》，中国金融出版社 2015 年版。

13. 斯泰尔著：《布雷顿森林货币战：美元如何统治世界》，机械工业出版社 2014 年版。